中国古典短篇小说选读
Readings in Classic Chinese Short Stories

情色人间
Passion and Desire

SELECTED & DESIGNED BY

Chih-p'ing Chou 周质平

PREPARED BY

Joanne Chiang 杨玖

Yanyan Chan 陈欣欣

Yan Xia 夏岩

Hsin-I Tseng 曾心怡

Fan Liu 刘帆

The Chinese University Press

Readings in Classic Chinese Short Stories: Passion and Desire
Selected and Designed by Chih-p'ing Chou
Prepared by Joanne Chiang, Yanyan Chan, Yan Xia,
Hsin-I Tseng, and Fan Liu

ISBN 978–962–996–285–2

THE CHINESE UNIVERSITY PRESS
The Chinese University of Hong Kong
SHA TIN, N.T., HONG KONG
Fax: +852 2603 6692
     +852 2603 7355
E-mail: cup@cuhk.edu.hk
Web-site: www.chineseupress.com

Printed in Hong Kong

中国古典短篇小说选读
Readings in Classic Chinese Short Stories

情色人间
Passion and Desire

目　录
Contents

- 周质平选材、设计

- 〈汪大尹火焚宝莲寺〉由陈欣欣打字及整理文本，其他各篇由杨玖打字、整理文本

- 下列老师注解：

  1. 杜十娘怒沉百宝箱　　　　　杨玖
  2. 卖油郎独占花魁　　　　　　杨玖
  3. 十五贯戏言成巧祸　　　　　陈欣欣
  4. 勘皮靴单证二郎神　　　　　杨玖
  5. 白娘子永镇雷峰塔　　　　　刘帆
  6. 蒋兴哥重会珍珠衫　　　　　夏岩
  7. 金玉奴棒打薄情郎　　　　　曾心怡
  8. 吴衙内邻舟赴约　　　　　　夏岩
  9. 徐老仆义愤成家　　　　　　曾心怡
  10. 况太守断死孩儿　　　　　　陈欣欣
  11. 赫大卿遗恨鸳鸯绦　　　　　杨玖
  12. 汪大尹火焚宝莲寺　　　　　陈欣欣

序

　　近年来由于选读中文学生的快速增加，及华裔子弟的大量加入，高年级中文教材的需求日形迫切。

　　美国对外汉语教学就一般情况而言，所谓"高级"无非只是学过两三年中文的美国大学生。他们在口语能力上大约能应付一些生活日用，至于书写和阅读的能力则仅止于看懂简单的新闻报道和写些简短的文章或电子邮件。市场上有不少为适应这样水平学生编写的"高级"对外汉语读本。

　　但近年来，大量美国学生留学中国，回国后继续学习中文，而华裔子弟选读中文课的也与日俱增，使高年级的"对外汉语"教学有渐渐转向"对内汉语"教学的趋势。对这批学生而言，报刊选读，甚至于现当代文学作品都不足以对他们在语言上构成挑战，而他们又无意于学习古代汉语。对这样水平的学生来说，高年级对外汉语教材面临的一个难题是如何打破仅仅只是"语言"教材的困境。

　　如果我们选材时，始终只能在报刊文章或现当代短篇小说中找材料，这些材料对一些在语言上已经超过"生活日用"，而在兴趣上又有选读正宗原典愿望的学生而言，终嫌支离散乱，缺乏重心。这一问题对华裔学生来说尤其突显。有些学生在国内已上过小学甚至初中、高中。随父母来美，进入大学以后，仍想选读一门汉语课程。能让这些学生在语言上觉得还有进境，而在内容上又有趣味的教材是不多的。

　　我们有鉴于此，开设了一门《中国古典短篇小说选读》，就晚明冯梦龙（1574-1646）所编的《喻世明言》、《警世通言》、《醒世恒言》之中选出十二篇，辅之以英文翻译和词汇表。这门课是我们的一个新尝试，结合了语言和文学，同时也可视为由现代汉语过渡到古代汉语的桥梁课程。

　　学生借助英文翻译和词汇解释对故事的内容有了充分了解之后，上课时以中文对故事情节，人物描写进行讨论，并强调一些常用的词汇和句构。至于背景和内容的分析则是在学生已熟读故事之后进行。

　　由于选读的故事都属中国古典短篇小说中的经典作品，如〈杜十娘怒沉百宝箱〉、〈白娘子永镇雷峰塔〉等，不但情节动人，文字也活泼流畅，为学生了解晚明社会的人情世态提供了生动的第一手材料。故事中所反映的平常百姓生活和民俗信仰等不是一般学术文章中所能看到的。这样的教材不但能拓展学生对中国了解的视野，并能引发他们对中国文史的兴趣。

在故事本文选定的过程中，我们采取诸本互校的原则。主要依据 1997 年北京人民出版社所出的晏敦易校注的《警世通言》、许政扬校注的《喻世明言》、顾学颉校注的《醒世恒言》。此本对有些色情的描述经过删汰，我们根据 1994 年北京十月文艺出版社所出的吴书荫校注的《警世通言》、陈曦钟校注的《喻世明言》、张明高校注的《醒世恒言》予以恢复，重现其本来面目。少数同音通假字改为现行的规范字，以免学生误用。如："嘿然变色"的"嘿"改为"默"；"只勾轿马之费"的"勾"改为"够"；"番来覆去"的"番"改为"翻"；"元来"的"元"改为"原"等等。

本书编排，尽量做到本文与注释一页一页对应。本文中的黑体字表示词语出现在注释中，而注释中的黑体字则表示常用词。每篇故事之后，我们加编了一个词汇练习，附于书后。

本书是普大对外汉语教研室同事们共同辛勤工作的成果。课余编教材，疏漏难免。这是我们一个新的尝试，希望能为高年级对外汉语教材开拓出一个新方向来。

本书编写过程中，我们的同事黄腾宽 (Teng-kuan Ng)、赖雅雯 (Noelle Lyle)仔细校看了英文的注释，并提出了宝贵的意见；在书稿送印之前，我们又请庄妍、段皓媛、高晨、李婧、刘智伟、曲铮、王晶玉、徐丽、张蕾各位老师逐篇作了校对，在此向他们深致谢忱。当然书中如有任何错误都是编者的责任。

周质平

在 Princeton University

2008 年 4 月 10 日

Preface

Due to the rapid increase of students taking Chinese courses, many of whom are Chinese-Americans, the need for advanced-level Chinese teaching materials grows more urgent by the day.

As far as the context of teaching Chinese as a foreign language in America is concerned, the term "advanced" typically refers to college students who have learnt only two or three years of Chinese. Their oral proficiency ought to allow them to handle situations in daily life. Their reading and writing abilities, however, are restricted to reading newspaper articles and writing simple essays or emails. In the market, there exist many "advanced" Chinese textbooks that have been designed for students of this proficiency.

But in recent years, the steady increase of American students returning from study abroad in China, as well as of Chinese-Americans taking Chinese courses, has gradually shifted the teaching of advanced Chinese as a "foreign language" in the direction of teaching it as a "native language" instead. For these students, selections of newspaper articles, and even works of modern and contemporary Chinese literature, do not pose enough of a challenge in their learning of the language; studying classical Chinese *per se* is not something that especially interests them either. Concerning students of this level, the problem that advanced level Chinese materials face is the question of how to transcend their utility as merely "language" textbooks.

If we confine ourselves to merely newspaper articles, essays, and modern or contemporary short stories, the teaching materials selected will inevitably remain scattered and without a unifying core. Students whose abilities have progressed beyond "daily life" and/or whose hope is to read original classics will be dissatisfied with such course materials. This problem is particularly salient for Chinese-American students, some of whom attended primary school – or even middle or high school – in China before immigrating to the U.S. with their parents. Upon attending college, many of them are still keen on taking Chinese courses. Considerable difficulty lies in finding material that, language-wise, still allows them space for improvement, and that, content-wise, is sufficiently interesting.

Discerning this situation, we began a course entitled "Readings in Classic Chinese Short Stories," using twelve selections from the *Yushi Mingyan*, *Jingshi Tongyan*, and *Xingshi Hengyan* anthologies edited by Feng Menglong (1574-1646), and complemented them with English translations and glossaries. This was, in a sense, an experiment at combining both language and literature in one course; at the same time, it can also be seen as a "bridge" course between modern and classical Chinese.

After attaining a sufficient understanding of the contents of a story with the aid of English translations and glossaries, during class students engage in discussion about its plot and characters in Chinese, with emphasis on certain commonly-used vocabulary and sentence structures. Deeper analysis of a story's background and contents take place only after students have become more familiar with it through deliberate reading.

Because the stories selected – such as "Du Shiniang Sinks the Jewel Box in Anger" and "Eternal Prisoner under the Thunder Peak Pagoda" – belong to the canon of classic Chinese short stories, their lively language and riveting storylines provide students with an engaging first-hand glimpse into the lives and sensibilities of late Ming society. The customs, beliefs, and everyday lives of common folk reflected in these short stories are things that one does not find in typical academic essays from the era. Teaching materials of this sort are ideal for expanding the scope of students' understanding of China, while sparking their interest towards Chinese literary history.

In the layout of this book, we have tried as far as possible to maintain a page-by-page correspondence between the text and the annotations. Within the text, selections in bold indicate that definitions or explanations are given in the annotations. Within the annotations, a word or phrase is emboldened if it is still commonly used today. We have also prepared a vocabulary exercise for each story attached at the end of this book. This could be used as a homework assignment.

Passion and Desire represents the collective efforts of many colleagues in the Chinese Language Program at Princeton. All in all, this is an attempt at doing something new, and we hope that it will open up new horizons in the development of advanced Chinese textbooks. In the compilation of this textbook, Mr. Teng-Kuan Ng and Ms. Noelle Lyle carefully proofread the English annotations and offered valuable suggestions for improvements. Our teachers Tracy Chong, Duan Haoyuan, Gao Chen, Li Jing, Liu Zhiwei, Qu Zheng, Wang Jingyu, Xu Li, Zhang Lei proofread each story before we send the manuscript to the Press. We would like to extend our deep gratitude to them here. Of course, all errors are strictly the responsibility of the compilers.

Chih-p'ing Chou
Princeton University
April 10, 2008

全像古今小說

小說如三國志水滸傳稱巨觀矣其有一人一事可
資談笑者猶雜劇之於傳奇不可偏廢也本齋購得
古今名人演義一百二十種先以三之一爲初刻云

天許齋藏版

明天许斋刻本《古今小说》扉页
增补再版时改名为《喻世明言》

明天许斋刻本《古今小说》总目

x

明叶敬池刻本《醒世恒言》扉页

明叶敬池刻本《醒世恒言》目次

警世通言

自昔博洽為鴻儒兼採稗官野史而通俗演義一種尤
便於下里之耳月奈射利者儕取淫詖之辭大傷雅道本
坊恥之茲刻出自平平閣主人手授非警世勸懲之
語不敢濫入庶幾木鐸老人之遺意或亦上乎
不棄也

金陵兼善堂謹識

明金陵兼善堂刻本《警世通言》扉页

明金陵兼善堂刻本《警世通言》目次

xiv

中国古典短篇小说选读
Readings in Classic Chinese Short Stories

情色人间
Passion and Desire

（一）杜十娘怒沉百宝箱

《警世通言》第三十二卷

扫荡残胡立帝畿，龙翔凤舞势崔嵬。

左环沧海天一带，右拥太行山万围。

戈戟九边雄绝塞，衣冠万国仰垂衣。

太平人乐华胥世，永永金瓯共日辉。

　　这首诗单夸我朝**燕京**建都之盛。说起燕都的形势，北倚雄关，南压区夏，真乃金城天府，万年不拔之基。当先**洪武爷**扫荡胡尘，定鼎金陵，是为南京；到**永乐爷**从北平起兵靖难，迁于燕都，是为北京。只因这一迁，把个**苦寒地面**，变作**花锦世界**。自永乐爷九传至于**万历爷**，此乃我朝第十一代的天子。这位天子，聪明神武，德福兼全。十岁**登基**，在位四十八年，**削平**了三处**寇乱**。哪三处？

　　日本关白平秀吉，西夏勃承恩，播州杨应龙。

　　平秀吉侵犯朝鲜，勃承恩、杨应龙是土官谋叛，先后削平；远夷莫不畏服，争来朝贡。真是：

　　　　一人有庆民安乐，四海无虞国太平。

　　话中单表万历二十年间，日本国**关白**作乱，侵犯**朝鲜**。朝鲜王上表告急，**天朝**发兵泛海往救。有**户部**官奏准：目今兵兴之际，**粮饷未充**，暂开**纳粟入监**之例。原来纳粟入监的，有几般**便宜**，好读书，好科举，好中。结末来又有个小小前程结果。以此，**宦家公子**、富室子弟，倒不愿做**秀才**，都去**援例**做太学生。自开了这例，两京太学生各添至千人之外。内中有一人姓李名甲，字干先，浙江绍兴府人氏。父亲李**布政**，所生三儿，惟甲居长。自幼读书**在庠**，未得**登科**，援例入于**北雍**。因在京**坐监**，与**同乡**柳遇春监生同游**教坊司院**内，与一**名姬**相遇。那名姬姓杜名媺，**排行**第十，院中都称为杜十娘。生得：

Selected by C. P. Chou
Text prepared by Joanne Chiang
Vocabulary prepared by Joanne Chiang

燕京	Yānjīng	The capital of the Ming Dynasty, today known as Beijing
洪武爷	Hóngwǔyé	The first emperor of the Ming Dynasty, 1368-1398
永乐爷	Yǒnglèyé	The third emperor of the Ming Dynasty, 1403-1424
苦寒地面	kǔhán dìmiàn	barren and bleak land
花锦世界	huājǐn shìjiè	flowery and embroidered world
万历爷	Wànlìyé	Emperor Shenzong of Ming Dynasty, 1573-1619
登基	dēngjī	mount the throne
削平寇乱	xuēpíng kòuluàn	suppress the bandits' insurgence
关白	guānbái	日本古代官名；Kanpaku, chief adviser to the emperor
朝鲜	Cháoxiǎn	Korea
上表	shàngbiǎo	submit a memorial to the emperor
告急	gàojí	report an emergency
天朝	tiāncháo	China
户部	hùbù	[古] Ministry of Finance
兵兴之际	bīng xīng zhī jì	[古] when in war
粮饷未充	liángxiǎng wèi chōng	[古] provisions for the army are insufficient
纳粟入监	nà sù rù jiān	[古] one can enter the imperial academies if one donates grain to the government. 监：国子监，the imperial academy
便宜	piányi	advantage
科举	kējǔ	[古] civil examinations for government degrees
宦家公子	huànjiā gōngzǐ	Son of an official family
秀才	xiùcái	[古] the lowest degree conferred upon successful candidates under the civil service examination
援例	yuánlì	follow a precedent; invoke a precedent
太学生	tàixuéshēng	[古] young scholar in the imperial academies
布政	bùzhèng	[古] provincial treasurer; provincial governor
居长	jūzhǎng	The oldest
在庠	zàixiáng	[古] study in the governmental school
登科	dēngkē	[古] pass the civil examination
北雍	běiyōng	[古] the imperial academy in Beijing is called 北雍, while the one in Nanking is called 南雍.
坐监	zuòjiān	[古] study in the imperial academy
同乡	tóngxiāng	person of the same village, country or province
教坊司院	jiàofāng sīyuàn	[古] pleasure quarters run by the government
名姬	míngjī	celebrated courtesan
排行	páiháng	seniority among brothers, sisters

3

浑身雅艳，遍体娇香。两弯眉画远山青，一对眼明秋水润。脸如莲萼，分明卓氏文君；唇似樱桃，何减白家樊素。可怜一片无瑕玉，误落风尘花柳中。

那杜十娘自十三岁**破瓜**，今一十九岁，七年之内不知历过了多少公子王孙，一个个情迷意乱，破家荡产而不惜。院中传出四句口号来，道是：

坐中若有杜十娘，斗筲之量饮千觥；

院中若识杜老媺，千家粉面都如鬼。

却说李公子风流年少，未逢美色。自遇了杜十娘，**喜出望外**，把花柳情怀一担儿挑在他身上。那公子**俊俏庞儿**，温存性儿，又是**撒漫**的手儿，**帮衬**的勤儿，与十娘一双两好，**情投意合**。十娘因见**鸨儿**贪财无义，久有**从良**之志；又见李公子忠厚志诚，甚有心向他。奈李公子惧怕老爷，不敢应承。虽则如此，两下情好愈密。**朝欢暮乐**，终日相守，如夫妇一般。**海誓山盟**，各无他志。真个：

恩深似海恩无底，义重如山义更高。

再说杜妈妈，女儿被李公子占住，别的富家巨室闻名上门，求一见而不可得。初时李公子撒漫用钱，大差大使，妈妈**胁肩谄笑**，**奉承不暇**。日往月来，不觉一年有余，李公子**囊箧**渐渐空虚，手不应心，妈妈也就**急慢**了。老布政在家闻知儿子**嫖院**，几遍写字来唤他回去。他迷恋十娘颜色，终日延捱。后来闻知老爷在家发怒，越不敢回。古人云："以利相交者，利尽而疏。"那杜十娘与李公子真情相好，见他手头愈短，心头愈热。妈妈也几遍教女儿打发李甲出院，见女儿不统口，又几遍将言语触突李公子，要激怒他起身。公子性本温克，词气愈和。妈妈没奈何，日逐只将十娘叱骂道："我们**行户人家**，吃客穿客，前门送旧，后门迎新。门庭闹如火，钱帛堆成垛。自从那李甲在此，混帐一年有余，莫说新客，连旧主顾都断了。分明接了个**锺馗老**，连小鬼也没得上门，弄得**老娘**一家人家有气无烟，成什么模样？"

杜十娘被骂，耐性不住，便回答道："那李公子不是空手上门的，也曾费过大钱来。"妈妈道："**彼一时，此一时**。你只教他今日费些小钱儿，**把与老娘**，办些柴米，养你两口也好。别人家养的女儿，便是**摇钱树**，千生万活；偏我家晦气，养了个**退财白虎**。开了大门七件事，般般都在**老身**心上。倒替你这**小贱人**白白养着**穷汉**，教我衣食从何处来？你对那穷汉说，有本事出

4

破瓜	pòguā	[古] (said of a girl) lose virginity
口号	kǒuhào	(here) song of eulogy
喜出望外	xǐ chū wàng wài	[成] be overjoyed (at an unexpected gain, good news, etc.)
花柳情怀	huāliǔ qínghuái	The pleasure of feminine companionship
一担儿挑在他身上	tiāo	把感情完全放在他身上
俊俏庞儿	jùnqiào pángr	beautiful countenance
撒漫的手儿	sāmàn	[古] with a hand that spends freely
帮衬	bāngchèn	[古] sincere attentiveness
情投意合	qíngtóu yìhé	[成] find each other congenial
鸨儿	bǎoér	管理妓女的老太太; madam of brothels
从良	cóngliáng	(said of a prostitute) get married or to become a decent woman again
朝欢暮乐	zhāohuān mùlè	spending days and nights together enjoying each other's company
海誓山盟	hǎishì shānméng	[成] solemnly exchange pledges of love
胁肩谄笑	xiéjiān chǎnxiào	shrinking back and wearing an ingratiating smile
奉承不暇	fèngchéng bùxiá	be very busy to flatter or service (somebody)
囊箧	nángqiè	囊：bag; sack 箧:chest; box
怠慢	dàimàn	cold-shoulder; slight
嫖院	piáo yuàn	patronize whorehouse
行户人家	hánghù rénjiā	[古] 妓院；whorehouse
锺馗老	Zhōng Kuí lǎo	a deity supposed to be a chaser and exorcist of demons. "老" is a suffix.
老娘	lǎoniáng	I, your old mother (used by a harridan to refer to herself)
彼一时，此一时	bǐ yìshí,cǐ yìshí	that was one situation, and this is another –times have changed
把与	bǎyǔ	[古] give to
摇钱树	yáoqiánshù	a legendary tree that sheds coins when shaken –a ready source of money
千生万活	qiānshēngwànhuó	live in style; live comfortably
晦气	huìqi	unlucky
退财白虎	tuìcái báihǔ	according to superstition, someone, who is born under the star of the white tiger, and thus doomed to lose money
开了大门七件事	kāile dàmén qījiàn shì	fuel, rice, oil, salt, sauce, vinegar and tea – chief daily necessities
老身	lǎoshēn	[古] I (used by an old woman)
小贱人	xiǎo jiàn.rén	slut; tramp; bitch
穷汉	qiónghàn	poor man

几**两银子**与我，倒得你跟了他去，我别讨个丫头过活却不好？"十娘道："妈妈这话是真是假？"妈妈晓得李甲囊无一钱，衣衫都**典当**尽了，料他没处设法，便应道："老娘从不说谎，当真哩！"十娘道："娘，你要他许多银子？"妈妈道："若是别人，千把银子也讨了。可怜那穷汉出不起，只要他三百两，我自去讨一个**粉头代替**。只一件，须是三日内交付与我。左手交银，右手交人。若三日内没有银时，老身也**不管三七二十一**，公子不公子，一顿孤拐打那**光棍**出去，那时莫怪老身。" 十娘道："公子虽在客边乏钞，**谅**三百金还措办得来。只是三日**忒**近，限他十日便好。"妈妈想道："这穷汉一双**赤手**，便限他一百日，他那里来银子？没有银子，便**铁皮包脸，料也无颜**上门。那时重整家风，嬡儿也没得话讲。"答应道："看你面，便宽到十日。第十日没有银子，不干老娘之事。"十娘道："若十日内无银，料他也无颜再见了。只怕有了三百两银子，妈妈又**翻悔**起来。"妈妈道："老身年五十一岁了，又**奉十斋**，怎敢说谎？不信时与你**拍掌为定**，若翻悔时，做猪作狗！"

从来海水斗难量，可笑虔婆意不良。

料定穷儒囊底竭，故将财礼难娇娘。

是夜，十娘与公子在枕边议及**终身之事**，公子道："我非无此心，但教坊**落籍**，其费甚多，非千金不可。我**囊空如洗**，如之奈何？"十娘道："妾已与妈妈议定，只要三百金，但须十日内措办。郎君**游资**虽罄，然都中岂无亲友可以借贷？倘得如数，妾身遂为君之所有，省受**虔婆**之气。"公子道："亲友中为我留恋行院，都不相顾。明日只做**束装起身**，各家告辞，就开口假贷路费，凑聚将来，或可满得此数。"天明，公子起身梳洗，别了十娘出门。十娘道："用心作速，专听佳音。"公子道："不须分付。"

公子出了院门，来到三亲四友处，假说起身告别，众人倒也欢喜。后来叙到路费欠缺，意欲借贷。常言道："说着钱便无缘。"亲友们便**不招架**。他们也见得是，都道李公子是**风流浪子，迷恋烟花**，年许不归，父亲都为他气坏在家。他今日**陡然**要回，未知真假。倘或说骗**盘缠**到手，又去**还脂粉钱**，父亲知道，将好意翻成恶意。始终只是一怪，不如辞了干净。便回道："目今正值空乏，不能**相济**，惭愧，惭愧。"人人如此，个个皆然，并没有个慷慨丈夫肯松口许他一十二十两。李公子一连奔走了三日，**分毫无获**。又不敢

两	liǎng	[古] teal; measurement for silver when used as money
银子	yínzi	silver; (here) money
典当	diǎndàng	Pawn
粉头	fěntou	[古] prostitute
不管三七二十一	bùguǎn sānqī èrshíyī	casting all caution to the winds; regardless of the consequences
光棍	guānggùn	ruffian; hoodlum
谅	liàng	I think; I suppose; I expect
忒	tè	[古] too; over; excessively
赤手	chìshǒu	bare hands
便<u>铁皮包脸</u>，料也无颜上门	tiěpí bāoliǎn	No matter how shameless he is, he would have no face to turn up again.
翻悔	fānhuǐ	[古] regret
奉十斋	fèng shízhāi	be vegetarian for ten days in a month (as a religious exercise)
拍掌为定	pāi zhǎng wéi dìng	make a pledge by clapping hands with each other
终身之事	zhōngshēn zhī shì	great event in one's life (usually referring to marriage)
落籍	luòjí	[古] remove the name of a prostitute from the record – become a decent woman
囊空如洗	nángkōng rúxǐ	with empty pockets; penniless
妾	qiè	[古] (a form of self-address used by a wife when speaking to her husband) I; me
游资	yóuzī	idle money; floating capital
罄	qìng	[古] be consumed; be used up
都中	dūzhōng	[古] in the capital
虔婆	qiánpó	[古] madam
束装起身	shùzhuāng qǐshēn	pack up to leave
不招架	bù zhāojià	[古] does not make favorable response
风流浪子	fēngliú làngzǐ	prodigal; debauchee
迷恋	míliàn	to be blindly in love with
烟花	yānhuā	妓女；prostitutes
陡然	dǒurán	Suddenly
盘缠	pánchan	[古] travelling expense
还<u>脂粉</u>钱	zhīfěn	(here) spend the money on girls 脂粉：rouge and face-power - cosmetics
相济	xiāngjì	[古] help
分毫无获	fēn háo wú huò	[古] to not even get a single penny

回绝十娘，**权且**含胡答应。到第四日，又没想头，就羞回院中。平日间有了杜家，连**下处**也没有了。今日就无处投宿，只得往同乡柳监生寓所借歇。

柳遇春见公子**愁容可掬**，问其来历。公子将杜十娘愿嫁之情备细说了。遇春摇首道："未必，未必。那杜媺乃曲中第一名姬，要从良时，怕没有十斛明珠，**千金聘礼**。那鸨儿如何只要三百两？想鸨儿怪你无钱使用，白白占住他的女儿，设计**打发**你出门。那妇人与你相处已久，又**碍却面皮，不好明**言。明知你手内空虚，故意将三百两**卖个人情**，限你十日。若十日没有，你也不好上门。便上门时，他会说你笑你，落得一场**亵渎**，自然安身不牢。此乃烟花逐客之计，**足下三思，休被其惑。据弟愚意**，不如早早开交为上。"公子听说，半晌无言，心中疑惑不定。遇春又道："足下莫要错了主意。你若真个还乡，不多几两盘费，还有人搭救。若是要三百两时，莫说十日，就是十个月也难。如今的**世情**，那肯顾缓急二字的。那烟花也是算定你没处告债，故意设法难你。"公子道："**仁兄所见良是。**"口里虽如此说，心中**割舍不下**，依旧又往外边**东央西告**，只是夜里不进院门了。公子在柳监生寓中，一连住了三日，共是六日了。

杜十娘连日不见公子进院，十分着紧，就教**小厮**四儿街上去寻。四儿寻到大街，恰好遇见公子。四儿叫道："李姐夫，娘在家里望你。"公子自觉**无颜**，回复道："今日不得工夫，明日来吧！"四儿奉了十娘之命，一把扯住，死也不放，道："娘叫咱寻你，是必同去走一遭。"李公子心上也牵挂着**婊子**，没奈何，只得随四儿进院。见了十娘，默默无言。十娘问道："所谋之事如何？"公子眼中流下泪来。十娘道："莫非**人情淡薄**，不能足三百之数么？"公子含泪而言，道出两句：

不信上山擒虎易，果然开口告人难。

公子对十娘道："一连奔走六日，**并无铢两**。一双空手，**羞见芳卿**，故此，这几日不敢进院。今日承命呼唤，忍耻而来。非**某**不用心，实是世情如此。"十娘道："此言休使**虔婆**知道。**郎君**今夜且住，妾**别有商议**。"十娘自备**酒肴**与公子欢饮。睡至半夜，十娘对公子道："郎君果不能办一钱耶？妾终身之事当如何也？"公子只是**流涕**，不能答一语。渐渐五更天晓，十娘道："妾所卧**絮褥**内，藏有碎银一百五十两，此妾**私蓄**，郎君可持去。三百金，妾任其半，郎君亦谋其半，**庶易为力**。限只四日，万勿迟误。"十

回绝	huíjué	reject (one's request)
权且	quánqiě	for the present; for the time being
下处	xiàchù	[古] one's temporary lodging during a trip
愁容可掬	chóuróng kě jū	a face so despondent; extremely worried
千金聘礼	qiānjīn pìnlǐ	generous gift of groom's family to family of betrothed
碍却面皮，不好明言	ài què	[古] It is hard to put it bluntly for fear of hurting one's feelings
打发	dǎfa	send (person) away by yielding to request or by force
卖个人情	mài.ge rénqíng	do something out of good will
亵渎	xièdú	desecration; insult
逐客之计	zhúkè zhī jì	a scheme to drive away the guest
足下	zúxià	[古] (a polite form of address between friends) you
三思	sānsī	think thrice – think carefully
休被其惑	xiū bèi qí huò	[古] do not be deceived by them
据弟愚意	jù dì yú yì	[古] in my humble opinion
早早开交为上	kāijiāo	[古] It is better that you end it the earliest.
世情	shìqíng	the ways of the world; social trend
仁兄	rénxiōng	(vocative) my good friend
割舍不下	gēshě búxià	find it hard to part with
东央西告	dōngyāng xīgào	beg (for money) here and there
小厮	xiǎosī	[古] young male servant
无颜	wúyán	[古] have no face
婊子	biǎozi	妓女；prostitute
人情淡薄	rénqíng dànbó	the society has become indifferent
并无铢两	bìng wú zhū liǎng	[古] not even a penny
羞见芳卿	xiū jiàn fāngqīng	[古] be ashamed to see you
		芳卿：(a respectful address form for a man's lover) you
某	mǒu	[古] (referring to oneself) I
郎君	lángjūn	[古] (used in addressing one's husband) you
别有商议	bié yǒu shāngyì	[古] there are some other ideas
酒肴	jiǔyáo	酒和菜
流涕	liútì	shed tears
五更天晓	wǔgēng tiānxiǎo	daybreak; just before dawn 天晓：天亮
絮褥	xùrù	cotton-padded mattress
私蓄	sīxù	private savings
庶易为力	shù yì wéi lì	[古] it would be much easier to do

娘起身，将絮褥付予公子。公子惊喜过望，唤童儿持褥而去。**迳**到柳遇春寓中，又把夜来之情与遇春说了。将褥拆开看时，絮中都裹着零碎银子。取出**兑**时，果是一百五十两。遇春大惊道：“**此妇真有心人也！既系真情，不可相负。吾当代为足下谋之。**”公子道：“**倘得玉成**，决不有负。”当下柳遇春留李公子在寓，自出头各处去**借贷**。两日之内，凑足一百五十两，交付公子道：“吾代为足下告贷，非为足下，实怜杜十娘之情也！”李甲拿了三百两银子，**喜从天降，笑逐颜开**，欣欣然来见十娘，刚是第九日，还不足十。十娘问道：“前日分毫难借，今日如何就有一百五十两？”公子将柳监生事情又述了一遍。十娘以**手加额**道：“**使吾二人得遂其愿者，柳君之力也。**”两个欢天喜地，又在院中过了一晚。

次日，十娘早起，对李甲道：“此银一交，便当随郎君去矣！舟车之类，合当预备。妾昨日于姐妹中借得白银二十两，郎君可收下为**行资**也。”公子正愁路费无所出，但不敢开口，得银甚喜。说犹未了，鸨儿恰来敲门，叫道：“媺儿，今日是第十日了！”公子闻叫，**启户相延**道：“承妈妈厚意，正欲相请。”便将银三百两放在桌上。鸨儿不料公子有银，默然变色，似有悔意。十娘道：“儿在妈妈家中八年，所致金帛不下数千金矣。今日从良美事，又妈妈亲口所订三百金，不欠分毫，又不曾过期。倘若妈妈**失信不许**，郎君持银去，儿即刻自尽。恐那时人财两失，**悔之无及也。**”鸨儿无词以对。**腹内筹划了半晌**，只得取天平兑准了银子，说道：“事已如此，料留你不住了。只是你要去时，即今就去。平时穿戴衣饰之类，**毫厘休想！**”说罢，将公子和十娘推出房门，讨锁来就落了锁。此时九月天气，十娘才下床，尚未**梳洗**，随身旧衣，就**拜**了妈妈两拜，李公子也作了**一揖**，一夫一妇离了虔婆大门。

鲤鱼脱却金钩去，摆尾摇头再不来。

公子教十娘：“**且住片时**，我去唤个小轿抬你。**权**往柳荣卿寓所去，**再作道理**。”十娘道：“院中诸姐妹平昔**相厚，理宜话别**。况前日又承他借贷路费，不可不一谢也。”乃同公子到各姐妹处谢别。姐妹中惟谢月朗、徐素素与杜家相近，尤与十娘亲厚。十娘先到谢月朗家。月朗见十娘**秃髻旧衫，惊问其故**。十娘备述来因，又引李甲相见。十娘指月朗道：“前日路资，是此位姐姐所贷，郎君可致谢。”李甲连连作揖。月朗便教十娘梳洗，一面去请徐

迳	jìng	[古] directly
兑	duì	weigh
有心人	yǒuxīnrén	a person with high aspirations and determination
系	xì	[古] 是
相负	xiāngfù	[古] to fail to live up to (another's expectation, etc.)
代为足下谋之	móu	[古] I will do what I can to help you.
玉成	yùchéng	[古] (polite) assist another (in accomplishing a task of attaining a goal)
借债	jièzhài	ask for loan
喜从天降	xǐ cóng tiān jiàng	[成] a heavenly blessing – an unexpected piece of good fortune
笑逐颜开	xiào zhú yán kāi	[成] beam with smiles; be wreathed in smiles
以手加额	yǐ shǒu jiā é	[古] press one's hands to the forehead (a token of gratitude)
得遂其愿	dé suì qí yuàn	[古] one's dream can come true
行资	xíngzī	traveling expenses
启户相延	qǐ hù xiāng yán	[古] open the door and invite somebody in
失信	shīxìn	break one's promise
自尽	zìjìn	commit suicide
悔之无及	huǐ zhī wú jí	[古] too late to regret
无词以对	wú cí yǐ duì	[古] have nothing to say; to be unable to reply
腹内筹划了半晌	chóuhuà...shǎng	[古] after some deliberation
天平	tiānpíng	balance; scales
毫厘休想	háolí xiūxiǎng	[古] don't think that you can take anything with you
梳洗	shūxǐ	wash and dress
拜	bài	do salute; do obeisance
作揖	zuòyī	a Chinese gesture in greeting, with the greeter holding his hands together in an up-and-down motion
且住片时	qiě zhù piànshí	[古] wait for a while
轿	jiào	sedan chair
权	quán	[古] tentatively; for the time being
再作道理	zài zuò dàolǐ	[古] and then decide on what to do
相厚	xiānghòu	[古] be on very good terms
理宜话别	lǐ yí huàbié	[古] ought to bid farewell to them
秃髻旧衫	tū jì jiù shān	[古] without ornaments in the hair and dressed in old plain clothes
惊问其故	jīng wèn qí gù	[古] ask the reason for a situation in startlement

素素来家相会。十娘梳洗已毕，谢徐二美人各出所有翠钿金钏、瑶簪宝珥、锦袖花裙、鸾带绣履，把十娘妆扮得**焕然一新**，备酒作庆贺筵席。月朗让卧房与李甲、杜媺二人过宿。次日，又大排筵席，遍请院中姐妹。凡十娘相厚者，**无不毕集**，都与他夫妇**把盏称喜**。吹弹歌舞，**各逞其长，务要尽欢**，直饮至夜分。十娘向众姐妹一一称谢。众姐妹道："十姊为**风流领袖**，今从郎君去，我等相见无日。何时长行，姐妹们尚当奉送。"月朗道："候有定期，小妹当来相报。但阿姊千里间关，同郎君远去，囊箧**萧条，曾无约束**。此乃吾等之事，当相与共谋之，勿令姊**有穷途之虑**也。"众姐妹各唯唯而**散**。

是晚，公子和十娘仍宿谢家。至五鼓，十娘对公子道："吾等此去，何处安身，郎君亦曾计议有**定着**否？"公子道："老父盛怒之下，若知娶妓而归，必然加以**不堪**，反致相累。**展转寻思**，尚未有**万全之策**。"十娘道："父子天性，岂能终绝。既然**仓卒难犯**，不若与郎君于**苏杭胜地，权作浮居**。郎君先回，求亲友于尊大人面前劝解和顺，然后携妾于归，彼此安妥。"公子道："此言甚当。"次日，二人起身辞了谢月朗，暂往柳监生寓中，整顿行装。

十娘见了柳遇春，倒身下拜，谢其**周全之德**："异日我夫妇必当重报。"遇春慌忙答礼道："十娘锺情所欢，**不以贫窭易心**，此乃女中豪杰。**仆因风吹火，谅区区何足挂齿**。"三人又饮了一日酒。次早，择了出行吉日，雇倩轿马停当。十娘又遣童儿寄信，别谢月朗。临行之际，只见**肩舆**纷纷而至，乃谢月朗与徐素素拉众姐妹来送行。月朗道："十姊从郎君千里间关，囊中萧索，吾等甚不能忘情。今**合具薄赆**，十姊可检收，或长途空乏，亦有少助。"说罢，命从人**挈一描金文具**至前。封锁甚固，正不知什么东西在里面。十娘也不开看，也不推辞，但殷勤作谢而已。**须臾**，舆马齐集，仆夫催促起身。柳监生三盃别酒，和众美人送出崇文门外，各各垂泪而别。正是：

他日重逢难预必，此时分手最堪怜。

再说李公子同杜十娘行至潞河，舍陆从舟。却好有瓜州差使船转回之便，讲定船钱，包了舱口。比及下船时，李公子囊中并无分文余剩。你道杜十娘把二十两银子与公子，如何就没了？公子在院中嫖得**衣衫褴褛**，银子到手，未免在**解库中取赎**几件穿着，又置办了铺盖，剩来只够轿马之费。公子

焕然一新	huànrán yìxīn	take on an entirely new look
无不毕集	wú bú bì jí	[古] everybody came; everybody is invited
把盏称喜	bǎ zhǎn chēng xǐ	[古] raise a wine cup (in a toast to a guest), and congratulate (the guest)
各逞其长	gè chěng qí cháng	[成] each and every one gives the best of his talents
务要尽欢	wù yào jìnhuān	[古] make sure that everyone enjoy themselves to the fullest
风流领袖	fēngliú lǐngxiù	(here) the most talented one in music and dancing
千里间关	qiānlǐ jiānguān	[古] travel a thousand li; travel a long distance
萧条	xiāotiáo	(here) empty
曾无约束	céng wú yuēshù	[古] have no baggage at all
有穷途之虑	yǒu qióngtú zhī lǜ	[古] worry about destitution on one's journey
唯唯而散	wéiwéi ér sàn	[古] say "yes,yes" repeatedly before they retire for the night
定着	dìngzhuó	definite plan
不堪	bùkān	(here) severe punishment
展转寻思	zhǎnzhuǎn xúnsī	[古] turn something over in one's mind again and again
万全之策	wànquán zhī cè	a completely safe plan; a surefire plan
仓卒难犯	cāngcù nánfàn	it is dangerous to incur (somebody's) anger all of a sudden
苏杭胜地	SūHáng shèngdì	苏州、杭州等风景特别美的地方
权作浮居	quán zuò fújū	[古] live at a place temporarily
于归	yúguī	[古] go home – (of a girl) get married
周全之德	zhōuquán zhī dé	[古] the kindness of assisting someone to fulfill his wish
不以贫窭易心	pínlòu	[古] not to compromise one's love in face of poverty
女中豪杰	nǚzhōng háojié	a heroine
仆	pú	[古] (a form of self-address used by young man) I
因风吹火	yīn fēng chuī huǒ	[古] fan the fire in the direction of the wind – achieve a lot with little effort
区区何足挂齿	qūqū……guàchǐ	[古] such small things are not worth mentioning
肩舆	jiānyú	[古] 轿子 ；sedan chair
合具薄赆	hé jù bójìn	[古] prepare jointly a little gift to wish somebody bon voyage
挈	qiè	[古] 拿
描金文具	miáojīn wénjù	gilt box
须臾	xūyú	[古] in an instant
衣衫褴褛	yīshān lánlǚ	be dressed in rags; shabbily dressed
解库	jiěkù	[古] pawn shop
取赎	qǔshú	[古] to redeem something pawned

13

正当愁闷，十娘道："郎君勿忧。众姐妹合赠，必有所济。"乃取钥开箱。公子在旁自觉惭愧，也不敢**窥觑**箱中**虚实**。只见十娘在箱里取出一个红绢袋来，掷于桌上道："郎君可开看之。"公子提在手中，觉得沉重。启而观之，皆是白银，计数整五十两。十娘仍将箱子下锁，亦不言箱中更有何物。但对公子道："承众姐妹高情，不惟途路不乏，即他日**浮寓吴越间**，亦可稍**佐吾夫妇山水之费矣**。"公子且惊且喜道："若不遇**恩卿**，我李甲流落他乡，死无葬身之地矣！此情此德，白头不敢忘也。"自此每谈及往事，公子必感激流涕，十娘亦**曲意抚慰**。一路无话。

不一日，行至瓜州。大船停泊岸口，公子别雇了民船，安放行李。约明日侵晨，**翦江而渡**。其时，**仲冬中旬**，月明如水。公子和十娘坐于舟首。公子道："自出都门，困守一舱之中，**四顾有人，未得畅语**。今日独据一舟，**更无避忌**。且已离塞北，初近江南，**宜开怀畅饮，以舒向来抑郁之气**。恩卿以为何如？"十娘道："妾久疏谈笑，亦有此心。郎君言及，足见同志耳。"公子乃携酒具于船首，与十娘铺毡而坐。传盃交盏，饮至半酣，公子执卮对十娘道："**恩卿妙音，六院推首**。某相遇之初，**每闻绝调，辄不禁神魂飞动。心事多违，彼此郁郁，鸾鸣凤奏，久矣不闻**。今清江明月，深夜无人，肯为我一歌否？"十娘兴亦勃发，遂开喉顿嗓，取箫按拍，呜呜咽咽，歌出元人施君美《拜月亭杂剧》〈状元执盏与婵娟〉一曲，名《小桃红》。真个：

声飞霄汉云皆驻，响入深泉鱼出游。

却说他舟有一少年，姓孙名富字善资，徽州新安人氏。家资巨万，**积祖扬州种盐**。年方二十，也是南雍中朋友。生性风流，**惯向青楼买笑，红粉追欢**。若**嘲风弄月**，倒是个轻薄的头儿。事有偶然，其夜亦泊舟瓜州渡口。独酌无聊，忽听得歌声嘹亮，**凤吟鸾吹，不足喻其美**。起立船头，伫听半响，方知声出邻舟。正欲相访，音响**倏已寂然**，乃**遣仆者潜窥踪迹**。访于舟人，但晓得是李相公雇的船，并不知歌者来历。孙富想道："此歌者必非良**家，怎生得他一见**。"展转寻思，**通宵不寐**。捱至五更，忽闻江风大作。及晓，**彤云密布，狂雪飞舞**。怎见得？有诗为证：

千山云树灭，万径人踪绝，

扁舟蓑笠翁，独钓寒江雪。

窥觑	kuīqù	[古] peep at
虚实	xūshí	the actual situation; whether something is false or true
浮寓吴越间	fú yù Wú Yuè jiān	[古] 在吴越一带暂时居住。吴越：地名
佐山水之费	zuǒ	[古] defray the expenses of traveling
恩卿	ēnqīng	[古] (an address used by a man to his lover) you
流落他乡	liúluò tāxiāng	drift about away from home; homeless
死无葬身之地	zàng shēn	die without a place for burial – come to a horrific end
曲意抚慰	qūyì fǔwèi	[古] comfort somebody tenderly
剪江而渡	jiǎn jiāng ér dù	[古] cross the river
仲冬中旬	zhòngdōng zhōngxún	仲冬：second month of winter 中旬：the middle ten days of a month
四顾有人，未得畅语	sīgù yǒurén, wēidé chàngyǔ	[古] We were always surrounded by people and have been unable to talk freely.
更无避忌	gèng wú bìjì	[古] There is nothing to evade or dodge.
宜开怀畅饮，以舒向来抑郁之气	kāihuái chàngyǐn... yìyù...	[古] This is a good time to drink heartily to allelviate our depression
恩卿妙音六院推首	ēnqīng miàoyīn liùyuàn tuīshǒu	[古] Your voice has always been the loveliest in all the quarters
每闻绝调，不禁神魂飞动	shénhún fēidòng	[古] Every time when I heard you sing so divinely, my soul seemed to take flight.
心事多违 彼此郁郁	yùyù	[古] We've been so beset by worried and both of us are depressed
鸾鸣凤奏，久矣不闻	luánmíng fèngzòu	[古] I have long missed your heavenly songs
积祖	jīzǔ	[古] generation after generation
惯向青楼买笑，红粉追欢		frequent the courtesans' quarters and enjoy the company of beautiful girls. 青楼：whorehouse 红粉：beauty
嘲风弄月	cháofēng nòngyuè	play around with women; play Casanova
凤吟鸾吹，不足喻其美	fèngyín luánchuī, bù zú yù qí měi	[古] even the songs of a phoenix could not match it
倏已寂然	shū yǐ jìrán	[古] (the sound) suddenly comes to a stop
遣仆者潜窥踪迹	qiǎn púzhě qián kuī zōngjī	[古] send the servant to make secret investigations about the singer
良家	liángjiā	honorable family whose members have not engaged in any dishonorable calling
怎生	zěnsheng	[古] how
通宵不寐	tōngxiāo búmèi	stay up the whole night
彤云密布，狂雪飞舞	tóngyún mìbù, kuáng xuě fēiwǔ	The sky is filled with dark red clouds and snow flakes are flying madly.

因这风雪阻渡，舟不得开。孙富命艄公移船，泊于李家舟旁。孙富**貂帽狐裘**，推窗假作看雪。值十娘梳洗方毕，**纤纤玉手**，揭起舟旁短帘，自泼盂中残水。粉容微露，却被孙富窥见了。果是**国色天香**，魂摇心荡。**迎睇注目**，等候再见一面，而杳不可得。沉思久之，乃**倚窗高吟**高学士梅花诗二句道：

雪满山中高士卧，月明林下美人来。

李甲听得邻舟吟诗，舒头出舱，看是何人。只因这一看，正中了孙富之计。孙富吟诗，正要引李公子出头，他好乘机攀话。当下慌忙举手，就问："老兄尊姓何讳？"李公子叙了姓名乡贯，少不得也问那孙富，孙富也叙过了，又叙了些太学中的闲话，渐渐亲熟。孙富便道："风雪阻舟，乃天遣与尊兄相会，实小弟之幸也。舟次无聊，欲同尊兄上岸，就酒肆中一酌，**少领清海**，万望不拒。"公子道："**萍水相逢，何敢厚扰**。"孙富道："说那里话。**四海之内，皆兄弟也**。"喝教艄公打跳，童儿张伞，迎接公子过船。就于船头作揖，然后让公子先行，自己随后，各各登跳上岸。行不数步，就有个酒楼。二人上楼，拣一副洁净座头，靠窗而坐。**酒保列上酒肴**，孙富举杯相劝。二人赏雪饮酒，先说些斯文中**套话**，渐渐引入花柳之事。二人都是过来之人，**志同道合**，说得入港，一发成相知了。

孙富屏去左右，低低问道："昨夜尊舟清歌者，何人也？"李甲正要**卖弄在行**，遂实说道："此乃北京名姬杜十娘也。"孙富道："既系曲中姐妹，何以归兄？"公子遂将初遇杜十娘，如何相好，后来如何要嫁，如何借银讨她，始末根由，备细述了一遍。孙富道："兄携丽人而归，固是快事。但不知尊府中能相容否？"公子道："**贱室不足虑**；所虑者，老父性严，**尚费踌躇耳**！"孙富**将机就机**，便问道："既是尊大人未必相容，兄所携丽人，何处安顿？亦曾通知丽人，**共作计较**否？"公子攒眉而答道："此事曾与小妾议之。"孙富欣然问道："**尊宠**必有妙策。"公子道："她意欲侨居苏杭，流连山水。使小弟先回，央求亲友，**婉转于家君之前**。俟家君回嗔作喜，然后图归。**高明**以为何如？"孙富**沉吟**半晌，故作**愀然**之色道："小弟乍会之间，**交浅言深**，诚恐见怪。"公子道："正赖高明指教，何必谦逊。"孙富道："尊大人位居方面，必**严帷薄之嫌**。平时既怪兄游非礼之地，今日岂容兄娶**不节之人**？况且贤亲贵友，谁不**迎合尊大人之意**者？兄枉去求他，必然相拒。

貂帽狐裘	diāomào húqiú	with sable cap and in fox fur coat
纤纤玉手	xiānxiān yùshǒu	[古] delicate hands (of a woman)
国色天香	guósè tiānxiāng	[古] ethereal color and celestial fragrance (said of a beautiful woman)
迎睇注目	yíngtì zhùmù	[古] gazing fixedly
倚窗高吟	yǐchuāng gāoyín	[古] hum poetry by the window
中计	zhòngjì	fall into a trap; be taken in
少领清海	shāolǐng qīnghuì	[古] (polite) have the benefit of your conversation
萍水相逢	píngshuǐ xiāngféng	[成] (of strangers) meet by chance like patches of drifting duckweed
何敢厚扰	hé gǎn hòurǎo	[古] How can I put you through all that trouble?
四海之内皆兄弟也	sìhǎi zhīnèi jiē xiōngdì yě	Within the four seas, all men are brothers
酒保	jiǔbǎo	[古] bartender
套话	tàohuà	formulaic, polite speech
志同道合	zhìtóng dàohé	[成] cherish the same ideals and follow the same path; have a common goal
说得入港	shuōde rùgǎng	[古] have a most agreeable chat
一发	yìfā	[古] even more
屏去左右	píngqù zuǒyòu	[古] send away those who waited upon them
卖弄在行	màinòng zàiháng	show off one's expertise
贱室不足虑	jiànshì bùzúlǜ	[古] My wife is no cause for worry.
尚费踌躇	shàng fèi chóuchú	[古] need great effort to solve the problem
将机就机	jiāngjī jiùjī	turn a person's scheme against him. 现常作"将计就计"
共作计较	gòngzuò jìjiào	[古] make a plan together
尊宠	zūnchǒng	[古] your beloved one
婉转于家君之前	wǎnzhuǎn	[古] intercede with my father
回嗔作喜	huíchēn zuòxǐ	[古] cease to be angry and begin to be happy
高明	gāomíng	(polite) you
沉吟	chényín	mutter to oneself
愀然之色	qiǎorán zhīsè	[古] sorrowful looking
交浅言深	jiāoqiǎn yánshēn	intimate in conversation though not intimate in association
位居方面	wèi jū fāngmiàn	[古] hold the highest provincial post
严帷薄之嫌	wéibó	[古] very strict in family discipline
不节之人	bùjié zhīrén	unchaste woman
迎合尊大人之意	yínghé	cater to the wishes of your father

就有个**不识时务**的进言于尊大人之前，见尊大人意思不允，他就转口了。兄进不能和睦家庭，退无辞以回复尊宠；即使**流连山水**，亦非长久之计。万一**资斧困竭**，岂不进退两难？"公子自知手中只有五十金，此时费去大半，说到资斧困竭，进退两难，不觉点头道是。孙富又道："小弟还有句**心腹之谈**，兄肯俯听否？"公子道："**承兄过爱，更求尽言。**"孙富道："**疏不间亲**，还是莫说吧！"公子道："**彼此既一见如故，但说何妨？**"

孙富道："自古道'妇人**水性无常**'，况烟花之辈？少真多假。他既系六院名姝，相识定满天下。或者南边原有旧约，借兄之力，挈带而来，**以为他适之地**。"公子道："这个恐未必然。"孙富道："即不然，江南子弟，最工轻薄。兄留丽人独居，难保无**逾墙钻隙**之事。若挈之同归，愈增尊大人之怒。为兄之计，未有善策。况**父子天伦**，必不可绝。若为妾而触父，因妓而弃家，海内必以兄为**浮浪不经**之人。异日，妻不以为夫，弟不以为兄，**同袍**不以为友，兄何以立于天地之间？兄今日不可不熟思也。"

公子闻言，**茫然自失**。**移席问计**曰："据高明之见，何以教我？"孙富道："仆有一计，于兄甚便。只恐兄**溺枕席之爱**，未必能行，使仆空费词**说耳**。"公子道："兄诚有良策，使弟再睹家园之乐，乃弟之**恩人也**，又**何惮而不言耶**？"孙富道："兄**飘零岁余，严亲怀怒，闺阁离心**，设身以处兄**之地**，诚寝食不安之时也。然尊大人所以怒兄者，不过为迷恋花柳，**挥金如土**；异日必为弃家荡产之人，不堪承继家业耳。兄今日空手而归，正触其怒。兄倘能**割衽席之爱**，见机而作，仆愿以千金相赠。兄得千金以报尊大人，只说在京**授馆**，并不曾浪费分毫。尊大人必然相信，从此家庭和睦，当**无间言**。须臾之间，转祸为福，兄请三思。仆非贪丽人之色，实**为兄效忠于万一也。**"

李甲原是没主意的人，本心惧怕老子。被孙富一席话，说透胸中之疑，起身作揖道："闻兄大教，**顿开茅塞**。但小妾千里相从，**义难顿绝**。**容归与商之**，得其心肯，当奉复耳。"孙富道："说话之间，**宜放婉曲**。彼既中心为兄，必不忍使兄父子分离，定然玉成兄还乡之事矣。"二人饮了一回酒，风停雪止，天色已晚。孙富教家僮算还了酒钱，与公子携手下船。正是：

逢人且说三分话，未可全抛一片心。

不识时务	bù shí shíwù	[成] show no understanding of the times; insensible
流连山水	liúlián shānshuǐ	linger amid mountains and rivers
资斧困竭	zīfǔ kùnjié	[古] the resources are exhausted
进退两难	jìntuì liǎnnán	find it difficult to advance or retreat – to be in a dilemma
心腹之谈	xīnfù zhī tán	[古] heart to heart talk; confidential talk
<u>承</u>兄过爱，更求尽言	chéng	[古] I am much indebted to you for your kindness, please don't keep anything back.
疏不间亲	shū bú jiàn qīn	distant relatives may not come between near ones
一见如故	yíjiàn rúgù	[成] feel like old friends at the first meeting
但说何妨	dàn shuō hé fáng	[古] why not just say it
水性无常	shuǐxìng wúcháng	as fickle as water
旧约	jiùyuē	[古] former lover
以为他适之地	yǐwèi tāshì zhī dì	[古] in order to marry somebody else
逾墙钻隙	yúqiáng zuānxì	[古] seduce a woman
		逾墙: to leap a wall 钻隙: to bore a hole
父子天伦	fùzǐ tiānlún	The sacred relationship between father and son
浮浪不经	fúlàng bùjīng	dissolute and reckless
同袍	tóngpáo	fellow officers, intimate friend
茫然自失	mángrán zìshī	be at a loss about what to do
移席问计	yíxí wènjì	[古] move the seat closer to ask for advice
溺枕席之爱	nì zhěnxí zhī ài	[古] indulge in sensual pleasure
空费词说	kōng fèi císhuō	[古] 白白地说了许多话，不起任何作用
恩人	ēnrén	benefactor
何惮而不言	hé dàn ér bù yán	[古] Why should you hesitate to speak?
飘零岁余	piāolíng suìyú	[古] wandering around over a year
严亲怀怒	yánqīn huáinù	[古] Your father is angry
闺阁离心	guīgé líxīn	[古] Your wife is displeased
<u>设身</u>以处兄之地	shèshēn	[古] put myself in your position
挥金如土	huījīn rútǔ	[成] throw money about like dirt
割衽席之爱	gē rénxí zhī ài	[古] give up one's lover
授馆	shòuguǎn	[古] teach in a private school
当无间言	dāng wú jiànyán	[古] there should be no any censure
为兄<u>效忠</u>于万一	xiàozhōng	[古] do what I can to serve you
顿开茅塞	dùn kāi máosài	[成] suddenly see the light; be suddenly enlightened
义难顿绝	yì nán dùn jué	[古] It would be unethical to sever relations with her abruptly
容<u>归</u>与商之	guī	[古] allow me to return to talk it over with her

却说杜十娘在舟中摆设酒果，欲与公子**小酌**，而**竟日**未回，挑灯以待。公子下船，十娘起迎。见公子颜色匆匆，似有不乐之意，乃满斟热酒劝之。公子摇首不饮，**一言不发**，竟自上床睡了。十娘心中不悦，乃收拾杯盘，为公子解衣就枕，问道："今日有何见闻，而**怀抱郁郁如此？**"公子叹息而已，终不启口。问了三四次，公子已睡去了。十娘**委决不下**，坐于床头而不能寐。到夜半，公子醒来，又叹一口气。十娘道："郎君有何难言之事，频频叹息？"公子拥被而起，欲言不语者几次，扑簌簌掉下泪来。十娘抱持公子于怀间，软言抚慰道："妾与郎君**情好已及二载**。千辛万苦，历尽艰难，得有今日。然相从数千里，未曾哀戚。今将渡江，方图百年欢笑，如何反起悲伤？必有缘故。夫妇之间，**死生相共**，有事尽可商量，**万勿讳也。**"公子再四被逼不过，只得含泪而言道："仆**天涯穷困**，蒙恩卿不弃，**委曲相从，诚乃莫大之德也。**但反复思之，老父位居方面，拘于礼法；况素性方严，恐添嗔怒，**必加黜逐。你我流荡，将何底止？**夫妇之欢难保，父子之伦又绝。日间蒙新安孙友邀饮，为我筹及此事，**寸心如割。**"十娘大惊道："郎君意将如何？"公子道："仆**事内之人，当局而迷。**孙友为我画一计颇善，但恐恩卿不从耳。"十娘道："孙友者何人？计如果善，何不可从？"公子道："孙友名富，新安盐商，少年风流之士也。夜间闻子清歌，因而问及。仆告以来历，并谈及难归之故。**渠意欲以千金聘汝。我得千金，**可藉口以见吾父母，而恩卿**亦得所天。**但情不能舍，是以悲泣。"说罢，泪如雨下。

十娘放开两手，冷笑一声道："为郎君画此计者，此人乃大英雄也。郎君千金之资，既得恢复，而妾归他姓，又不致**为行李之累。发乎情止乎礼，诚两便之策**也。那千金在哪里？"公子收泪道："**未得恩卿之诺，金尚留彼处，未曾过手。**"十娘道："明早快快**应承**了他，不可错过机会。但千金重事，须得兑足交付郎君之手，妾始过舟，勿为**贾竖子**所欺。"时已**四鼓**，十娘即起身，挑灯梳洗道："今日之妆，乃迎新送旧，**非比寻常。**"于是脂粉香泽，**用意修饰。**花钿绣袄，极其华艳。香风拂拂，**光采照人。**装束方完，天色已晓。孙富差家僮到船头候信。十娘微窥公子欣欣似有喜色，乃催公子快去回话，及早兑足银子。公子亲到孙富船中，回复依允。孙富道："**兑银易事，须得丽人妆台为信。**"公子又回复了十娘。十娘即指描金文具

宜放婉曲	yí fàng wǎnqǔ	[古] it is better to be tactful
小酌	xiǎozhuó	drinks with snacks
竟日	jìngrì	[古] the whole day; all day
一言不发	yìyán bùfā	not say a word
怀抱郁郁如此	huáibào yùyù rúcǐ	[古] feel so depressed
委决不下	wěijué búxià	[古] ill at ease
情好已及二载	qínghǎo yǐ jí èrzǎi	[古] be in love for two years
千辛万苦	qiānxīn wànkǔ	[古] go through innummerable hardships
死生相共	sǐshēng xiānggòng	[古] share a common destiny
万勿讳也	wàn wù huì yě	[古] don't keep your worries from me
天涯穷困	tiānyá qióngkùn	[古] be povety-stricken and far away from home
委曲相从	wěiqū xiāngcóng	[古] stoop yourself and follow me
诚乃莫大之德也	chéng nǎi mò dà zhī dé yě	[古] this is indeed a great favor to me
必加黜逐	bì jiā chùzhú	[古] to drive us out of the family
你我<u>流荡</u>,将何<u>底止</u>	liúdàng...dǐzhǐ	[古] We will be forced to wander, and who knows when that will stop
寸心如割	cùnxīn rú gē	[古] feel as if a knife were piercing one's heart
事内之人,当局而迷	shì nèi zhī rén, dāng jú ér mí	[古] the player cannot see the chess game clearly
渠	qú	[古] he
亦得所天	yì dé suǒ tiān	[古] also get an ideal husband
情不能舍,是以悲泣	qíng bùnéng shě, shìyǐ bēiqì	[古] I cannot bear to leave you, therefore I am weeping
为行李之累	wéi xínglǐ zhī lèi	[古] become a burden for you
发乎情止乎礼	fā hū qíng zhǐ hū lǐ	[古] an action impelled by emotion stops within the limit of propriety
诚两便之策也	cè	[古] this is indeed a plan that suits us both
未得恩卿之诺	wèidé ēnqīng zhī nuò	[古] I have not received you consent
尚留彼处	shàng liú bǐ chù	[古] (the money) is still with him
应承	yìngchéng	Agree (to do something); consent
贾竖子	gǔshùzǐ	[古] businessman
四鼓	sìgǔ	2:00 a.m. to 4:00 a.m.
非比寻常	fēi bǐ xúncháng	[古] this is not a usual occasion
用意修饰	yòngyì xiūshì	[古] meticulously adorn herself
光采照人	guāngcǎi zhàorén	[古] her beauty was dazzling
须得丽人<u>妆台</u>为信	zhuāngtái	[古] I must get her dressing box as a pledge

21

道："可便抬去。"孙富甚喜，即将白银一千两送到公子船中。十娘亲自检看，足色足数，**分毫无爽**。乃手把船舷，以手招孙富。孙富一见，**魂不附体**。十娘启朱唇开皓齿道："方才箱子可暂发来。内有李郎**路引**一纸，可检还之也。"孙富视十娘已为**瓮中之鳖**，即命家僮送那描金文具，安放于船头之上。

十娘取钥开锁，内皆抽屉小箱。十娘叫公子抽第一层来看。只见翠羽明珰，瑶簪宝珥，充牣于中，约值数百金。十娘遽投之江中。李甲与孙富及两船之人，无不惊讶。又命公子再抽一箱，乃玉箫金管；又抽一箱，尽古玉紫金玩器，约值数千金。十娘尽投之于水。舟中岸上之人，**观者如堵**，齐声道："可惜可惜！"不知什么缘故。最后又抽一箱，箱中复有一匣；开匣视之，夜明之珠，约有盈把。其他祖母绿、猫儿眼，诸般异宝，目所未睹，**莫能定其价之多少**。众人齐声喝采，**喧声如雷**。十娘又欲投之于江，李甲不觉大悔，抱持十娘恸哭。那孙富也来劝解。

十娘推开公子在一边，向孙富骂道："我与李郎**备尝艰苦**，不是容易到此。汝以奸淫之意，**巧为谗说**。一旦破人姻缘，断人恩爱，乃我之**仇人**。**我死而有知，必当诉之神明**，尚妄想枕席之欢乎？"又对李甲道："妾风尘数年，**私有所积**，本为终身之计。自遇郎君，山盟海誓，**白首不渝**。前出都之际，假托众姐妹相赠。箱中韫藏百宝，不下万金。将**润色郎君**之装，归见父母。或怜妾有心，**收佐中馈**，**得终委托，生死无憾**。谁知郎君相信不深，**惑于浮议，中道见弃**，负妾一片真心。今日当众目之前开箱出视，使君知区区千金未为难事。妾椟中有玉，恨郎**眼内无珠**。命之不辰，风尘困瘁；**甫得脱离，又遭弃捐**。今众人各有耳目，共作证明。妾不负郎君，郎君自负妾耳。"

于是众人聚观者无不流涕，都唾骂李公子负心**薄幸**。公子又羞又苦，且悔且泣。方欲向十娘**谢罪**，十娘抱持宝匣，向江心一跳。众人急呼捞救，但见云暗江心，**波涛滚滚，杳无踪影**。可惜一个**如花似玉**的名姬，一旦**葬于江鱼之腹**。

三魂渺渺归水府，七魄悠悠入冥途。

当时，旁观之人皆**咬牙切齿**，争欲拳殴李甲和那孙富。慌得李孙二人**手足无措**，急叫开船，分途遁去。

分毫无爽	fēnháo wúshuǎng	[古] the amount is correct; without the slightest error
魂不附体	hún bú fùtǐ	[成] feel as if one's soul has left one's body
路引	lùyǐn	[古] travel permit
捡还之	jiǎn huán zhī	[古] pick it out and return it to
瓮中之鳖	wèngzhōng zhī biē	[成] a turtle in a jar –bottled up; trapped
两岸<u>观者如堵</u>	guānzhě rú dǔ	[古] the banks become cramped up with spectators
莫能定其价之多少		[古] cannot determine how much its value was
喧声如雷	xuānshēng rú léi	[古] clamors as loud as thunder
备尝艰苦	bèi cháng jiānkǔ	[古] suffer untold hardships
巧为谗说	qiǎo wéi chánshuō	[古] say something slanderous cleverly
仇人	chóurén	personal enemy
死而有知，必当诉之<u>神明</u>	shénmíng	[古] If my spirit survives after death, I will certainly take my case to the gods.
<u>尚妄想枕席之欢乎</u>	wàngxiǎng zhěnxí zhī huān	[古] You can stop your wishful thinking about making merry with me in bed!
私有所积	sī yǒu suǒ jī	[古] have some savings in secret
白首不渝	báishǒu bù yú	[古] a love that will never change even when hair turns white
润色郎君之装	rùnsè lángjūn zhī zhuāng	[古] improve the value of your luggage
收佐中馈	shōu zuǒ zhōngkuì	[古] take me to assist in cooking – take me as a housewife
得终委托	dé zhōng wěituō	I can finally submit myself to you
生死无憾	shēngsǐ wúhàn	to have no regrets, whether in living or dying
惑于浮议	huò yú fúyì	[古] swayed by unfounded words
中道见弃	zhōngdào jiàn qì	[古] abandon somebody midway
眼内无珠	yǎnnèi wú zhū	[古] have eyes but see not – possess no true discernment
甫得脱离	fǔ dé tuōlí	[古] escape from the bitter lot of a courtesan
又遭弃捐	yòu zāo qìjuān	[古] be abandoned by someone
薄幸	bóxìng	heartlessness (especially concerning love)
谢罪	xièzuì	apologize for an offence
波涛滚滚	bōtāo gǔngǔn	waves surge turbulently
杳无踪影	yǎo wú zōngyǐng	no trace at all
如花似玉	rúhuā sìyù	[成] like flowers and jade – (of a woman) young and beautiful
<u>葬</u>于江鱼之<u>腹</u>	zàng……fù	[古] become food for the fishes
咬牙切齿	yǎoyá qièchǐ	[成] gnash one's teeth in rage
手足无措	shǒuzú wúcuò	[成] at a loss what to do

李甲在舟中，看了千金，转忆十娘，终日愧悔，**郁成狂疾，终身不愈**。孙富那日受惊，得病卧床月余。终日见杜十娘在旁诟骂，**奄奄而逝**。人以为江中之报也。

却说柳遇春在京坐监完满，束装回乡。停舟瓜步，偶临江净脸，失坠铜盆于水，觅渔人**打捞**。及至捞起，乃是个小匣儿。遇春启匣观看，内皆明珠异宝，**无价之珍**。遇春厚赏渔人，留于床头把玩。是夜，梦见江中一女子**凌波而来**。视之，乃杜十娘也。近前**万福**，诉以李郎薄幸之事。又道："向承君家慷慨，以一百五十金相助。本意**息肩**之后，**徐图报答**，不意事无终始。然**每怀盛情，悒悒未忘**。早间曾以小匣托渔人奉致，**聊表寸心**。从此不复相见矣！"**言讫而逝**。遇春猛然惊醒，方知十娘已死，叹息累日。

后人评论此事，以为孙富谋夺美色，轻掷千金，固非良士。李甲不识杜十娘一片苦心，**碌碌蠢才，无足道者**。独谓十娘**千古女侠**，岂不能**觅一佳侣，共跨秦楼之凤**；乃错认李公子，明珠美玉，投于盲人，以致恩变为仇。万种恩情，**化为流水**，深可惜也！有诗叹云：

> 不会风流莫妄谈，单单情字费人参，
>
> 若将情字能参透，唤作风流也不惭。

郁成狂疾，终身不痊	yùchéng kuángjí, zhōngshēn bù quán	[古] He took leave of his senses, never to recover them for the rest of his life.
奄奄而逝	yǎnyǎn ér shì	[古] getting weaker and then die
打捞	dǎlāo	salvage; get something out of the water
无价之珍	wújià zhī zhēn	[古] priceless treasure
凌波而来	língbō ér lái	[古] coming over the waves
万福	wànfú	[古] (said of a woman) a gesture to show politeness equivalent to a curtsy in the Western world
息肩	xí jiān	[古] settle down
徐图报答	xú tú bàodá	[古] repay your kindness later on
每怀盛情，悒悒未忘	yìyì wèi wàng	[古] I often remember your kindness and never forget it.
聊表寸心	liáo biǎo cùnxīn	[古] as a small token of my feelings; just to show my appreciation
言讫而逝	yán qì ér shì	[古] be gone after saying such words
碌碌蠢才，无足道者	lùlù chǔncái	[古] an incompetent man who isn't worth mentioning
千古女侠	qiāngǔ nǚxiá	a heroine through the ages
觅一佳侣	mì yī jiālǚ	find a good mate
共跨秦楼之凤	gòng kuà qín lóu zhī fèng	[古] get married and live happily
化为流水	huà wéi liúshuǐ	[古] turn into flowing water - all of one's efforts wasted

（二）卖油郎独占花魁

《醒世恒言》第三卷

年少争夸风月，场中波浪偏多。有钱无貌意难和，有貌无钱不可。

就是有钱有貌，还须着意揣摩。知情知趣俏哥哥，此道谁人赛我。

这首词名为《西江月》，是**风月机关中撮要之论**。常言道"**妓爱俏，妈爱钞**。"所以**子弟行**中，有了**潘安般貌，邓通般钱**，自然上和下睦，做得烟花寨内的大王，鸳鸯会上的主盟。然虽如此，还有个两字经儿，叫做"**帮衬**"。帮者，如鞋之有帮；衬者，如衣之有衬。但凡做**小娘**的，有一分所长，得人衬贴，就当十分。若有短处，**曲意**替她**遮护**，更兼**低声下气**，送暖偷寒，**逢其所喜，避其所讳，以情度情**，岂有不爱之理。这叫做帮衬。风月场中，只有会帮衬的最讨便宜，无貌而有貌，无钱而有钱。假如郑元和在卑田院做了乞儿，此时**囊箧俱空，容颜非旧**，李亚仙于雪天遇之，便动了一个**恻隐之心**，将绣襦包裹，美食供养，与他做了夫妻。这岂是爱他之钱，恋他之貌？只为郑元和**识趣知情**，善于帮衬，所以亚仙心中舍他不得。你只看亚仙病中想马板肠汤吃，郑元和就把个五花马杀了，取肠煮汤奉之。只这一节上，亚仙如何不念其情。后来郑元和**中了状元**，李亚仙封为汧国夫人。莲花落打出万年策，卑田院只做了白玉堂。一床锦被遮盖，风月场中反为美谈。这是：

运退黄金失色，时来铁也生光。

话说大宋自太祖开基，太宗嗣位，历传真、仁、英、神、哲，共是七代帝王，都则**偃武修文，民安国泰**。到了徽宗道君皇帝，信任蔡京、高俅、杨戬、朱勔之徒，**大兴苑囿，专务游乐，不以朝政为事**。以致万民嗟怨，金虏乘之而起，把花锦般一个世界，弄得**七零八落**。直至二帝蒙尘，高宗泥马渡江，偏安一隅，天下分为南北，方得休息。其中数十年，百姓受了多少苦

Selected by C. P. Chou
Text prepared by Joanne Chiang
Vocabulary prepared by Joanne Chiang

风月机关	fēngyuè jīguān	[古] the arena of love
撮要之论	cuōyào zhī lùn	[古] elementary outline (of a subject)
妓爱俏，妈爱钞	qiào...chāo	[古] 妓女喜欢漂亮的客人，老鸨 (madam of brothels)却喜欢有钱的客人
子弟行	zǐdìháng	[古] 嫖客们；visitors of brothels
潘安般貌	Pān An bān mào	as beautiful as Pan An (a famous poet in Jin Dynasty who was reputedly exceedingly handsome)
邓通般钱	Dèng Tōng bān qián	as rich as Deng Tong (the early Han minister who was allowed to mint his own currency and was therefore exceedingly rich)
帮衬	bāngchèn	[古] sincere attentiveness
帮	bāng	upright side of boots
衬	chèn	underlining
小娘	xiǎoniáng	[古] prostitute
曲意遮护	qūyì zhēhù	[古] protect somebody by special or roundabout methods
低声下气	dīshēng xiàqì	[成] speak humbly and under one's breath; be obsequious
逢其所喜	féng qí suǒ xǐ	[古] cater to another's wishes
避其所讳	bì qí suǒ huì	[古] avoid what one dislikes
以情度情	yǐ qíng duó qíng	[古] be empathic
郑元和	Zhèng Yuánhé	the hero of the famous story "The Courtesan Li Wa" in Tang Dynasty
囊箧俱空	nángqiè jùkōng	with empty pockets; penniless; broke
容颜非旧	róngyán fēijiù	appearance is no longer the same as before
李亚仙	Lǐ Yàxiān	the heroine of the famous story "The Courtesan Li Wa" in Tang Dynasty
恻隐之心	cèyǐn zhī xīn	compassion
识趣知情	shíqù zhīqíng	full of tenderness and tact
中状元	zhòng zhuàngyuán	come first in the highest imperial examination
偃武修文	yǎnwǔ xiūwén	desist from military activities and encourage culture and education
民安国泰	mín'ān guótài	also 国泰民安，the country is prosperous and the people live in peace
大兴苑囿	dàxīng yuànyòu	[古] squander a great deal of time and money on the construction or royal palaces and gardens
专务游乐	zhuānwù yóulè	[古] pursue only pleasure; be hedonistic
不以朝政为事	cháozhèng	[古] completely neglect affairs of the state
万民嗟怨	wànmín jiēyuàn	[古] resentment arises among the people
金虏	Jīn lǔ	[古] Tartars (the Jurchen)
七零八落	qīlíng bāluò	in disorder; scattered here and there

楚。正是：

> 甲马丛中立命，刀枪队里为家。
>
> 杀戮如同戏耍，抢夺便是生涯。

内中单表一人，乃**汴梁**城外安乐村居住，姓莘，名善，**浑家**阮氏。夫妻两口，开个六陈铺儿。虽则**粜米为生**，一应麦豆茶酒油盐杂货，无所不备，**家道颇颇得过**。年过四旬，只生一女，小名叫做瑶琴。自小生得清秀，更且资性聪明。七岁上，送在村学中读书，日诵千言。十岁时，便能吟**诗作赋**。曾有《闺情》一绝，为人传诵。诗云：

> 朱帘寂寂下金钩，香鸭沉沉冷画楼。
>
> 移枕怕惊鸳并宿，挑灯偏恨蕊双头。

到十二岁，**琴棋书画，无所不通**。若提起**女工**一事，飞针走线，**出人意表**。此乃天生伶俐，非教习之所能也。莘善因为自家无子，要寻个**养女婿**，来家靠老。只因女儿灵巧多能，**难乎其配**。所以求亲者颇多，都不曾许。不幸遇了金虏**猖獗**，把汴梁城围困，四方**勤王之师**虽多，宰相主了和议，不许厮杀，以致虏势愈甚。打破了京城，劫迁了二帝。那时城外百姓，一个个**亡魂丧胆**，**携老扶幼**，弃家逃命。

却说莘善领着浑家阮氏，和十二岁的女儿，同一般**逃难**的，背着包裹，结队而走。忙忙如**丧家之犬**，急急如**漏网之鱼**。担渴担饥担劳苦，此行谁是家乡；叫天叫地叫祖宗，惟愿不逢鞑虏。正是：

> 宁为太平犬，莫作乱离人。

正行之间，谁想**鞑子**倒不曾遇见，却逢着一阵败残的**官兵**。他看见许多逃难的百姓，多背得有包裹，假意呐喊道："鞑子来了！"沿途放起一把火来。此时天色将晚，吓得众百姓**落荒乱窜**，你我不相顾。他就**乘机抢掠**。若不肯与他，就杀害了。这是乱中生乱，苦上加苦。却说莘氏瑶琴，被乱军冲突，跌了一交，爬起来，不见了爹娘。不敢叫唤，躲在道旁古墓中，过了一夜。到天明，出外看时，但见**满目风沙**，**死尸横路**。昨日同时避难之人，都**不知所往**。瑶琴思念父母，痛哭不已。欲待寻访，又不认得路径。只得望南而行。哭一步，捱一步。**约莫**走了二里之程。心上又苦，腹中又饥。望见土房一所，想必其中有人，欲待求乞些汤饮。及至向前，却是破败的空屋，人口俱逃难去了。瑶琴坐于土墙之下，哀哀而哭。自古道：**无巧不成话**。恰

汴梁	Biànliáng	the capital of Song dynasty
莘善	Shēn Shàn	personal name
浑家	hún.jiā	[古] wife
六陈铺儿	liùchénpùr	[古] grain shop. 米、大麦、小麦、大豆、小豆、芝麻 等六种粮食可以久藏，所以叫做"六陈"——六种可以放很久的粮食
粜米为生	tiào mǐ wéishēng	[古] make a living by selling rice
一应	yíyìng	all; everything
家道颇颇得过	pō	[古] the economic condition of the family is prosperous in a modest way
四旬	sìxún	forty year old
瑶琴	Yáoqín	personal name
吟诗作赋	yínshī zuòfù	compose poems
琴棋书画无所不通	qín qí shū huà	equally adept in music, chess, calligraphy, and painting
女工	nǚgōng	[古] needlework
出人意表	chū rén yìbiǎo	go beyond expectation
养女婿	yǎng nǚ.xù	a son-in-law who marries into bride's family and takes her family name
难乎其配	nán hū qí pèi	[古] it is hard to find a suitable match
求亲	qiúqīn	to ask for marriage between two families
猖獗	chāngjué	rampant
勤王之师	qín wáng zhī shī	the troops sent to support king when the latter is in trouble
主和议	zhǔ héyì	believe in peace negotiation
亡魂丧胆	wánghún sàngdǎn	be scared out of one's wits; be half dead with fright
携老扶幼	xiélǎo fúyòu	also 扶老携幼，bringing along the old and the young
逃难	táonàn	flee from a calamity (esp. a war)
丧家之犬	sàngjiā zhī quǎn	a stray cur
漏网之鱼	lòuwǎng zhī yú	a fish that has slipped through the net – fugitive; runaway
鞑子	dázi	Tartars
官兵	guānbīng	government troops
落荒乱窜	luòhuāng luàncuàn	flee to the wild
乘机抢掠	chéngjī qiǎnglüè	seize the opportunity to loot
满目风沙	mǎnmù fēngshā	dust flying all over
死尸横路	sǐshī hénglù	dead bodies strewn everywhere
不知所往	bùzhī suǒwǎng	be nowhere to be seen
约莫	yuē.mò	about; roughly
无巧不成话	wúqiǎobùchénghuà	without coincidences there would be no stories

好有一人从墙下而过。那人姓卜，名乔，正是莘善的近邻。平昔是个**游手游食、不守本分**，惯吃白食、用白钱的主儿，人都称他是卜大郎；也是被官军冲散了同伙，今日独自而行。听得啼哭之声，慌忙来看。瑶琴自小相识，今日**患难之际，举目无亲**，见了近邻，分明见了亲人一般，急忙收泪，起身相见，问道："卜大叔，可曾见我爹妈么？"卜乔心中暗想："昨日被官军抢去包裹，正没**盘缠**。天生这碗衣饭，送来与我，正是**奇货可居**。"便扯个谎，道："你爹和妈，寻你不见，**好生**痛苦。如今前面去了，**分付**我道：'倘或见我女儿，千万带了她来，送还了我。'**许我厚谢**。"瑶琴虽是聪明，正当无**可奈何之际**，君子可欺以其方，遂**全然**不疑，随着卜乔便走。正是：

情知不是伴，事急且相随。

卜乔将随身带的**干粮**，把些与她吃了，分付道："你爹妈连夜走的。若路上不能相遇，直要过江到建康府，方可相会。一路上同行，我权把你当女儿，你权叫我做爹。不然，只道我收留迷失子女，**不当稳便**。"瑶琴依允。从此陆路同步，水路同舟，爹女相称。到了建康府，路上又闻得金兀术四太子，引兵渡江，眼见建康不得宁息。又闻得康王即位，已在杭州**驻跸**，改名临安。遂趁船到润州。过了苏常嘉湖，直到临安地面，暂且饭店中居住。也亏卜乔，自汴京至临安，三千余里，带那莘瑶琴下来。身边藏下些散碎银两，都用尽了，连身上外盖衣服，脱下准了店钱。只剩下莘瑶琴一件**活货**，欲行**出脱**。访得西湖上**烟花**王九妈家要讨养女，遂引九妈到店中，**看货还钱**。九妈见瑶琴生得**标致**，讲了财礼五十两。卜乔**兑**足了银子，将瑶琴送到王家。原来卜乔**有智**，在王九妈前只说："瑶琴是我亲生之女，不幸到你**门户人家**，须是**软款**的教训，她自然**从愿**，不要**性急**。"在瑶琴面前又说："九妈是我**至亲**，权时把你**寄顿**她家；待我**从容**访知你爹妈**下落**，再来领你。"以此，瑶琴欣然而去。

可怜绝世聪明女，堕落烟花罗网中。

王九妈新讨了瑶琴，将她浑身衣服，换个新鲜，藏于曲楼深处。终日好茶好饭，去将**息**她，好言好语，去温暖她。瑶琴**既来之则安之**。住了几日，不见卜乔回信。思量爹妈，噙着两行珠泪，问九妈道："卜大叔怎不来看我？"九妈道："哪个卜大叔？"瑶琴道："便是引我到你家的那个卜大郎。"九妈道："他说是你的亲爹。"瑶琴道："他姓卜，我姓莘。"遂把汴

卜乔	Bǔ Qiáo	personal name
游手游食	yóushǒu yóushí	[古] idle about and do no decent job
不守本分	bùshǒu běnfèn	to not act properly in accordance with one's status
吃白食, 用白钱	chī báishí, yòng báiqián	吃别人的饭，用别人的钱，自己什么钱都不花
主儿	zhǔér	person of a specified type
患难之际	huànnàn zhī jì	in a time of trouble
举目无亲	jǔmù wúqīn	[成] have no one to turn to (for help)
盘缠	pánchan	[古] money for traveling expenses
奇货可居	qíhuò kějū	[成] a rare commodity worth hoarding
好生	hǎoshēng	[古] very; very much
分付	fēn.fù	tell; instruct
许我厚谢	xǔ wǒ hòuxiè	[古] promise me a big reward
无可奈何	wúkě nàihé	[成] have no way out; have no alternative
全然不疑	quánrán bùyí	[古] with no suspicion at all
干粮	gānliáng	solid food (prepared for a journey)
权	quán	tentatively; for the time being
不当稳便	búdàng wěnbiàn	[古] inappropriate; improper
驻跸	zhùbì	(of a monarch on a tour) stay temporarily
活货	huóhuò	活的东西
出脱	chūtuō	[古] 卖出
烟花	yānhuā	prostitute; the profession of prostitution
看货还钱	kànhuò huánqián	look at the goods and bargain about the price
标致	biāozhì	漂亮
兑	duì	换；exchange
有智	yǒuzhì	[古] smart; clever
门户人家	ménhù rénjiā	[古] brothels
软款	ruǎnkuǎn	[古] kind and gentle
从愿	cóngyuàn	[古] follow your wish; be obedient
性急	xìngjí	impatient; short-tempered
至亲	zhìqīn	very close relative; close kin
寄顿	jìdùn	to place in safekeeping
从容	cóngróng	calm and unhurried
下落	xiàluò	whereabouts
将息	jiāngxī	[古] rest; recuperate
既来之则安之	jì lái zhī zé ān zhī	[成] Since you're here, you may as well stay and make the best of it

梁逃难，**失散**了爹妈，中途遇见了卜乔，引到临安，并卜乔**哄**她的说话，细述一遍。九妈道："原来**恁地**。你是个孤身女儿，**无脚蟹**。我**索性**与你说明罢！那姓卜的把你卖在我家，得银五十两去了。我们是门户人家，靠着**粉头**过活。家中虽有三四个养女，并没个**出色**的。爱你**生得齐整**，把做个亲女儿相待。待你长成之时，包你穿好吃好，一生**受用**。"瑶琴听说，方知被卜乔所骗，放声大哭。九妈**劝解**，良久方止。自此九妈将瑶琴改做王美，一家都称美娘。教她**吹弹歌舞**，无不尽善。长成一十四岁，**娇艳非常**。临安城中这些富豪公子，慕其容貌，都备着**厚礼**求见。也有爱**清标**的，闻得她写作俱高，求诗求字的，日不离门；弄出天大的名声来，不叫她美娘，叫她做**花魁娘子**。西湖上子弟编出一只《掛枝儿》，单道那花魁娘子的好处：

小娘中，谁似得王美儿的标致？又会写，又会画，又会作诗，吹弹

歌舞都余事。常把西湖比西子，就是西子比她也还不如！哪个有福的汤

着她身儿，也情愿一个死。

只因王美有了个**盛名**，十四岁上就有人来讲**梳弄**。一来王美不肯，二来王九妈把女儿做金子看成，见她心中不允，分明奉了一道**圣旨**，并不敢**违拗**。又过了一年，王美年方十五。原来门户中梳弄，也有个规矩。十三岁太早，谓之"试花"，皆因**鸨儿**爱财，不顾痛苦；那子弟也止**博个虚名**，不得十分畅快取乐。十四岁，谓之"开花"。此时**天葵**已至，男施女受，也算当时了。到十五，谓之"摘花"。在平常人家，还算年小，唯有门户人家，以为过**时**。王美此时未曾梳弄，西湖上子弟，有编出一支《掛枝儿》来：

王美儿，似木瓜，空好看。十五岁还不曾与人汤一汤，有名无实成

何干！便不是石女，也是二行子的娘。若还有个好好的，羞羞也如何熬

得这些时痒？

王九妈听得这些**风声**，怕坏了门面，来劝女儿**接客**。王美执意不肯，说道："要我会客时，除非见了亲生爹妈。他肯作主时，方才**使得**。"王九妈心里又恼她，又不舍得难为她。捱了好些时，偶然有个金二**员外**，大富之家，情愿出三百两银子，梳弄美娘。九妈得了这主大财，心生一计。与金二员外商议，若要他成就，除非如此如此。金二员外**意会**了。其日八月十五日，只说请王美湖上看潮。请至舟中，三四个**帮闲**，俱是会中之人，**猜拳行令，做好做歉**，将美娘灌得**烂醉如泥**。扶到王九妈家楼中，卧于床上，不省

32

失散	shīsàn	be separated from and lose touch with each other
哄	hǒng	cheat; deceive
恁地	rèn.de	[古] 这样；这么
无脚蟹	wújiǎoxiè	[古] a crab without legs – someone who has no one to depend on
索性	suǒxìng	simply; just; might as well
粉头	fěntóu	[古] 妓女; prostitute
出色	chūsè	outstanding; splendid
齐整	qízhěng	[古] 漂亮
受用	shòuyòng	[古] feel comfortable
劝解	quànjiě	help somebody to get over his worries, etc.
娇艳非常	jiāoyàn fēicháng	extraordinarily beautiful
厚礼	hòulǐ	generous gifts
清标	qīngbiāo	literary pursuits; elegant manners
花魁娘子	huākuí	妓女中最出色的
盛名	shèngmíng	great reputation
梳弄	shūnòng	[古] (of young girl raised in singsong house) formally receives a man in bed for the first time
圣旨	shèngzhǐ	imperial edict
违拗	wé'iào	defy (one's superiors or elders); disobey
鸨儿	bǎoér	procuress; madam; a woman running a brothel
博个虚名	bó.ge xūmíng	earn a false reputation
天葵	tiānkuí	[古] menstruation
当时	dāngshí	[古] at the proper time
过时	guòshí	[古] past the right time
风声	fēngshēng	rumor
接客	jiēkè	(of a prostitute) receive or sleep with a patron
使得	shǐ.de	[古] 可以；行
员外	yuánwài	[古] address of a rich land-owner, etc., somewhat like "esquire"
意会	yìhuì	understand; learn; sense
帮闲	bāngxián	[古] friends, dependents of the rich who give advice in their idleness
猜拳行令	cāiquán xínglìng	to play wine-drinking games
做好做歉	zuòhǎo zuòqiàn	[古] urge and persuade
烂醉如泥	lànzuì rúní	be dead drunk; be as drunk as a fish
不省人事	bùxǐng rénshì	be unconscious; be in a coma

人事。此时天气和暖，又没几层衣服。妈儿亲手伏侍，**剥得她赤条条**，任凭金二员外行事。金二员外**那话儿**，又非 **兼人之具**，轻轻的撑开两股，用些**涎沫**，送将进去。比及美娘梦中觉痛，醒将转来，已被金二员外耍得够了。欲待**挣扎**，争奈手足俱软，由他轻薄了一回。直待**绿暗红飞**，方始雨**收云散**。正是：

　　　　雨中花蕊方开罢，镜里娥眉不似前。

　　五鼓时，美娘酒醒，已知鸨儿用计，破了身子。自怜**红颜命薄**，遭此强横。起来**解手**，穿了衣服，自在床边一个斑竹榻上，朝着里壁睡了，暗暗垂泪。金二员外来亲近她时，被她劈头劈脸，抓有几道血痕。金二员外好生没趣，捱得天明，对妈儿说声："我去也。"妈儿要留他时，已自出门去了。从来梳弄的子弟，早起时，妈儿进房贺喜，行户中都来称庆，还要吃几日喜酒。那子弟多则住一二月，最少也住半月二十日。只有金二员外侵早出门，是从来未有之事。

　　王九妈连叫**诧异**，披衣起身上楼。只见美娘卧于榻上，满眼流泪。九妈要哄她**上行**，连声**招许多不是**，美娘只不开口。九妈只得下楼去了。美娘哭了一日，茶饭不沾。从此**托病**，不肯下楼，连客也不肯会面了。

　　九妈心下焦躁，欲待把她凌虐，又恐她**烈性不从**，反冷了她的心肠。欲待由她，本是要她赚钱，若不接客时，就养到一百岁也没用。**踌躇**数日，**无计可施**。忽然想起，有个**结义妹子**，叫做刘四妈，时常往来。她能言快语，与美娘甚说得着。何不接取她来，下个说词。若得她回心**转意**，大大的烧个利市。当下叫保儿去请刘四妈到前楼坐下，**诉以衷情**。刘四妈道："**老身**是个**女随何，雌陆贾；说得罗汉思情，嫦娥想嫁**。这件事都在老身身上。"九妈道："若得如此，做姐的情愿与你磕头。你多吃杯茶去，省得说话时口干。"刘四妈道："老身天生这副海口，便说道明日，还不干哩！"刘四妈吃了几杯茶，转到后楼，只见楼门紧闭。刘四妈轻轻的叩了一下，叫声："**侄女！**"美娘听得是四妈声音，便来开门，两下相见了。四妈靠桌朝下而坐，美娘旁坐相陪。四妈看她桌上铺着一幅细绢，才画得个美人的脸儿，还未曾**着色**。四妈称赞道："画得好！真是巧手！九阿姐不知怎生样造**化**，偏生遇着你这一个**伶俐**女儿！又好人物，又好技艺！就是堆上几千两黄金，满临安走遍，**可寻出个对儿么？**"美娘道："**休得**见笑。今日甚风吹得

剥得他赤条条	bō...chìtiáotiáo	strip her naked
那话儿	nàhuàr	那个东西（指着不好明白说出的东西）
兼人之具	jiānrén zhī jù	something that doubles the size of an ordinary one
涎沫	xiánmò	saliva
挣扎	zhēngzhá	struggle
绿暗红飞,雨收云散	lǜ àn hóng fēi, yǔ shōu yún sàn	only when the green leaves have turned dark and the flowers have scattered, the rain stops and the clouds disperse. 云雨: the sport of clouds and rain – sexual intercourse
五鼓	wǔgǔ	4:00 a.m. to 6:00 a.m.
红颜命薄	hóngyán mìngbó	[成] also 红颜薄命，beautiful women suffer unhappy fates
解手	jiěshǒu	[古] relieve oneself; go to the toilet
诧异	chàyì	be surprised; be astonished
上行	shànghàng	[古] (said of a prostitute) start to receive guests
招许多不是	zhāo	[古] apologize; acknowledge one's fault
托病	tuōbìng	plead illness
烈性不从	lièxìng bùcóng	will not comply because of the fiery and forthright character
踌躇	chóuchú	hestitate
无计可施	wújì kěshī	[成] have exhausted one's whole bag of tricks
结义妹子	jiéyì mèizi	sworn sister
回心转意	huíxīn zhuǎnyì	change one's mind; have a change of heart
保儿	bǎoér	[古] male servant in a brothel
诉以衷情	sù yǐ zhōngqíng	tell somebody all one's troubles
老身	lǎoshēn	[古] I (used by an old woman)
女随何，雌陆贾	nǚ Suí Hé, cí Lù Jiǎ	[古] 随何、陆贾 were two political advisers in the early second century B.C. who were famous for their eloquence. 刘四妈说自己是个女的随何、陆贾，很会说话
罗汉思情，嫦娥想嫁	luóhàn sīqíng, Cháng'é xiǎngjià	I can talk an arhat (a Buddhist saint) into falling into love, and I can persuade the fairy of the moon to consider marriage.
磕头	kē tóu	kowtow
侄女	zhí.nǚ	niece
着色	zhuósè	put color on; color
怎生	zěnshēng	[古] how
造化	zàohuà	luck; fortune, lucky; fortunate
伶俐	línglì	clever; bright
可寻出个对儿么	xún	How could anyone find a girl comparable with you!
休得	xiūde	[古] don't

姨娘到来？"刘四妈道："老身时常要来看你，只为家务在身，不得空闲。闻得你恭喜梳弄了，今日**偷空**而来，特特与九阿姐叫喜。"美儿听得提起梳弄二字，满脸通红，低着头不来答应。刘四妈知道她害羞，便把椅儿掇上一步，将美娘的手儿牵着，叫声："我儿，做小娘的，**不是个软壳鸡蛋**，怎的**这般嫩得紧**？似你怎地怕羞，如何赚得大主银子？"美娘道："我要银子做甚？"四妈道："我儿，你便不要银子，做娘的看得你长大成人，难道不要**出本**？自古道：**靠山吃山，靠水吃水**。九阿姐家有几个粉头，哪一个赶得上你的脚跟来？**一园瓜，只看得你是个瓜种**。九阿姐待你也不比其他。你是个聪明伶俐的人，也须**识些轻重**。闻得你自梳弄之后，一个客也不肯相接，是什么意儿？都像你的意时，一家人口，似**蚕**一般，哪个把**桑叶**喂他？做娘的**抬举**你一分，你也要与她**争口气儿**，莫要反**讨**众丫头**批点**。"美娘道："由她批点，**怕怎的**！"刘四妈道："啊呀！批点是小事。你可晓得门户中的**行径**么？"美娘道："行径便怎的？"刘四妈道："我们门户人家，吃着女儿，穿着女儿，用着女儿。侥幸讨得一个象样的，分明是**大户人家**置了一所良田美产。年纪幼小时，巴不得风吹得大。到得梳弄过后，便是田产成熟日日指望**花利**到手受用。前门迎新，后门送旧；张郎送米，李郎送柴；往来热闹，才是个出名的姐妹行家。"美娘道："羞答答，我不做这样事！"刘四妈掩着口，格的笑了一声，道："不做这样事，可是由得你的？一家之中，有妈妈做主。做小娘的若不依她教训，动不动一顿皮鞭，打得你不生不死。那时不怕你不走她的路儿。九阿姐一向不**难为**你，只可惜你聪明标致，从小娇养的，要**惜**你的**廉耻**，**存**你的**体面**。方才告诉我许多话，说你**不识好歹**，**放着鹅毛不知轻，顶着磨子不知重**，心下好生不悦，教老身来劝你。你若执意不从，惹她性起，一时**翻**过脸来，骂一顿，打一顿，**你待走上天去**！凡事只怕起个头。若打破了头时，朝一顿，暮一顿，那时熬这些痛苦不过，只得接客，却不把千金声价弄得低微了？还要被姐妹中笑话！依我说，**吊桶已自落在她井里，挣不起了**。不如千欢万喜，倒在娘的怀里，落得自己快活。"美娘道："奴是好人家儿女，**误落风尘**。倘得姨娘主张**从良**，胜造九级浮图。若要我倚门献笑，送旧迎新，宁甘一死，决不情愿！"四妈道："我儿，从良是个有志气的事，怎么说道不该！只是从良也有几等不同。"美娘道："从良有甚不同之处？"刘四妈道："有个真从良，有个假从良。有个苦从

偷空	tōukòng	take time off (from work to do something else)
不是个<u>软壳鸡蛋</u>，怎的这般<u>嫩</u>得紧	ruǎnké jīdàn nèn	[古] How could you be as tender-skinned as a soft-shelled egg?
出本	chūběn	[古] get the investment back
靠山吃山，靠水吃水		Live by the mountain, live off the mountain; live by the sea live off the sea
一园瓜，只看得你是个<u>瓜种</u>	guāzhǒng	In her field, you are the only melon she can depend on for some seeds
识轻重	shí qīngzhòng	know how to weigh and compare things
蚕	cán	silk worm
桑叶	sāngyè	mulberry leaves
抬举	táijǔ	praise or promise to show favor to him/her
争口气	zhēng kǒu qì	try to make a good showing; try to win credit for
讨…批点	pīdiǎn	[古] be criticized
怕怎的		[古] (rhetorical) What's there to be afraid of ?
行径	xíngjìng	act; action; move
大户人家	dàhù réjiā	rich and influential family
花利	huālì	[古] profit; interest; the return of an investment
难为	nán.wéi	make things difficult for
惜廉耻	xī liánchǐ	to be considerate to your sense of honor
存体面	cún tǐmiàn	to save your face
不识好歹	bù shí hǎodǎi	can't tell good from bad; not know what's good for one
放着<u>鹅毛</u>不知轻，顶着<u>磨子</u>不知重	émáo...mòzi	[古] not know what is good for one 鹅毛: goose feather 磨: mill; millstone
翻脸	fānliǎn	fall out; suddenly turn hostile
你待走上天去		Do you really think you can escape from this?
<u>吊桶</u>已自落在他井里，<u>挣</u>不起了	diàotǒng...zhèng	[古] the bucket has already fallen into the well, and you cannot pull it back up again
奴	nú	[古] I (used by a young woman)
误落风尘	wùluò fēngchén	be driven to prostitution
从良	cóngliáng	(of a prostitute) get married and start a new life
胜造九级<u>浮图</u>	fútú	better than building a nine-story pagoda for Buddha
倚门献笑	yǐmén xiànxiào	(said of prostitute) standing by the door and smiling on passengers
送旧迎新	sòngjiù yíngxīn	see out the old and welcome the new
有志气	yǒu zhìqi	of high aspirations

良，有个乐从良。有个趁好的从良，有个没奈何的从良。有个了从良，有个不了的从良。我儿耐心听我分说。如何**叫**做真从良？大凡**才子**必须**佳人**，佳人必须才子，方成佳配。然而**好事多磨**，往往**求之不得**。幸然两下相逢，你贪我爱，**割舍不下**。一个愿讨，一个愿嫁。好像捉对的蚕蛾，死也不放。这个谓之真从良。怎么叫做假从良？有等子弟爱着小娘，小娘却不爱那子弟。本心不愿嫁他，只把个嫁字儿哄他心热，**撒漫**银钱。比及**成交**，却又**推故不就**。又有一等**痴心**的子弟，晓得小娘心肠不对他，偏要娶她回去。拼着一主大钱，动了妈儿的火，不怕小娘不肯。勉强进门，心中不顺，故意不守家规。小则**撒泼放肆**，大则公然**偷汉**。人家容留不得，多则一年，少则半载，依旧放她出来，为娼接客。把从良二字，只当做赚钱的题目。这个谓之假从良。如何叫做苦从良？一般样子弟爱小娘，小娘不爱那子弟，却被他**以势凌之**。妈儿惧祸，已自许了。做小娘的，**身不由主**，含泪而行。**一入侯门，如海之深**，**家法**又严，抬头不得。半妾半婢，忍死度日。这个谓之苦从良。如何叫做乐从良？做小娘的，正当择人之际，偶然相交个子弟，见他情性温和，家道富足，又且**大娘子**乐善，无男无女，指望他日过门，与他生育，就有主母之分。以此嫁他，图个日前**安逸**，日后**出身**。这个谓之乐从良。如何叫做趁好的从良？做小娘的，**风花雪月**，受用已够，趁这盛名之下，求之者众，任我捡择个十分满意的嫁他，**急流勇退**，及早回头，不致受人怠慢。这个谓之趁好的从良。如何叫做没奈何的从良？做小娘的，原无从良之意，或因官司逼迫，或因强横欺瞒，又或因债负太多，将来赔偿不起，憋口气，不论好歹，得嫁便嫁，买静求安，藏身之法，这谓之没奈何的从良。如何叫做了从良？小娘半老之际，风波历尽，刚好遇个老成的**孤老**，两下**志同道合**，**收绳卷索，白头到老**，这个谓之了从良。如何叫做不了的从良？一般你贪我爱，火热的跟他，却是一时之兴，没有个长算。或者**尊长不容**，或者大娘妒忌，闹了几场，发回妈家，追取原价。又有个**家道凋零**，养她不活，苦守不过，依旧出来**赶趁**，这谓之不了的从良。"美娘到："如今奴家要从良，还是怎地好？"刘四妈道："我儿，老身教你个**万全之策**。"美娘道："若蒙教导，死不忘恩。"刘四妈道："从良一事，**入门为净**。况且你身子已被人捉弄过了，就是今夜嫁人，叫不得个**黄花女儿**。千错万错，不该落与此地，这就是你**命中所招**了。做娘的费了一片心机，若不帮她几年，**趁**过千把银子，

才子佳人	cáizǐ jiārén	talented young scholar and beautiful lady
好事多磨	hǎoshì duōmó	[成] the course of true love never did run smooth
求之不得	qiú zhī bù dé	(here) seek but cannot get
割舍不下	gēshě búxià	cannot give or cast away
撒漫银钱	sāmàn yínqián	[古] lavish money
成交	chéngjiāo	strike a bargain; conclude a transaction
推故不就	tuī gù bú jiù	[古] find an excuse to reject
痴心	chīxīn	infatuation
撒泼放肆	sāpō fàngsì	be unreasonable and make a scene
偷汉	tōuhàn	to have an affair with a man other than the husband
以势凌之	yǐ shì líng zhī	[古] 用势力来压迫她；to use his influence to coerce
身不由主	shēn bù yóu zhǔ	hampered or constrained by circumstances; have no command over one's fate
一入侯门，如海之深	hóumén	Upon entering the doors of the noble, one finds it as deep and inescapable as the sea, and inaccessible to outsiders
家法	jiāfǎ	domestic discipline exercised by the head of a feudal household
大娘子	dàniángzǐ	the first wife; the lady of the house
安逸	ānyì	easy and comfortable
出身	chūshēn	(here) a comfortable life in the future
风花雪月	fēng huā xuě yuè	wind, flower, snow and moon – all the pleasurable things in life
急流勇退	jíliú yǒngtuì	[成] resolutely retire at the height of one's career
孤老	gūlǎo	[古] brothel frequenter
志同道合	zhìtóng dàohé	cherish the same ideals and follow the same path
收绳卷索	shōushéng juǎnsuǒ	把绳索(rope; cord) 这类的工具都收起来，意思是不再工作了。
白头到老	báitóu dàolǎo	live in conjugal bliss to a ripe old age
尊长不容	zūnzhǎng bùróng	not accepted by elders and betters in the family
妒忌	dù.jì	jealous
家道凋零	jiādào diāolíng	the family fortunes declined
赶趁	gǎnchèn	[古] engage in a job for the sake of making a living
万全之策	wànquán zhī cè	a completely safe plan
入门为净	rù mén wéi jìng	(said of a prostitute) once married, will be considered clean
黄花女儿	huánghuā nǚer	[古] virgin
命中所招	mìngzhōng suǒ zhāo	(bad luck) brought by fate
趁	chèn	[古] make money; earn money

39

怎肯放你出门？还有一件，你便要从良，也须捡个**好主儿**。这些臭嘴臭脸的，难道就跟他不成？你如今一个客也不接，晓得哪个该从？哪个不该从？假如你执意不肯接客，做娘的没奈何，寻个肯出钱的主儿，卖你去做妾，这也叫做从良。那主儿或是年老的，或是貌丑的，或是一字不识的**村牛**，你却不肮脏了一世！比着把你**料**在水里，还有扑通的一声响，讨得旁人叫一声可惜。依着老身愚见，还是**俯从人愿**，凭着做娘的接客。似你恁般才貌，**等闲的料**也不敢**相扳**。无非是**王孙公子**，**贵客豪门**，也不辱没了你一生。**风花雪月**，趁着年少受用；二来作成妈儿**起个家事**，三来使自己也**积攒**些私房，免得日后求人。过了十年五载，遇个**知心着意**的，说得来，话得着，那时老身与你**做媒**，好模好样的嫁去，做娘的也放得你下了。可不**两得其便**？"美娘听说，微笑而不言。刘四妈已知美娘心中**活动**了，便道："老身好话。你依着老身的话时，后来还当感激我哩！"说罢起身。王九妈立在楼门之外，一句句都听得的。美娘送刘四妈出房门，劈面撞着了九妈，**满面羞惭**，缩身进去。王九妈随着刘四妈，再到前楼坐下。刘四妈道："侄女十分执意，被老身右说左说，**一块硬铁看看溶做热汁**。你如今快快寻个**覆帐**的主，他必然肯就。那时做妹子的再来贺喜。"王九妈连连称谢。是日备饭相待，尽醉而别。后来西湖上子弟们又有只《掛枝儿》单说那刘四妈说词一节：

> 刘四妈，你的嘴舌儿好不利害！便是女随何，雌陆贾，不信有你这大才！说着长，道着短，全没些破败。就是醉梦中，被你说得醒；就是聪明的，被你说得呆。好个烈性的姑姑，也被你说得她心地改。

再说王美娘才听了刘四妈一席话儿，思之有理。以后有客求见，欣然相接。覆帐之后，宾客如市。**捱三顶五**，不得空闲，**声价**愈重。每一晚白银十两，**兀自你争我夺**。王九妈赚了若干钱钞，欢喜无限。美娘也留心要拣个知心着意的，**急切难得**。正是：

> 易求无价宝，难得有情郎。

话分两头。却说临安城清波门外，有个开油店的朱十老，三年前**过继**一个**小厮**，也是汴京逃难来的，姓秦名重。母亲早丧，父亲秦良，十三岁上将他卖了，自己在上天竺去做**香火**。朱十老因**年老无嗣**，又新死了妈妈，把秦重做亲子看成，改名朱重，在店中学做卖油生意。初时父子坐店甚好。后因十老得了腰痛的病，**十眠九坐**，**劳碌不得**，另招个**伙计**，叫做邢权，在店

好主儿	hǎozhǔr	[古] a desirable match
村牛	cūnniú	[古] country bumpkin
料	liào	[古] 丢; throw
愚见	yújiàn	[古] (polite) my humble opinion
俯从人愿	fǔcóng rényuàn	[古] obey someone's order; be obedient to another
等闲的	děngxiánde	[古] 平常的人；ordinary person
相扳	xiāngbān	[古] try to make friends with those higher-up
王孙公子	wángsūn gōngzǐ	sons of the aristocracy and the rich
贵客豪门	guìkè háomén	young gentlemen from the rich and powerful family
辱没	rǔmò	bring disgrace to
起个家事	qǐge jiāshì	[古] earn the family a fortune
积攒	jīzǎn	[古] save; put aside
私房	sīfang	private savings
知心着意	zhīxīn zhuóyì	[古] intimate and loving
做媒	zuòméi	be a match-maker
两得其便	liǎng dé qí biàn	[古] 两方面都觉得很方便、很合适
活动	huó.dòng	movable; mobile; flexible
满面羞惭	mǎnmiàn xiūcán	be shamefaced
一块硬铁看看溶做热汁	yìngtiě…róng…rèzhī	[古] A piece of iron is about to melt into hot liquid.
覆帐	fùzhàng	[古] to receive the second client after a prostitute loses her virginity
挨三顶五	áisān dǐngwǔ	[古] (people) came in big numbers
声价	shēngjià	reputation
兀自	wùzì	[古] 还；还是；still
你争我夺	nǐzhēng wǒduó	enter into rivalry with somebody over something
急切难得	jíqiè nándé	hard to achieve in a hurry
过继	guòjì	adopt a young relative
小厮	xiǎosī	[古] young kid
香火	xiānghuǒ	[古] worker who takes care of the burning incense sticks and candles in a Buddhist temple
年老无嗣	niánlǎo wúsì	[古] old and without progeny
十眠九坐	shí mián jiǔ zuò	[古] have to sit or lie down all the time and unable to work
劳碌不得	láolù bùdé	be unable to work hard
伙计	huǒ.jì	shop assistant

相帮。**光阴似箭**，不觉四年有余。朱重长成一十七岁，生得**一表人才，须然已冠**，尚未娶妻。那朱十老家有个**侍女**，叫做兰花，年已二十之外，存心看上了朱小官人，几遍的**倒下钩子**去勾**搭**他。谁知朱重是个老实人，又且兰花**龌龊**丑陋，朱重也看不上眼。以此**落花有意，流水无情**。那兰花见勾搭朱小官人不上，别寻主顾，就去勾搭那伙计邢权。邢权是**望四之人**，没有老婆，一拍就上。两个暗地**偷情**，不止一次。反怪朱小官人**碍眼**，思量寻事赶他出门。邢权与兰花两个，**里应外合**，使心设计。兰花便在朱十老面前，假意**撇清**说："小官人几番**调戏**，好不老实！"朱十老平时与兰花也有一手，未免有**拈酸**之意。邢权又将店中卖下的银子藏过，在朱十老面前说道："朱小官在外**赌博，不长进**。柜里银子，几次短少，都是他偷去了。"初次朱十老还不信，接连几次，朱十老年老胡涂，没有主意，就唤朱重过来，责骂了一顿。朱重是个聪明的孩子，已知邢权与兰花的计较，欲待**分辩**，惹起是非不小。万一老者不听，枉做恶人。心生一计，对朱十老说道："店中生意**淡薄，不消得**二人。如今让邢主管坐店，孩儿情愿**挑担子**出去卖油。卖得多少，每日纳还，可不是两重生意？"朱十老心下也有许可之意。又被邢权说道："他不是要挑担出去，几年上偷银子做私房，身边积攒有余了，又怪你不与他**定亲**，心下怨怅，不愿在此相帮，要讨个出场，自去娶老婆，做人家去。"朱十老叹口气道："我把他做亲儿看成，他却如此**歹意**！皇天不祐，**罢！罢！**不是**自身骨血**，到底粘连不上，由他去罢！"遂将三两银子，把与朱重，**打发**出门。寒夏衣服和**被窝**都教他拿去。这也是朱十老好处。朱重料他不肯**收留**，拜了四拜，大哭而别。正是：

孝己杀身因谤语，申生丧命为谗言。

亲生儿子犹如此，何怪螟蛉受枉冤。

原来秦良上天竺做香火，不曾对儿子说知。朱重出了朱十老之门，在众安桥下**赁**了一间小小房儿，放下被窝等件，买巨锁儿锁了门，便往**长街短巷**，访求父亲。连走几日，全没消息。没奈何，只得放下。在朱十老家四年，**赤心忠良**，并无一毫私蓄。只有临行时打发这三两银子，不够本钱，做什么生意好？左思右量，只有油行买卖是熟间。这些油坊多曾与他熟识，还去挑个卖油担子，是个稳足的道路。当下置办了油担家伙，剩下的银两，都交付与油坊取油。那油坊里认得朱小官是个老实好人，况且小小年纪，当初

光阴似箭	guāngyīn sì jiàn	time flies like an arrow
一表人才	yìbiǎo réncái	a man of striking appearance
须然已冠	xūrán yǐ guàn	[古] 虽然已经到了二十岁
侍女	shìnǚ	[古] maid; ; maidservant
小官人	xiǎoguānrén	[古] address for upper-class young man
倒下钩子	dào xià gōuzi	[古] a woman carries on with a man
勾搭	gōuda	carry on with somebody
龌龊丑陋	wòchuò chǒulòu	dirty and ugly
落花有意，流水无情	luòhuā yǒuyì, liúshuǐ wúqíng	[俗语] the waterside flower pining for love sheds petals, while the heartless brook babbles on – unrequited love
望四之人	wàngsì zhī rén	三十多岁，快要四十岁的人
偷情	tōuqíng	carry on a clandestine love affair
碍眼	àiyǎn	be unpleasant to look at; offend the eye
里应外合	lǐyìng wàihé	act from inside in coordination with forces attacking from outside; collaborate from within with forces from without
撇清	piēqīng	whitewash oneself; plead innocence
调戏	tiáoxì	take liberties with (a woman)
有一手	yǒu yì shǒu	have an affair with
拈酸	niǎnsuān	be jealous (usually of a rival in love)
赌博	dǔbó	gamble
不长进	bù zhǎngjìn	does not strive to make progress
分辩	fēnbiàn	defend oneself (against a charge); offer an explanation
淡薄	dànbó	become indifferent; (here) dull; slack
不消得	bù xiāode	[古] 不需要；不必
挑担子	tiāo dànzi	carry the loads (on the shoulder with a pole)
定亲	dìngqīn	engagement (usually arranged by parents)
歹意	dǎiyì	vicious intentions
皇天不佑	huángtiān búyòu	I don't have the blessing of Heaven
罢	bà	[古] 算了！ Let it be. Let it pass.
自身骨血	zìshēn gǔxiě	one's own children
打发	dǎfa	dismiss; send away
收留	shōuliú	take somebody in; have somebody in one's care
被窝	bèiwō	bedding; bed clothes
赁	lìn	rent; hire
长街短巷	chángjiē duǎnxiàng	streets and lanes
赤心忠良	chìxīn zhōngliáng	whole-hearted devotion

坐店，今朝挑担上街，都因邢伙计**挑拨**他出来，心中甚是不平，有心**扶持**他，只拣**窨清**的上好净油与他，**签子**上又明让他些。朱重得了这些便宜，自己转卖与人，也放些宽。所以他的油比别人分外容易**出脱**。每日所赚的利息，又且**俭吃俭用**，积下东西来，置办些日用家业，及身上衣服之类，并无**妄废**。心中只有一件事未了，**牵挂**着父亲，思想："向来叫做朱重，谁知我是姓秦！倘或父亲来寻访之时，也没有个因由。"遂**复姓**为秦。**说话的**，假如上一等人，**有前程的**，要复本姓，或具扎子，奏过朝廷，或关白礼部、太学、国学等**衙门**，将册籍改正，**众所共知**。一个卖油的，复姓之时，谁人晓得？他有个道理，把盛油的桶儿，一面大大写个秦字，一面写汴梁二字，将油桶做个**标识**，使人**一览而知**。以此临安市上，晓得他本姓，都呼他为秦卖油。时值二月天气，不暖不寒，秦重闻知昭庆寺僧人，要**起**个九昼夜**功德**，用油必多，遂挑了油担来寺中卖油。那些和尚们也闻知秦卖油之名，他的油比别人又好又**贱**，单单作成他。所以一连这九日，秦重只在昭庆寺走动。正是：

> 刻薄不赚钱，忠厚不折本。

这一日是第九日了，秦重在寺出脱了油，挑了空担出寺。其日天气晴明，**游人如蚁**。秦重绕河而行。遥望十景塘**桃红柳绿**，湖内**画船箫鼓**，往来游玩，**观之不足，玩之有余**。走了一回，身子**困倦**，转到昭庆寺右边，望个宽处，将担子放下，坐在一块石上**歇脚**。近侧有个人家，面湖而住，金漆篱门，里面朱栏内，一丛细竹。未知堂室何如，先见门庭清整。只见里面三四个**戴巾的**从内而出，一个女娘后面相送。到了门首，两下把**手一拱**，说声请了，那女娘竟进去了。秦重定睛观之，此女容颜娇丽，**体态轻盈**，目所未**睹**，准准的呆了半晌，身子都**酥麻**了。他原是个**老实小官**，不知有**烟花行径**，心中**疑惑**，正不知是什么人家。方在疑思之际，只见门内又走出个中年的妈妈，同着一个**垂髫**的丫**鬟**，倚门闲看。那妈妈一眼瞧着油担，便道："啊呀！方才我家无油，正好有油担子在这里，何不与他买些？"那丫鬟同那妈妈出来，走到油担子边，叫声："卖油的！"秦重方才听见，回言道："没有油了，妈妈要用油时，明日送来。"那丫鬟也认得几个字，看见油桶上写个秦字，就对妈妈说："卖油的姓秦。"妈妈也听得人闲讲，有个秦卖油，做生意甚是**忠厚**。遂分付秦重道："我家每日要油用，你肯挑来时，与

挑拨	tiǎobō	instigate; incite
扶持	fúchí	help sustain; give aid to
窨清	yìnqīng	[古] (said of oil) best-quality (after stored in a basement for some time)　窨：basement
签子	qiānzi	[古] 价钱；price
出脱	chūtuō	[古] sell
俭吃俭用	jiǎnchī jiǎnyòng	also 省吃俭用，skimp and save; live frugally
妄废	wàngfèi	[古] waste
牵挂	qiānguà	worry; care
复姓	fùxìng	resume one's original family name
说话的	shuōhuàde	[古] story teller
有前程的	yǒu qiánchéngde	[古] one who has bright future prospects
关白	guānbái	[古] 通知；notify; inform
衙门	yá.mén	government office in feudal China
众所共知	zhòng suǒ gòng zhī	[古] to make something known to all
标识	biāozhì	sign; mark; symbol
一览而知	yì lǎn ér zhī	[古] 一看就知道
起功德	qǐ gōngdé	do meritorious works; hold a meritorious service
贱	jiàn	便宜；cheap
游人如蚁	yóurén rú yǐ	the sightseers are as multitudinous as ants
桃红柳绿	táohóng liǔlǜ	red peach flowers and green willows – a spring scene
画船箫鼓	huàchuán xiāogǔ	gaily-painted pleasure-boats can be seen and music can be heard everywhere
观之不足，玩之有余	yǒuyú	[古] there was very much to admire and enjoy
困倦	kùnjuàn	sleepy; tired
歇脚	xiējiǎo	[古] rest the feet - stop on the way for a rest
戴巾的	dàijīnde	[古] 读书人，做官的人。过去一般的老百姓不许戴帽，只有读书人才可戴帽。巾：头巾；帽子
拱手	gǒngshǒu	[古] make a salute with cupped-hands
容颜娇丽，体态轻盈	jiāolì …qīngyíng	(said of a woman) beautiful and of a graceful carriage
目所未睹	mù suǒ wèi dǔ	[古] have never seen before
酥麻	sūmá	limp and numb
老实小官	lǎoshi xiǎoguān	[古] an innocent young man
烟花行径	yānhuā xíngjìng	[古] 妓女的行业
疑惑	yíhuò	feel uncertain; not be convinced; puzzled
垂髫丫鬟	chuítiáo yāhuan	young maid (with hair hanging down)
忠厚	zhōnghòu	sincere and kind

你做个**主顾**。"秦重道："承妈妈作成，**不敢有误**。"那 妈妈与丫鬟进去了。秦重心中想道："这妈妈不知是那女娘的什么人？我每日到他家卖油，莫说赚他利息，图个饱看那女娘一回，也是**前生福分**。"正欲挑担起身，只见两个**轿夫**，抬着一顶青绢幔的轿子，后边跟着两个小厮，飞也似跑来。到了其家门首，歇下轿子。那小厮走进里面去了。秦重道："却又作怪！着他接什么人？"少顷之间，只见两个丫鬟，一个捧着猩红的毡包，一个拿着湘妃竹攒花的拜匣，都交付与轿夫，放在轿座之下。那两个小厮手中，一个抱着**琴囊**，一个捧着几个**手卷**，腕上挂碧玉箫一枝，跟着起初的女娘出来。女娘上了轿，轿夫抬起望旧路而去。丫鬟小厮，俱随轿步行。秦重又得**亲炙**一番，心中愈加疑惑。挑了油担子，洋洋的去。

不过几步，只见临河有一个酒馆。秦重每常不吃酒，今日见了这女娘，心下又欢喜，又**气闷**，将担子放下，走进酒馆，拣个小座头坐下。**酒保**问道："客人还是请客，还是**独酌**？"秦重道："有上好的酒，拿来独饮三杯；时新果子一两碟，不用**荤菜**。"酒保斟酒时，秦重问道："那边金漆篱门内是什么人家？"酒保道："这是齐**衙**内的花园。如今王九妈住下。"秦重道："方才看见有个小娘子上轿，是什么人？"酒保道："这是有名的粉头，叫做王美娘，人都称为花魁娘子。他原是汴京人，**流落**在此。吹弹歌舞，琴棋书画，件件皆精。来往的都是大头儿，要十两**放光**，才宿一夜哩！可知**小可的**也近她不得。当初住在涌金门外，因楼房狭窄，齐舍人与她相厚，**半载**之前，把这花园借与她住。"秦重听得说是汴京人，触了个乡里之念，心中更有一倍光景。吃了数杯，还了酒钱，挑了担子，一路走，一路的**肚中打稿**道："世间有这样美貌的女子，落于**娼家**，岂不可惜！"又自家暗笑道："若不落于娼家，我卖油的怎生得见！"又想了一回，**越发痴**起来了，道："**人生一世，草生一秋**。若得这等美人**搂抱**了睡一夜，**死也甘心**。"又想一回道："呸！我终日挑这油担子，不过**日进分文**，怎么想这等**非分之事**！正是**癞蛤蟆在阴沟里想着天鹅肉吃**，如何到口！"又想一回道："她相交的，都是公子王孙。我卖油的，纵有了银子，料她也不肯接我。"又想 一回道："我闻得做**老鸨**的，专要钱钞。就是个乞儿，有了银子，她也就肯接了，何况我做生意的，**清清白白之人**！若有了银子，怕她不接！只是哪里来这几两银子？"一路上**胡思乱想，自言自语**。你道天地间有这等痴人，

主顾	zhǔgù	customer
不敢有误	bù gǎn yǒu wù	[古] I dare not neglect your business.
前生福分	qiánshēng fúfèn	one's allotted share of blessing from a previous life
轿夫	jiàofū	sedan-chair bearer
少顷之间	shǎoqǐng zhī jiān	[古] after a little while
琴囊	qínnáng	lute case
手卷	shǒujuàn	scroll
碧玉箫	bìyùxiāo	flute of bamboo
亲炙	qīnzhì	[古] to meet somebody in person; to be personally influenced by somebody
气闷	qìmèn	unhappy; worried; in low spirits
酒保	jiǔbǎo	[古] bartender
独酌	dúzhuó	drink alone
荤菜	hūncài	meat dish
衙内	yá'nèi	[古] address of a young man of powerful family
流落	liúluò	wander about in destitution
放光	fàngguāng	[古] silver
小可的	xiǎokěde	[古] person from a family of limited means and without powerful connections
相厚	xiānghòu	[古] (said of two persons) be intimate; be close
半载	bànzǎi	half a year
肚中打稿	dùzhōng dǎgǎo	[古]在心中想；在心中计划
娼家	chāngjiā	brothel
越发	yuèfā	[古] 更；even more
人生一世，草生一秋		[古] Man has but one life; grass lives but one autumn.
搂抱	lǒubào	cuddle; embrace
死也甘心	sǐ yě gānxīn	die without regrets
日进分文	rì jìn fēnwén	make a few pennies a day
非分之事	fēifèn zhī shì	presumptuous, inordinate matters
癞蛤蟆在阴沟里想着天鹅肉吃	làihámá...yīngōu...tiān'é	a toad in a drain lusting after a swan's flesh – aspiring towards something one is not worthy of
老鸨	lǎobǎo	a woman running a brothel
青青白白	qīngqīng báibái	also 清清白白. pure, unsullied (reputation)
胡思乱想	húsī luànxiǎng	to go off into flights of imaginative fancy
自言自语	zìyán zìyǔ	to talk to oneself

一个做小经纪的，**本钱**只有三两，却要把十两银子去**嫖**那名妓，可不是个**春梦**！自古道：**有志者事竟成**。被他**千思万想**，想出一个**计策**来。他道："从明日为始，逐日将本钱**扣出**，**余下**的积攒上去。一日积得一分，一年也有三两六钱之数。**只消**三年，这事便成了。若一日积得二分，只消得年半。若再多得些，一年也差不多了。"想来想去，不觉走到家里，开锁进门。只因一路上想着许多闲事，回来看了自家的睡铺，**惨然无欢**，连夜饭也不要吃，便上了床。这一夜**翻来覆去**，哪里睡得着。

只因月貌花容，引起心猿意马。

捱到天明，爬起来，就装了油担，煮早饭吃了，**匆匆**挑了油担子，一**径**走到王妈妈家去。进了门，却不敢直入，**舒着头**，往里面**张望**。王妈妈恰才起床，还**蓬着头**，正分付保儿买饭菜。秦重识得声音，叫声："王妈妈！"九妈往外一**张**，见是秦卖油，笑道："好忠厚人！果然不**失信**。"便叫他挑担进来，称了一瓶，约有五斤多重，**公道还钱**。秦重并不**争论**。王九妈甚是欢喜，道："这瓶油，只够我家两日用。但隔一日，你便送来。我不往别处去买油。"秦重应**诺**，挑担而出。只恨不曾遇见花魁娘子。"且喜扳下主顾，**少不得**一次不见，二次见，二次不见，三次见。只是一件，特为王九妈一家挑这许多路来，不是做生意的**勾当**。这昭庆寺是**顺路**，今日寺中虽然不做功德，难道**寻常**不用油的？我且挑担去问他。若扳得各房头做个主顾，只消走钱塘门这一路，那一担油尽够出脱了。"秦重挑担到寺内问时，原来各房和尚也正想着秦卖油。来得正好，多少不等，各各买他的油。秦重与各房**约定**，也是间一日便送油来用。这一日是双日。自此日为始，但是单日，秦重别街道上做买卖，但是双日，就走钱塘门这一路。一出钱塘门，先到王九妈家里，**以卖油为名**，去看花魁娘子。有一日会见，也有一日不会见。不见时费了一场**思想**，便见时也只添了一层思想。正是：

天长地久有时尽，此恨此情无尽期。

再说秦重到了王九妈家多次，家中大大小小，没一个不认得是秦卖油。时光迅速，不觉一年有余。日大日小，只拣**足色细丝**，或积三分，或积二分。再少也积下一分。凑得几钱，又打做大块包。**日积月累**，有了一大包银子，**零星凑集**，连自己也不识多少。其日是单日，又值大雨，秦重不出去做买卖。积了这一大包银子，心中也自喜欢。"趁今日**空闲**，我把它上一上

小经纪	xiǎo jīngjì	[古] 小生意；small business
本钱	běnqián	capital
嫖	piáo	go whoring
春梦	chūnmèng	spring dream – something that's unreal
有志者事竟成	yǒu zhì zhě shì jìng chéng	[成] where there is a will there is a way
千思万想	qiānsī wànxiǎng	think over and over again
计策	jìcè	stratagem; plan
扣出	kòuchū	deduct
余下	yúxià	what's left
一分	yìfēn	traditional unit of weight.
只消	zhǐxiāo	[古] 只要
惨然无欢	cǎnrán wúhuān	saddened; grieved
翻来覆去	fānlái fùqù	toss and turn; toss from side to side
匆匆	cōngcōng	hurriedly
一径	yíjìng	[古] 一直
舒着头	shūzhe tóu	[古] 伸着头；stretch one's neck
张望	zhāngwàng	look around
蓬着头	péngzhe tóu	with disheveled hair
张	zhāng	look
失信	shīxìn	break one's promise
公道还钱	gōngdào huánqián	name a price which is quite reasonable
争论	zhēnglùn	argue; dispute
应诺	yìngnuò	agree (to do something); promise
少不得	shǎobude	[古] cannot avoid; definitely
勾当	gōudàng	[古] business; affair
顺路	shùnlù	on the way
寻常	xúncháng	[古] at ordinary times; in normal times
约定	yuēdìng	agree on; arrange
以……为名	yǐ…wéimíng	in the name of
思想	sīxiǎng	[古] 相思；lovesickness
足色细丝	zúsè xìsī	成色（the relative purity of gold or silver）特别好的银子
日积月累	rìjī yuèlěi	accumulate over a long period
零星	língxīng	fragmentary; odd; piecemeal
凑集	còují	gather together
空闲	kòngxián	idle; free

天平，见个数目。"打个油伞，走到对门倾银铺里，借天平兑银。那银匠**好不轻薄**，想着："卖油的多少银子，要架天平？"只把个五两头**等子**与他，还怕用不着头纽哩。秦重把银子包解开，都是**散碎**银两。大凡银子成**锭**的见少，散碎的就见多。银匠是小辈，眼孔极浅，见了许多银子，别是一番面目，想道："**人不可貌相，海水不可斗量**。"慌忙架起天平，搬出若大若小许多**法马**。秦重尽包而兑，一厘不多，一厘不少，刚刚一十六两之数，上称便是一斤。秦重心下想道："除去了三两本钱，余下的做一夜**花柳之费**，还是有余。"又想道："这样散碎银子，怎好**出手**！拿出来也被人看低了。现成倾银店中方便，何不**倾**成锭儿，还觉**冠冕**。"当下兑足十两，倾成一个足色大锭，再把一两八钱，倾成水丝一小锭。剩下四两二钱之数，拈了一小块，还了火钱。又将几钱银子，置下镶鞋净袜，新褶了一顶**万字头巾**。回到家中，把衣服浆洗得干干净净，买几根**安息香**，**薰**了又薰。拣个晴明好日，**侵早**打扮起来。

虽非富贵豪华客，也是风流好后生。

秦重打扮得整整齐齐，取银两藏于袖中，把房门锁了，一径望王九妈家而来。那一时妍不高兴。及至到了门首，**愧心复萌**，想道："时常挑了担子在他家卖油，今日忽地去做嫖客，如何开口？"正在踌躇之际，只听得呀的一声门响，王九妈走将出来。见了秦重，便道："秦小官今日怎的不做生意，打扮得**恁般齐楚**，往哪里去贵干？"事到其间，秦重只得**老着脸**，上前作揖。妈妈也不免**还礼**。秦重道："**小可**并无别事，专来拜望妈妈。"那鸨儿是**老积年**，**见貌辨色**，见秦重恁般装束，又说拜望，一定是看上了我家哪个丫头，要嫖一夜，或是**会一个房**。虽然不是个**大势主菩萨**，**搭在篮里便是菜，捉在篮里便是蟹**，赚他钱把银子买葱菜也是好的。便满脸堆下笑来，道："秦小官拜望老身，必有好处。"秦重道："小可有句**不识进退**的言语，只是**不好启齿**。"王九妈道："**但说何妨**。且请到里面细讲。"秦重为卖油虽曾到王家准百次，这客座里交椅，还不曾与他屁股做个相识。今日是个会面之始。王九妈到了客座，不免分宾而坐，向着内里唤茶。少顷，丫鬟托出茶来，看时却是秦卖油，正不知是什么缘故，妈妈恁般相待，格格低了头只是笑。王九妈看见，喝道："有甚好笑！对客全没些规矩！"丫鬟止住笑，收了茶自去。王九妈方才开言问道："秦小官有甚话，要对老身说？"

天平	tiānpíng	balance; scale
好不轻薄	hǎobù qīngbó	[古] (here) very snobbish. 好不：very; 很；非常
等子	děngzi	a small steelyard for weighing precious metal, medicine, etc.
散碎	sǎnsuì	fragmentary; peicemeal
锭	dìng	ingot of gold or silver
人不可<u>貌相</u>，海水不可<u>斗量</u>	màoxiàng... dǒuliáng	you can't judge people by appearances, just like you can't measure sea by *dou* (a unit of dry measure for grain)
法马	fǎmǎ	weight (used on a balance)
花柳之费	huāliǔ zhī fèi	[古] expenses for visiting a brothel
出手	chūshǒu	get (hoarded goods,etc.) off one's hands
倾	qīng	[古] found; cast
冠冕	guānmiǎn	[古] look more presentable
万字头巾	wànzì tóujīn	[古] a kind of hat that is narrow at the top and wide at the bottom (which looks like the character 萬)
安息香	ānxīxiāng	Benzoin (a kind of perfume)
薰	xūn	make fragrant with incense
侵早	qīnzǎo	[古] early in the morning
愧心复萌	kuìxīn fù méng	[古] there arose the sense of shame again
恁般	rènbān	[古] 这样；这么； to this extent; in this manner
齐楚	qíchǔ	[古] (dress) neat
老着脸	lǎozheliǎn	be thick-skinned
作揖	zuòyī	[古] make a slight bow with hands folded in front
还礼	huánlǐ	return a salute
小可	xiǎokě	[古] I (used by young man)
拜望	bàiwàng	call to pay one's respect
老积年	lǎojīnián	[古] a smooth character; a worldly-wise person
见貌辨色	jiànmào biànsè	[古] read one's mind by looking at one's appearance
会房	huìfáng	[古] visit a prostitute (but not stay overnight)
大势主菩萨	dàshìzhǔ pú.sà	a powerful Lord Budhisattra – a big spender
搭在<u>篮</u>里便是菜，捉在篮里便是<u>蟹</u>	lán...xiè	[古] Whether rich or poor, a client is a client, since you can earn some money off him after all. 篮：basket.　蟹：crab
不识进退	bù shí jìntuì	[成] lack judgment
不好启齿	bùhǎo qǐchǐ	difficult to say it (when requesting unusual favors, asking for loans, etc.)
但说何妨	dàn shuō héfáng	Why don't you just say it?

秦重道："没有别话，要在妈妈宅上请一位姐姐吃一杯酒儿。"九妈道："难道吃寡酒？一定要嫖了。你是个老实人，几时动这风流之兴？"秦重道："小可的积诚，也非止一日。"九妈道："我家这几个姐姐，都是你认得的。不知你中意哪一位？"秦重道："别个都不要，单单要与花魁娘子相处一宵。"九妈只道取笑她，就变了脸道："你出言无度，莫非奚落老娘么？"秦重道："小可是个老实人，岂有虚情。"九妈道："粪桶也有两个耳朵，你岂不晓得我家美儿的身价？倒了你卖油的灶，还不够半夜歇钱哩！不如将就拣一个适兴罢！"秦重把颈一缩，舌头一伸，道："怎的好卖弄！不敢动问，你家花魁娘子一夜歇钱要几千两？"九妈见他说耍话，却又回嗔作喜，带笑而言道："哪要许多！只要得十两敲丝。其他东道杂费，不在其内。"秦重道："原来如此，不为大事。"袖中摸出这秃秃里一大锭放光细丝银子，递与鸨儿道："这一锭十两重，足色足数，请妈妈收着。"又摸出一小锭来，也递与鸨儿，又道："这一小锭，重有二两，相烦备个小东。望妈妈成就小可这件好事，生死不忘。日后再有孝顺。"九妈见了这锭大银，已自不忍释手，又恐怕他一时高兴，日后没了本钱，心中懊悔，也要尽他一句才好。便道："这十两银子，你作经纪的人，积攒不易，还要三思而行。"秦重道："小可主意已定，不要您老人家费心。"

九妈把这两锭银子收于袖中，道："是便是了，还有许多烦难哩！"秦重道："妈妈是一家之主，有甚烦难？"九妈道："我家美儿，往来的都是王孙公子，富室豪家，真个是'谈笑有鸿儒，往来无白丁。'她岂不认得你是作经纪的秦小官？如何肯接你？"秦重道："但凭妈妈怎的委曲婉转，成全其事，大恩不敢有忘！"九妈见他十分坚心，眉头一皱，计上心来，扯开笑口道："老身已替你排下计策，只看你缘法如何。做得成，不要喜，做不成，不要怪。美儿昨日在李学士家陪酒，还未曾回。今日是黄衙内约下游湖。明日是张山人一班清客，邀她做诗社。后日是韩尚书的公子，数日前送下东道在这里。你且到大后日来看。还有句话，这几日你且不要来我家卖油，预先留下个体面。又有句话，你穿着一身的布衣布裳，不像个上等嫖客。再来时，换件绸缎衣服，教这些丫鬟们认不出你是秦小官，老娘也好与你装谎。"秦重道："小可一一理会得。"说罢，作别出门。且歇这三日生

中意	zhòngyì	be to one's liking; take (or catch) the fancy of
取笑	qǔxiào	ridicule; make fun of
变脸	biànliǎn	suddenly turn hostile
出言无度	chū yán wú dù	speak without proper restraint
奚落	xīluò	sneer at; deride
<u>粪桶</u>也有两个耳朵	fèntǒng	[俗语] even manure buckets have two ears – Haven't you got any? Haven't you heard of this?
身价	shēnjià	price for buy a girl (especially a prostitute)
倒灶	dǎozào	[古] even if you bring your last penny
将就	jiāngjiù	make do with; put up with
适兴	shìxìng	[古] amuse oneself; divert oneself
恁的好卖弄	rènde hǎomàinòng	[古] I'm afraid you've overstated the case!
说耍话	shuō shuǎhuà	[古] crack a joke; make fun of
回嗔作喜	huíchēn zuòxǐ	[古] 不再生气，而变得很高兴
敲丝	qiāosī	银子。古代的银子上都敲印着细纹，叫做" 敲丝 "
东道杂费	dōngdào záfèi	food and other expenses
秃秃里	tūtūli	[古] solely; singly
备个小东	bèige xiǎodōng	准备一个小小的酒席; prepare a little something (to eat)
成就好事	chéngjiù hǎoshì	help bring romance to a happy ending
不忍释手	bùrěn shìshǒu	cannot bear to relax the hold
懊悔	àohuǐ	feel remorse; repent; regret
作经纪	zuò jīngjì	(here) run a small business
三思而行	sānsī ér xíng	think twice before acting
烦难	fánnán	hard to tackle; troublesome
一家之主	yìjiā zhī zhǔ	head of a family
谈笑有<u>鸿儒</u>，往来无白丁	hóngrú	Prominent scholars are among here companions, while illiterate men have no place in her circle.
委曲婉转	wěiqū wǎnzhuǎn	speak in a mild and tactful way
大<u>恩</u>不敢有忘	ēn	I will never forget your kindness
<u>眉头</u>一皱，计上心来	méitóu...zhòu	knit the brows and a plan comes to one's mind
缘法	yuánfǎ	predestined relationship
清客	qīngkè	hangers-on of rich and powerful families
诗社	shīshè	poets' club
绸缎	chóuduàn	silk and satin
老娘	lǎoniáng	I (used by a harridan to refer to herself)
理会得	lǐhuìde	[古] 明白了；懂了

理，不去卖油，到**典铺**里买了一件**现成**半新半旧的绸衣，穿在身上，到街坊闲走，**演习斯文模样**。正是：

> 未识花院行藏，先习孔门规矩。

丢过那三日不提。到第四日，起个清早，便到王九妈家去。去得太早，门还未开。意欲转一转再来。这番装扮**希奇**，不敢到昭庆寺去，恐怕和尚批点。且到十景塘散步。良久又**踅转去**。王九妈家门已开了。那门前却安顿得有轿马，门内有许多仆从，在那里闲坐。秦重虽然老实，心下倒也**乖巧**，且不进门，悄悄的招那马夫问道："这轿马是谁家的？"马夫道："韩府里来接公子的。"秦重已知韩公子夜来留宿，此时还未曾别。重复转身，到一个饭店之中，吃了些 现成茶饭，又坐了一回，方才到王家**探信**。只见门前轿马已自去了。进得门时，王九妈 迎着，便道："老身**得罪**，今日又不得工夫了。恰才韩公子拉去东庄**赏早梅**。他是个**长嫖**，老身不好**违拗**。闻得说，来日还要到灵隐寺，访个棋师**赌棋**哩！齐衙内又来约过两三次了。这是我家房主，又是**辞不得**的。他来时，或三日五日的住了去，连老身也定不得个日子。秦小官，你真个要嫖，**只索**耐心再等几日。不然，前日的**尊赐**，分毫不动，要便**奉还**。"秦重道："只怕妈妈**不作成**。**若还迟，终无失**，就是一万年，小可也情愿等着。"九妈道："**恁地**时，老身**便好张主**。"秦重作别，方欲起身，九妈又道："秦小官人，老身还有句话。你下次来讨信，不要早了。约莫**申牌**时分，有客没客，老身把个**实信**与你。倒是越**晏**些越好。这是老身的**妙用**，你休**错怪**。"秦重连声道："不敢！不敢！"这一日，秦重不曾做买卖。次日，整理油担，挑往别处去生理，不走钱塘门一路。每日生意做完，傍晚时分就打扮齐整，到王九妈家探信，只是不得工夫，又空走了一月有余。

那一日是十二月十五，**大雪方霁**，西风过后，积雪成冰，好不寒冷。却喜地下干燥。秦重做了大半日买卖，如前妆扮，又去探信。王九妈**笑容可掬**，迎着道："今日你造化，已是**九分九厘**了。"秦重道："这一厘是欠着什么？"九妈道："这一厘么，**正主儿**还不在家。"秦重道："可回来么？"九妈道："今日是俞太尉家赏雪，**筵席**就备在湖船之内。俞太尉是七十岁的老人家，**风月之事**，已是**没分**。原说过黄昏送来。你且到新人房里，吃杯烫风酒，慢慢的等她。"秦重道："烦妈妈**引路**。"王九妈引着秦重，弯

典铺	diǎnpù	[古] pawn shop
现成	xiànchéng	ready-made
演习斯文模样	yǎnxí sīwén múyàng	practice behaving like a man of class and distinction
希奇	xīqí	unusual
踅转去	xuézhuǎnqù	[古] turn back
乖巧	guāiqiǎo	clever
探信	tànxìn	make inquiries about somebody or something; fish for information
得罪	dézuì	[古] apologize
赏早梅	shǎng zǎoméi	view the early plum blossoms
长嫖	chángpiáo	steady customer of a brothel
违拗	wéi'ào	defy (one's superior or elders)
赌棋	dǔqí	have a game of chess
辞不得	cíbude	cannot refuse
只索	zhǐsuǒ	只好；只能；have to; no choice but to
尊赐	zūncì	[古] what you gave to me
奉还	fènghuán	return something with respect and gratitude
作成	zuòchéng	[古] help somebody achieve his aim
若还迟，终无失	ruò huán chí, zhōng wú shī	[古] If something is coming late, it means I will finally get it.
老身便好<u>张主</u>	zhāngzhǔ	[古] (In this case) it will be easy for me to make decision.
申牌	shēnpái	the equivalent of the time between 3 p.m. and 5 p.m.
实信	shíxìn	reliable information; true information
晏	yàn	[古] 晚；late
妙用	miàoyòng	magical effect
错怪	cuòguài	blame somebody wrongly
大雪方霁	dàxuě fāng jì	[古] The snow storm has just cleared up.
笑容可掬	xiàoróng kějū	radiant with smiles
九分九厘	jiǔfēn jiǔlí	"十厘"是一分。只差一厘就有十分。意思是事情只差一点儿就完成了
正主儿	zhèngzhǔr	person concerned
筵席	yánxí	banquet; feast
风月之事	fēngyuè zhī shì	romantic (and often sexual) affairs
没分	méifèn	have no share; have no part
引路	yǐnlù	lead the way

弯曲曲，走过许多房头，到一个**所在**，不是楼房，却是个平屋三间，甚是高爽。左一间是丫鬟的空房，一般有床榻桌椅之类，却是备官铺的；右一间是花魁娘子**卧室**，锁着在那里。两旁又有**耳房**。中间客座上面挂一幅名人山水，香几上博山古铜炉，烧着龙涎香饼，两旁书桌，摆设些**古玩**，壁上贴许多**诗稿**。秦重**愧非文人**，不敢细看。心下想道："外房如此整齐，内室**铺陈**，必然华丽。今夜尽**我受用**，十两一夜，也不为多。"九妈让秦小官坐于客位，自己主位相陪。少顷之间，丫鬟掌灯过来，抬下一张八仙桌儿，六碗时新果子，一架攒盒佳肴美酝，未曾到口，**香气扑人**。九妈执盏相劝道："今日众小女都有客，老身只得自陪，请开怀**畅饮**几杯。"秦重酒量本不高，况兼正事在心，只吃半杯。吃了一会便推不饮。九妈道："秦小官想饿了，且用些饭再吃酒。"丫鬟捧着雪花白米饭，一吃一添；放于秦重面前，就是一盏杂和汤。鸨儿量高，不用饭，以酒相陪。秦重吃了一碗，就**放箸**。九妈道："夜长哩，再请些。"秦重又添了半碗。丫鬟提个行灯来，说："浴汤热了，请客官**洗浴**。"秦重原是洗过澡来的，不敢**推托**，只得又到浴堂，肥皂香汤，洗了一遍。重复穿衣入座。九妈命撤去肴盒，用暖锅下酒。此时**黄昏已绝**，昭庆寺里的钟都撞过了，美娘尚未回来。

　　　　玉人何处贪欢耍？等得情郎望眼穿！

　　常言道：等人心急。秦重不见婊子回家，**好生气闷**。却被鸨儿**夹七夹八**，说些**风话**劝酒。不觉又过了**一更天气**。只听外面热闹闹的，却是花魁娘子回家。丫鬟先来报了。九妈连忙起身出迎。秦重也离坐而立。只见美娘吃得大醉，侍女扶将进来，到于门首，**醉眼朦胧**，看见房中**灯烛辉煌**，**杯盘狼籍**，立住脚问道："谁在这里吃酒？"九妈道："我儿，便是我向日与你说的那秦小官人。他心中**慕**你，多时的送过礼来。因你不得工夫，**耽搁**他一月有余了。你今日幸而得空，做娘的留他在此伴你。"美娘道："临安郡中，并不闻说起有什么秦小官人！我不去接他。"转身便走。九妈双手托开，急忙拦住道："他是个**至诚好人**，娘不**误**你。"美娘只得转身，才**跨进**房门，抬头一看那人，有些面善，一时醉了，急切叫不出来，便道："娘，这个人我认得他的，不是有名称的子弟。接了他，被人**笑话**。"九妈道："我儿，这是涌金门内开缎铺的秦小官人。当初我们住在涌金门时，想你也曾会过，故此面善。你莫识认错了。做娘的见他**来意志诚**，一时许了他，不好失信。

所在	suǒzài	place; location
卧室	wòshì	bedroom
耳房	ěrfáng	side rooms
古玩	gǔwán	antique; curio
诗稿	shīgǎo	poem draft
愧非文人	kuì fēi wénrén	[古] be ashamed that he is not a man of letters
铺陈	pūchén	[古] bedclothes; bedding (including pillows, mattress, mosquito net, etc.)
尽我受用	jǐn wǒ shòuyòng	[古] enjoy to one's heart's content
八仙桌儿	bāxiānzhuōr	square table seating eight
佳肴美酝	jiāyáo měiyùn	sumptuous food and wine
香气扑人	xiāngqì pūrén	fragrance assails one's olfactory senses
开怀畅饮	kāihuái chàngyǐn	drink to one's heart's content
酒量	jiǔliàng	capacity for liquor
放箸	fàngzhù	put down the chopsticks; stop eating
洗浴	xǐyù	take a bath
推托	tuītuō	offer an excuse (for not doing something)
黄昏已绝	huánghūn yǐ jué	[古] it is completely dark outside
好生	hǎosheng	[古] very
夹七夹八	jiāqī jiābā	[古] bombard somebody with a lot of nonsense
风话	fēnghuà	[古] nonsense
一更天气	yìgēng tiānqì	[古] two hours
醉眼矇眬	zuìyǎn ménglóng	drunken and bleary-eyed
灯烛辉煌	dēngzhú huīhuáng	ablaze with lights; brilliantly illuminated
杯盘狼藉	bēipán lángjí	[成] wine cups and dishes strewn in disorder (after a feast)
向日	xiàngrì	formerly; in former days
慕	mù	admire; yearn for
耽搁	dān'gē	hold up; delay
至诚好人	zhìchéng hǎorén	sincere and nice person
误	wù	lead someone astray
跨进	kuàjìn	step into
面善	miànshàn	familiar-looking
急切	jíqiè	in a hurry; in haste
笑话	xiàohua	to be laughed at
来意志诚	láiyì zhìchéng	approach in a sincere manner

你看做娘的面上，胡乱留他一晚。做娘的晓得**不是了**，明日却**与你赔礼**。"
一头说，一头推着美娘的肩头向前。美娘**拗妈妈不过**，只得进房相见。正
是：

> 千般难出虔婆口，万般难脱虔婆手。
>
> 饶君纵有万千般，不如跟着虔婆走。

这些言语，秦重一句句都听得，**佯为不闻**。美娘万福过了，坐于侧首，
仔细看着秦重，好生疑惑，心里甚是**不悦**，**默默无言**。唤丫鬟将热酒来，斟着大
锺。鸨儿只道她**敬客**，却**自家**一饮而尽。九妈道："我儿醉了，少吃些么！"美儿
哪里依她，答应道："我不醉！"一连吃上十来杯。这是酒后之酒，醉中之醉，自
觉立脚不住。唤丫鬟开了卧房，点上**银缸**，也不**卸头**，也不**解带**，蹴脱了绣鞋，**和
衣上床**，倒身而卧。鸨儿见女儿**如此做作，甚不过意**。对秦重道："小女平日惯
了，她专会**使性**。今日她心中不知为什么有些**不自在**，却不干你事，**休得见怪**。"
秦重道："小可**岂敢**！"鸨儿又劝了秦重几杯酒。秦重再三告止。鸨儿送入卧房，
向耳旁分付道："那人醉了，**放温存些**。"又叫道："我儿起来，脱了衣服，好好
的睡。"美娘已在梦中，全不答应。鸨儿只得去了。丫鬟收拾了杯盘之类，抹了桌
子，叫声："秦小官人，安置罢！"秦重道："有热茶要一壶。"丫鬟泡了一壶**浓
茶**，送进房里。带转房门，自去耳房中安歇。秦重看美娘时，面对里床，睡得正
熟，把锦被压在身下。秦重想酒醉之人，必然怕冷，又不敢**惊醒**她。忽见栏杆上又
放着一床大红纻丝的锦被。轻轻的取下，盖在美娘身上，把银灯挑得亮亮的，取了
这壶热茶，脱鞋上床，捱在美娘身边，左手抱着茶壶在怀，右手搭在美娘身上，眼
也不敢闭一闭。正是：

> 未曾握雨携云，也算偎香倚玉。

却说美娘睡到半夜，醒将转来，自觉**酒力不胜**，胸中似有**满溢之状**。
爬起来，坐在被窝中，垂着头，只管打干哕。秦重慌忙也坐起来。知她要
吐，放下茶壶，用手**抚摩**其背。良久，美娘喉间忍不住了，**说时迟，那时
快**，美娘放开喉咙便吐。秦重怕污了被窝，把自己的**道袍**袖子张开，罩在她
嘴上。美娘不知所以，**尽情一呕**。呕毕，还闭着眼，**讨茶漱口**。秦重下床，
将道袍轻轻脱下，放在地平之上，摸茶壶还是暖的。斟上一瓯**香喷喷**的浓
茶，递与美娘。美娘连吃了二碗，胸中虽然略觉豪燥，身子兀自倦怠，仍旧
倒下，向里睡去了。秦重脱下道袍，将吐下一袖的肮脏，重重裹着，放于床

不是	búshì	[古] fault
与你赔礼	yǔ nǐ péilǐ	[古] apologize to you
拗不过	àobuguò	unable to dissuade
佯为不闻	yángwéi bù wén	[古] pretend that one did not hear anything
万福	wànfú	(said of women) a gesture to show politeness equivalent to a curtsy in the Western world
侧首	cèshǒu	side of a table
不悦	búyuè	displeased
默默无言	mòmò wúyán	without saying a word; silently
敬客	jìngkè	serve wine, tea, cigarette etc. to guest
自家	zìjiā	[方] one or oneself
银釭	yín'gāng	[古] 灯
卸头	xiètóu	remove ornaments on the head
解带	jiědài	loosen the belt – undress oneself
和衣上床	héyī shàngchuáng	go to bed with all the clothes on
如此做作	rúcǐ zuòzuò	[古] behave thus; behave like this
甚不过意	shèn bú guòyì	[古] feel apologetic
使性	shǐxìng	vent anger; be temperamental
不自在	bú zìzài	unwell; do not feel fit or comfortable
休得见怪	xiūdé jiànguài	[古] Please don't take offence.
岂敢	qǐgǎn	(polite) how would I dare
放温存些	fàng wēncún xiē	be attentive (usually to a person of the opposite sex)
浓茶	nóngchá	strong tea
惊醒	jīngxǐng	rouse suddenly from sleep; awaken
酒力不胜	jiǔlì búshèng	the liquor begins to show its effect
满溢	mǎnyì	spill over; (here) feel like vomiting
打干哕	dǎ gānyue	retch; feel sick; be nauseated
吐	tù	vomit
抚摩	fǔmó	stroke
说时迟，那时快		in the twinkling of an eye; in an instant
道袍	dàopáo	robe; gown
尽情一呕	jìnqíng yì ǒu	vomit without reserve
讨茶漱口	tǎochá shùkǒu	ask for tea to rinse the mouth
香喷喷	xiāngpēnpēn	fragrant; aromatic
兀自	wùzì	[古] still; as before
倦怠	juàndài	languid; sluggish

侧，依然上床，拥抱似初。美娘那一觉直睡到天明方醒。覆身转来，见旁边睡着一人，问道："你是哪个？"秦重答道："小可姓秦。"美娘想起夜来之事，**恍恍惚惚**，不甚记得真了，便道："我夜来好醉！"秦重道："也不甚醉。"又问："可曾吐么？"秦重道："不曾。"美娘道："这样还好。"又想一想道："我记得曾吐过的，又记得曾吃过茶来。难道做梦不成？"秦重方才说道："是曾吐来。小可见小娘子多了杯酒，也防着要吐，把茶壶暖在怀里。小娘子果然吐后讨茶，小可斟上，**蒙小娘子不弃**，饮了两瓯。"美娘大惊道："**脏巴巴的**，吐在哪里？"秦重道："恐怕小娘子污了被褥，是小可把袖子盛了。"美娘道："如今在哪里？"秦重道："连衣服裹着，藏过在那里。"美娘道："可惜坏了你一件衣服。"秦重道："这是小可的衣服，**有幸得沾**小娘子的**余沥**。"美娘听说，心下想道："有这般**识趣**的人！"心里已有四五分欢喜了。

此时天色大明，美娘起身，下床**小解**。看着秦重，猛然想起是秦卖油，遂问道："你实对我说，是什么样人？为何昨夜在此？"秦重道："**承花魁娘子下问**，小子怎敢**妄言**。小可实是常来宅上卖油的秦重。"遂将初次看见送客，又看见上轿，心下**想慕之极**，及积攒嫖钱之事，备细述了一遍。"夜来得亲近小娘子一夜，**三生有幸**，**心满意足**。"美娘听说，愈加可怜，道："我昨夜醉酒，不曾招接得你。你**干折了**多少**银子**，莫不懊悔？"秦重道："小娘子天上神仙，小可惟恐**伏侍不周**。但不见责，已为万幸。况敢有**非意之望**。"美娘道："你做经纪的人，积下些银两，何不留下养家？此地不是你来往的。"秦重道："小可单只一身，并无妻小。"美娘顿了一顿，便道："你今日去了，他日还来么？"秦重道："只这昨宵相亲一夜，**已慰生平**，**岂敢又作痴想**！"美娘想道："难得 这好人，又忠厚，又老实，又且知情识趣，**隐恶扬善**，千百中难遇此一人。可惜是**市井之辈**。若是**衣冠子弟**，情愿**委身事之**。"正在**沉吟**之际，丫鬟捧洗脸水进来，又是两碗**姜汤**。秦重洗了脸，因夜来未曾**脱帻**，不用梳头，**呷**了几口姜汤，便要**告别**。美娘道："少住不妨，还有话说。"秦重道："小可**仰慕**花魁娘子，在旁多站一刻，也是好的。但为人**岂不自揣**！夜来在此，实是大胆。惟恐他人知道，**有玷芳名**。还是早些去了安稳。"美娘点一点头，打发丫鬟出房，忙忙的开了**减妆**，取出二十两银子，送与秦重道："昨夜难为了你，这银两权**奉为资本**，

恍恍惚惚	huǎnghuǎng hūhū	dimly; faintly
蒙…不弃	méng...búqì	[古] you have so kindly (favored me with ...)
脏巴巴	zāngbābā	dirty; filthy
有幸	yǒuxìng	[古] so fortunately that
得沾余沥	dé zhān yú lì	[古] have the chance to enjoy the dregs in your cup; (here) be soiled by your vomit
识趣	shíqù	know how to behave in delicate situation
小解	xiǎojiě	urinate; pass water
承…下问	chéng ... xiàwèn	[古] I am favored to be asked by you
妄言	wàngyán	lie; tell a lie
想慕之极	xiǎngmù zhī jí	adore somebody to an extreme extent
三生有幸	sānshēng yǒuxìng	consider oneself most fortunate (to make somebody's acquaintance, etc.)
心满意足	xīnmǎn yìzú	be perfectly content
干折银子	gān zhé yínzi	[古] waste money for nothing
伏侍不周	fúshì bùzhōu	not be attentive enough when waiting upon somebody
但不见责，已为万幸	wànxìng	[古] I consider myself lucky if only you don't scold me.
非意之望	fēiyì zhī wàng	improper desires
已慰生平	yǐ wèi shēngpíng	[古] sustain me for the rest of my life
岂敢又作痴想	chīxiǎng	[古] How would I dare hope for more?
隐恶扬善	yǐn'è yángshàn	cover one's weaknesses and praise one merits
市井之辈	shìjǐng zhī bèi	philistine; common people
衣冠子弟	yīguān zǐdì	young man of noble family
委身事之	wěishēn shì zhī	[古] become somebody's wife; marry somebody
沉吟	chényín	mutter to oneself in hesitation
姜汤	jiāngtāng	ginger tea
脱帻	tuō zé	take off one's hat
呷	xiā	[方] sip
告别	gàobié	take leave (of one's host)
仰慕	yǎngmù	admire; look up to
岂不自揣	qǐbú zìchuǎi	[古] How can one not estimate oneself? One must know one's position
有玷芳名	yǒu diàn fāngmíng	[古] bring disgrace on your reputation
减妆	jiǎnzhuāng	[古] makeup box
奉为资本	fèngwéi zīběn	[古] offer to you as help for your business

莫对人说。"秦重哪里肯受。美娘道："我的银子，**来路容易**。这**些须酬**你一宵之情，**休得固逊**。若本钱缺少，异日还有助你之处。那件**污秽**的衣服，我叫丫鬟 漱洗干净了还你罢。"秦重道："粗衣**不烦**小娘子**费心**。小可自会漱洗。只是**领赐不当**。"美娘道："说哪里话！"将银子揣在秦重袖内，推他转身。秦重**料难推**却，只得受了，深深作揖，卷了脱下这件**龌龊**道袍，走出房门。打从鸨儿房前经过，保儿看见，叫声："妈妈！秦小官去了。"王九妈正在净桶上解手，口中叫道："秦小官，如何去得恁早？"秦重道："有些贱事，改日特来称谢。

不说秦重去了，且说美娘与秦重虽然没点相干，见他一片诚心，去后好不过意。这一日因**害酒**，辞了客在家将息。千个万个孤老都不想，倒把秦重整整的想了一日。有《挂枝儿》为证：

俏冤家，须不是串花家的子弟，你是个做 经纪本分人儿，那匡你会温存，能软款，知心知意。料你不是个使性的，料你不是个薄情的。几番待放下思量也，又不觉思量起。

话分两头。再说邢权在朱十老家，与兰花情热，见朱十老病废在床，**全无顾忌**。十老**发作**了几场。两个商量出一条计策来，俟夜静更深，将店中资本**席卷**，双双的**逃之夭夭，不知去向**。次日天明，十老方知。央及邻里，出了个**失单**，寻访数日，并无动静。深悔当日**不合为**邢权**所惑**，逐了秦重。如今**日久见人心**，闻知朱重，赁居众安桥下，挑担卖油，不如仍旧收拾他回来，**老死有靠**。只怕他**记恨在心**。教邻舍好生劝他回家，但记好，莫记恶。秦重一闻此言，即日收拾了家伙，搬回十老家里。相见之间，痛哭了一场。十老将所存**囊橐**，尽数交付秦重。秦重自家又有二十余两本钱，重整店面，坐柜卖油。因在朱家，仍称朱重，不用秦字。不上一月，十老病重，医治不**痊，呜呼哀哉**。朱重捶胸大**恸**，如亲父一般。**殡殓成服**，七七做了些**好事**。朱家祖坟在清波门外，朱重**举丧安葬，事事成礼**。邻里皆称其厚德。事定之后，仍先开铺。原来这油铺是个老店，从来生意原好；却被邢权**刻薄存私**，将主顾弄断了多少。今见朱小官在店，谁家不来作成。所以生理比前越盛。朱重单身独自，急切要寻个**老成帮手**。有个惯做中人的，叫做金中，忽一日领着一个五十余岁的人来。原来那人正是莘善，在汴梁城外安乐村居住。因那年避乱南奔，被官兵**冲散**了女儿瑶琴，夫妻两口，**凄凄惶惶，东逃西窜**，

来路容易	láilù róngyì	something comes easily
些须	xiēxū	a little; not much
酬	chóu	酬谢，thank somebody with a gift
休得固逊	xiūdé gùxùn	[古] don't insist on refusing; please accept it
污秽	wūhuì	filthy; foul
不烦费心	bùfán fèixīn	please don't bother
领赐不当	lǐng cì búdàng	[古] It is improper to accept your gift.
料难推却	liào nán tuīquè	[古] realize that it would be impossible to refuse
龌龊	wòchuò	filthy; dirty
全无顾忌	quán wú gùjì	have no scruples; to be utterly unscrupulous
发作	fāzuò	have a fit of anger; flare up
席卷	xíjuǎn	roll up like a mat; carry everything with one
逃之夭夭	táo zhī yāoyāo	decamp; make one's getaway
不知去向	bùzhī qùxiàng	be nowhere to be found
失单	shīdān	a list of lost or stolen articles
不合	bùhé	[古] should not
为…所惑	wéi…sǔohuò	be deceived by; be cheated by
日久见人心	rìjiǔ jiàn rénxīn	[成] time reveals the heart of a man ; it takes time to know a person
老死有靠	lǎosǐ yǒu kào	have somebody to depend on in old age
记恨在心	jìhèn zài xīn	bear grudge
囊橐	nángtuó	[古] bags; (here) all his money and goods
呜呼哀哉	wūhū āizāi	(informal) die; dead and gone
捶胸大恸	chuí xiōng dàtòng	beat one's chest and cry bitterly
殡殓	bìnliàn	encoffin a corpse and carry it to the grave
成服	chéngfú	(of relatives of the deceased) put on mourning clothes for the funeral service
七七	qīqī	the forty-ninth day since the day the deceased has passed away
好事	hǎoshì	mass for the dead
举丧安葬，事事成礼	jǔsāng ānzàng	perform all the burial ceremonies with due respect
刻薄存私	kèbó cúnsī	stingy and selfish
老成帮手	lǎochéng bāngshǒu	an experienced assistant
中人	zhōngrén	middleman
冲散	chōngsàn	break up; disperse
凄凄惶惶	qīqī huánghuáng	sad and worried
东逃西窜	dōngtáo xīcuàn	flee helter-skelter

胡乱的过了几年。今日闻得临安兴旺，南渡人民，大半安插在彼。诚恐女儿流落此地，特来寻访，又没消息。身边盘缠用尽，欠了饭钱，被饭店中终日赶逐，无可奈何。偶然听见金中说起朱家油铺，要寻个卖油帮手。自己曾开过六陈铺子，卖油之事，都则**在行**。况朱小官原是汴京人，又是**乡里**，故此**央**金中**引荐**到来。朱重问了**备细**，乡人见乡人，不觉感伤。"既然**没处投奔**，只住在我身边，只当个乡亲相处，慢慢的访着令爱消息，**再作区处**。"当下取两贯钱把与莘善，去还了饭钱，连浑家阮氏也领将来，与朱重相见了，收拾 一间空房，**安顿**他老夫妇在内。两口儿也尽**心竭力**，内外相帮，朱重甚是欢喜。光阴似箭，不觉一年有余。多有人见朱小官年长未娶，家道又好，做人又志诚，情愿白白把女儿送他为妻。朱重因见了花魁娘子，十分容貌，**等闲的**不看在眼，立心要访求个出色的女子，方才肯**成亲**。以此日复一日，耽搁下去。正是：

> 曾观沧海难为水，除却巫山不是云。

再说王美娘在九妈家，盛名之下，朝欢暮乐，真个**口厌肥甘，身嫌锦绣**。然虽如此，每遇**不如意**之处，或是子弟们**任情使性**，**吃醋跳槽**，或自己病中醉后，半夜三更，没人疼热，就想起秦小官人的好处来，只恨**无缘再会**。也是她**桃花运尽**，合当变更。一年之后，生出一段事端来。

却说临安城中，有个吴八公子，父亲吴岳，现为福州太守。这吴八公子，打从父亲任上回来，广有金银。平昔间也喜赌钱吃酒，**三瓦两舍**走动。闻得花魁娘子之名，未曾识面，屡屡遣人来约，欲要嫖她。王美娘闻他气质不好，不愿相接，**托故推辞**，非止一次。那吴八公子也曾和着闲汉们亲到王九妈家几番，都不曾会。其时，**清明节届**，家家扫墓，处处**踏青**。美娘因连日游春困倦，且是积下许多诗画之债，未曾完得，分付家中："一应客来，都与我辞去。"闭了房门，焚起一炉好香，摆设**文房四宝**，方欲举笔，只听得外面**沸腾**，却是吴八公子，领着十余个**狠仆**，来接美娘游湖。因见鸨儿每次**回**他，在中堂行凶，打家打伙，直闹到美娘房前，只见房门锁闭。原来妓家有个回客法儿， 小娘躲在房内，却把房门反锁，支吾客人，只推不在。那老实的就被他哄过了。吴公子是**惯家**，这些**套子**，怎地瞒得。分付家人扭断了锁，把房门一脚踢开。美娘**躲身不迭**，被公子看见，**不由分说**，教两个家人，左右牵手，从房内直拖出房外来，口中兀自乱嚷乱骂。王九妈欲待上前

在行	zàiháng	be expert at something; know a job, trade, etc. well
乡里	xiānglǐ	a person from the same village, town or province
央	yāng	求；beg; request
引荐	yǐnjiàn	recommend (a person)
备细	bèixì	detailed information
没处投奔	méichù tóubèn	have no place to seek refuge
令爱	lìng'ài	(polite) your daughter
再作区处	zàizuò qūchǔ	[古] will take care of other things until then
安顿	āndùn	help settle in; find a place for
尽心竭力	jìnxīn jiélì	(do something) with all of one's heart and might
等闲的	děngxiánde	[古] ordinary; mediocre
成亲	chéngqīn	get married
口厌肥甘	kǒuyàn féigān	[古] grow sick of delicious foods
身嫌锦绣	shēnxián jǐnxiù	[古] not cherish any silk or brocade
不如意	bù rúyì	things don't turn out as one wishes
任情使性	rènqíng shǐxìng	willful; headstrong
吃醋	chīcù	be jealous
跳槽	tiàocáo	(said of a prostitute) a patron ceases to be faithful
只恨无缘再会	wúyuán	only regret that there is no chance to see each other again
桃花运尽	táohuāyùn jìn	the fate of being driven to prostitution has come to an end
三瓦两舍	sānwǎ liǎngshè	[古] public places of entertainment
托故推辞	tuōgù tuīcí	find an excuse to decline (an appointment, invitation, etc.)
清明节届	qīngmíng jiéjiè	清明：the day marking the beginning of the 5th solar term (April 4, 5, or 6; traditionally observed as a festival for worshipping at ancestral graves, technically known as "sweeping the graves 扫墓." 届：arrive; fall due
踏青	tàqīng	walk on the green grass – go for an outing in early spring
文房四宝	wénfáng sìbǎo	the four treasures of the study (writing brush, inkstick, inkslab and paper)
沸腾	fèiténg	a hubbub is heard
狠仆	hěnpú	ferocious servant
回	huí	refuse; reject
惯家	guànjiā	[古] an old hand at the game
套子	tàozi	tricks
躲身不迭	duǒshēn bùdié	[古] be too late to hide oneself
不由分说	bùyóu fēnshuō	allowing no explanation

赔礼解劝，看见势头不好，只得闪过。家中大小，躲得没半个影儿。吴家狠仆牵着美娘，出了王家大门，不管她弓鞋窄小，望街上飞跑。八公子在后，扬扬得意。直到西湖口，将美娘扚下了湖船，方才放手。美娘十二岁到王家，锦绣中养成，珍宝般供养，何曾受恁般凌贱。下了船，对着船头，掩面大哭。吴八公子见了，放下面皮，气忿忿的像关云长单刀赴会，一把交椅，朝外而坐，狠仆侍立于旁。一面分付开船，一面数一数二的发作一个不住："小贱人，小娼根，不受人抬举！再哭时，就讨打了！"美娘哪里怕他，哭之不已。船至湖心亭，吴八公子分付摆盒在亭子内，自己先上去了，却分付家人："叫那小贱人来陪酒。"美娘抱住了栏杆，哪里肯去，只是嚎哭。吴八公子也觉没兴。自己吃了几杯淡酒，收拾下船，自来扯美娘。美娘双脚乱跳，哭声愈高。八公子大怒，教狠仆拔去簪珥。美娘蓬着头，跑到船头上，就要投水，被家僮们扶住。公子道："你撒赖便怕你不成！就是死了，也只费得我几两银子，不为大事。只是送你一条性命，也是罪过。你住了啼哭时，我就放你回去，不难为你。"美娘听说放她回去，真个住了哭。八公子分付移船到清波门外僻静之处，将美娘绣鞋脱下，去其裹脚，露出一对金莲，如两条玉笋相似。教狠仆扶她上岸，骂道："小贱人！你有本事，自走回家，我却没人相送。"说罢，一篙子撑开，再向湖中而去。正是：

　　　　焚琴煮鹤从来有，惜玉怜香几个知！

　　美娘赤了脚，寸步难行。思想："自己才貌两全，只为落于风尘，受此轻贱。平昔枉自结识了许多王孙贵客，急切用他不着，受了这般凌辱。就是回去，如何做人？倒不如一死为高。只是死得没些名目，枉自享个盛名，到此地位，看着村庄妇人，也胜我十二分。这都是刘四妈这个花嘴，哄我落坑堕堑，致有今日！自古红颜薄命，亦未必如我之甚！"越思越苦，放声大哭。事有偶然，却好朱重那日到清波门外朱十老的坟上，祭扫过了，打发祭物下船，自己步回，从此经过。闻得哭声，上前看时，虽然蓬头垢面，那玉貌花容，从来无两，如何不认得？吃了一惊，道："花魁娘子，如何这般模样？"美娘哀哭之际，听得声音斯熟，止啼而看，原来正是知情识趣的秦小官。美娘当此之际，如见亲人，不觉倾心吐胆，告诉他一番。朱重心中十分疼痛，亦为之流泪。袖中带得有白绫汗巾一条，约有五尺多长，取出劈半扯开，奉与美娘裹脚，亲手与她拭泪。又与她挽起青丝，再三把好言宽解。等

赔礼解劝	péilǐ jiěquàn	offer an apology to mollify one's anger
势头	shìtóu	the look of things; tendency
锦绣中养成	jǐnxiù	[古] be brought up among silks and brocades
珍宝般供养	zhēnbǎo gòngyǎng	[古] be looked upon as a gem and a jewel
何曾受恁般凌贱	rènbān língjiàn	[古] have never suffered such humiliation and mistreatment
放下面皮	fàngxià miànpí	[古] suddenly turn hostile
气忿忿	qìfènfèn	fuming with rage and anger
数一数二	shǔyī shǔèr	(here) one after another
小贱人	xiǎo jiànrén	[骂] Little bitch!
不受人抬举	tái.jǔ	fail to appreciate favor (from a superior)
栏杆	lángān	railing; banisters
投水	tóushuǐ	throw oneself into (a river, well, etc. to commit suicide)
撒赖	sālài	make a scene; raise hell
僻静	pìjìng	secluded
去其裹脚	qù qí guǒjiǎo	strip off the foot-binding bandage
金莲	jīnlián	golden lilies – bound feet
如两条玉笋相似	yùsǔn	(bound feet of a beautiful woman) like two strands of jade bamboo shoot
上岸	shàng'àn	go ashore
篙子	gāozi	pole for punting a boat
赤脚	chìjiǎo	barefooted
寸步难行	cùnbù nánxíng	be unable to move even a single step
名目	míngmù	name of things
枉自	wǎngzì	[古] in vain
花嘴	huāzuǐ	[古] a glib talker
落坑堕堑	luòkēng duòqiàn	fall into a pit or chasm; to end up in a sorry, dismal state
却好	quèhǎo	[古] by chance
祭扫	jìsǎo	offer sacrifices at and sweep (the ancestral tomb)
蓬头垢面	péngtóu gòumiàn	[成] with disheveled hair and a dirty face
玉貌花容	yùmào huāróng	flower-like features and jade-like face – a great beauty
从来无两	cónglái wúliǎng	[古] exactly the same as before
倾心吐胆	qīngxīn tǔdǎn	pour out one's heart; unburden one's heart
白绫汗巾	báilíng hànjīn	white silk handkerchief
挽起青丝	wǎnqǐ qīngsī	coil one's hair
把好言宽解	kuānjiě	[古] comfort one with many kind words

待美娘哭定，忙去唤个暖轿，请美娘坐了，自己步送，直到王九妈家。九妈不得女儿消息，在**四处打探**慌迫之际，见秦小官送女儿回来，**分明一颗夜明珠还她**，如何不喜！况且鸨儿一向不见秦重挑油上门，多曾听得人说，他承受了朱家的店业，**手头活动**，体面又比前不同，自然**刮目相待**。又见女儿这等模样，问其缘故，已知女儿吃了大苦，全亏了秦小官。深深拜谢，设酒相待。日已向晚，秦重略饮数杯，起身作别。美娘如何肯放，道："我一向有**心于你**，恨不得你见面。今日定然不**放你空去**。"鸨儿也来扳留。秦重**喜出望外**。是夜，美娘吹弹歌舞，**曲尽生平之技**，**奉承**秦重。秦重如同做了一个**游仙好梦**，喜得**魄荡魂消**，**手舞足蹈**。**夜深酒阑**，二人**相挽就寝**。云雨之事，其美满更不必言。

> 一个是足力后生，一个是惯情女子。这边说，三年怀想，费几多役梦劳魂；那边说，一年相思，喜侥幸粘皮贴肉。一个谢前番帮衬，合今番恩上加恩；一个谢今夜总成，比前夜爱中添爱。红粉妓倾翻粉盒，罗帕留痕；卖油郎打泼油瓶，被窝沾湿。可笑村儿干折本，作成小子弄风流。

云雨已罢，美娘道："我有句**心腹之言**与你说，你休得推托。"秦重道："小娘子若用得著小可时，就**赴汤蹈火**，**亦所不辞**。岂有推托之理。"美娘道："我要嫁你。"秦重笑道："小娘子就嫁一万个，也还数不到小可头上。休得取笑，枉自**折了小可的食料**。"美娘道："这话实是真心，怎说取笑二字！我自十四岁被妈妈灌醉，梳弄过了，此时便要从良。只为未曾相处得人，**不辨好歹**，恐误了终身大事。以后相处的虽多，都是豪华之辈，**酒色之徒**，但知**买笑追欢**的乐意，哪有**怜香惜玉**的真心。看来看去，只有你是个志诚君子，况闻你尚未娶亲。若不嫌我**烟花贱质**，情愿**举案齐眉**，白头奉侍。你若不允时，我就将三尺**白罗**，死于君前，**表白我一片诚心**，也强如昨日死于村郎之手，没名没目，惹人笑话。"说罢，呜呜的哭将起来。秦重道："小娘子休得悲伤。小可**承**小娘子**错爱**，将天就地，**求之不得**，岂敢推托。只是小娘子千金身价，小可家贫力薄，如何**摆布**？也是**力不从心**了。"美娘道："这却**不妨**。不瞒你说，我只为从良一事，预先积攒些东西，寄顿在外。**赎身之费**，一毫不费你心力。"秦重道："就是小娘子自己赎身，平昔住惯了高堂大厦，享用了锦衣玉食，在小可家，如何过活？"美 娘 道：

四处打探	sìchù dǎtàn	go everywhere to find out (news, happening)
分明一颗夜明珠还他	kē... yèmíngzhū	just like the recovery of a precious pearl to her
手头活动	shǒutóu huódòng	be in easy circumstances; be quite well off at the moment
刮目相待	guāmù xiāngdài	[成] treat somebody with increased respect
有心于你	yǒuxīn yú nǐ	have feelings for you
放你空去	fàng nǐ kōng qù	let you leave empty-handed
喜出望外	xǐchū wàngwài	be overjoyed (at unexpected gain, good news, etc.)
曲尽生平之技	qūjìn...jì	[古] display every one of her skills to the fullest
奉承	fèngchéng	please (somebody)
做一个游仙好梦	yóuxiān hǎomèng	having dream rendezvous with a goddess
魄荡魂消	pòdàng húnxiāo	be overwhelmed with joy
手舞足蹈	shǒuwǔ zúdǎo	[成] to dance for joy
夜深酒阑	yèshēn jiǔlán	feast into the night
相挽就寝	xiāngwǎn jiùqǐn	retire to bed in each other's embrace
云雨之事	yúnyǔ zhī shì	the sport of cloud and rain – sexual intercourse
心腹之言	xīnfù zhī yán	words from the bottom of the heart
赴汤蹈火，亦所不辞	fùtāng dǎohuǒ	I will not decline even I have to walk through fire and water – I will defy all difficulty and danger to serve you
折了小可的食料	zhé...shíliào	[古] make Heaven jealous and take away what I have
不辨好歹	búbiàn hǎodǎi	cannot distinguish the good from the bad
酒色之徒	jiǔsè zhī tú	debauchee; libertine
买笑追欢	mǎixiào zhuīhuān	visit brothels and pursue pleasure
怜香惜玉	liánxiāng xīyù	[成] show pity and tenderness to women
烟花贱质	yānhuā jiànzhì	a prostitute of cheap stock
举案齐眉	jǔ'àn qíméi	[成] holding the tray level with the brows – husband and wife treating each other with courtesy
三尺白罗	sānchǐ báiluó	three feet of white silk gauze (used to hang oneself)
表白	biǎobái	express or state clearly
村郎	cūnláng	vulgar person
承…错爱	chéng ... cuò'ài	I am honored to have you bestow your love upon me.
求之不得	qiúzhī bùdé	all one could wish for
摆布	bǎibù	handle; deal with
力不从心	lì bù cóngxīn	[成] ability not equal to one's embition
不妨	bùfáng	of no matter
寄顿	jìdùn	leave with; leave in the care of
赎身	shúshēn	(of slaves or prostitutes) redeem oneself

"布衣疏食，死而无怨。"秦重道："小娘子虽然，只怕妈妈不从。"美娘道："我自有道理。如此如此，这般这般。"两个直说到天明。

原来黄翰林的衙内，韩尚书的公子，齐太尉的舍人，这几个相知的人家，美娘都寄顿得有箱笼。美娘只推要用，陆续取到密地，约下秦重，教他收置在家。然后一乘轿子，抬到刘四妈家，诉以从良之事。刘四妈道："此事老身前日原说过的。只是年纪还早，又不知你要从哪一个？"美娘道："姨娘，你莫管是甚人，少不得依着姨娘的言语，是个真从良，乐从良，了从良；不是那不真，不假，不了，不绝的勾当。只要姨娘肯开口时，不愁妈妈不允。做侄女的没别孝顺，只有十两金子，奉与姨娘，胡乱打些钗子，是必在妈妈前做个方便。事成之时，媒礼在外。"刘四妈看见这金子，笑得眼儿没缝，便道："自家儿女，又是美事，如何要你的东西！这金子权时领下，只当与你收藏。此事都放在老身身上。只是你的娘，把你当个摇钱之树，等闲也不轻放你出去，怕不要千把银子。那主儿可是肯出手的么？也得老身见他一见，与他讲道方好。"美娘道："姨娘莫管闲事，只当你侄女自家赎身便了。"刘四妈道："妈妈可晓得你到我家来？"美娘道："不晓得。"四妈道："你且在我家便饭。待老身先到你家，与妈妈讲。讲得通时，然后来报你。"

刘四妈雇乘轿子，抬到王九妈家。九妈相迎入内。刘四妈问起吴八公子之事，九妈告诉了一遍。四妈道："我们行户人家，倒是养成个半低不高的丫头，尽可赚钱，又且安稳。不论什么客，就接了，倒是日日不空的。侄女只为声名大了，好似一块鲞鱼落地，蚂蚁儿都要钻它。虽然热闹，却也不得自在。说便许多一夜，也只是个虚名。那些王孙公子来一遍，动不动有几个帮闲，连宵达旦，好不费事。跟随的人又不少，个个要奉承得他好。有些不到之处，口里就出粗，哩涟啰涟的骂人，还要弄损你家伙，又不好告诉他家主，受了若干闷气。况且山人墨客，诗社棋社，少不得一月之内，又有几时官身。这些富贵子弟，你争我夺，依了张家，违了李家，一边喜，少不得一边怪了。就是吴八公子这一个风波，吓杀人的，万一失差，却不连本送了？官宦人家，和他打官司不成？只索忍气吞声。今日还亏着你家时运高，太平没事，一个霹雳空中过去了。倘然山高水低，悔之无及。妹子闻得吴八公子不怀好意，还要到你家索闹。侄女的性气又不好，不肯奉承人。第一是这

布衣疏食	bùyī shūshí	coarse clothes and simple fare – to live a thrifty and simple life
死而无怨	sǐ ér wúyuàn	die without any complaints
自有道理	zì yǒu dàolǐ	have one's way (to take care of something)
如此如此这般这般		We will do it like this and that...
陆续	lùxù	one after another; in succession
密地	mìdì	secret place
勾当	gòudang	[古] business; affair
媒礼在外	méilǐ zàiwài	there will be additional matchmaker presents
摇钱树	yáoqiánshù	a legendary tree that sheds coins when shaken – a ready source of money
等闲	děngxián	[古] lightly; rashly; easily
那主儿	nàzhǔr	that person
肯出手	kěn chūshǒu	be willing to pay
便饭	biànfàn	(polite) Please eat a simple meal (with us).
半低不高	bàndī bùgāo	not too good and not too bad; average
一块鲞鱼落地，蚂蚁儿都要钻它	xiǎngyú... mǎyǐ... zuān	When a piece of dried fish has dropped on the ground, even the ants will not leave it alone.
自在	zìzài	feel at ease
动不动	dòngbudong	easily; frequently; at every turn
帮闲	bāngxián	hangers-on
连宵达旦	liánxiāo dádàn	stay the whole night long
不到之处	búdào zhīchù	slip; oversight; faux-pas
受闷气	shòu mènqì	be in the sulks
山人墨客	shānrén mòkè	hermits and men of learning
有几时官身	guānshēn	古时属于官府所设的教坊的官妓，必须在节日时到官府去庆贺，官府有宴会时也可随时叫她们去唱歌跳舞，叫做"唤官身"。
风波	fēngbō	wind and waves - disturbance
失差	shīchā	slip up
连本送了	lián běn sòng le	lose even the capital
忍气吞声	rěnqì tūnshēng	swallow an insult; submit to humiliation
一个霹雳空中过去	pīlì	this bolt of lightning has passed overhead (without hurting anybody)
山高水低	shāngāo shuǐdī	unexpected misfortune
悔之无及	huǐ zhī wújí	too late to regret afterward
不怀好意	bùhuái hǎoyì	harbor evil intentions

件，乃是个**惹祸之本**。"九妈道："便是这件，老身好不担忧。就是这八公子，也是有名有称的人，又不是**微贱之人**。这丫头**抵死**不肯接他，惹出这场寡气。当初她年纪小时，还听人教训。如今有了**虚名**，被这些富贵子弟夸她奖她，**惯了她性情，骄了她气质**，动不动**自作自主**。逢着客来，她要接便接。她若不情愿时，便是**九牛也休想牵得她转**。"刘四妈道："做小娘的**略有些身分**，都则如此。"王九妈道："我如今与你商议，倘若有个肯出钱的，不如卖了她去，倒得干净，省得终身**担着鬼胎过日**。"刘四妈道："此言甚妙。卖了她一个，就讨得五六个。若凑巧撞得着相应的，十来个也讨得的。这等**便宜事**，如何不做！"王九妈道："老身也曾**算计**过来。那些有势有力的不肯出钱，专要**讨人便宜**。及至肯出几两银子的，女儿又**嫌好道歉，做张做智**的不肯。若有**好主儿**，妹子做媒，作成**则个**。倘若这丫头不肯时节，还求你**撺掇**。这丫头做娘的话也不听，只你说得她信，话得她转。"刘四妈呵呵大笑道："做妹子的此来，正为与侄女做媒。你要许多银子便放她出门？"九妈道："妹子，你是**明理**的人。我们这行户中，只有**贱买**，哪有**贱卖**？况且美儿数年盛名满临安，谁不知她是花魁娘子？难道三百四百，就**容他走动**？少不得要她千金。"刘四妈道："待妹子去讲。若肯出这个数目，做妹子的便来**多口**。若合不着时，就不来了。"临行时，又故意问道："侄女今日在哪里？"王九妈道："不要说起。自从那日吃了吴八公子的亏，怕他还来**淘气**，终日里抬个轿子，各宅去**分诉**。前日在齐太尉家，昨日在黄翰林家，今日又不知在哪家去了。"刘四妈道："有了你老人家做主，**按定了坐盘星**，也不容侄女不肯。万一不肯时，做妹子自会劝她。只是寻得主顾来，你却莫要**捉班做势**。"九妈道："**一言既出，并无他说**。"九妈送至门首。刘四妈叫声**聒噪**，上轿去了。这才是：

数黑论黄雌陆贾，说长话短女随何。

若还都像虔婆口，尺水能兴万丈波。

刘四妈回到家中，与美娘说道："我对你妈妈如此说，这般讲。你妈妈已自肯了。只要银子见面，这事**立地便成**。"美娘道："银子已曾办下，明日姨娘千万到我家来，**玉成其事**。不要**冷了场**，改日又费讲。"四妈道："既然约定，老身自然到宅。"美娘别了刘四妈，回家一字**不提**。次日，午牌时分，刘四妈果然来了。王九妈问道："所事如何？"四妈道："**十有八**

惹祸之本	rěhuò zhī běn	the source of troubles
微贱之人	wēijiàn zhī rén	a person of low birth
抵死	dǐsǐ	even at the cost of one's life; even unto death
虚名	xūmíng	false reputation; undeserved reputation
惯了他<u>性</u>情	guàn...xìngqíng	be indulged; become spoiled
<u>骄</u>了他<u>气质</u>	jiāo...qìzhì	become supercilious; become conceited
自作自主	zìzuò zìzhǔ	act at one's own; decide for oneself
九牛也休想<u>牵</u>得他转	qiān...zhuǎn	not even a team of nine oxen could drag her (to the place she refuses to go)
略有些身分	lüè yǒu xiē shēnfen	have some sort of a name
担着<u>鬼胎</u>过日	guǐtāi	be in a state of anxiety
便宜事	piányishì	advantageous matter; things that are advantageous
算计	suàn.jì	consider carefully
讨人便宜	tǎo rén piányi	gain extra advantage by unfair means; profit at the expense of others
嫌好道歉	xiánhǎo dàoqiàn	[古] nitpick; pick and choose
做张做智	zuòzhāng zuòzhì	[古] put on airs; put on an act
好主儿	hǎozhǔr	someone suitable
则个	zége	[古] (used as a final particle in a sentence for purposes of emphasis)
撺掇	cuānduo	[古] instigate; incite
明理	mínglǐ	sensible; reasonable
贱买贱卖	jiànmǎi jiànmài	to buy at a cheap price, to sell at a cheap price
容他走动	róng tā zǒudòng	[古] let her go
多口	duōkǒu	speak out of turn; shoot off one's mouth
淘气	táoqì	(here) bully; treat somebody high-handedly
分诉	fēnsù	defend oneself (against a charge); explain matters
按定了<u>坐盘星</u>	zuòpánxīng	[古] make up one's mind; make a decision
捉班做势	zhuōbān zuòshì	[古] be affected; strike a pose
一言既出，并无他说		a word once spoken will never be changed
聒噪	guōzào	(polite) Sorry to have bothered you.
立地便成	lìdì biànchéng	(Things) will be settled immediately
玉成其事	yùchéng qíshì	kindly help make a success of it
冷了场	lěngle chǎng	[古] 过了一段时间，人都不关心这件事了
一字不提	yízì bùtí	not even say one word
十有八九	shí yǒu bājiǔ	most likely

九，只不曾与侄女说过。"四妈来到美娘房中，两下相叫了，讲了一回说话。四妈道："你的主儿到了不曾？那话儿在哪里？"美娘指着床头道："在这几只皮箱里。"美娘把五六只皮箱一时都开了，五十两一封，搬出十三四封来，又把些金珠宝玉**算价**，足够千金之数。把个刘四妈惊得**眼中出火，口内流涎**，想道："小小年纪，**这等有肚肠**！不知如何设法，积下许多东西？我家这几个粉头，一般接客，赶得着她哪里？不要说不会**生发**，就是有几文钱在**荷包**里，闲时买**瓜子嗑**，买糖儿吃；两条**脚布**破了，还要做妈的与她买布哩！**偏生**九阿姐造化，**讨得着**。年时赚了若干钱钞，临出门还有这一主大财，又是**取诸宫中，不劳余力**。"这是**心中暗想之语**，却不曾说出来。美娘见刘四妈沉吟，只道她**作难索谢**，慌忙又取出四匹潞绸，两股宝钗，一对凤头玉簪，放在桌上，道："这几件东西，奉与姨娘为**伐柯之敬**。"刘四妈**欢天喜地**对王九妈说道："侄女情愿自家赎身，一般身价，并不短少分毫。比着孤老卖身更好。省得闲汉们**从中说合**，费酒费浆，还要加一加二的谢他。"王九妈听得说女儿皮箱内有许多东西，倒有个**怫然之色**。你道却是为何？世间只有鸨儿最狠，做小娘的设法些东西，都送到她手里，才是快活。也有做些私房在箱笼内，鸨儿晓得些风声，专等女儿出门，撬开锁钥，翻箱倒笼**取个罄空**。只为美娘盛名之下，相交都是大头儿，替做娘的挣得钱钞，又且性格有些古怪，等闲不敢**触犯**。故此卧房里面，鸨儿的脚也不**搠**进去。谁知她如此有钱！刘四妈见九妈**颜色不善**，便猜着了，连忙道："九阿姊你休得**三心两意**。这些东西，就是侄女自家积下的，也不是你本分之钱。她若肯花费时，也花费了。或是她**不长进**，把来**津贴**了得意的孤老，你也哪里知道！这还是她**做家**的好处。况且小娘自己手中没有钱钞，临到从良之际，难道**赤身**赶她出门？少不得头上脚下都要**收拾得光鲜**，等她好去别人家做人。如今她自家拿得出这些东西，料然一丝一线不费你的心。这一主银子，是你完完全全**鳖在腰跨里**的。她就赎身出去，怕不是你女儿！倘然她**挣得好**时，**时朝月节**，怕她不来孝顺你！就是嫁了人时，她又没有亲爹亲娘，你也还去做得着她的**外婆**，受用处正有哩！"只这一套话，说得王九妈心中**爽然**，当下应允。刘四妈就去搬出银子，一封封兑过，交付与九妈，又把这些金珠宝玉，逐件**指物作价**。对九妈说道："这都是做妹子的故意估下

算价	suànjià	[古] convert to; amount to
眼中出火，口里流涎	liúxián	[古] eyes burst with flame and mouth salivated
这等有肚肠	dùcháng	[古] have such precocious insights or views
生发	shēngfā	[古] make money
荷包	hébāo	small bag; wallet
磕瓜子	kè guāzǐ	crack melon seeds
脚布	jiǎobù	foot-binding bandage
偏生	piānshēng	[古] 偏偏; it so happens that
讨得着	tǎodezháo	[古] be able to get (a good one)
取诸宫中，不劳余力	qǔ zhū gōng zhōng, bù láo yúlì	[古] taking something out from one's own abode, which does not expend any additional effort
心中暗想	xīnzhōng ànxiǎng	think secretly
作难索谢	zuònán suǒxiè	[古] make things difficult in order to get more rewards
伐柯之敬	fákē zhī jìng	[古] gift for matchmaker
欢天喜地	huāntiān xǐdì	with boundless joy; wild with joy
从中说合	cóngzhōng shuōhé	make a match (between two sides)
怫然之色	fúrán zhī sè	expression of furious anger
取个罄空	qǔge qìngkōng	[古] take away all the valuables
触犯	chùfàn	offend; make angry
搠	shuò	thrust; stab
颜色不善	yánsè búshàn	with a displeased expression
三心两意	sānxīn liǎngyì	be of two minds; shilly-shally
不长进	bù zhǎngjìn	(here) act foolishly
津贴	jīntiē	subsidize
做家	zuòjiā	[古] 节省金钱
赤身	chìshēn	(here) penniless
收拾得光鲜	guāngxiān	dress beautifully
鳖在腰胯里	bié...yāokuà	stuck in one's belt; (here) keep the entire sum of money for yourself
挣得好	zhèngdehǎo	[古] make a comfortable living
时朝月节	shízhāo yuèjié	on festivals and other occasions
外婆	wàipó	(maternal) grandmother
爽然	shuǎngrán	feel relieved; feel at ease
当下应允	dāngxià yìngyǔn	agree there and then
指物作价	zhǐwù zuòjià	appraising each item

她些价钱。若换与人，还便宜得几十两银子。"王九妈虽同是个鸨儿，倒是个老实头儿，凭刘四妈说话，无有不纳。

刘四妈见王九妈收了这主东西，便叫亡八写了婚书，交付与美儿。美儿道："趁姨娘在此，奴家就拜别了爹妈出门，借姨娘家住一两日，**择吉从良**，未知姨娘允否？"刘四妈得了美娘许多**谢礼**，**生怕九妈翻悔**，巴不得美娘出了她门，完成一事，说道："正该如此。"当下美娘收拾了房中自己的梳台拜匣，皮箱铺盖之类。但是鸨儿家中之物，一毫不动。收拾已完，随着四妈出房，拜别了假爹假妈，和那姨娘行中，都相叫了。王九妈一般哭了几声。美娘唤人挑了行李，**欣然**上轿，同刘四妈到刘家去。四妈出一间幽静的好房，顿下美娘行李。众小娘都来与美娘**叫喜**。是晚，朱重就**差**莘善到刘四妈家**讨信**，已知美娘赎身出来。择了吉日，**笙箫鼓乐**娶亲。刘四妈就做大媒送亲。朱重与花魁娘子**花烛洞房**，欢喜无限。

虽然旧事风流，不减新婚佳趣。

次日，莘善老夫妇请**新人**相见，各各相认，吃了一惊。问起根由，至亲三口，抱头而哭。朱重方才认得是**丈人丈母**。请他上座，夫妻二人，重新拜见。亲邻闻知，**无不骇然**。是日，整备筵席，庆贺两重之喜，饮酒尽欢而散。三朝之后，美娘教丈夫备下几副厚礼，分送旧相知各宅，以**酬**其寄顿箱笼之恩，并报她从良信息。此是美娘**有始有终**处。王九妈、刘四妈家，各有礼物相送，无不感激。满月之后，美娘将箱笼打开，内中都是黄白之资，吴绫蜀锦，何止百计，共有三千余金，都将匙钥交付丈夫，慢慢的买房置产，整顿家当。油铺生理，都是丈人莘善管理。不上一年，把家业挣得花锦般相似，**驱奴使婢**，甚有气象。

朱重感谢天地神明**保佑**之德，**发心**于各寺庙**喜舍**合殿香烛一套，供琉璃灯油三个月。**斋戒沐浴**，亲往**拈香礼拜**。先从昭庆寺起，其他灵隐、法相、净慈、天竺等寺，以次而行。就中单说天竺寺，是**观音大士**的香火，有上天竺、中天竺、下天竺，三处香火俱盛。却是山路，**不通舟楫**。朱重叫从人挑了一担香烛、三担清油，自己乘轿而往。先到上天竺来。寺僧迎接上殿。老香火秦公点烛添香。此时朱重居移气，养移体，**仪容魁岸**，非复幼时面目，秦公哪里认得他是儿子。只因油桶上有个大大的秦字，又有汴梁二字，心中甚以为奇。也是**天然凑巧**，刚刚到上天竺，偏用着这两只油桶。朱

无有不纳	wúyǒu búnà	[古] accept everything
亡八	wángbā	[古] man servant or madam's husband at brothels
择吉从良	zéjí cóngliáng	(said of a prostitute) pick a auspicious day to get married
谢礼	xièlǐ	a gift in token of gratitude
生怕	shēngpà	be very much afraid; fear greatly
巴不得	bābude	be only too anxious (for something)
欣然	xīnrán	happily
叫喜	jiàoxǐ	congratulate
差	chāi	send on an errand; dispatch
讨信	tǎoxìn	ask for news
笙箫鼓乐	shēngxiāo gǔyuè	all kinds of music; with all due pomp and ceremony
花烛洞房	huāzhú dòngfáng	nuptial consummation on the wedding night
新人	xīnrén	the newly-weds
丈人丈母	zhàngrén zhàngmǔ	wife's parents
上座	shàngzuò	sit in the seat of honor
无不骇然	wúbú hàirán	everybody is greatly surprised
三朝	sānzhāo	the third day of marriage on which the bride goes back to her parents' home for a visit
酬	chóu	thank somebody with a gift
有始有终	yǒushǐ yǒuzhōng	[成] having both a beginning and a conclusion
黄白之资	huángbái zhī zī	gold and silver
驱奴使婢	qūnú shǐbì	getting many servants to wait on (the owner)
保佑	bǎoyòu	bless and protect
发心	fāxīn	make up one's mind (to do something)
喜舍	xǐshě	give alms; give in charity
斋戒沐浴	zhāijiè mùyù	purify oneself by observing abstinent rules, and by bathing
拈香礼拜	niānxiāng lǐbài	offer incense and worship Buddha at a temple
观音大士	Guānyīn dàshì	Bodhisattva of Mercy
不通舟楫	bùtōng zhōují	cannot be reached by water transport
点烛添香	diǎnzhú tiānxiāng	light the candle and offer the incense
居移气, 养移体	jū yí qì, yǎng yí tǐ	[古] physical appearance and mannerisms have both changed as a result of prosperity
仪容魁岸	yíróng kuí'àn	tall and robust
非复幼时面目	yòushí	[古] looking quite different from when one was young
天然凑巧	tiānrán còuqiǎo	as luck would have it

重拈香已毕，秦公托出茶盘，主僧奉茶。秦公问道："不敢动问**施主**，这油桶上为何有此二字？"朱重听得问声，带着汴梁人的**土音**，忙问道："老香火，你问他怎么？**莫非也是汴梁人么**？"秦公道："正是。"朱重道："你姓甚名谁？为何在此**出家**？共有几年了？"秦公把自己姓名乡里，细细告诉："某年上**避兵**来此，因无**活计**，将十三岁的儿子秦重，过继与朱家。如今有八年之远。一向为年老多病，不曾下山问得信息。"朱重一把抱住，放声大哭道："孩儿便是秦重！向在朱家挑油买卖。正为要访求父亲下落，故此于油桶上写汴梁秦三字，做个标识。谁知此地**相逢**！真乃**天与其便**！"众僧见他父子别了八年今朝重会，**各各称奇**。朱重这一日，就歇在上天竺，与父亲同宿，**各叙情节**。次日，取出中天竺、下天竺两个**疏头**换过，内中朱重，仍改做秦重，复了本姓。两处烧香礼拜已毕，转到上天竺，要请父亲回家，**安乐供养**。秦公出家已久，**吃素持斋**，不愿随儿子回家。秦重道："父亲别了八年，孩儿有缺侍奉。况孩儿新娶媳妇，也得她拜见**公公**方是。"秦公只得依允。秦重将轿子让与父亲乘坐，自己步行，直到家中。秦重取出一套新衣，与父亲换了，中堂设坐，同妻莘氏**双双参拜**。亲家莘公、亲母阮氏，齐来见礼。此日大排筵席。秦公不肯开荤，素酒素食。次日，邻里**敛财称贺**。一则新婚，二则新娘子**家眷团园**，三则父子重逢，四则秦小官**归宗复姓**，共是四重大喜。一连又吃了几日喜酒。秦公不愿家居，思想上天竺故处清净出家。秦重不敢**违亲之志**，将银二百两，于上天竺另造净室一所，送父亲到彼居住。其日用供给，按月送去。每十日亲往候问一次。每一季同莘氏往候一次。那秦公活到八十余，**端坐而化**。遗命葬于本山。此是后话。

却说秦重和莘氏，**夫妻偕老**，生下两个孩儿，俱读书成名。至今**风月中市语**，凡夸人善于帮衬，都叫做"秦小官"，又叫"卖油郎"。有诗为证：

> 春来处处百花新，蜂蝶纷纷竞采春。
>
> 堪爱豪家多子弟，风流不及卖油人。

施主	shīzhǔ	alms giver; benefactor
土音	tǔyīn	local accent
莫非	mòfēi	can it be that; is it possible that
出家	chūjiā	renounce the family (to become a monk or nun)
避兵	bìbīng	[古] seek refuge from war
活计	huó.jì	[古] means of livelihood; livelihood
相逢	xiāngféng	meet (by chance)
天与其便	tiān yǔ qí biàn	[古] This must be the will of Heaven.
各各称奇	gègè chēngqí	everybody murmured in astonishment
各叙情节	gè xù qíngjié	exchange news of past events
疏头	shūtóu	written invocation (which is burnt before chanting scriptures)
安乐供养	ānlè gōngyǎng	provide for (one's parents or elders); support
吃素持斋	chīsù chízhāi	abstain from eating meat; keep a vegetarian fast
公公	gōnggong	husband's father
双双参拜	shuāngshuāng cānbài	both pay their respects to (a superior) ceremoniously
敛财称贺	liǎncái chēnghè	[古] come to congratulate, bringing along many presents
家眷团圆	jiājuàn tuányuán	reunion of family members
归宗复姓	guīzōng fùxìng	(of adopted children) return to one's own parents or clan and resume one's original name
违亲之志	wéiqīn zhī zhì	[古] go against father's wish
端坐而化	duānzuò érhuà	pass away peacefully because of old age
夫妻偕老	fūqī xiélǎo	remain a devoted couple to the end of their lives
风月中市语	fēngyuèzhōng shìyǔ	[古] business jargon in the pleasure quarters

（三）十五贯戏言成巧祸
（宋本作错斩崔宁）

《醒世恒言》第三十三卷

聪明伶俐自天生，**懵懂**痴呆未必真。

嫉妒每因眉睫浅，矛戈时起笑谈深。

九曲黄河心较险，十重铁甲面堪憎。

时因酒色亡家国，几见诗书误好人。

　　这首诗，单表为人难处。只因世路窄狭，**人心叵测**。**大道**既远，人情万端。**熙熙攘攘**，都为利来。**蚩蚩蠢蠢**，皆纳祸去。持身保家，万千反复。所以古人说：**謷有为謷，笑有为笑**。謷笑之间，最宜谨慎。这回书，单说一个官人，只因酒后一时戏笑之言，遂至杀身破家，陷了几条性命。且先引下一个故事来，权做个**德胜头回**。

　　却说故宋朝中，有一个少年**举子**，姓魏名鹏举，字冲霄，年方一十八岁，娶得一个如花似玉的**浑家**。未及一月，只因春榜动，选场开，魏生别了妻子，收拾行囊，上京取应。临别时，浑家**分付**丈夫："得官不得官，早早回来，**休抛**闪了恩爱夫妻！"魏生答道："功名二字，是**俺**本领前程，**不索**贤卿忧虑。　"别后登程到京，果然一举成名，除授一甲第二名**榜眼及第**。在京**甚是华艳动人**，少不得修了一封家书，**差人**接取**家眷**入京。书上先叙了**寒温**及得官的事，后却写下一行，道是："我在京中早晚无人照管，已讨了一个小老婆，专候夫人到京，同享荣华。"**家人收拾书程**，一径到家，见了夫人，称说贺喜。因取家书呈上。夫人拆开看了，见是如此如此，这般这般，便对家人道："官人**直恁**负恩！**甫**能得官，便娶了二夫人。"家人便道："小人在京，并没见有此事。想是官人**戏谑**之言！夫人到京，便知**端的**，休得忧虑！"夫人道："**恁地**说，我也罢了！"却因人舟未便，一面收拾起身，一面寻觅**便人**，先寄封平安家书到京中去。那寄书人到了京中，寻问**新科**魏榜眼寓所，下了家书，管待酒饭自回，不题。

Selected by C. P. Chou
Text prepared by Joanne Chiang
Vocabulary prepared by Yanyan Chan

懵懂	měngdǒng	muddled thinking; muddled-headed
人心叵测	rén xīn pǒ cè	the heart of man is hard to fathom
大道	dàdào	This refers to the utopian golden age supposed to have existed in the legendary earliest period of Chinese history.
熙熙攘攘	xīxī rǎngrǎng	[书] with people bustling about
蚩蚩蠢蠢	chīchī chǔnchǔn	silly and stupid
颦有为颦,笑有为笑	pín	[俗] there is a time/reason for frowning and a time/reason for laughing.; 颦：knit the brows
官人	guān.rén	[古] a man
德胜头回	dé shèng tóu huí	[古] a preamble
举子	jǔ.zǐ	[古] a scholar
字	zì	style (name)
浑家	húnjiā	[古] 妻子; wife
春榜动,选场开	xuǎnchǎng	[古] the examination period will begin in the spring；选场：imperial examination hall
分付	fēnfù	Tell
休抛闪	pāoshǎn	[古] don't abandon; 休：不要
俺	ǎn	[方] 我
不索	bùsuǒ	[方] no need to
榜眼及第	bǎngyǎn jí dì	[古] the second best examinee in the imperial exam
甚是	shènshì	[古] very; extremely
华艳动人	huáyàn dòngrén	with great pomp and ceremony
差	chāi	send sb. (to sb.)
家眷	jiājuàn	wife; wife and children
寒温	hánwēn	the usual greetings; daily life
家人	jiārén	[古] servant
书程	shūchéng	[古] travelling expenses and luggage
一径	yíjìng	straight; directly
直恁	zhírèn	[古] 竟然这样
甫	fǔ	[书] 刚刚，才; just
二夫人	èrfūren	[古] 小娘子 or 妾 qiè，concubine
戏谑	xìxuè	开玩笑; joke; make fun of
端的	duāndì	what happened
恁	rèn	[古] 这（那）么；这（那）样
便人	biànrén	顺便帮别人办事的人； someone who happens to be on hand for an errand
新科	xīnkē	[古] the fresh graduates with good scores in the imperial exams

却说魏生接书拆开来看了，并无一句**闲言闲语**，只说道："你在京中娶了一个小老婆，我在家中也嫁了一个小老公，早晚同赴**京师**也。"魏生见了，也只道是夫人取笑的说话，全不在意。**未及收好**，外面报说：有个同年相访。**京邸**寓中，不比在家**宽转**，那人又是**相厚**的同年，又**晓得**魏生并无家眷在内，直至里面坐下，叙了些寒温。魏生起身去解手，那同年偶翻桌上书帖，看见了这封家书，写得好笑，故意朗诵起来。魏生**措手不及**，通红了脸，说道："这是没理的事！因是小弟戏谑了他，他便取笑写来的。"那同年呵呵大笑道："这节事却是取笑不得的。"别了就去。那人也是一个少年，喜谈乐道，把这封家书一节，**顷刻间**遍传京邸。也有一班妒忌魏生少年登高科的，将这桩事只当做**风闻言事**的一个小小新闻，奏上一本，说这魏生年少不检，不宜居**清要**之职，降处外任。魏生懊恨无及。后来毕竟做官**蹭蹬**不起，把锦片也似一段美前程，**等闲**放过去了。这便是一句戏言，**撒漫**了一个美官。今日再说一个官人，也只为酒后一句戏言，**断送**了堂堂六尺之躯，连累两三个人，枉屈害了性命。却是为着甚的？有诗为证：

> 世路崎岖实可哀，旁人笑口等闲开。

> 白云本是无心物，又被狂风引出来。

却说南宋时，建都临安，繁华富贵，不减那汴京故国。去那城中箭桥左侧，有个官人，姓刘名贵，字君荐，祖上原是有根基的人家。到得君荐手中，却是**时乖运蹇**。先前读书，后来看看不**济**，却去改业做生意，便是**半路上出家**的一般。买卖行中，**一发**不是**本等伎俩**，又把本钱**消折**去了。渐渐大房改换小房，赁得两三间房子，与同浑家王氏，年少**齐眉**。后因没有**子嗣**，娶下一个小娘子，姓陈，是陈卖糕的女儿，家中都呼为二姐。这也是先前不十分穷薄的时做下的**勾当**。至亲三口，并无闲杂人在家。那刘君荐，极是为人和气，乡里见爱，都称他刘官人："你是一时**运限**不好，如此落寞，再过几时，定须有个**亨通**的日子！"说便是这般说，那得有些**好处**？只是在家**纳闷，无可奈何**。

却说一日闲坐家中，只见**丈人**家里的老王，年近**七旬**，走来对刘官人说道："家间老**员外**生日，特令老汉接取官人娘子，去走一遭。"刘官人便道："便是我日逐愁闷过日子，连那**泰山**的寿诞，也都忘了。"便同浑家王氏，收拾随身衣服，打叠个包儿，交与老王背了。分付二姐："看守家中，今

闲言闲语	xiányán xiányǔ	(here) usual greetings
京师	jīngshī	[古] capital (of a country)
未及	wèijí	[古] not enough time (to do sth)
同年	tóngnián	[古] candidates who passed the imperial exam in the same year
京邸	jīngdǐ	[古] capital (of a country)
宽转	kuānzhuǎn	[方] spacious
相厚	xiānghòu	[古] be on friendly terms with sb.
晓得	xiǎodé	[方] 知道，明白; know; understand
解手	jiěshǒu	go to the toilet
措手不及	cuò shǒu bù jí	be caught unprepared; be taken by surprise
顷刻间	qǐngkè jiān	after a little while
风闻言事	fēngwén yánshì	report the rumor or something learned through hearsay
清要	qīngyào	very important and high (official position)
蹭蹬	cèngdèng	[古] meet with setbcks; be down on one's luck
等闲	děngxián	[古] easily; casually
撒漫	sāmàn	[古] let slip; waste
断送	duànsòng	ruin
时乖运蹇	shí guāi yùn jiǎn	fate adverse and circumstances unfavorable
济	jì	successful
半路上出家	chūjiā	[俗] (fig.) switch to a completely new kind of work
一发	yīfā	越来越…；更加。 even more
本等伎俩	běnděng jìliǎng	profession one has always engaged in or is good at
消折	xiāozhé	lose
赁	lìn	租; rent
齐眉	qíméi	[古] 表示丈夫和妻子互相尊重
子嗣	zǐsì	[古] 儿子; son; heir
勾当	gòudàng	[古] 事情; deal (often negative, shady)
运限	yùnxiàn	[古] fate; destiny
亨通	hēngtōng	顺利； successful; prosperous
好处	hǎochù	profit; gain
纳闷	nàmèn	dejected; bewildered; puzzled; worried
无可奈何	wú kě nài hé	be helpless; there is no way out; no choice
丈人	zhàngrén	妻子的父亲; father of one's wife
七旬	qīxún	七十岁; seventy years old
员外	yuánwài	[古] landlord; rich man
泰山	tàishān	妻子的父亲; father of one's wife

日晚了，不能转回，明晚**须索**来家。"说了就去。离城二十余里，到了丈人王员外家，叙了寒温。当日坐间客众，丈人女婿，不好十分叙述许多**穷相**。到得客散，留在客房里宿歇。直到天明，丈人却来与女婿**攀话**，说道："姐夫，你须不是这般**算计**，**坐吃山空，立吃地陷**。**咽喉深似海**，日月快如梭。你须**计较一个常便**！我女儿嫁了你，一生也指望丰衣足食，**不成**只是这等就**罢了**！"刘官人叹了一口气道："是。泰山在上，道不得个上山擒虎易，开口告人难。如今的时势，再有谁似泰山这般怜念我的？只索守困，若去求人，便是劳而无功。"丈人便道："这也难怪你说。老汉却是看你们不过，今日**赍助**你**些少本钱**，**胡乱**去开个柴米店，赚得些利息来过日子，却不好么？"刘官人道："感蒙泰山恩顾，可知是好。"当下吃了午饭，丈人取出十五**贯**钱来，付与刘官人道："姐夫，且将这些钱去，收拾起店面，开张有日，我便再应付你十贯。你妻子且留在此过几日，待有了开店日子，老汉亲送女儿到你家，就来与你作贺，**意下如何**？"刘官人谢了又谢，驮了钱一径出门。到得城中，天色却早晚了，却撞着一个**相识**，顺路在他家门首经过。那人也要做经纪的人，就与他商量一会，可知是好。便去敲那人门时，里面有人应**喏**，出来**相揖**，便问："老兄下顾，有何见教？"刘官人一一说知**就里**。那人便道："小弟闲在家中，老兄用得着时，便来相帮。"刘官人道："如此甚好。"当下说了些生意的勾当。那人便留刘官人在家，现成杯盘，吃了三杯两盏。刘官人酒量不济，便觉有些**朦胧**起来，抽身作别，便道："今日相扰，明早就烦老兄过**寒家**，**计议生理**。"那人又送刘官人至路口，作别回家，不在话下。若是说话的**同年生**，**并肩长**，拦腰抱住，把臂拖回，也不见得受这般**灾悔**！却教刘官人死得不如：

《五代史》李存孝，《汉书》中彭越。

却说刘官人驮了钱，一步一步**捱**到家中。敲门已是点灯时分。小娘子二姐独自在家，没一些事做，守得天黑，闭了门，在灯下打瞌睡。刘官人打门，他那里便听见。敲了**半晌**，方才知觉。答应一声来了，起身开了门。刘官人进去，到了房中，二姐替刘官人接了钱，放在桌上，便问："官人何处挪移这项钱来？却是甚用？"那刘官人一来有了几分酒，二来怪他开门开得迟了，且戏言吓他一吓，便道："说出来，又恐你**见怪**；不说时，又须通你得知。只是我一时无奈，没计可施，只得把你**典**与一个客人。又因舍不得

须索	xūsuǒ	一定，必须; must; have to
二十余里	yú	二十多里
穷相	qióngxiàng	straitened circumstances
攀话	pānhuà	have a talk with (sb.)
姐夫	jiěfū	[方] son-in-law
算计	suànjì	安排; arrangements
坐吃山空,立吃地陷	xiàn	(fig.) use up all the property without making a living
咽喉深似海,日月快如梭	yānhóu …suō	greed can never be filled and the time passes quickly 咽喉：throat　梭：shuttle
计较	jìjiào	计划，安排; plan
常便	chángbiàn	a long-term plan
丰衣足食	fēngyī zúshí	ample food and clothing
不成	bùchéng	(aux.) 难道；indicate inference or a rhetorical question
罢了	bàle	(aux.) used at the end of a declaration sentence, to denote "merely" or "nothing else"
赍助	jīzhù	[书] aid financially
些少	xiēshǎo	a little
本钱	běnqián	capital
胡乱	húluàn	casually
贯	guàn	一千枚铜钱串起来，叫一贯。 string
意下如何	yìxià rúhé	What do you think?
相识	xiāngshí	认识的人; acquaintance
门首	ménshǒu	door; gate
经纪	jīngjì	do business
应喏	yìng rě	[古] 出声答应
相揖	xiāngyī	[古] bow
就里	jiùlǐ	inside story; reason
寒家	hánjiā	[谦] my humble home
计议	jìyì	Discuss
生理	shēnglǐ	[古] business; erning a living
同年生，并肩长	zhǎng	born in the same year and having grown up together
灾悔	zāihuǐ	disaster
捱	ái	walk toward; be or get close to
半晌	bànshǎng	for some time; a long time; quite a while
见怪	jiàn guài	mind; blame (the speaker)
典与	diǎnyǔ	[书] pawn to

你，只典得十五贯钱。若是我有些**好处**，加利**赎**你回来。若是照前这般不顺**溜**，只索罢了！"那小娘子听了，**欲待**不信，又见十五贯钱堆在面前。欲待信来，他平日与我没半句言语，大娘子又过得好，怎么便下得这等**狠心辣手**！**疑狐不决**。只得再问道："虽然如此，也须通知我爹娘一声。"刘官人道："若是通知你爹娘，此事**断然**不成。你明日且到了人家，我慢慢**央**人与你爹娘说通，他也须怪我不得。"小娘子又问："官人今日在何处吃酒来？"刘官人道："便是把你典与人，写了**文书**，吃他的酒，才来的。"小娘子又问："大姐姐如何不来？"刘官人道："他因不忍见你分离，待得你明日出了门才来。这也是我**没计奈何，一言为定**。"说罢，暗地忍不住笑。不脱衣裳，睡在床上，不觉睡去了。那小娘子**好生摆脱**不下："不知他卖我与甚**色样**人家？我须先去爹娘家里**说知**。就是他明日有人来要我，寻到我家，也须有个**下落**。"**沉吟**了一会，却把这十五贯钱，一垛儿堆在刘官人脚后边。趁他酒醉，轻轻的收拾了随身衣服，**款款**的开了门出去，拽上了门。却去左边一个相熟的**邻舍**，叫做朱三老儿家里，与朱三妈借宿了一夜，说道："丈夫今日无端卖我，我须先去与爹娘说知。烦你明日对他说一声，既有了主顾，可同我丈夫到爹娘家中来，**讨个分晓**，也须有个下落。"那邻舍道："小娘子说得有理。你只顾自去，我便与刘官人**说知就理**。"过了一宵，小娘子**作别**去了。不题。正是：

鳌鱼脱却金钩去，摆尾摇头再不回。

放下一头，却说这里刘官人一觉，直至**三更**方醒，见桌上灯犹未灭，小娘子不在身边。只道他还在厨下收拾**家火**，便唤二姐讨茶吃。叫了一回，没人答应，却待挣扎起来，酒尚未醒，不觉又睡了去。不想却有一个**做不是的**，日间赌输了钱，没处**出豁**，夜间出来**掏摸**些东西。却好到刘官人门首。因是小娘子出去了，门儿拽上不关，那贼略推一推，**豁**地开了。**捏手捏脚**，直到房中，并无一人**知觉**。到得床前，灯火尚明。周围看时，并无一物可取。摸到床上，见一人朝着里床睡去，脚后却有一堆青钱，便去取了几贯。不想**惊觉**了刘官人，起来喝道："你须**不近道理**！我从丈人家借办得几贯钱来，养身活命，**不争**你偷了我的去，却是怎的**计结**！"那人也不回话，照面一拳，刘官人侧身躲过，便起身与这人相持。那人见刘官人手脚活动，便拔步

好处	hǎochù	luck
赎	shú	redeem
顺溜	shùnliu	lucky; smooth
欲待	yùdài	正要; just about to
狠心辣手	hěnxīnlàshǒu	callous and cruel
疑狐不决	yí hú bù jué	bewildered
断然	duànrán	flatly
央	yāng	请求; request
文书	wénshū	[古] contract
没计奈何	méi jì nài hé	[古] have no other choice
一言为定	yì yán wéi dìng	what is said cannot be unsaid
好生	hǎoshēng	[古] 很，非常
摆脱不下	bǎi tuō bú xià	cannot free oneself from worries
甚色样	shèn sè yàng	[古] 什么样
说知	shuōzhī	[古] to tell; to inform
下落	xiàluò	whereabouts
沉吟	chényín	hesitate and mutter to oneself
款款	kuǎnkuǎn	慢慢地; slowly; gently
邻舍	línshè	neighborhood
宿	sù	睡
主顾	zhǔgù	customer; client
讨分晓	tǎo fēnxiǎo	clarify the matter
作别	zuòbié	[书] bid farewell
说知就理	shuōzhī jiùlǐ	tell the exact details
三更	sāngēng	[古] in the dead of night；one of the five two-hour periods into which the night was formerly divided
家火	jiāhuo	tools
做不是的	zuò búshìde	[方] burglar
出豁	chūhuō	[方] find a way
掏摸	tāomō	(here) steal
捏手捏脚	niēshǒu niējiǎo	(also 蹑 niè 手蹑脚) walk on tiptoe
知觉	zhījué	detect; discover
惊觉	jīngjué	wake sb. up
不近道理	bú jìn dào lǐ	unreasonable
不争	bùzhēng	[古] 如果; if
计结	jìjié	[古] 了结，解决; resolve, settle (a problem or matter)

出房。刘官人不舍，抢出门来，一径赶到厨房里。恰待声张邻舍，起来捉贼，那人急了，正好**没出豁**，却见明晃晃一把**劈柴斧头**，正在手边。也是人急计生，被他**绰起**，一斧正中刘官人**面门**，扑地倒了，又复一斧，砍倒一边。眼见得刘官人不活了，**呜呼哀哉，伏惟尚飨**。那人便道："**一不做，二不休**，却是你来赶我，不是我来寻你。"**索性翻身**入房，取了十五贯钱，扯条单被，包裹得**停当**，**拽扎**得爽利，出门，拽上了门就走，不题。

次早，邻舍起来，见刘官人家门也不开，并无人声息，叫道："刘官人，**失晓了**！"里面没人答应。捱将进去，只见门也不关。直到里面，见刘官人劈死在地。"他家大娘子，两日家前已自往娘家去了，小娘子**如何不见**？"免不得**声张**起来。却有昨夜小娘子借宿的邻家朱三老儿说道："小娘子昨夜黄昏时，到我宿歇，说道：刘官人**无端**卖了他，他一径先到爹娘家里去了，教我对刘官人说，既有了主顾，可同到他爹娘家中，也讨得个分晓。今一面着人去追他转来，便有下落。一面去报他大娘子到来，再作**区处**。"众人都道："说得是。"先**着**人去到王老员外家报了凶信。老员外与女儿大哭起来，对那人道："昨日**好端端**出门，老汉赠他十五贯钱，教他将来作本，如何便**恁的**被人杀了？"那去的人道："好教老员外大娘子得知，昨日刘官人归时，已自昏黑，吃得**半酣**，我们都不晓得他有钱没钱，归迟归早。只是今早刘官人家，门儿半开，众人**推将**进去，只见刘官人杀死在地，十五贯钱一文也不见，小娘子也不见踪迹。声张起来，却有左邻朱三老儿出来，说道：他家小娘子昨夜黄昏时分，借宿他家。小娘子说道：'刘官人无端把他典与人了，小娘子要对爹娘说一声。住了一宵，今日**径自**去了。'如今众人计议，一面来报大娘子与老员外，一面这着人去追小娘子。若是半路里追不着的时节，直到他爹娘家中，**好歹**追他转来，问个明白。老员外与大娘子，须索去走一遭，与刘官人**执命**。"老员外与大娘子急急收拾起身，管待来人酒饭，三步做一步，赶入城中，不题。

却说那小娘子，清早出了邻舍人家，捱上路去，行不上一二里，早是脚疼走不动，坐在路旁。却见一个**后生**，头带**万字头巾**，身穿**直缝宽衫**，背上驮了一个**搭膊**，里面却是铜钱，脚下**丝鞋净袜**，一直走上前来。到了小娘子面前，看了一看：虽然没有十二分颜色，却也**明眉皓齿，莲脸生春，秋波送媚**，好生动人。正是：野花偏艳目，村酒醉人多。

声张邻舍	shēngzhāng línshè	shout to the neighbors
没出豁	méi chū.huō	[古] have no way out
劈柴斧头	pīchái fǔtou	an axe used to chop firewood
绰	chāo	[古] grab; clutch
面门	miànmén	face
斫	zhuó	chop or hack (with a sword or axe)
呜呼哀哉,伏惟尚飨	wūhū āizāi, fú wéi shàng xiǎng	[古] indicating sb. is quite dead
一不做,二不休	yī bú zuò, èr bù xiū	carry sth. through whatever the consequences
索性	suǒxìng	simply
翻身	fānshēn	[方] turn round; go back
停当	tíngdàng	settled
拽扎	zhuàizā	pull and bind; 拽：pull; drag
次早	cìzǎo	第二天早上; the next morning
声息	shēngxī	sound; voice
失晓	shīxiǎo	It's dawn.
如何	rúhé	[古] 为什么; why, how come
无端	wúduān	for no reason
区处	qūchǔ	[方] 安排处理; handle
着	zhuó	send (sb.)
好端端	hǎoduānduān	in perfectly good condition; everything is all right
恁的	rènde	[古] 这么的; such; in this manner
半酣	bànhān	[书] half drunk
推将	tuījiāng	push
径自	jìngzì	alone; without consulting anyone
好歹	hǎodǎi	in any case; at any rate; anyhow
执命	zhímìng	[古] a life for a life; pay with one's life (for a murder)
后生	hòushēng	年轻的男人
万字<u>头巾</u>	tóujīn	the shape of head-covering is like the character of "萬". 头巾: head-covering (for men in ancient times)
直缝宽衫	zhí fèng kuān shān	a loose jacket
搭膊	dābo	a shoulder bag
丝鞋净袜	sīxié jìngwà	silk shoes and white socks
明眸皓齿	míngmóu hàochǐ	clear eyes and white teeth;
莲脸生春	liánliǎn shēngchūn	a lotus-like countenance that bore the aura of spring;
秋波送媚	qiūbō sòngmèi	beautiful eyes that carned enchantment and beauty

那后生放下搭膊，向前深深作揖：" 小娘子独行无伴，却是往那里去的？" 小娘子还了**万福**，道：" 是**奴家**要往爹娘家去，因走不上，**权歇**在此。" 因问：" 哥哥是何处来？今要往何方去？" 那后生**叉手不离方寸**：" 小人是村里人，因往城中卖了丝帐，讨得些钱，要往褚家堂那边去的。" 小娘子道：" 告哥哥**则个**，奴家爹娘也在褚家堂左侧，若得哥哥**带挈**奴家，同走一程，**可知是好**。 " 那后生道：" 有何不可！既如此说，小人情愿伏侍小娘子前去。" 两个**厮**赶着，一路正行，行不到二三里田地，只见后面两个人**脚不点地**，赶上前来。赶得汗流气喘，衣襟敞开，连叫：" 前面小娘子慢走，我却有话说知。" 小娘子与那后生看见赶得**蹊跷**，都立住了脚。后边两个赶到跟前，见了小娘子与那后生，不容**分说**，一家扯了一个，说道：" 你们干的好事！却走往那里去！" 小娘子吃了一惊，举眼看时，却是两家邻舍，一个就是小娘子昨夜借宿的主人。小娘子便道：" 昨夜也曾告过公公得知，丈夫无端卖我，我自去对爹娘说知。今日赶来，却有何说？" 朱三老道：" 我不管闲帐，只是你家里有杀人**公事**，你须回去**对理**。" 小娘子道：" 丈夫卖我，昨日钱已驮在家中，有**甚**杀人公事？我只是不去。" 朱三老道：" **好自在性儿**！你若**真个**不去，叫起地方有杀人贼在此，烦为一捉，不然，须连累我们。你这里地方也不得**清净**。" 那后生见**不是话头**，便对小娘子道：" 既如此说，小娘子只索回去，小人自家去休！" 那两个赶来的邻舍，齐叫起来说道：" 若是没有你在此便罢，既然你与小娘子同行同止，你须也去不得！" 那后生道：" 却又作怪，我自半路遇见小娘子，偶然伴他行一程，却有甚**皂丝麻线**，要勒肯我回去？" 朱三老道：" 他家有了杀人公事，不争放你去了，却**打没头官司**！" 当下不容小娘子和那后生做主。看的人渐渐立满，都道：" 后生你去不得。你**日间不做亏心事，半夜敲门不吃惊**。便去何妨！" 那赶来的邻舍道：" 你若不去， 便是心虚。我们却和你**罢休**不得！" 四个人只得**厮挽**着一路转来。

到得刘官人门首，好一场热闹！小娘子入去看时，只见刘官人斧劈倒在地死了，床上十五贯钱分文也不见，**开了口合不得，伸了舌头缩不上去**。那后生也慌了，便道：" 我**恁**的**晦气**！**没来由**和那小娘子同走一程，却做了**干连人**！" 众人都和闹着。正在那里**分豁不开**，只见王老员外和女儿一步一**撷**走回家来。见了女婿身尸，哭了一场，便对小娘子道：" 你却如何杀了丈

作揖	zuōyī	make a slight bow with hands folded in front
万福	wànfú	(of a woman) curtsy; gesture of respect or reverence made by a woman
奴家	nújiā	[古] I, me (term of self-address for a young woman)
权	quán	for the moment
<u>叉手不离方寸</u>	chāshǒu fāngcùn	to bow with hands folded in front
……则个	zége	[方] (aux.) used to reiterate the tone of request
带挈	dàiqiè	take along
可知是好	kě zhī shì hǎo	Is that alright?
厮	sī	[书] together; for each other
脚不点地	jiǎo bù diǎn dì	(fig.) walk very fast
蹊跷	qī.qiāo	奇怪; strange
分说	fēnshuō	说明; 分辨; explain
闲帐	xiánzhàng	unimportant matter
公事	gōngshì	official business
对理	duìlǐ	testify
甚	shèn	什么; what
好自在性儿	zìzài xìngr	How can you not care?
真个	zhēnge	真的; really
清净	qīngjìng	peace; peaceful
不是话头	búshì huàtóu	the tone of one's speech or what someone said is wrong
皂丝麻线	zàosī máxiàn	(fig.) get tangled in a dubious relationship
勒肯	lèkěn	[书] force
打没头官司	dǎ méitóu guānsi	to settle the case without a suspect
日间不做<u>亏心</u>事，半夜<u>敲门</u>不吃惊	kuīxīn qiāomén	[俗] He who has done nothing shameful by day need not be alarmed by a knock on the door at night.
何妨	héfáng	[书] why not
罢休	bàxiū	give up; let the matter drop
厮挽	sīwǎn	arm in arm
开了口合不得，伸了舌头<u>缩</u>不上去	suō	It describes that Chen Erjie was struck dumb with surprise.
晦气	huìqì	unlucky
没来由	méiláiyóu	for no reason at all
干连（人）	gānlián(rén)	(a person) be implicated in; be involved with
和闹	hénào	[方] brawl; (of a crowd of people) create a disturbance
<u>分豁</u>不开	fēnhuò	cannot sort things out

夫？劫了十五贯钱，逃走出去？今日**天理昭然**，有何理说！"小娘子道："十五贯钱，**委是**有的。只是丈夫昨晚回来，说是无计奈何，将奴家典与他人，典得十五贯**身价**在此，说过今日便要奴家到他家去。奴家因不知他典与甚色样人家，先去与爹娘说知，故此趁他睡了，将这十五贯钱，一垛儿堆在他脚后边，拽上门，到朱三老家住了一宵，今早自去爹娘家里说知。临去之时，也曾央朱三老对我丈夫说，既然有了主儿，便同到我爹娘家里来**交割**。却不知因甚杀死在此？"那大娘子道："**可又来**！我的父亲昨日明明把十五贯钱与他驮来作本，**养赡妻小**，他岂有哄你说是典来身价之理？这是你两日独自在家，**勾搭**上了人！又见家中好生不济，无心**守耐**，又见了十五贯钱，一时**见财起意**，杀死丈夫，劫了钱。又使**见识**，往邻家借宿一夜，却与汉子**通同**计较，一处逃走。现今你跟着一个男子同走，却有何理说，**抵赖**得过！"众人齐声道："大娘子之言，甚是有理！"又对那后生道："后生，你却如何与小娘子谋杀亲夫？却暗暗约定在僻静处等候一同去，逃奔他方？却是如何计结！？"那人道："小人自姓崔名宁，与那小娘子**无半面之识**。小人昨晚入城，卖得几贯丝钱在这里。因路上遇见小娘子，小人偶然问起往那里去的，却独自一个行走？小娘子说起是与小人同路，以此作伴同行，却不知前后**因依**。"众人那里肯听他分说，搜索他搭膊中，恰好是十五贯钱，一文也不多，一文也不少。众人齐发起喊来道："是**天网恢恢，疏而不漏**。你却与小娘子杀了人，**拐**了钱财，**盗**了妇女，同往**他乡**，却连累我地方**邻里**打没头官司！"

当下大娘子**结扭**了小娘子，王老员外结扭了崔宁，四邻舍都是**证见**，一哄都入临安府中来。那**府尹**听得有杀人公事，即便**升堂**。便叫**一干人犯**，逐一从头说来。先是王老员外上去，告说："**相公**在上，小人是本府村庄人氏，年近**六旬**，只生一女，**先年**嫁与本府城中刘贵为妻。后因无子，娶了陈氏为妾，呼为二姐。一向三口在家过活，并无片言。只因前日是老汉生日，差人接取女儿女婿在家，住了一夜。次日，因见女婿家中全无**活计**，养赡不起，把十五贯钱与女婿作本，开店养身。却有二姐在家看守。到得昨夜，女婿到家时分，不知因甚缘故，将女婿斧劈死了，二姐却与一个后生，名唤崔宁，一同逃走，被人追捉到来。望相公可怜见老汉的女婿，身死不明；**奸夫淫妇，赃证**俱在，**伏乞**相公明断。"府尹听得如此如此，便叫陈氏上来："你

天理	tiānlǐ	heavenly principles
昭然	zhāorán	[书] 明显; obvious
委是	wěishì	really; truly
身价	shēnjià	buying and selling price of a person
交割	jiāogē	settle or complete a business transaction
可又来	kěyòulái	[古] indicates sb. disagrees with another person's saying
养赡妻小	yǎngshàn qīxiǎo	support the family
勾搭	gōuda	take up with sb; cahoot with
守耐	shǒunài	[古] to stand; to bear; to tolerate
见财起意	jiàncái qǐ yì	hit upon an idea at the sight of money
见识	jiànshí	cleverness; trick
通同	tōngtóng	collude with
抵赖	dǐlài	deny one's error or responsibility
无半面之识	wú bànmiàn zhī shí	don't know sb. at all
因依	yīnyī	[古] cause and effect; entire process
天网恢恢，疏而不漏	tiānwǎng huīhuī, shū ér bú lòu	nobody escapes the judgement of heaven
拐	guǎi	windle; make off with
盗	dào	abduct
他乡	tāxiāng	other district; foreign place
连累	liánlèi	involve; get someone into trouble
邻里	línlǐ	neighbor
当下	dāngxià	at once; immediately
结扭	jiéniǔ	seize
证见	zhèngjiàn	witness
府尹	fǔyǐn	[古] title of an official position
升堂	shēngtáng	[古] open a session of court
一干人犯	yì gān rénfàn	defendants and the implicated
相公	xiàng.gōng	[古] term of address for officials
六旬	liùxún	六十岁
先年	xiānnián	some years ago
片言	piànyán	a few words; a cross word
活计	huójì	support; financial support
奸夫淫妇	jiān fū yín fù	scoundrel and adulteress
赃证	zāngzhèng	evidence of robbery
伏乞	fúqǐ	beg

却如何通同奸夫，杀死了亲夫，劫了钱，与人一同逃走？是何理说？"二姐告道："小妇人嫁与刘贵，虽是小老婆，却也得他**看承**得好。大娘子又**贤慧**，却如何肯起这片**歹心**？只是昨晚丈夫回来，吃得**半酣**，驮了十五贯钱进门。小妇人问他**来历**，丈夫说道：为因养赡不周，将小妇人典与他人，典得十五贯身价在此，又不通我爹娘得知，明日就要小妇人到他家去。小妇人慌了，连夜出门，走到邻舍家里，借宿一宵。今早一径先往爹娘家去，教他对丈夫说：既然卖我有了主顾，可到我爹妈家里来交割。才走得到半路，却见昨夜借宿的邻家赶来，捉住小妇人回来，却不知丈夫杀死的**根由**。"那府尹喝道："胡说！这十五贯钱，分明是他丈人**与女婿**的，你却说是典你的身价，**眼见得没巴臂**的说话了。**况且**妇人家，如何黑夜行走？定是**脱身**之计。这桩事须不是你一个妇人家做的，一定有奸夫帮你谋财害命。你却**从实说来**。"那小娘子正待分说，只见几家邻舍一齐跪上去告道："相公的言语，委是**青天**。他家小娘子，昨夜果然借宿在左邻第二家的，今早他自去了。**小的们**见他丈夫杀死，一面着人去赶，赶到半路，却见小娘子和那一个后生同走，**苦死**不肯回来。小的们勉强捉他转来，却又一面着人去接他大娘子与他丈人。到时，说昨日有十五贯钱，付与女婿做生理的。今者女婿已死，这钱不知从何而去。**再三**问那小娘子时，说道：他出门时，将这钱一堆儿堆在床上。却去搜那后生身边，十五贯钱，分文不少。却不是小娘子与那后生通同作奸？赃证分明，却如何**赖**得过？"府尹听他们言言有理，就唤那后生上来道："**帝辇之下**，怎容你这等**胡行**？你却如何**谋**了他小老婆，劫了十五贯钱，杀死他亲夫？今日同往何处？从实招来！"那后生道："小人姓崔名宁，是乡村人氏。昨日往城中卖了丝，卖得这十五贯钱。今早偶然路上撞着这小娘子，并不知他**姓甚名谁**，那里晓得他家杀人公事？"府尹大怒喝道："胡说！世间不信有这等**巧事**！他家失去了十五贯钱，你却卖的丝**恰好**也是十五贯钱！这分明是**支吾**的说话了。况且他妻莫爱，他马莫骑，你既与那妇人没甚首尾，却如何与他同行共宿？你这等**顽皮赖骨**，不打，如何肯招？"当下众人将那崔宁与小娘子，**死去活来**，**拷打**一顿。那边王老员外与女儿并一干邻佑人等，口口声声，**咬**他二人。府尹也巴**不得了**结这段公案。拷讯一回，可怜崔宁和小娘子，受刑不过，只得**屈招**了。说是一时见财起意，杀死亲夫，

看承	kànchéng	[书] look after
贤慧	xiánhuì	(of a woman) kindhearted and understanding
歹心	dǎixīn	evil mind; wicked intentions
半酣	bànhān	slightly drunk; tipsy
来历	láilì	origin; source; come from
根由	gēnyóu	reason
喝	hè	shout loudly; roar
与	yǔ	[书] 给
眼见得	yǎnjiànde	obviously; clearly
巴臂	bābì	[方] evidence
况且	kuàngqiě	furthermore, moreover; besides; in addition
脱身	tuōshēn	run away; run off
从实说来	cóngshí shuōlái	tell the whole truth
青天	qīngtiān	(lit.) blue sky; (fig.) wise and just judge
小的们	xiǎodemen	[谦] we, us. term of self-address for ordinary people when talking with officials
苦死	kǔsǐ	[古] absolutely
再三	zàisān	again and again
赖	lài	deny one's error
帝辇之下	dì niǎn zhī xià	[书] capital (of a country)
胡行	húxíng	outrageous behaviour
谋	móu	abduct
姓甚名谁	xìng shèn míng shéi	what is sb's name
巧事	qiǎoshì	coincidence
恰好	qiàhǎo	exactly; happen to
<u>支吾</u>的说话	zhīwude shuōhuà	a lie; waffle
莫	mò	[书] 不要
首尾	shǒuwěi	relationship
顽皮赖骨	wánpí làigǔ	cunning rogue
死去活来	sǐqù huólái	excruciatingly painful
拷打	kǎodǎ	beat
咬	yǎo	assert sb.(who is often innocent) that is guilty
巴不得	bābude	be anxious (to do sth.)
了结	liǎojié	conclude
公案	gōng'àn	case
屈招	qūzhāo	confess to false charges

劫了十五贯钱，同奸夫逃走是实。左邻右舍都**指画**了**十字**。将两人大枷枷了，送入死囚牢里。将这十五贯钱给还原主，也只好奉与**衙门**中人做使用，也还不够哩！府尹叠成**文案**，奏过**朝廷**，**部覆**申详，倒下圣旨，说："崔宁不合奸骗人妻，谋财害命，依律**处斩**。陈氏不合通同奸夫，杀死亲夫，**大逆不道，凌迟示众**。"当下读了招状，大牢内取出二人来，当厅判一个斩字，一个剐字，押赴**市曹**，行刑示众。两人浑身是口，也难分说。正是：

> 哑子漫尝黄蘖味，难将苦口对人言。

看官听说，这段公事，果然是小娘子与那崔宁谋财害命的时节，他两人须连夜逃走他方，怎的又去邻舍人家借宿一宵？明早又走到爹娘家去，却被人捉住了？这段冤枉，仔细可以**推详**出来。谁想问官糊涂，只图了事，不想**捶楚**之下，何求不得。**冥冥之中**，积了**阴骘**，远在儿孙近在身。他两个冤魂，也须放你不过。所以做官的，切不可**率意断狱，任情用刑**，也要求个公平明允。道不得个死者不可复生，断者不可复续，可胜叹哉！

闲话休提。却说那刘大娘子到得家中，设个灵位，守孝过日。父亲王老员外劝他**转身**，大娘子说道："不要说起三年之久，也须到**小祥**之后。"父亲应允自去。**光阴迅速**，大娘子在家，**巴巴结结**，将近一年，父亲见他守不过，便叫家里老王去接他来，说："叫大娘子收拾回家，与刘官人做了周年，转了身去罢。"大娘子没计奈何，细思父言，亦是有理。收拾了包裹，与老王背了，与邻舍家作别，暂去再来。一路出城，正值秋天，一阵乌风猛雨，只得**落路**，往一所林子去躲。不想走错了路，正是：

> 猪羊走屠宰之家，一脚脚来寻死路。

走入林子里去，只听他林子背后，大喝一声："我乃**静山大王**在此！行人住脚，须把买路钱与我！"大娘子和那老王吃那一惊不小。只见跳出一个人来：

> 头戴乾红凹面巾，身穿一领旧战袍，腰间红绢搭膊裹肚，脚下蹬一双乌皮皂靴，手执一把朴刀。

舞刀前来，那老王该死，便道："你这**剪径**的毛团！我须是认得你！做这老性命着与你**兑**了罢！"一头撞去，被他闪过空。老人家用力猛了，扑地便倒。那人大怒道："这牛子好生无礼！"连搠一两刀，血流在地，眼见得老王

指画了十字	zhǐhuà le shízì	to have fingerprints imprinted on the contract, verdict, etc.
衙门	yámen	[古] the tribunal; government office
文案	wén àn	report
朝廷	cháotíng	[古] the imperial government or court
部覆	bù fù	[古] the ministry
圣旨	shèngzhǐ	[古] imperial edict
处斩	chǔzhǎn	[古] be decapitated
大逆不道	dà nì bú dào	opposed to the feudal rule and ethical code
凌迟	língchí	to be sliced to death
示众	shì zhòng	punished before the public
剐	guǎ	put to death by dismemberment
市曹	shìcáo	[古] executioner's ground
哑子漫尝黄蘗味，难将苦口对人言	yǎ huángbò	(fig.) suffer hardship but have no recourse to justice or do not daring to speak out; to swallow a bitter pill in silence
看官	kànguān	audience; reader
推详	tuīxiáng	[古] deduce; infer
捶楚	chuíchǔ	[书] beat with a club
冥冥之中	míngmíngzhīzhōng	in the netherworld
积阴骘	jī yīnzhì	do good deeds for the sake of the netherworld
率意断狱	shuàiyì duànyù	pass judgments according to whim
任情用刑	rènqíng yòngxíng	mete out punishment as sb. pleases
灵位	língwèi	a memorial wooden tablet on which is written the name of the deceased person
转身	zhuǎnshēn	remarry
小祥	xiǎoxiáng	[古] be in mourning for one year for the death of a kinsman
光阴	guāngyīn	[书] time
巴巴结结	bābā jiéjié	[方] do sth. (or perform) with difficulty
正值	zhèngzhí	happen to be
落路	luòlù	leave the road
静山大王	Jìngshān dàiwang	the term of self-address for a bandit chief
剪径	jiǎnjìng	waylay and rob; mug
毛团	máotuán	[骂人话] an insult, literally "hairball"
兑	duì	be ready to risk (one's life)
牛子	niúzi	[骂人话] stupid person
搠	shuò	thrust; stab

养不大了。那刘大娘子见他凶猛，料道脱身不得，心生一计，叫做 **脱空计**。拍手叫道："杀得好！"那人便住了手，睁圆怪眼，喝道："这是你什么人？"那大娘子**虚心假气**的答道："奴家不幸丧了丈夫，却被**媒人**哄诱，嫁了这老儿，只会吃饭。今日却得大王杀了，也替奴家除了一害。"那人见大娘子如此小心，又生得有几分颜色，便问道："你肯跟我做个压寨夫人么？"大娘子**寻思，无计可施**，便道："情愿伏侍大王。"那人回**嗔作喜**，收拾了刀杖，将老王尸首**撺**入涧中。领了刘大娘子到一所庄院前来，甚是**委曲**。只见大王向那地上拾些土块，抛向屋上去，里面便有人出来开门。到得**草堂**之上，分付杀羊备酒，与刘大娘子**成亲**。两口儿且是说得着。正是：

> 明知不是伴，事急且相随。

不想那大王自得了刘大娘子之后，不上半年，连**起**了几主大财，家间也丰富了。大娘子甚是有**识见**，早晚用好言语劝他："自古道：**瓦罐不离井上破，将军难免阵中亡**。你我两人，下半世也够吃用了，只管做这**没天理**的勾当，终须不是个好结果！却不道是：**梁园虽好，不是久恋之家**。不若改行从善，做个小小经纪，也得过养身活命。"那大王早晚被他劝转，果然回心**转意**，把这门道路撇了。却去城市中赁下一处房屋，开了一个杂货店。遇闲暇的日子，也时常去寺院中，念佛赴斋。忽一日在家闲坐，对那大娘子道："我虽是个剪径的出身，却也晓得**冤各有头，债各有主**。每日间只是吓骗人东西，**将来过日子**。后来得有了你，一向买卖顺溜，今已改行从善。**闲来追思既往**，只曾**枉杀**了二个人，又**冤陷**了两个人，时常挂念。思欲做些**功果，超度**他们。一向不曾对你说知。"大娘子便道："如何是枉杀了二个人？"那大王道："一个是你的丈夫。前日在林子里的时节，他来撞我，我却杀了他。他须是个老人家，与我往日**无雠**，如今又谋了他老婆，他死也是不甘心的！"大娘子道："**不恁地时**，我却那得与你**厮守**？这也是往事，休题了！"又问："杀那一个，又是甚人？"那大王道："说起来这个人，一发天理上放不过去。且又带累了两个人，**无辜偿命**。是一年前，也是赌输了，身边并无一文，夜间便去掏摸些东西。不想到一家门首，见他门也不闩；推进去时，里面并无一人。摸到门里，只见一人醉倒在床，脚后却有一堆铜钱，便去摸他几贯。正待要走，却惊醒了。那人起来说道："这是我丈人家与我

养不大	yǎngbudà	[古] die; meet one's end
脱空计	tuōkōngjì	measures to stave off an attack
虚心假气	xūxīn jiǎqì	insincerely; pretend
媒人	méirén	matchmaker
压寨夫人	yāzhài fūrén	the term of address for the wife of brigand
寻思	xúnsī	think, consider
无计可施	wú jì kě shī	no way out
回嗔作喜	huí chēn zuò xǐ	转怒为喜。 turn from anger to delight
撺	cuān	扔; throw
委曲	wěiqū	Winding
草堂	cǎotáng	the hall
成亲	chéngqīn	get married
起	qǐ	(here) rob; plunder
识见	shíjiàn	wise; wisdom
<u>瓦罐</u>不离井上破，<u>将军</u>难免阵中亡	wǎguàn jiāngjūn	(fig.) people who are always involved in dangerous situations come to no good end
没天理	méi tiānlǐ	flout the will of Heaven
<u>梁园</u>虽好，不是久<u>恋</u>之家	liángyuán liàn	The place is splendid, but it is not a home.
不若	búruò	[书] it would be better
回心转意	huí xīn zhuǎn yì	change one's mind
出身	chūshēn	background; early experience
<u>冤</u>各有头，<u>债</u>各有主	yuān zhài	It implies that wrongs are never forgotten nor debts ever canceled.
将	jiāng	[古] 拿
闲来	xiánlái	at one's leisure
追思既往	zhuī sī jì wǎng	think back; recall the past
枉杀	wǎngshā	wrongly kill
冤陷	yuānxiàn	implicate (an innocent person)
做<u>功</u>果	gōng guǒ	hold a Buddhist service
超度	chāodù	expiate the dead spirit though saying prayers
无雠	wúchóu	no grudges 雠=仇
不恁地时	rèn	if it doesn't happen
厮守	sīshǒu	[古] stay together
无辜	wúgū	Innocent
一文	yìwén	a penny
闩	shuān	bolt; lock

99

做本钱的，不争你偷去了，一家人口都是饿死。起身抢出房门，正待声张起来。是我一时见他不是话头，却好一把劈柴斧头在我脚边。这叫做人急计生，绰起斧来，喝一声道：不是我，便是你，两斧劈倒。却去房中将十五贯钱尽数取了。后来打听得他，却连累了他家小老婆，与那一个后生，唤做崔宁，冤枉了他谋财害命，双双受了国家刑法。我虽是做了一世强人，只有这两桩人命，是天理人心打不过去的。早晚还要超度他，也是该的。"那大娘子听说，暗暗地叫苦："原来我的丈夫也吃这厮杀了，又连累我家二姐与那个后生无辜受戮！思量起来，是我不合当初执证他两人偿命。料他两人阴司中，也须放我不过。"当下权且欢天喜地，并无他话。明日捉个空，便一径到临安府前，叫起屈来。那时换了一个新任府尹，才得半月。正值升厅，左右捉将那叫屈的妇人进来。刘大娘子到于阶下，放声大哭。哭罢，将那大王前后所为，怎的杀了我丈夫刘贵，问官不肯推详，含糊了事，却将二姐与那崔宁，朦胧偿命。后来又怎的杀了老王，奸骗了奴家，今日天理昭然，一一是他亲口招承。伏乞相公高抬明镜，昭雪前冤。说罢又哭。府尹见他情词可悯，即着人去捉那静山大王到来，用刑拷讯，与大娘子口词一些不差。即时问成死罪，奏过官里。待六十日限满，倒下圣旨来："勘得静山大王，谋财害命，连累无辜，准律；杀一家非死罪三人者，斩加等，决不待时。原问官断狱失情，削职为民。崔宁与陈氏枉死可怜，有司访其家，谅行优恤。王氏既系强徒威逼成亲，又能伸雪夫冤，着将贼人家产，一半没入官，一半给与王氏养赡终身。"刘大娘子当日往法场上，看决了静山大王，又取其头去祭献亡夫并小娘子及崔宁，大哭一场。将这一半家私，舍入尼姑庵中，自己朝夕看经念佛，追荐亡魂，尽老百年而绝。有诗为证：

善恶无分总丧躯，只因戏语酿殃危。

劝君出话须诚实，口舌从来是祸基。

尽数	jìnshù	all
冤枉	yuānwang	unjustly implicate
强人	qiángrén	[古] a robber
吃	chī	[方] 被
受戮	shòulù	be executed
思量	sī liang	think of; consider
执证	zhízhèng	obstinately bear out (sth.)
阴司	yīnsī	the court of hell
权且	quánqiě	[古] for the time being; for the moment
捉个空	zhuō ge kòng	[方] find time (to do sth.)
问官	wènguān	[古] the official who tries a case
推详	tuī xiáng	make a thorough investigation
含糊了事	hánhu liǎoshì	conclude sth carelessly
招承	zhāochéng	confess
高抬明镜	gāotái míngjìng	impartiality of a judge in trailing cases
昭雪前冤	zhāoxuě qiányuān	redress and exonerate a case of previous injustice
口词	kǒucí	statement
勘得	kānde	be issued
斩加等，决不待时	zhǎn	execute immediately
失情	shīqíng	[古] unjust
削职	xuēzhí	be stripped of the official rank
谅行优恤	liàngxíng yōuxù	[书] give proper compensation
伸雪	shēnxuě	（also 申雪）redress a wrong or an injustice
没入	mòrù	没收; be confiscated
终身	zhōngshēn	all of one's life; lifelong
法场	fǎchǎng	executioner's ground
祭献	jìxiàn	sacrifice; offering
家私	jiāsī	family property
舍	shě	give alms; dispense (charity)
尼姑庵	nígūan	nunnery; the Buddhist sutras
朝夕	zhāoxī	every morning and evening
追荐	zhuījiàn	pray for dead souls
尽老百年而绝	jìnlǎo bǎinián ér jué	live to a venerable old age

（四）勘皮靴单证二郎神

《醒世恒言》第十三卷

柳色初浓，余寒似水，纤雨如尘。一阵东风，縠纹微皱，碧波粼粼。
仙娥花月精神，奏凤管鸾箫斗新。万岁声中，九霞杯内，长醉芳春。

这首词调寄《柳梢青》，乃**故宋**时一个学士所作。单表北宋太祖**开基**，传至第八代**天子**，庙号**徽宗**，便是神霄玉府虚净宣和羽士道君皇帝。这朝天子，乃是江南李氏后主转生。父皇神宗天子，一日在内殿看玩历代帝王图像，见李后主风神体态，有蝉脱秽浊，神游八极之表，再三赏叹。后来便梦见李后主投身入宫，遂诞生道君皇帝。少时封为端王。从小**风流俊雅**，**无所不能**。后因哥哥哲宗天子**上仙**，群臣扶立端王为天子。**即位之后**，**海内乂安**，**朝廷无事**。道君皇帝颇**留意苑囿**。**宣和元年**，遂即**京城东北隅**，**大兴工役**，**凿池筑囿**，号寿山银岳。命宦官梁师成**董其事**。又命朱勔取三吴二浙三川两广珍异**花木瑰奇竹石**以进，号曰"**花石纲**"。**竭府库之积聚**，**萃天下之伎巧**，凡数载而始成，又号为万岁山。奇花美木，**珍禽异兽**，充满其中。**飞楼杰观**，**雄伟璀丽**，**不可胜言**。内有玉华殿、保和殿、瑶林殿、大宁阁、天真阁、妙有阁、层峦阁、琳霄亭、赛凤垂云亭，说不尽许多景致。时许侍臣蔡京、王黼、高俅、童贯、杨戬、梁师成**纵步游赏**。时号"宣和六贼"。有诗为证：

琼瑶错落密成林，竹桧交加尔有阴。

恩许尘凡时纵步，不知身在五云深。

单说保和殿西南，有一座玉真轩，乃是**官家**第一个**宠幸安妃娘娘妆阁**，极是造得**华丽**。金铺屈曲，玉槛玲珑，映彻辉煌，心目俱夺。时侍臣蔡京等，**赐宴**至此，留题殿壁。有诗为证：

保和新殿丽秋辉，诏许尘凡到绮阁。

雅宴酒酣添逸兴，玉真轩内看安妃。

Selected by C. P. Chou
Text prepared by Joanne Chiang
Vocabulary prepared by Joanne Chiang

故宋	gù Sòng	the former Song Dynasty
开基	kāijī	found a dynasty or nation
天子	tiānzǐ	emperor; the Son of Heaven
徽宗	Huīzōng	Emperor Huizong (1101-1125)
风流俊雅	fēngliú jùnyǎ	romantic and handsome
无所不能	wúsuǒ bùnéng	excelling in everything
上仙	shàngxiān	pass away
即位	jíwèi	succeed the throne
海内乂安	hǎinèi yì'ān	peace prevails in the country
朝廷无事	cháotíng wúshì	there was nothing urgent to be dealt with in court
留意苑囿	liúyì yuànyòu	pay great attention to the royal gardens
宣和元年	Xuānhé yuánnián	the first year of Xuanhe period (1119-1125)
京城东北隅	jīngchéngdōngběi yú	the northeast corner of the capital
大兴工役	dàxīng gōngyì	start extensive construction
凿池筑囿	záochí zhùyòu	dig ponds and landscape gardens
宦官	huànguān	eunuch
董其事	dǒng qí shì	[古] supervise the affairs
珍异花木	zhēnyì huāmù	rare and exotic flowers and plants
瑰奇竹石	guīqí zhúshí	quaint and strange bamboos and rocks
竭府库之积聚	jié fǔkù zhī jījù	[古] use up the accumulation in the government repository
萃天下之伎巧	cuì tiānxià zhī jìqiǎo	[古] gather all the skills in the whole world
凡数载而始成	shùzǎi	[古] take several years to complete
珍禽异兽	zhēnqín yìshòu	rare birds and animals
飞楼杰观	fēilóu jiéguàn	tall storied buildings and high pavilions
雄伟瑰丽	xióngwěi guīlì	grand; magnificent; sublime
不可胜言	bùkě shèngyán	[古] words are simply powerless to describe (the beauty)
景致	jǐngzhì	view; scenery
纵步游赏	zòngbù yóushǎng	stroll about admiring the sights
官家	guānjiā	emperor
宠幸	chǒngxìng	favorite concubine
安妃娘娘	Ānfēi niángniang	Consort An
妆阁	zhuānggé	[古] residence
华丽	huálì	magnificent
赐宴	cìyàn	(of the emperor) grant the officials a banquet

不说安妃娘娘宠冠六宫，单说内中有一位夫人，姓**韩**名**玉翘**。妙选入宫，**年方及笄**。玉佩敲磬，罗裙曳云；体欺皓雪之容光，脸夺芙蓉之娇艳。只因安妃娘娘三千宠爱在一身，韩夫人**不沾雨露之恩**。时值春光明媚，**景色撩人**，未免恨起红茵，寒生翠被。月到瑶阶，愁莫听其凤管；虫吟粉壁，怨不寐于鸳衾。既厌晓妆，渐融春思，**长吁短叹**，看看惹下一场病来。有词为证：

> 任东风老去，吹不断泪盈盈。记春浅春深，春寒春暖，春雨春晴，都来助诗人兴。落花无定挽春心。芳草犹迷舞蝶，绿杨空语流莺。玄霜著意捣初成，回首失云英。但如醉如痴，如狂如舞，如梦如惊。香魂至今迷恋，问真仙消息最分明。几夜相逢何处，清风明月蓬瀛。

渐渐**香消玉减**，柳鬈花困。**太医院诊脉**，吃下药去，**如水浇石**一般。忽一日，道君皇帝在于**便殿**，敕唤前太尉杨戬前来，天语传宣道：“此位**内家**，原是**卿**所**进奉**。今着卿领去，到府中**将息病体**。待得**痊**安，再许进宫未迟。仍着**光禄寺**每日**送膳**，太医院伺候用药，**略有起色，即便奏来**。”当下杨戬叩**头领命**，即着官身私身搬运韩夫人宫中箱笼装奁，一应动用什物器皿。用**暖舆**抬了韩夫人，随身带得养娘二人，侍儿二人。一行人**簇拥**着，都到杨太尉府中。太尉先去对自己夫人说知，出厅迎接。便将一宅分为两院，收拾西园与韩夫人居住，门上用锁封着，只许太医及内家人役往来。太尉夫妻二人，日往候安一次。闲时就封闭了门。门旁留一转桶，传递饮食、消息。正是：

> 映阶碧草自春色，隔叶黄鹂空好音。

将及两月，渐觉**容颜如旧**，饮食稍加。太尉夫妻好生欢喜。办下酒席，一当**起病**，一当**送行**。当日酒至五巡，食供两套，太尉夫妇开言道：“且喜得夫人贵体无事，万千之喜。旦晚**奏过官里**，选日入宫，未知夫人**意下如何？**”韩夫人**叉手**告太尉、夫人道：“**氏儿**不幸，惹下一天愁绪，卧病两月，才得小**可**。再要于此宽住几时。伏乞太尉、夫人方便，且未要奏知官里。只是在此打搅，深为不便。氏儿别有重报，不敢有忘。”太尉、夫人只得应允。过了两月，却是韩夫人设酒还席。叫下一名**说评话**的先生，说了几回书。节次说及唐朝宣宗宫内，也是一个韩夫人，为因不沾雨露之恩，思量**无计奈何**，偶向红叶上题诗一首，流出**御沟**。诗曰：

> 流水何太急？深宫尽日闲。
>
> 殷勤谢红叶，好去到人间。

韩玉翘	Hán Yùqiào	personal name
年方及笄	nián fāng jíjī	(of women) come of age at 15
三千宠爱在一身	chǒng'ài	the emperor's favor is showered on one woman
不沾雨露之恩	bùzhān yǔlù zhī ēn	to not receive grace from the emperor ; be neglected by the emperor
春光明媚	chūnguāng míngmèi	a sunlit and enchanting scene of spring
景色撩人	jǐngsè liáorén	the beauty of the landscape is tantalizing
长吁短叹	chángxū duǎntàn	utter sighs and groans
香消玉减	xiāngxiāo yùjiǎn	her spirit waned and her beauty wasted away
太医院	tàiyīyuàn	imperial medical bureau. 太医：imperial physician
诊脉	zhěnmài	examine the pulse
如水浇石	rú shuǐ jiāo shí	like water poured on rock- to have no effect at all
便殿	biàndiàn	side hall; emperor's rest room before or after audience
内家	nèijiā	[古] lady in court
卿	qīng	[古] (emperor addresses a minister) you
进奉	jìnfèng	offer as a present; pay tribute
将息病体	jiāngxī bìngtǐ	[古] recuperate one's health
痊安	quánān	[古] recover fully
光禄寺	guānglùsì	[古] the department responsible for the emperor's food
送膳	sòngshàn	[古] deliver meals
略有起色，即便奏来	luè yǒu qǐsè,jí biàn zòu lái	[古] when she gets even a little better, you should report it to me
叩头领命	kòutóu lǐngmìng	kowtow and receive the orders
暖舆	nuǎnyú	closed sedan chair
簇拥	cùyōng	cluster around
容颜如旧	róngyán rújiù	the complexion begins to regain its original color
起病	qǐbìng	to give a present to celebrate someone's recovery from illness
送行	sòngxíng	throw a send-off party
奏过官里	zòuguò guānlǐ	report to the palace
意下如何	yìxià rúhé	(polite) What do you think?
叉手	chāshǒu	raise one's folded hands to one's chin to salute somebody
氏儿	shì ér	[古] (young woman addressing herself) I
小可	xiǎokě	[古] feel a little better
说评话的先生	pínghuà	story-teller
无计奈何	wújì nàihé	have no way out

却得外面一个应试的人，名唤于佑，拾了红叶，就和诗一首，也从御沟中流将进去。后来那官人**一举成名**。天子体知此事，却把韩夫人嫁与于佑，夫妻**百年偕老**而终。这里韩夫人听到此处，蓦上心来，忽地叹一口气。口中不语，心下**寻思**："若得奴家如此**侥幸**，也**不枉了为人一世**！"当下席散，收拾回房。睡至半夜，便觉头痛眼热，四肢无力，遍身不疼不痒，无明业火熬煎，依然病倒。这一场病，比前更加沉重。正是：

屋漏更遭连夜雨，船迟偏遇打头风。

太尉夫人早来候安，对韩夫人说道："早是不曾奏过官里，宣取入宫。夫人既到此地，且是**放开怀抱，安心调理**。且未要把入宫一节，记挂在心。"韩夫人谢道："感承夫人好意，只是氏儿**病入膏肓**，眼见得上天远，入地便近，不能报答夫人厚恩。**来生当效犬马之报**。"说罢，一丝两气，好伤感人。太尉夫人**甚不过意**，便道："夫人休如此说。自古**吉人天相**，眼下凶星退度，自然贵体无事。但说起来，吃药既不见效，**枉淘坏了身子**。不知夫人平日在宫，可有甚**愿心**未经答谢？或者**神明见责**，也不可知。"韩夫人说道："氏儿入宫以来，每日**愁绪萦丝**，有甚心情许下愿心？但今日病势如此，既然吃药无功，不知此处有何**神圣，祈祷极灵**？氏儿便对天许下愿心。若得平安无事，自当拜还。"太尉夫人说道："告夫人得知，此间北极佑圣真君，与那清源妙道二郎神，极是灵应。夫人何不设了香案，亲口许下保安愿心？待得平安，奴家情愿陪夫人去**赛神答礼**。未知夫人意下如何？"韩夫人点头应允。侍儿们即取香案过来。只是不能起身，就在枕上，**以手加额，祷告**道："氏儿韩氏，早年入宫，**未蒙圣眷**，惹下业缘病症，寄居杨府。若得神灵**庇护**，保佑氏儿身体康健，情愿**绣下长幡**二首，外加礼物，**亲诣庙廷顶礼酬谢**。"当下太尉夫人也**拈香**在手，替韩夫人祷告一回，作别不提。可霎作怪，自从许下愿心，韩夫人渐渐平安无事。将息至一月之后，端然好了。太尉夫妇**不胜之喜**。又设酒起病，太尉夫人对韩夫人说道："果然是神道有灵，胜如服药万倍。却是不可**昧心**，负了所许之物。"韩夫人道："氏儿怎敢负心！目下绣了长幡，还要屈夫人同了还愿心。未知夫人意下何如？"太尉夫人答道："**当得奉陪**。"当日席散，韩夫人取出若干物事，制办赛神礼物，绣下四首长幡。自古道得好：

火到猪头烂，钱到公事办。

一举成名	yìjǔ chéngmíng	make one's name known through a single stroke
百年偕老	bǎinián xiélǎo	(of married couples) to live in harmony till old age
寻思	xúnsī	[古] think; ruminate
侥幸	jiǎoxìng	lucky; by luck
不枉为人一世	wǎng	wouldn't have lived one's life in vain. 枉：in vain
放开怀抱	fàngkāi huáibào	let go of all worries
安心调理	ānxīn tiáolǐ	restfully set one's heart to nursing one's health
病入膏肓	bìng rù gāohuāng	[成] the disease has attacked the vitals – beyond cure
来生当效犬马之报	quǎnmǎ	[古] be willing to be a dog or horse in the next life to repay somebody's kindness
甚不过意	shèn bú guòyì	be very sorry; be very apologetic
吉人天相	jírén tiānxiàng	[成] Heaven looks upon a good person, keeping him out of harm
枉淘坏了身子	táohuài	[古] it will only do you harm
愿心	yuànxīn	a pledge made before god for a wish
未经答谢	wèijīng dáxiè	[古] fail to repay (somebody's kindness)
神明见责	shénmíng jiànzé	be blamed by the gods
愁绪萦丝	chóuxù yíngsī	[古] being miserable; having a specter of gloom lingering over
神圣	shénshèng	god; gods
祈祷极灵	qídǎo jílíng	efficacious (of prayer, medicine). 祈祷：pray, prayer
二郎神	èrlángshén	a popular Chinese god, good at fighting demons
灵应	língyìng	efficacious
赛神答礼	sàishén dálǐ	[古] give offerings of thanks for a granted wish
以手加额	yǐ shǒu jiā é	[古] place one's hand over one's forehead (in greeting)
祷告	dǎogào	pray
未蒙圣眷	wèi méng shèngjuàn	[古] have never enjoyed any attention from the emperor
庇护	bìhù	protection or blessing of god
绣长幡	xiù chángfān	embroider long banners (hanged outside or inside of a temple)
亲诣庙廷	qīnyì miàotíng	[古] go personally to the temple
顶礼酬谢	dǐnglǐ chóuxiè	[古] prostrate in worship to show appreciation
拈香	niānxiāng	[古] offer incense in a temple
不胜之喜	bùshēng zhī xǐ	[古] to be overjoyed
昧心	mèixīn	(do evil) against one's conscience
负心	fùxīn	ungrateful
当得奉陪	dāngdé fèngpéi	[古] more than happy to keep somebody company

凭你世间稀奇作怪的东西，有了钱，那一件做不出来。不消几日，绣就长幡，用根竹竿叉起，果然是**光彩夺目**。选了**吉日良时**，**打点**信香礼物，**官身私身**，簇拥着两个夫人，先到北极佑圣真君庙中。庙官知是杨府钧眷，慌忙迎接至殿上，宣读疏文，挂起长幡。韩夫人**叩齿礼拜**。拜毕，左右两廊游遍。庙官献茶。夫人分付当道的赏了些银两，上了轿簇拥回来。一宿晚景不提。明早又起身，到二郎神庙中。却惹出一段**蹊跷作怪**的事来。正是：

> 情知语是钩和线，从前钓出是非来。

话休烦絮。当下一行人到得庙中。庙官接见，宣疏拈香礼毕。却好太尉夫人走过**一壁厢**。韩夫人向前轻轻将指头挑起销金黄罗**帐幔**来，定睛一看。**不看时万事全休**，看了时，吃那一惊不小。但见：

> 头裹金花幞头，身穿赭衣绣袍，腰系蓝田玉带，足登飞凤乌靴。虽
> 然土木形骸，却也丰神俊雅，明眸皓齿。但少一口气儿，说出话来。

当下韩夫人一见，**目眩心摇**，不觉口里悠悠扬扬，漏出一句**悄语低声**的话来："若是氏儿**前程远大**，只愿将来嫁得一个丈夫，恰似尊神模样一般，也足称生平之愿。"**说犹未了**，恰好太尉夫人走过来，说道："夫人，你却在此祷告甚么？"韩夫人慌忙转口道："氏儿并不曾说甚么。"太尉夫人再也不来盘问。游玩至晚，归家各自安歇不提。正是：

> 要知心腹事，但听口中言。

却说韩夫人到了房中，卸去冠服，**挽就乌云**，穿上便服，**手托香腮，默默无言**。心心念念，只是想着二郎神模样。**蓦然计上心来**，分付侍儿们端正香案，到花园中人静处，对天祷告："若是氏儿前程远大，将来嫁得一个丈夫，好像二郎尊神模样，**强煞似入宫之时**，受千般凄苦，万种愁思。"说罢，不觉纷纷珠泪滚下腮边。拜了又祝，祝了又拜。分明是**痴心妄想**。不道有这般巧事！韩夫人再三祷告已毕，正待收拾回房，只听得万花深处，一声响**亮**，见一尊**神道**，立在夫人面前。但见：

> 龙眉凤目，皓齿鲜唇，飘飘有出尘之姿，冉冉有惊人之貌。若非阆
> 苑瀛洲客，便是餐霞吸露人。

仔细看时，正比庙中所**塑**二郎神模样，**不差分毫来去**。**手执一张弹弓**，又像张仙送子一般。韩夫人又惊又喜；惊的是**天神降临**，未知是祸是福；喜的是神道**欢容笑口**，又见他说出话来。便向前端端正正**道个万福**，启朱唇，

光彩夺目	guāngcǎi duómù	with dazzling brightness; brilliant
吉日良时	jírì liángshí	fine moment on an auspicious day
打点	dǎdiǎn	get (luggage, etc.) ready
官身私身	guānshēn sīshēn	[古] 官身：servants from the local authorities 私身: servants from one's own residence
扣齿礼拜	kòuchǐ lǐbài	[古] clicking the teeth before worship the god (to make one's prayer efficacious)
蹊跷作怪	qīqiāo zuòguài	[古] strange; devious
一壁厢	yíbìxiāng	[古] by the side
帐幔	zhàngmàn	curtain
不看时万事全休	xiū	Everything would have been different had she not taken that look.
目眩心摇	mùxuàn xīnyáo	be giddy and enrapt
悄语低声	qiǎoyǔ dīshēng	(a wishful thought slip out of one's mouth) in low voice
前程远大	qiánchéng yuǎndà	have a bright future
足称生平之愿	chènyuàn	[古] one's lifelong wish would be fulfilled
说犹未了	shuō yóu wèi liǎo	[古] have barely finished speaking
挽就乌云	wǎnjiù wūyún	[古] have the hair coiled up
手托香腮	shǒu tuō xiāngsāi	with one's chin in one's hands
默默无言	mòmò wúyán	without saying a word; silently
心心念念	xīnxīn niànniàn	longingly; yearningly
蓦然	mòrán	suddenly
计上心来	jì shàng xīn lái	an idea comes to one's mind
端正香案	duānzhèng xiāng'àn	[古] set up the altar
强煞似…	qiángshà sì	[古] much better than
纷纷珠泪滚下腮边	gǔnxià sāibiān	[古] tears flowed down the cheeks
痴心妄想	chīxīn wàngxiǎng	wishful thinking; vain dream
一声响亮	yìshēng xiǎngliàng	a loud clang rings out
神道	shéndào	god
塑	sù	mould; model
不差分毫	búchà fēnháo	exactly alike; not the slightest difference
手执弹弓	shǒu zhí dàngōng	holding a bow in one's hand
天神降临	tiānshén jiànglín	the gods have condescended to come
欢容笑口	huānróng xiàokǒu	[古] a pleasant face and a congenial smile
道个万福	dàoge wànfú	[古] (of a woman) make a curtsy

露玉齿，告道：“既蒙尊神下降，请到房中，容氏儿展敬。”当时二郎神笑吟吟同夫人入房，安然坐下。夫人**起居**已毕，侍立在前。二郎神道：“早蒙夫人厚礼。今者小神偶然**闲步碧落之间**，听得夫人祷告至诚。小神知得夫人**仙风道骨**，原是**瑶池**一会中人。只因夫人**凡心未静**，玉帝暂**谪下尘寰**，又向皇宫内苑，享尽人间富贵荣华。**谪限满时，还归紫府**，证果非凡。”韩夫人见说，欢喜无任。又拜祷道：“尊神在上，氏儿不愿入宫。若是氏儿前程远大，将来嫁得一个**良人**，一似尊神模样，偕老百年，也不辜负了**春花秋月**，说甚么富贵荣华！”二郎神微微笑道：“此亦何难！只恐夫人立志不坚。**姻缘分定，自然千里相逢**。”说毕起身，跨上槛窗，一声响亮，神道去了。韩夫人不见便罢，既然见了这般模样，真是**如醉如痴**，和衣上床睡了。正是：欢娱嫌夜短，寂寞恨更长。**翻来覆去，一片春心，按纳不住**。自言自语，想一回，定一回：“适间尊神降临，四目相视，好不情长！怎地又瞥然而去？想是聪明正直为神，不比尘凡心性，是我**错用心机**了！”又想一回道：“是适间尊神丰姿态度，语笑雍容，**宛然是生人一般**。难说见了氏儿这般容貌，全不动情？还是我一时见不到处，放了他去？算来还该**着意温存**。便是**铁石人儿，也告得转**。今番**错过**，未知何日**重逢**！”**好生**摆脱不下。眼巴巴盼到天明，再做理会。及至天明，又睡着去了。直到傍午，方才起来。当日无情无绪，巴不到晚，又去设了香案，到花园中祷告如前：“若得再见尊神一面，便是**三生有幸**。”说话之间，忽然一声响亮，夜来二郎神又立在面前。韩夫人喜不自胜，将一天愁闷，已**冰消瓦解**了。即便向前施礼，对景忘怀：“烦请尊神入房，氏儿别有**衷情**告诉。”二郎神喜孜孜堆下笑来，便携夫人手，共入兰房。夫人起居已毕，二郎神正中坐下，夫人侍立在前。二郎神道：“夫人分有仙骨，便坐不妨。”夫人便斜身对二郎神坐下。即命侍儿安排酒果，在房中一杯两盏，看看说出衷肠话来。道不得个：

> 春为茶博士，酒是色媒人。

当下韩夫人解佩出湘妃之玉，开唇露汉署之香：“若是尊神**不嫌秽亵，暂息天上征轮，少叙人间恩爱**。”二郎神欣然应允，携手上床，**云雨绸缪**。夫人倾身陪奉，忘其所以。盘桓至五更，二郎神起身，嘱咐夫人保重，再来相看。起身穿了衣服，执了弹弓，跨上槛窗，一声响亮，便无踪影。韩夫人**死心塌地**，道是神仙下临，心中甚喜。只恐太尉夫妻催他入宫，只有五分病，

起居	qǐjū	[古] (here) make a curtsy
闲步碧落之间	xiánbù bìluò zhī jiān	[古] taking a stroll in the sky
仙风道骨	xiānfēng dàogǔ	the demeanor of a divine being
瑶池	yáochí	Jasper Lake (the dwelling-place of the Queen Mother of the West, a mythological figure)
凡心未静	fánxīn wèijìng	the earthly desires have not been cleansed completely
玉帝	yùdì	the Jade Emperor (the Supreme Deity of Taoism)
谪下尘寰	zhéxià chénhuán	[古] (of immortals) be banished from Heaven 尘寰：this world
<u>谪</u>限满时还归<u>紫府</u>	zhéxiàn…zǐfǔ	[古] When your time is up, you will be permitted to go back to the divine realm.
良人	liángrén	[古] husband
辜负	gūfù	not make good use of (an opportunity, time, etc.)
春花秋月	chūnhuā qiūyuè	spring flower and autumn moon – the most beautiful scenery, the best time of a year
姻缘分定	yīnyuán fèndìng	marriages are predistined
千里相逢	qiānlǐ xiāngféng	if it is your fate to meet someone, you will meet him whatever the distance
如醉如痴	rúchī rúzuì	as if intoxicated and stupefied
翻来覆去	fānlái fùqù	toss and turn
一片春心<u>按捺</u>不住	ànnà	be unable to suppress one's thoughts of love
错用心机	cuòyòng xīnjī	misuse one's thinking
<u>宛然</u>是生人一般	wǎnrán	as if he were a human being
着意温存	zhuóyì wēncún	[古] be affectionate with all one's heart
便是铁石人儿也告得转		[古] even a man made of iron or stone will finally be moved
错过	cuòguò	miss or let slip (an opportunity)
重逢	chóngféng	meet again
好生	hǎosheng	[古]非常；很; very
三生有幸	sānshēng yǒuxìng	[成] consider oneself most fortunate
冰消瓦解	bīngxiāo wǎjiě	[成] melt like ice and break like tiles; disintegrate
衷情	zhōngqíng	heartfelt emotions; inner feelings
不嫌秽亵	bùxián huìxiè	[古] do not look down upon someone as filthy and foul
暂息天上<u>征轮</u>少叙人间恩爱	zhēnglún…xù	[古] forget celestial responsibilities for the time being and enjoy the pleasures of the mundane world for just a short while
云雨绸缪	yúnyǔ chóumóu	[古] make love affectionately
死心塌地	sǐxīn tādì	[成] be dead-set; be hell-bent

装做七分病，间常不甚十分欢笑。每到晚来，精神炫耀，喜气生春。神道来时，三杯已过，上床云雨，至晓便去，非止一日。忽一日，天气稍凉，道君皇帝分散合宫秋衣。偶思韩夫人，就差**内侍**捧了**旨意，敕赐罗衣一袭，玉带一围**，到于杨太尉府中。韩夫人排了香案，谢恩礼毕，内侍便道："且喜娘娘贵体无事。圣上思忆娘娘，故遣赐罗衣玉带，就问娘娘**病势已痊**，须早早进宫。"韩夫人管待使臣，便道："相烦内侍则个。氏儿病体只去得五分。全赖内侍转奏，**宽限进宫**，实为恩便。"内侍应道："这个**有何妨碍**。圣上那里也不少娘娘一人。入宫时，只说娘娘尚未全好，还须耐心保重便了。"韩夫人谢了，内侍作别不题。到得晚间，二郎神到来，对韩夫人说道："且喜圣上**宠眷未衰**，所赐罗衣玉带，便可借观。"夫人道："尊神**何以知之**？"二郎神道："小神**坐观天下，立见四方**。谅此区区**小事**，岂有不知之理！"夫人听说，更一发将出来看。二郎神道："大凡世间宝物，不可**独享**。小神缺少围腰玉带。若是夫人肯**舍施**时，便**完成善果**。"夫人便道："氏儿一身已属尊神，**缘分非浅**。若要玉带，但凭尊神拿去。"二郎神谢了，上床欢会。未至五更起身，手执弹弓，拿了玉带，跨上槛窗，一声响亮，依然去了。却不道是：

> 若要人不知，除非己莫为。

韩夫人与太尉居止，虽是一宅分为两院，却因是内家内人，早晚愈加**提防**。府堂深稳，料然**无闲杂人辄敢擅入**。但近日来常见西园彻夜有火，**唧唧哝哝**，似有人声息。又见韩夫人精神旺相，**喜容可掬**。太尉再三**踌躇**，便对自己夫人说道："你见韩夫人有些**破绽**出来么？"太尉夫人说道："我也有些疑影。只是府中门**禁甚严**，决无此事，所以坦然不疑。今者太尉既如此说，有何难哉。且到晚间，着**精细家人**从屋上扒去，打探消息，**便有分晓**，也不要**错怪**了人。"太尉便道："言之有理。"当下便唤两个精细家人，分付他如此如此，教他不要从门内进去，只把摘花梯子倚在墙外，待人静时，直扒去韩夫人卧房，看他**动静**，即来报知。"此事非同小可的**勾当**，须要小心在意。"二人领命去了。太尉立等他回报。**不消两个时辰**，二人打看得韩夫人房内这般这般，便教太尉**屏去左右**，方才将所见韩夫人房内坐着一个人说话饮酒，"夫人房内口口声声称是尊神，小人也仔细想来，府中墙垣又高，防闲又密，就有**歹人，插翅也飞不进**。或者真个是神道也未见得。"太尉听说，

内侍	nèishì	[古] eunuch
旨意	zhǐyì	imperial edict
敕赐	chìcì	[古] bestow something on somebody by imperial order
罗衣玉带	luóyī yùdài	garment of thin silk and jade waistband
病势已痊	bìngshì yǐ quán	[古] the seriousness of an illness has reduced and the patient has recovered
宽限进宫	kuānxiàn jìngōng	[古] postpone the date to enter the palace
有何妨碍	yǒuhé fángài	[古] there is no harm; there is no difficulty
宠眷未衰	chǒngjuàn wèishuāi	[古] the emperor's love has not diminished
何以知之	hé yǐ zhī zhī	[古] How do you know that?
坐观天下，立见四方	zuò guān tiānxià, lì jiàn sì fāng	[古] when I sit I am able to watch the whole world; when I stand I am able to see the four directions – to be omniscient
区区小事	qūqū xiǎoshì	a small thing; a trifling
独享	dúxiǎng	have something all to oneself
舍施	shěshī	give alms; give something up (for a great cause)
完成善果	wánchéng shànguǒ	accumulate merits in heaven
缘分非浅	yuánfèn fēiqiǎn	have a tight bond; be fated to be together
提防	dīfáng	take precaution against; be on guard against
无闲杂人<u>辄敢擅入</u>	zhé gǎn shànrù	[古] no idler would dare to venture into (the area)
唧唧哝哝	jījī nóngnóng	whispers and murmurs
喜容可掬	xǐróng kějū	[古] be radiant with smiles
再三踌躇	zàisān chóuchú	hesitate over and over again
破绽	pòzhàn	a flaw; a weak point
门禁甚严	ménjìn shènyán	with the entrances heavily guarded
精细家人	jīngxì jiārén	[古] clever servant
便有分晓	biàn yǒu fēnxiǎo	[古] then we will know the outcome of the whole affair
错怪	cuòguài	blame somebody wrongly
言之有理	yánzhī yǒulǐ	sound reasonable
动静	dòngjing	movement; activity
非同小可	fēitóng xiǎokě	no small matter
勾当	gōudàng	[古] business; deal (often derogatory)
不消两个<u>时辰</u>	shíchén	[古] less than 4 hours; within a few hours
屏去左右	bǐngqù zuǒyòu	[古] order retainers, servants, etc. to retire
歹人	dǎirén	[古] villain; gangster or robber
<u>插翅</u>也飞不进	chāzhì	unable to enter even if given wings

吃那一惊不小。叫道："怪哉！果然有这等事！你二人**休得**说谎！此事非同小可。" 二人答道："小人并无半句**虚谬**。"太尉便道：" 此事只许你知我知，不可**泄漏**了消息。"二人领命去了。太尉转身对夫人一一说知。"虽然如此，只是我**眼见为真**。 我明晚须亲自去**打探**一番，便看神道**怎生模样**。"捱至次日晚间，太尉复唤过昨夜打探二人来，分付道："你两人着一个同我过去，着一人在此伺候，休教一人知道。"分付已毕，太尉便同一人过去，**捏脚捏手**，轻轻走到韩夫人窗前，向窗眼内把眼一张，果然是房中坐着一尊神道 ，与二人所说不差。 便待**声张**起来，又恐**难得脱身**。只得忍气吞声，依旧过来，分付二人休要与人胡说。转入房中，对夫人**说个就里**："此必是韩夫人少年情性，把不住**心猿意马**，便遇着**邪神魍魉**，在此**污淫天眷**，决不是**凡人**的勾当。便须**请法官调治** 。你须先去对韩夫人说出缘由，待我自去请法官便了。"夫人领命。明早起身，到西园来，韩夫人接见。坐定，茶汤已过，太尉夫人屏去左右，**对面论心** ，便道："有一句话要对夫人说知。夫人每夜房中，却是与何人说话？唧唧哝哝，有些风声，吹到我耳朵里。只是此事非同小可，夫人须一一说，不要**隐瞒**则个。"韩夫人听说，满面通红，便道："氏儿夜间房中并没有人说话。只氏儿与**养娘**们闲话**消遣**，却有甚人到来这里！"太尉夫人听说，便把太尉夜来所见模样，一一说过。韩夫人吓得**目睁口呆**，**罔知所措**。太尉夫人再三安慰道："夫人休要吃惊。太尉已去请法官到来**作用**，便见他是人是鬼。只是夫人到晚间， 务要陪个小心，休要害怕。"说罢，太尉夫人自去。韩夫人到**捏着两把汗**。看看至晚，二郎神却早来了。但是他来时，那弹弓紧紧不离左右。却说这里太尉请下灵济宫林真人手下的徒弟，有名的王法官，已在前厅**作法**。比至黄昏，有人来报："神道来了！"法官**披衣仗剑**，**昂然而入**，直至韩夫人房前，大踏步进去，大喝一声："你是何**妖邪** ？却敢淫污天眷！不要走，吃吾一剑！"二郎神**不慌不忙**，便道："不得无礼！"但见：

　　　　左手如托泰山，右手如抱婴孩，弓开如满月，弹发似流星。

　　当下一弹，中王法官额角上，流出鲜血来，**霍地**往后便倒，宝剑丢在一边。 众人慌忙向前扶起，往前厅去了。那神道也跨上槛窗，一声响亮，早已不见。当时却是怎地结果？正是：

　　　　说开天地怕 ， 道破鬼神惊。

休得	xiūdé	[古] don't
虚谬	xūmiù	falsehood; nonsense
泄漏消息	xièlòu xiāoxi	leak out a secret
眼见为真	yǎnjiàn wéi zhēn	only when one sees it with one's own eyes, can one believe that it is true
打探	dǎtàn	find out; investigate
怎生模样	zěnshēng múyàng	[古] what does it look like
捏手捏脚	niēshǒu niējiǎo	walk gingerly; walk on tiptoe
把眼一张	bǎ yǎn yì zhāng	[古] with one look
声张	shēngzhāng	cry out loudly
难得脱身	nándé tuōshēn	hard to make an escape
忍气吞声	rěnqì tūnshēng	swallow one's anger
说个就里	shuōge jiùlǐ	[古] tell somebody the inside information or story
心猿意马	xīnyuán yìmǎ	a heart like a capering monkey and a mind like a galloping horse – restless; perturbed
邪神魍魉	xiéshén wǎngliǎng	[古] demons and monsters
污淫天眷	wūyín tiānjuàn	[古] violate the chastity of a royal consort
凡人	fánrén	mortal; ordinary human being
法官	fǎguān	[古] Taoist exorcist
调治	tiáozhì	(here) deal with; settle (a matter)
对面论心	duìmiàn lùnxīn	do a heart-to-heart talk face to face
隐瞒	yǐnmán	conceal; hide; cover up
养娘	yǎngniáng	[古] maid; wet nurse
消遣	xiāoqiǎn	have a little relaxation
目睁口呆	mùzhēng kǒudāi	dumbstruck; stupefied
网知所措	wǎng zhī suǒ cuò	[古] be at a loss; be at one's wits' end
作用	zuòyòng	[古] (here) exercise magic
捏着两把汗	niēzhe liǎng bǎ hàn	be breathless with anxiety or tension
作法	zuòfǎ	exercise a sorcery
披衣仗剑	pīyī zhàngjiàn	throw on a gown and brandish a sword
昂然而入	ángrán ér rù	stride in with chin up and chest out
妖邪	yāoxié	evil spirit; monster
不慌不忙	bùhuāng bùmáng	unhurried; calmly; leisurely
不得无礼	bùdé wúlǐ	Don't be impudent.
霍地	huòde	suddenly

却说韩夫人见二郎神打退了法官，一发道是真仙下降，愈加放心，再也不慌。且说太尉已知法官**不济**，只得到赔些**将息钱**，送他出门。又去请得五岳观潘道士来。那潘道士专一行持五雷天心正法，再不苟且，又且**足智多谋**。一闻太尉呼唤，便来相见。太尉免不得将前事一一说知。潘道士便道："先着人引领小道到西园看他**出没去处**，便知是人是鬼。"太尉道："说得有理。"当时，潘道士别了太尉，先到西园韩夫人卧房，上上下下，看了一会。又请出韩夫人来拜见了，看了他的气色。转身对太尉说："太尉在上，小道看起来，韩夫人面上，部位气色，**并无鬼祟相侵**。只是一个会妖法的人做作。小道自有处置，也不用书符咒水打鼓摇铃。待他来时，小道**瓮中捉鳖，手到拿来**。只怕他**识破局面**，再也不来，却是**无可奈何**。"太尉道："若得他再也不来，便是干净了。我师且留在此，闲话片时则个。"**说话的**，若是这**厮识局知趣**，见机而作，恰是**断线鹞子**一般，再也不来，落得先前受用了一番，且又**完名全节**，再去别处**利市**，有何不美？却不道是：得意之事，不可再做，得便宜处，不可再往。

却说那二郎神毕竟不知是人是鬼。却只是他**尝了甜头，不达时务**，到那日晚间，依然又来。韩夫人说道："夜来氏儿一些不知，**冒犯**尊神。且喜尊神无事，**切休见责**。"二郎神道："我是上界真仙，只为与夫人仙缘有分，早晚要**度**夫人**脱胎换骨**，白日飞升。**叵耐**这蠢物，便有千军万马，怎地近得我！"韩夫人愈加钦敬，欢好倍常。却说早有人报知太尉。太尉便对潘道士说知。潘道士禀知太尉，低低分付一个养娘，教他只以服事为名，先去偷了弹弓，教他**无计可施**。养娘去了。潘道士结束得身上紧簇，也不披法衣，也不仗宝剑，讨了一根齐眉短棍，只教两个从人，远远把火照着，分付道："若是你们怕他弹子来时，预先躲过，让我自去，看他弹子近得我么！"二人都暗笑道："看他说嘴！少不得也中他一弹。"却说养娘先去，以服事为名，挨挨擦擦，渐近神道身边；正与韩夫人交杯换盏，不提防他偷了弹弓，藏过**一壁厢**。这里从人引领潘道士到得门前，便道："此间便是。"丢下法官，三步做两步，躲开去了。却说潘道士掀开帘子，纵目一观，见那神道安坐在上。大喝一声，舞起棍来，劈头劈脑，一径打去。二郎神急急取那弹弓时，再也不见。只叫得一声："**中计！**"连忙退去，跨上槛窗。**说时迟，那时快**，潘道士一棍打着二郎神后腿，却打落一件物事来。那二郎神一声响

不济	bújì	not good; of no use
将息钱	jiāngxīqián	money used for recuperating one's health
足智多谋	zúzhì duōmóu	[成] resourceful and full of strategems
出没去处	chūmò qùchù	haunt; a place much frequented
气色	qìsè	complexion; color (of one's countenance)
并无鬼祟相侵	guǐsuì	[古] there is no evil spirit haunting
妖法	yāofǎ	sorcery; witchcraft; black art
做作	zuòzuò	[古] (here) do evil
自有处置	zìyǒu chǔzhì	[古] (I) have my way of dealing with it.
书符咒水	shūfú zhòushuǐ	charms and exorcism water
打鼓摇铃	dǎgǔ yáolíng	beat the drum and ring the bell
瓮中捉鳖	wèngzhōng zhuōbiē	[成] catch a turtle in a jar – go after an easy prey
手到拿来	shǒudào nálái	just stretch the hand and bring it back – very easy to get
识破局面	shípò júmiàn	[古] see through a trick
无可奈何	wúkě nàihé	[成] there is nothing one can do
说话的	shuōhuàde	[古] storyteller
这厮	zhèsī	[古] this guy
识局知趣	shíjú zhīqù	[古] see through the scheme and know how to behave in a delicate situation
见机而作	jiànjī ér zuò	act according to circumstances; use one's discretion
断线鹞子	duànxiàn yàozi	a kite with a broken string – gone beyond recall
完名全节	wánmíng quánjié	preserve one's reputation
利市	lìshì	make profits; make money
有何不美	yǒu hé bùměi	[古] Isn't it wonderful!
尝了甜头	chángle tiántou	has tasted the benefits of
不达时务	bùdá shíwù	show no understanding of the time; lack judgment
冒犯	màofàn	offend; affront
切休见责	qiè xiū jiànzé	[古] I sincerely hope you'll excuse me
度	dù	(of Buddhist monks or nuns, or Taoist priests) try to convert
脱胎换骨	tuōtāi huàngǔ	be born again; cast off one's old self
叵耐	pǒnài	[古] but unfortunately
无计可施	wújì kěshī	at the end of one's resources
中计	zhòngjì	fall into a trap; be taken in
说时迟那时快	shuōshíchí nàshíkuài	in the twinkling of an eye; in an instant

亮，依然向万花深处去了。潘道士便拾起这物事来，向灯光下一看，却是一只 **四 缝乌皮皂靴**。且将去禀覆太尉道："小道看来，定然是个妖人做作，不干二郎神之事。 却是怎地拿他便好？"太尉道："有劳吾师，且自请回。我这里**别有措置，自行体访**。"当下酬谢了潘道士去了。结过一边。

太尉自打轿到蔡太师府中，直到书院里，告诉道如此如此这般这 般。"**终不成怎地便罢了**？也须**吃那厮耻笑，不成模样！**"太师道："有何难哉！即今**着落**开封府**滕大尹**领这靴去 **作眼**，差眼明手快的公人，务要体访下落，正法施行。"太尉道："谢太师指教。"太师道："你且坐下。"即命府中张干办火速去请开封府滕大尹到来。起居拜毕，屏去人从，太师与太尉齐声说道："**帝辇之下**，怎容得这等人在此做作！大尹须小心在意，**不可怠慢**。此是非同小可的勾当。且休要**打草惊蛇**，吃他走了。"大尹听说，吓得**面色如土**，连忙答道："这事都在下官身上。"领了皮靴，作别回衙，即便升厅， 叫 那当日**缉捕使臣王观察**过来，喝退左右，将上项事细说了一遍。"与你三日限，要捉这个杨府中**做不是**的人来见我。休要大惊小怪。仔细**体察**，重重有赏。不然，罪责不小。"说罢，退厅。王观察领了这靴，将至使臣房里，唤集许多做公人，叹了一口气，只见：

眉头搭上双镬锁，腹内新添万斛愁。

却有一个三都捉事使臣，姓**冉**名**贵**，唤做冉大，**极有机变**。不知替王观察捉了几多**疑难公事**。王观察极是爱他。当日冉贵见观察**眉头不展**，面带忧容，再也不来答扰，只管南天北地，**七十三八十四说开了去**。王观察见他们全不在意，便向怀中取出那皮靴向桌上一丢，便道："我们**苦杀**是做公人！世上有这等糊涂官府！这皮靴又不会说话，却限我三日之内要捉这个穿皮靴在杨府中做不是的人来。你们众人道是好笑么？"众人轮流将皮靴看了一会。到冉贵面前，冉贵也不睬，只说："难难难！官府真个糊涂！观察，怪不得你烦恼。"那王观察不听便罢，听了之时，说道："冉大，你也只管说道难，这桩事便怎地干休罢了 ？却不难为了区区小子，如何回得大尹的说话？你们众人都在这房里赚过钱来使的，却说是难难难！"众人也都道："**贼情公事**还有些捉摸。既然晓得他是妖人，怎地近得他！若是近得他，前日潘道士也捉勾多时了。他也无计奈何，只打得他一只靴下来。不想我们**晦气**，撞着这**没头脑**的官司，却是真个没捉处。 "当下王观察先前只有五分烦

四缝乌皮皂靴	sìfèng wūpí zàoxuē	quadruple-stitched black leather boot
别有措置	biéyǒu cuòzhì	[古] I have other ways to handle this matter.
自行体访	zìxíng tǐfǎng	[古] investigate by oneself
终不成恁地便罢了	rènde	[古] Surely we can't let this matter go so easily.
也须吃那厮耻笑	chǐxiào	[古] will definitely be ridiculed by that guy
着落	zhúoluò	[古] command; order; appoint
滕大尹	Téng dàyǐn	滕：a surname. 大尹：官名
作眼	zuòyǎn	[古] as a clue
眼明手快	yǎnmíng shǒukuài	sharp-eyed and deft-handed
公人	gōngrén	[古] also 做公人，constable
下落	xiàluò	whereabouts
帝辇之下	dìniǎn zhī xià	[古] where the imperial carriage comes and goes - the national capital
不可怠慢	bùkě dàimàn	don't be careless (in work)
打草惊蛇	dǎcǎo jīngshé	[成] beat the grass and startle the snake – act rashly, thus alerting the enemy
面色如土	miànsè rútǔ	look ashen; look pale
缉捕使臣	jíbǔ shǐchén	[古] 缉捕：arrest; seize. 使臣：officer
王观察	Wáng guānchá	王：a surname. 观察：官名；inspector
做不是	zuò búshì	[古] commit a crime
体察	tǐchá	(here) investigate
冉贵	Rǎn Guì	personal name
极有机变	jí yǒu jībiàn	very quick-witted and resourceful
疑难公事	yínán gōngshì	difficult criminal case
眉头不展	méitóu bùzhǎn	with a worried frown; with knitted brows
七十三八十四说开了去		[古] talk about this and that; talk about some irrelevant matters
苦杀	kǔshā	[古] terribly hard 杀：(used after a verb) in the extreme; exceedingly
干休	gānxiū	be willing to give up
难为	nánwei	be a tough job to (somebody), make things difficult for (somebody)
区区小子	qūqū xiǎozǐ	my humble self
贼情公事	zéiqíng gōngshì	ordinary burglary or theft
有些捉摸	yǒuxiē zhuō.mō	there are some certainty
晦气	huì.qì	unlucky
没头脑官司	méi tóunǎo guān.sī	a mystery without clues

恼，听得这篇言语，句句说得有道理，更添上十分烦恼。只见那冉贵不慌不忙，对观察道："观察且休要**输了锐气**。料他也只是一个人，没有**三头六臂**。只要**寻他些破绽**出来，**便有分晓**。"即将这皮靴翻来覆去，不落手看了一回。众人都笑起来，说道："冉大又来了！这只靴又不是一件稀奇作怪眼中少见的东西！止无过皮儿染皂的，线儿扣缝的，蓝布吊里的，加上楦头，喷口水儿，弄得紧棚棚好看的。"冉贵却也不来**兜揽**，向灯下细细看那靴时，却是四条缝，缝得甚是紧密。看至靴尖，那一条缝略有些走线。冉贵偶然将小指头**拨**一拨，拨断了两股线，那皮就有些**撬起来**。向那灯下照里面时，却是蓝布托里。仔细一看，只见蓝布上有一条白纸条儿，便伸两个指头进去一扯，扯出纸条。仔细看时，不看时万事全休，看了时，却如半夜里拾金宝的一般。那王观察一见也便**喜从天降，笑逐颜开**。众人争上前看时，那纸条上面却写着："宣和三年三月五日**铺户**任一郎造。"观察对冉大道："今岁是宣和四年。眼见得做这靴时，不上二年**光景**。只捉了任一郎，这事便有七分。"冉贵道："如今且不要惊了他。待到天明，着两个人去，只说大尹叫他做**生活，将来一索捆翻**，不怕他不**招**。"观察道："道你终是**有些见识**！"当下众人吃了一夜酒，一个也不敢散。看看天晓，飞也似**差**两个人捉任一郎。**不消两个时辰**，将任一郎**赚**到使臣房里，**翻转了面皮**，一索捆翻。"这厮大胆，做得好事！"把那任一郎吓了一跳，告道："有事便好好说。却是我得何罪，便来捆我？"王观察道："还有甚说！这靴可不是你店中出来的？"任一郎接着靴，仔细看了一看，告观察："这靴儿**委**是**男女**做的。却有一个缘故。我家开下铺时，或是官员**府中定制**的，或是**使客**往来带出去的，家里都有一本**坐簿**，上面明写着某年某月某府中差某**干办**来定制做造。就是皮靴里面，也有一条纸条儿，字号与坐簿上一般的。观察不信，只消割开这靴，取出纸条儿来看，便知**端的**。"王观察见他说着**海底眼**，便道："这厮老实，放了他好好与他讲。"当下放了任一郎，便道："一郎休怪，这是上司**差遣**，不得不如此。"任一郎看了道："观察，**不打紧**。休说是一两年间做的，就是四五年前做的，坐簿还在家中。却着人同去取来对看，便有分晓。"当时又差两个人，跟了任一郎，**脚不点地**，到家中取了簿子，到得使臣房里。王观察亲自从头检看。看至三年三月五日，与纸条儿上字号**对照相同**。看时，吃了一惊，**做声不得**。却是蔡太师府中张干办来定制的。王观察

输了锐气	shūle ruìqì	lose the momentum. 锐气：dash; drive
三头六臂	sāntóu liùbì	(with) three heads and six arms – superhuman powers
寻破绽	xún pòzhàn	locate one's weak spot; find one's slip
有分晓	yǒu fēnxiǎo	[古] know the outcome of the whole affair
兜揽	dōulǎn	take upon oneself
拨	bō	stir with hand or stick
撬起来	qiào qilai	stick up; bend upwards
喜从天降	xǐ cóng tiān jiàng	a heaven-sent fortune - an unexpected piece of good fortune
笑逐颜开	xiào zhú yán kāi	beam with smiles; a face wreathed in smiles
铺户	pùhù	[古] shop
光景	guāngjǐng	(used after time and numerical expressions) about; around
生活	shēnghuo	[古] work (of workers, peasants, or handicraftsmen)
将来	jiānglái	[古] capture
一索捆翻	yì suǒ kǔnfān	tie somebody up with a rope
招	zhāo	confess; own up
见识	jiànshi	[古] experience; knowledge; sensibleness
差	chāi	send on an errand; dispatch
不消两个时辰	shíchen	[古] in less than 4 hours
赚	zhuàn	[古] cheat; deceive; abduct; swindle
翻转了面皮	fānzhuǎn le miànpí	[古] suddenly turn hostile
委	wěi	[古] indeed
男女	nánnǚ	[古] attendants; servants; (here) I; me
定制	dìngzhì	have something custom-made
使客	shǐkè	[古] messenger
坐簿	zuòbù	[古] ledger
干办	gànbàn	[古] low-ranking official
端的	duāndì	[古] the bottom of a matter; the ins and outs
海底眼	hǎidǐyǎn	[古] dope; the low-down
差遣	chāiqiǎn	[古] assignment
不打紧	bù dǎjǐn	no problem at all
脚不点地	jiǎo bù diǎndì	without the feet touching the ground – walk or run fast
对照	duìzhào	compare
做声不得	zuòshēng bùdé	[古] cannot say a word - be stunned

便带了任一郎，取了皂靴，执了坐簿，**火速**到府庭回话。此是大尹立等的勾当，即便出至**公堂**。王观察将上项事说了一遍，又将簿子呈上。将这纸条儿亲自与大尹对照相同。大尹吃了一惊。"原来如此。"当下半疑不信，**沉吟**了一会，开口道："怎地时，不干任一郎事，且放他去。"任一郎磕头谢了，自去。大尹又唤转来分付道："放便放你，却不许说向外人知道。有人问你时，只**把闲话支吾开去**。你可小心记着。"任一郎答应道："小人**理会得**。"**欢天喜地**的去了。

大尹带了王观察、冉贵二人，藏了靴儿簿子，**一径**打轿到杨太尉府中来。正值太尉**朝罢**回来。门吏报覆，出庭相见。大尹便道："此间不是说话处。"太尉便引至西偏小书院里，屏去人从，止留王观察、冉贵二人，到书房中伺候。大尹便将从前事历历说了一遍，如此如此。"却是如何**处置**？下官**未敢擅便**。"太尉看了，**呆了半晌**，想道："太师**国家重臣**，富贵极矣，必无此事。但这只靴是他府中出来的，一定是太师亲近之人，做下此等不良之事。"商量一会，欲待将这靴到太师府中**面质**一番，诚恐干碍体面，取怪不便；欲待**搁起不题**，奈事非同小可，曾经过两次法官，又着落缉捕使臣，拿下任一郎问过，**事已张扬**。一时**糊涂过去，他日事发，难推不知**。倘圣上发怒，罪责非小。左思右想，只得分付王观察、冉贵自去。也叫人看轿，着人将靴儿簿子，藏在身边，同大尹径奔一处来。正是：

踏破铁鞋无觅处，得来全不费工夫。

当下太尉、大尹，径往蔡太师府中。门首伺候报覆多时，太师叫唤入来书院中相见。起居茶汤已毕，太师曰："这公事有些下落么？"太尉道："这贼**已有主名**了。却是干碍太师面皮，不敢擅去捉他。"太师道："此事非同小可，我却如何**护短**得？"太尉道："太师便不护短，未免吃个小小惊恐。"太师道："你且说是谁？直恁地碍难！"太尉道："乞屏去从人，方敢明言。"太师即时将从人赶开。太尉便开了**文匣**，将坐簿呈上与太师检看过了，便道："此事须太师爷**自家主裁**，却不干外人之事。"太师**连声**道："怪哉！怪哉！"太尉道："**此系紧要公务**，休得见怪下官。"太师道："不是怪你，却是怪这只靴**来历不明**。"太尉道："簿上明写着府中张干办定做，并非谎言。"太师道："此靴虽是张千定造，**交纳**过了，与他无涉。说起来，我府中冠服衣靴履袜等件，各自派一个养娘**分掌**。或是府中自己制造

火速	huǒsù	at top speed; post haste
公堂	gōngtáng	[古] law court; tribunal
沉吟	chényín	mutter to oneself; unable to make up one's mind
磕头	kētóu	kowtow
把闲话支吾开去	zhīwú	[古] speak evasively; digress
理会得	lǐhuìde	[古] understand; comprehend
欢天喜地	huāntiān xǐdì	with boundless joy; overjoyed
一径	yíjìng	straight; directly; straightaway
值	zhí	[古] happen to
朝罢	cháobà	return after the daily audience with the emperor
处置	chǔzhì	handle; deal with; manage
未敢擅便	wèi gǎn shànbiàn	[古] not dare to act on one's authority; not dare to presume
半晌	bànshǎng	quite a while; a long time
国家重臣	guójiā zhòngchén	important official in the state
面质	miànzhì	confront face to face
干碍体面	gān'ài tǐmiàn	[古] harm one's honor and dignity
搁起不题	gēqǐ bùtí	shelve; lay aside; pigeonhole
张扬	zhāngyáng	widely known; make public
糊涂过去	hútu guòqù	pretend to be ignorant of something (in order to gloss it over)
他日事发	tārì shìfā	[古] come out into the open someday
难推不知	nán tuī bùzhī	[古] it is hard to deny their knowledge
圣上	shèngshàng	His Majesty
已有主名	yǐ yǒu zhǔmíng	[古] the culprit is already known to us
护短	hùduǎn	defend or justify a shortcoming or fault
碍难	àinán	[古] difficult to handle; hard to manage
文匣	wénxiá	[古] briefcase
自家主裁	zìjiā zhǔcái	[古] make a decision by oneslf
连声	liánshēng	say repeatedly
系	xì	是；be
紧要公务	jǐnyào gōngwù	official matter of the utmost importance
来历不明	láilì bùmíng	(of things) of unknown origin
交纳	jiāonà	hand in (to the state or an organization)
无涉	wúshè	have nothing to do with
分掌	fēnzhǎng	be assigned personal responsibility

的，或是往来**馈送**，一出一入的，一一开载明白，**逐月缴清报数**，并不紊乱。待我调查底簿，便见明白。"即便着人去查那一个管靴的养娘，唤他出来。当下将养娘唤至，手中执着一本簿子。太师问道："这是我府中的靴儿，如何得到他人手中？即便查来。"当下养娘逐一查检，看得这靴是去年三月中，自着人制造的。到府不多几时，却有一个门**生**，叫做杨时，便是龟山先生，与太师极**相厚**的，升了近京一个**知县**，前来拜别。因他是**道学先生，衣敝履穿**，不甚齐整。太师命取圆领一袭，银带一围，京靴一双，川扇四柄，送他作**嗄程**。这靴正是太师送与杨知县的。果然前件开写明白。太师即便与太尉、大尹看了。二人**谢罪**道："怎地又不干太师府中之事！**适间言语冲撞**，只因公事相逼，**万望**太尉**海涵**！"太师笑道："这是你们分内的事，职守当然，也怪你不得。只是杨龟山如何肯怎地做作？其中还有缘故。如今他**任所**去此不远。**我潜地唤他来**问个分晓。你二人且去，休说与人知道。"二人领命，作别回府不题。

太师即差干办火速去取杨知县来。往返两日，便到京中，到太师跟前。茶汤已毕，太师道："知县**为民父母**，却怎地这般做作。这是**弥天之罪**。"将上项事一一说过。杨知县**欠身禀**道："师相在上。某去年承师相厚恩，未及出京，在**邸中**忽患眼痛。左右传说，此间有个清源庙道二郎神，极是**肸蚃有灵**，便许下愿心，待眼痛痊安，即往拈香答礼。后来好了，到庙中烧香。却见二郎神冠服件件齐整，只脚下乌靴绽了，**不甚相称**。下官即将这靴舍与二郎神供养去讫。只此是真实语。知县生平**不欺暗室**，既读孔孟之书，怎敢**行盗跖之事**？望太师详察。"太师从来晓得杨龟山是个大儒，怎肯胡作？听了这篇言语，便道："我也晓得你的名声，只是要你来时问个**根由**，他们才肯**心服**。"管待酒食，作别了知县自去，分付休对外人泄漏。知县作别自去，正是：

日前不作亏心事，半夜敲门不吃惊。

太师便请过杨太尉、滕大尹过来，**说开就里**，便道："怎地又不干杨知县事。还着开封府用心搜捉便了。"当下大尹做声不得。仍旧领了靴儿，作别回府。唤过王观察来分付道："始初**有些影响**，如今都成**画饼**。你还领这靴去，宽限五日，务要捉得贼人回话。"当下王观察领这差使，好生愁闷。便到使臣房里，对冉贵道："你看我晦气！千好万好，全仗你跟究出任一郎

馈送	kuìsòng	present (a gift)
逐月	zhúyuè	month by month
缴清报数	jiǎoqīng bàoshù	hand in completely and report the amount
当下	dāngxià	presently; immediately
门生	ménshēng	pupil; disciple; follower
相厚	xiānghòu	[古] make good friends with each other
知县	zhīxiàn	[古] county magistrate
拜别	bàibié	[古] take leave of
道学先生	dàoxué xiānsheng	a scholar who rigidly adheres to Confucian principles
衣蔽履穿	yībì lǚchuān	[古] with shabby clothing and shoes with holes
嗄程	shàchéng	farewell present
谢罪	xièzuì	apologize for an offence; offer one's apology
适间	shìjiān	just now; a moment ago
言语冲撞	yányǔ chōngzhuàng	offend somebody with words
万望海涵	wànwàng hǎihán	Please forgive us (for our errors). 海涵：be magnanimous enough to forgive or tolerate
任所	rènsuǒ	office
潜地唤他来	qiándì huàn tā lái	[古] send for him secretly
为民父母	wéi mín fùmǔ	(said of an official) be like a parent to the people
弥天之罪	mítiān zhī zuì	monstrous crime; heinous crime
欠身	qiànshēn	half raise from one's seat
禀	bǐng	[古] report (to one's superior or senior)
邸中	dǐzhōng	[古] while staying in an inn
肸蚃有灵	xīxiǎng yǒulíng	[古] (of a god) respond to people's prayers readily
绽	zhàn	(of a seam) to have a split
不甚相称	búshèn xiāngchèn	[古] does not match well
下官	xiàguān	[古] I (used by an official before his superior)
不欺暗室	bùqī ànshì	be scrupulously honest even when there is no one around
行盗跖之事	xíng Dào Zhí zhī shì	commit abominable crimes. 盗跖: name of a famous robber
根由	gēnyóu	origin; cause
心服	xīnfú	be genuinely convinced
说开就里	shuōkāi jiùlǐ	[古] tell the inside story; give the inside information
有些影响	yǒuxiē yǐngxiǎng	[古] there are some clues
画饼	huàbǐng	a painted cake; pie in the sky

来。既是太师府中事体，我只道**官官相护，就了其事**，却如何**从新**又要这个人来！却不道是**生菜铺中没买他处**！我想起来，既是杨知县舍与二郎神，只怕真个是神道一时**风流兴发，也不见得**。怎生地**讨个证据**回复大尹？"冉贵道："**观察**不说，我也晓得不干任一郎事，也不干蔡太师、杨知县事。若说二郎神所为，难道神道做这等**亏心行当**不成？一定是庙中左近妖人所为。还到庙前庙后，打探些风声出来。捉得着，观察休欢喜；捉不着，观察也休烦恼。"观察道："说得是。"即便将靴儿与冉贵收了。冉贵却装了一条**杂货担儿**，手执着一个玲珑玱琅的东西，叫做个**惊闺**，一路摇着，径奔二郎神庙中来。歇了担儿，拈了香，低低**祝告**道："**神明鉴察**，早早**保佑**冉贵捉了杨府做不是的，也替神道**洗清**了**是非**。"拜罢，连讨了三个**筶**，都是**上上大吉**。冉贵谢了出门，挑上担儿，庙前庙后，转了一遭，两只眼东观西望，再也不闭。看看走至一处，独扇门儿，门旁却是半窗，门上挂一顶半新半旧斑竹帘儿，半开半掩。只听得叫声："卖货过来！"冉贵听得叫，回头看时，却是一个**后生妇人**。便道："告小娘子，叫小人有甚事？"妇人道："你是收买杂货的，却有一件东西在此，胡乱卖几文与**小厮买嘴吃**。你用得也用不得？"冉贵道："告小娘子，小人这担儿，有名的叫做百纳仓，无有不收的。你**且把出来看**。"妇人便叫小厮拖出来与公公看。当下小厮拖出甚东西来？正是：

> 鹿迷秦相应难辨，蝶梦庄周未可知。

当下拖出来的，却正是一只四缝皮靴，与那前日潘道士打下来的**一般无二**。冉贵暗暗**喜不自胜**，便告小娘子："此是**不成对**的东西，不值甚钱。小娘子实要许多？只是不要把话来说远了。"妇人道："胡乱卖几文钱，与小厮们买嘴吃，只凭你说罢了。只是要**公道些**。"冉贵便去便袋里摸一贯半钱来，便交与妇人道："只恁地肯卖便收去了。不肯时，勉强不得。正是**一物不成，两物见在**。"妇人说："甚么大事，再添些罢！"冉贵道："添不得。"挑了担儿就走。小厮就哭起来。妇人只得又叫回冉贵来道："多少添些，不甚打紧。"冉贵又去摸出二十文钱来道："罢罢！贵了贵了！"取了靴儿，往担内一丢，挑了便走。心中暗喜："这事已有五分了！且莫要声张，还要**细访**这妇人来历，方才有下手处。"是晚，将担子**寄**与天津桥一个相识人家，转到使臣房里。王观察来问时，只说还没有消息。

官官相护	guānguān xiānghù	bureaucrats shield one another
了其事	liǎo qí shì	[古] dispose the matter; get something over
从新	cóngxīn	also 重新. again; anew; afresh
生菜铺中没买他处	shēngcài pù	[古] cannot find it in the market - have no leads or clues at all
风流兴发	fēngliú xìngfā	[古] feel a strong urge to seek a romantic adventure
也不见得	yě bújiànde	[古] can be possible; may not be unlikely
讨个**证据**	tǎoge zhèngjù	find some evidence
亏心行当	kuīxīn hángdàng	[古] a deed that troubles (or weighs on) one's conscience
杂货担儿	záhuò dànr	sundry goods baskets (carried on a shoulder pole)
玲珑珰琅	línglóng dāngláng	rattling and tinkling
惊闺	jīngguī	[古] "awaken the maidens", a small drum with bells used by street hawkers to attract the attention of passers-by
祝告	zhùgào	pray; say one's prayer
神明鉴察	shénmíng jiànchá	May God watch over me.
保佑	bǎoyòu	bless and protect
洗清是非	xǐqīng shìfēi	redress a wrong
笤	tiáo	bamboo slips used for divination
上上大吉	shàngshàng dàjí	most auspicious (a phrase used in divination)
后生妇人	hòushēng fùrén	[古] young woman
小娘子	xiǎoniángzǐ	[古] young lady (used in direct address)
小人	xiǎorén	[古] I (used by a man of low social position when speaking to his betters)
小厮	xiǎosī	[古] boy; young lad
买嘴吃	mǎi zuǐ chī	[古] buy some between-meal nibbles to eat
且	qiě	just; for the time being
把出来	bǎ chūlai	[古] take it out; bring it out
一般无二	yìbān wúèr	exactly the same
喜不自胜	xǐ bú zìshèng	be delighted beyond measure
不成对	bù chéngduì	be single; do not form a pair
公道	gōngdào	fair; reasonable
一物不成两物见在	yíwù bùchéng liǎng wù xiànzài	[古] Even if we don't make the deal, you still have your money and I, my goods. – there is no harm.
细访	xǐfǎng	investigate carefully
下手处	xiàshǒuchù	ground for action
寄与	jì yǔ	leave with; leave in the care of

　　到次日，吃了早饭，再到天津桥相识人家。取了担子，依先挑到那妇人门首。只见他门儿锁着，那妇人不在家里了。冉贵眉头一皱，**计上心来**。歇了担子，捱门儿看去。只见一个老汉坐着个矮凳，在门首将稻草打绳。冉**贵陪个小心**，问道："伯伯，**借问一声**，那左手住的小娘子，今日在那里去了？"老汉住手，抬头看了冉贵一看，便道："你问他怎么？"冉贵道："小子是卖杂货的。昨日将钱换那小娘子旧靴一只，一时间看不仔细，换得**亏本**了。特地寻他退还讨钱。"老汉道："劝你吃亏些罢！那雌儿不是好惹的。他是二郎庙里**庙官孙神通**的亲表子。那孙神通一身妖法，好不利害！这旧靴一定是神道**替下来**，孙神通把与表子换些钱买果儿吃的。今日那雌儿往外婆家去了。他与庙官结识，非止一日。不知甚么缘故，有两三个月忽然**生疏**。近日又渐渐来往了。你若与他倒钱，定是不肯。**惹毒了他**，对**孤老**说了，就**把妖术禁你**，你却**奈何他不得**！"冉贵道："原来恁地。多谢伯伯指教。"冉贵别了老汉，复身挑了担子，嘻嘻的喜容可掬，走回使臣房来。王观察迎着问道："今番想得了**利市**了？"冉贵道："果然，你且拿出前日那只靴来我看。"王观察将靴取出。冉贵将自己换来这只靴**比照**一下，**毫厘不差**。王观察忙问道："你这靴那里来的？"冉贵不慌不忙，**数一数二**，细细**分剖**出来："我说不干神道之事，眼见得是孙神通做下的不是！更不须疑。"王观察欢喜得**没入脚处**，连忙烧了**利市**，**执杯**谢了冉贵。"如今怎地去捉？只怕漏了风声，那厮走了，**不是耍处**。"冉贵道："**有何难哉**！明日备了**三牲礼物**，只说去赛神还愿。到了庙中，庙主自然出来迎接。那时**掷盏为号**，即便捉了，不费一些气力。"观察道："言之有理。也还该禀知大尹，方去捉人。"当下王观察禀过大尹。大尹也喜道："这是你们的勾当，只要小心在意，**休教有失**。我闻得妖人善能**隐形遁法**，可带些**法物**去，却是猪血狗血大蒜臭屎，把他一灌，再也出**豁不得**。"王观察领命，便去备了法物。过了一夜，明晨早到庙中，暗地着人带了四般法物，远远伺候。捉了人时，便前来**接应**。分付已了，王观察却和冉贵换了衣服，众人**簇拥**将来，到殿上拈香。庙官孙神通出来接见。宣读疏文未至四五句，冉贵在旁斟酒，把酒盏望下一掷，众人一齐动手，捉了庙官。正是：

　　　　浑似皂雕追紫燕，真如猛虎唉羊羔。

<u>眉头一皱计上心来</u>	méitóu……zhòu	Once the brows are knit, a stratagem comes to mind.
陪个小心	péige xiǎoxīn	(also 赔小心) behave with great caution; act warily
亏本	kuīběn	lose money in business; lose one's capital
退还讨钱	tuìhuán tǎoqián	return the goods and ask for the money back
雌儿	cír	[古] (derogatory) woman
不是好惹的	búshì hǎorěde	not one to be trifled with
庙官	miàoguān	temple keeper
孙神通	Sun Shéntōng	personal name
亲表子	qīn biǎozi	[古] (derogatory) mistress
替下来	tìxialai	[古] replaced by (a newer or better one)
生疏	shēngshū	drift apart; become estranged
惹毒了他	rědúle tā	[古] make her angry; offend her
孤老	gūlǎo	[古] woman's lover
把妖术禁你	bǎ yāoshù jìn nǐ	[古] use sorcery against you
奈何他不得	nàihé tā bùdé	[古] can do nothing to her
得了利市	déle lìshì	[古] get lucky
比照	bǐzhào	compare
毫厘不差	háolí búchà	without the slightest difference
数一数二	shǔyī shǔèr	[古] (here) one by one
分剖	fēnpōu	analyze; give a detailed account
没入脚处	méi rùjiǎochù	[古] be flustered (by excitement, agitation or confusion)
烧利市	shāo lìshì	burn incense (to thank the gods)
执杯	zhíbēi	hold a wine cup – offer a toast
不是耍处	búshì shuǎchù	[古] no small matter
有何难哉	yǒu hé nán zāi	[古] There is no problem.
三牲	sānshēng	three kinds of domestic animals used as sacrificial offerings (i.e. cattle, sheep and pigs)
还愿	huányuàn	carry out vows made to the gods
掷盏为号	zhìzhǎn wéihào	throw the wine cup as a signal
休教有失	xiū jiào yǒushī	[古] do not make any mistakes
隐形遁法	yǐnxíng dùnfǎ	magic to make oneself invisible
法物	fǎwù	counteragent (pig's blood, dog's blood, garlic and dung used by Taoist priest)
出豁不得	chūhuò bùdé	[古] be unable to escape
接应	jiēyìng	come to somebody's aid; offer reinforcements
簇拥	cùyōng	cluster around

再把四般法物**劈头一淋**。庙官知道如此作用，随你**泼天的神通**，再也**动弹不得**。一步一棍，打到开封府中来。府尹听得捉了妖人，即便升庭，大怒喝道；"叵耐这厮！帝辇之下，辄敢大胆，兴妖作怪，淫污天眷，奸骗宝物，有何理说！"当下孙神通初时**抵赖**，后来**加起刑法来**，料道脱身不得，只得从前一一招了。招称："自小在**江湖**上学得妖法，后在二郎庙**出家**，用钱赍缘作了庙官。为因当日听见韩夫人祷告，要嫁得个丈夫，一似二郎神模样。不合辄起心假扮二郎神模样，淫污天眷，骗得玉带一条。只此是实。"大尹叫取**大枷枷**了，推向狱中，教**禁子**好生在意收管，须要**请旨定夺**。当下**叠成文案**，先去禀明了杨太尉。太尉即同到蔡太师府中商量，奏知道君皇帝，倒了圣旨下来："这厮不合淫污天眷，奸骗宝物，准律**凌迟处死**。妻子**没入官**。追出原骗玉带，尚未出笏，仍归内府。韩夫人不合辄起邪心，永不许入内，就着杨太尉做主，另行改嫁良民为婚。"当下韩氏好一场**惶恐**，却也了却相思债，得遂平生之愿。后来嫁得一个在京开官店的远方客人，说过不带回去的。那客人两头往来，**尽老百年而终**。这是后话。开封府就取出庙官孙神通来，当堂读了**明断**，贴起一片芦席，明写犯由，判了一个剐字。推出市心，**加刑示众**。正是：

> 从前做过事，没兴一齐来。

当日看的真是**挨肩叠背**。监斩官读了犯由，**刽子手**叫起恶杀都来。一齐动手，剐了孙神通，好场热闹。原系京师**老郎传流**，至今编入**野史**。正是：

> 但存夫子三分礼，不犯萧何六尺条。
>
> 自古奸淫应横死，神通纵有不相饶。

劈头一淋	pītóu yìlín	pour straight on the head
泼天的神通	pōtiānde shéntōng	have vast magic powers
动弹不得	dòng.tán bùdé	unable to move or stir
抵赖	dǐlài	deny; disavow
加起刑法	jiāqǐ xíngfǎ	[古] be tortured
江湖	jiānghú	river and lake – the world of vagabonds
出家	chūjiā	become a monk or nun
夤缘	yínyuán	[古] make use of one's connections to climb up
不合	bùhé	[古] doing something that one should not do
起心	qǐxīn	(derogatory) cherish certain (evil) intentions
假扮	jiǎbàn	disguise oneself as; dress up as
大枷	dàjiā	large cangue
枷	jiā	to put in a cangue
禁子	jìnzi	[古] jailor
请旨定夺	qǐngzhǐ dìngduó	[古] ask for His Majesty's instructions in order to make a final decision
叠成文案	diéchéng wén'àn	[古] put the case records in order
凌迟处死	língchí chǔsǐ	[古] execute by a slow process. 凌迟: the punishment of dismemberment till a slow, eventual and gory death (for heinous crimes)
没入官	mò rù guān	[古] be confiscated by the government. (here) (the spouse of a criminal) be enslaved by law
入内	rùnèi	[古] enter the Palace
惶恐	huángkǒng	[古] be greatly shaken
了却相思债	liǎoquè xiāngsīzhài	resolve and fulfill a passionate longing
尽老百年而终	jìnlǎobǎinián érzhōng	[古] live harmoniously together until old age
明断	míngduàn	[古] verdict
加刑示众	jiāxíng shìzhòng	[古] be executed in public
挨肩叠背	āijiān diébèi	jostle each other in a crowd
刽子手	guìzishǒu	executioner; headsman
老郎	lǎoláng	[古] (in Song and Yuan Dynasty) professional writers who write for story tellers
传流	chuánliú	also 流传；circulate; spread
野史	yěshǐ	unofficial history

（五）白娘子永镇雷峰塔

《警世通言》第二十八卷

山外青山楼外楼，西湖歌舞几时休？

暖风薰得游人醉，直把杭州作汴州。

话说**西湖景致**，山水鲜明。晋朝咸和年间，**山水大发**，汹涌流入西门。 忽然水内**有牛一头见**，浑身金色。后水退，其牛随行至北山，不知去向。哄动杭州市上之人，皆以为**显化**。所以**建立一寺，名曰金牛寺**。西门即今之涌金门，立一座庙，号金华将军。当时有一**番僧，法名浑寿罗**，到此武林郡云游，玩其山景，道：“灵鹫山前小峰一座，忽然不见，原来飞到此处。”当时人皆不信。僧言：“我记得灵鹫山前峰岭，**唤做灵鹫岭**，这山洞里有个**白猿**，看我**呼出为验**。”果然呼出白猿来。山前有一**亭**，今唤做冷泉亭。又有一座孤山，生在西湖中。先曾有林和靖先生在此山**隐居**。使人 搬挑泥石，砌成一条走路，东接断桥，西接栖霞岭，因此唤做孤山路。又唐时有**刺史白乐天**，**筑**一条路，南至翠屏山，北至栖霞岭，唤做白公堤，**不时**被山水冲倒，不只一**番**，用官钱修理。后**宋**时，**苏东坡来做太守**， 因见有这两条路，被水冲坏，就买木石，起人夫，筑得坚固。六桥上**朱红栏杆**，堤上栽种桃柳，到春景融和，**端的十分好景，堪描入画**。后人因此只唤做苏公堤。又孤山**路畔**，起造两条石桥，分开水势，东边唤做断桥，西边唤做西宁桥。真乃：

隐隐山藏三百寺，依稀云锁二高峰。

说话的，只说西湖美景，仙人古迹。俺今日且说一个**俊俏后生**，只因游玩西湖，遇着两个妇人，直惹得几处州城，**闹动了花街柳巷**。有分教：才人把笔，编成一本**风流话本**。单说那子弟，姓甚名谁？遇着甚般样的妇人？惹出甚般样事？有诗为证：

清明时节雨纷纷，路上行人欲断魂；

Selected by C. P. Chou
Text prepared by Joanne Chiang
Vocabulary prepared by Fan Liu

西湖	xīhú	the West Lake, Hangzhou
景致	jǐngzhì	beautiful scenery
晋朝	Jìncháo	Chin Dynasty
山水大发	shānshuǐ dàfā	mountain torrents rushing
有牛一头见	yǒuníuyìtóuxiàn	[古] 有一头牛出现了。见：to appear, to show up
显化	xiǎnhuà	[古] miracle
建立	jiànlì	build; establish
名曰	míngyuē	[古] be named as
番僧	fānsēng	foreign monk
法名	fǎmíng	ordination name
小峰	xiǎofēng	small peak
唤做	huànzuò	[古] 叫做
白猿	báiyuán	white gibbon
呼出为验	hūchū wéiyàn	[古] 把它叫出来证明一下。call it out to prove I am right
亭	tíng	pavilion
隐居	yǐnjū	spend one's hermitary days
刺史	cìshǐ	唐代官名，prefect
白乐天	Bái Lètiān	唐代著名诗人白居易，字乐天
筑	zhù	construct; build
不时	bùshí	from time to time
一番	yìfān	一次
官钱	guānqián	money from the official coffers
宋	sòng	Song Dynasty
苏东坡	Sū Dōngpō	宋代著名诗人苏轼，字东坡
太守	tàishǒu	title of an official post during the Song dynasty
朱红	zhūhóng	bright red
栏杆	lán'gān	railing
端的	duāndì	[古] 确实；really; indeed
堪描入画	kānmiáo rùhuà	so picturesque one could paint a painting out of it
路畔	lùpàn	路边
俊俏	jùnqiào	pretty and charming; handsome
后生	hòushēng	young man
闹动	nàodòng	cause a sensation, make a stir
花街柳巷	huājiē liǔxiàng	pleasure alley
风流话本	fēngliú huàběn	engaging tale

借问酒家何处有，牧童遥指杏花村。

话说宋高宗**南渡**，绍兴年间，杭州临安府过军桥黑珠巷内，有一个**宦家**，姓李名仁，见做南廊阁子库募事官，又与邵**太尉**管钱粮。家中妻子，有一个兄弟许宣，**排行小乙**。他爹曾开**生药店**。自幼父母双亡，却在表叔李将仕家生药铺做**主管**，年方二十二岁。那生药店开在官巷口。忽一日，许宣在铺内做买卖，只见一个和尚来到门首，**打个问讯道**：" 贫僧是保叔塔寺内僧，前日已送馒头并卷子在宅上。今**清明节近**，**追修祖宗**，望小乙官到寺**烧香**，勿误。"许宣道：" 小子准来。"和尚相别去了。许宣至晚归姐夫家去。原来许宣无有老小，只在姐姐家住。当晚与姐姐说：" 今日保叔塔和尚来请烧菴子，明日要荐祖宗，走一遭了来。"次日早起买了纸马、蜡烛、经幡、钱垛一应等项，吃了饭，换了新鞋袜衣服，把菴子钱马，使条**袱子**包了，径到官巷口李将仕家来。李将仕见了，问许宣何处去？许宣道：" 我今日要去保叔塔烧 菴 子，追荐祖宗，乞叔叔**容暇一日**。"李将仕道：" 你去便回。"许宣离了铺中，入寿安坊，花市街，过井亭桥，往清河街后钱塘门，行石函桥过放生碑，径到保叔塔寺。寻见送馒头的和尚，**忏悔过疏头**，烧了菴子，到佛殿上看众僧**念经**。吃斋罢，别了和尚，离寺**迤逦闲走**，过西宁桥、孤山路、四圣观，来看林和靖坟，到六一泉闲走。**不期**云生西北，雾锁东南，落下微微细雨，渐大起来。正是清明时节，少不得天公应时，催花雨下，那阵雨下得**绵绵不绝**。许宣见脚下湿，脱下了新鞋袜，走出四圣观来**寻船**，不见一只。**正没摆布处**，只见一个老儿，**摇着一只船**过来。许宣暗喜，认时正是张阿公。叫道：" 张阿公，**搭我则个**。" 老儿听得叫，认时，原来是许小乙。将船摇近岸来，道：" 小乙官，**着了雨**，不知要何处上岸？ "许宣道：" 涌金门上岸。"这老儿扶许宣下船，离了岸，摇近丰乐楼来。摇不上十数丈水面，只见岸上有人叫道：" 公公，搭船则个！"许宣看时，是一个妇人，头戴孝头**髻**，乌云畔插着些素钗梳，穿一领白绢衫儿，下穿一条细麻布裙。这妇人肩下一个丫**鬟**，身上穿着青衣服，头上一双角髻，戴两条大红头须，插着两件**首饰**，手中捧着一个包儿要搭船。那老张对小乙官道：" **因风吹火，用力不多，一发**搭了他去。"许宣道：" 你便叫他下来。"老儿见说，将船傍了岸边，那妇人同丫**鬟**下船，见了许宣，起一点**朱唇**，露两行**碎玉**，向前 道一个万福。许宣慌忙起身**答礼**。那娘子和丫**鬟**舱中坐定了。娘子把

南渡	nándù	the capital of Song moved to the south
宦家	huànjiā	[古] petty official
太尉	tàiwèi	古代官名，marshal
排行	páiháng	list according to seniority among brothers and sisters
小乙	xiǎoyǐ	the second
生药店	shēngyàodiàn	herb shop
主管	zhǔguǎn	person in charge
打个问讯	dǎge wènxùn	[古] make a sign of greeting
清明节	qīngmíngjié	Ching-ming Festival
追修祖宗	zhuīxiū zǔzōng	offer prayers to the ancestors
烧香	shāoxiāng	burn joss sticks (before an idol)
无有老小	wúyǒu lǎoxiǎo	[古] unmarried and without a family
袱子	fúzi	a piece of cloth
容暇一日	róngxiá yírì	[古] please let me take a day off work
忏悔过疏头	chànhuǐ guò shū.tóu	[古] say one's confessions
念经	niànjīng	chant scriptures
迤逦闲走	yǐlǐ xiánzǒu	[古] stroll along at a leisurely pace
不期	bùqī	[古] 没想到；突然；all of a sudden
绵绵不绝	miánmián bùjué	(the rain) go on and on
寻	xún	look for; search
正没摆布处	bǎibù	[古] 正在没有办法的时候。摆布：安排
摇船	yáochuán	row a boat
搭我则个	dāwǒ zége	[古] give me a lift
着了雨	zháo le yǔ	caught in the rain
不上	búshàng	不到; no more than
髻	jì	hair worn in a bun or coil
乌云	wūyún	metaphor for a woman's thick, black hair
丫鬟	yā.huán	maid
青	qīng	green
首饰	shǒushì	women's personal ornaments; jewelry
一发	yīfā	一起；一块儿; together
朱唇	zhūchún	red lips
碎玉	suìyù	形容女人的牙齿又白又好看；white teeth
道一个万福	dào yígè wànfú	[古]古代妇女行礼；give a deep bow
答礼	dálǐ	return a solute

秋波频转，瞧着许宣。许宣平生是个老实之人，见了此等**如花似玉**的美妇人，旁边又是个**俊俏**美女样的丫鬟，也不免动念。那妇人道："不敢动问**官人，高姓尊讳**？"许宣答道："在下姓许名宣，排行第一。"妇人道："**宅上何处**？"许宣道："**寒舍**住在过军桥黑珠儿巷，生药铺内做买卖。"那娘子问了一回，许宣**寻思**道："我也问他一问。"起身道："不敢拜问**娘子**高姓？**潭府**何处？"那妇人答道："**奴家**是白三班白殿直之妹，嫁了张官人，不幸**亡过**了，见**葬**在这雷岭。为因清明节近，今日带了丫鬟，往坟上祭扫了方回。不想**值雨**，若不是搭得官人便船，实是**狼狈**。"又闲讲了一回，迤逦船摇近岸。只见那妇人道："奴家一时心忙，不曾带得**盘缠**在身边，万望官人处借些船钱还了，并不有负。"许宣道："娘子自便，不妨，**些须**船钱不必**计较**。"还罢船钱。那雨越不住。许宣挽了上岸。那妇人道："奴家只在箭桥双茶坊巷口。若不弃时，可到寒舍拜茶，纳还船钱。"许宣道："小事**何消挂怀**。天色晚了，改日拜望。"说罢，妇人共丫鬟自去。许宣入涌金门，从人家屋檐下到三桥街，见一个生药铺，正是李将仕兄弟的店。许宣走到铺前，正见小将仕在门前。小将仕道："小乙哥晚了，哪里去？"许宣道："便是去保叔塔烧菴子，着了雨，望借一把伞则个。"将仕见说叫道："老陈把伞来，与小乙官去。"不多时，老陈将一把雨伞撑开道："小乙官，这伞是清湖八字桥老实舒家做的。八十四骨，紫竹柄的好伞，不曾有一些儿破，**将去休坏了！仔细，仔细！**"许宣道："不必**分付**。"接了伞，谢了将仕，出羊坝头来。到后市街巷口。只听得有人叫道："小乙官人。"许宣回头看时，只见沈公井巷口小茶坊**屋檐**下，立着一个妇人，认得正是搭船的白娘子。许宣道："娘子如何在此？"白娘子道："便是雨不得住，鞋儿都踏湿了，教青青回家，取伞和**脚下**。又见晚下来。望官人搭几步则个。"许宣和白娘子合伞到坝头道："娘子到哪里去？"白娘子道："过桥投箭桥去。"许宣道："小娘子，小人自往过军桥去，路又近了，不若娘子把伞将去，明日小人自来取。"白娘子道："却是**不当**，感谢官人厚意！"许宣沿人家屋檐下冒雨回来。只见姐夫家**当直**王安，拿着**钉靴**雨伞来接不着，**却好**归来。到家内吃了饭。当夜思量那妇人，**翻来覆去**睡不着。梦中共日间见的一般，情意相浓，不想金鸡叫一声，却是**南柯一梦**。正是：

　　　心猿意马驰千里，浪蝶狂蜂闹五更。

秋波频传	qiūbō pínchuán	(of a woman) cast amorous glances; make eyes; to ogle
如花似玉	rúhuā sìyù	[成] as pretty as flower and jade
俊俏	jùnqiào	pretty; beautiful
官人	guānrén	[古] 古代妇女对男人的称呼
高姓尊讳	gāoxìng zūnhuì	[古] 你叫什么名字
宅上何处	zháishàng héchù	[古] 你的家住在什么地方
寒舍	hánshè	对自己的家的称呼；my house
寻思	xúnsī	think; ponder
娘子	niángzǐ	古代男人对女人的称呼
潭府	tánfǔ	对别人的家的称呼
奴家	nújiā	[古]（女人自称）我
亡过	wángguò	[古] 死
葬	zàng	bury
值雨	zhíyǔ	[古] be caught in the rain
狼狈	lángbèi	in a difficult position; in a tight corner; wretched
盘缠	pán.chán	money; traveling expenses
些须	xiēxū	[古] 一点点
计较	jì.jiào	think over; haggle over; fuss about
何足挂怀	hé zú guàhuái	何必放在心上；不值得放在心上
将去	jiāngqù	[古] 拿去
仔细	zǐxì	小心
分付	fēnfù	enjoin; exhort
屋檐	wūyán	eave; penthouse
脚下	jiǎoxià	[古] 袜子和鞋子
小人	xiǎorén	[古]（男人自称）我
不当	búdàng	不合适；不好意思
当直	dāngzhí	[古] servant
钉靴	dīngxuē	[古] 雨鞋；rain boot
却好	quèhǎo	[古] 正好
思量	sīliáng	思念；想念；miss
翻来覆去	fānlái fùqù	keep tossing and turning in bed
日间	rìjiān	[古] 白天
南柯一梦	nánkē yímèng	[成] fond dreams
心猿意马	xīnyuán yìmǎ	[成] one's heart will; capricious

到得天明，起来**梳洗**罢，吃了饭，到铺中**心忙意乱**，做些买卖也没心想。到午时后，思量道：**"不说一谎**，如何得这伞来还人？"当时许宣见老将仕坐在柜上，向将仕说道："姐夫叫许宣归早些，**要送人情，请暇**半日。"将仕道："去了，明日早些来！"许宣**唱个喏**，径来箭桥双茶坊巷口，寻问白娘子家里。问了半日，没一个认得。正**踌躇**间，只见白娘子家丫鬟青青，从东边走来。许宣道："姐姐，你家何处住？讨伞则个。"青青道："官人随我来。"许宣跟定青青，走不多路，道："只这里便是。"许宣看时，见一所楼房，门前两扇大门，中间四扇**看街**槅子眼，当中挂顶细密朱红**帘子**，四下排着十二把**黑漆交椅**，挂四幅名人山水古画。对门乃是秀王府墙。那丫头转入帘子内道："官人请入里面坐。"许宣随步入到里面，那青青低低悄悄叫道："娘子，许小乙官人在此。"白娘子里面应道："请官人进里面**拜茶**。"许宣心下**迟疑**。青青三回五次，催许宣进去。许宣转到里面，只见：四扇暗槅子窗，揭起青布幕，一个**坐起**，桌上放一盆虎须**菖蒲**，两边也挂四幅美人，中间挂一幅神像，桌上放一个古铜**香炉花瓶**。那小娘子向前深深的道一个万福，道："夜来多蒙小乙官人**应付周全**，识荆之初，甚是感激不浅！"许宣道：**"些微何足挂齿。"**白娘子道："少坐拜茶。"茶罢，又道："**片时薄酒三杯**，表意而已。"许宣方欲**推辞**，青青已自把菜蔬果品**流水排将出来**。许宣道："感谢娘子置酒，不当**厚扰**。"饮至数杯，许宣起身道："今日天色将晚，路远，**小子告回**。"娘子道："官人的伞，**舍亲**昨夜转借去了，再饮几杯，着人取来。"许宣道："日晚，小子要回。"娘子道："再饮一杯。"许宣道：**"饮馔**好了，多感，多感！"白娘子道："既是官人要回，这伞**相烦**明日来取则个。"许宣只得相辞了回家。至次日，又来店中做些买卖。又**推个事故**，却来白娘子家取伞。娘子见来，又备三杯相款。许宣道："娘子还了小子的伞罢，不必多扰。"那娘子道："既安排了，略饮一杯。"许宣只得坐下。那白娘子**筛一杯酒**，递与许宣，启樱桃口，露榴子牙，娇滴滴声音，带着**满面春风**，告道："小官人在上，真人面前说不得假话。奴家亡了丈夫，想必和官人有**宿世姻缘**，一见便蒙错爱。正是你有心，我有意。烦小乙官人寻一个**媒证**，与你共成百年姻眷，不枉天生一对，却不是好？"许宣听那妇人说罢，自己寻思："真个好一段姻缘。若娶得这个**浑家**，也不枉了。我自十分肯了，只是一件**不谐**：思

梳洗	shūxǐ	wash one's face
心忙意乱	xīnmáng yìluàn	driven to distraction
说谎	shuōhuǎng	tell a lie; lie
送人情	sòng rénqíng	deliver a present to someone
请暇	qǐngxiá	[古] ask for leave
唱个喏	chàngge rě	[古] 行了个礼
踌躇	chóuchú	be at a loss what to do
看街	kànjiē	[古] peepholes
帘子	liánzi	curtain
排着	páizhe	arrange neatly
黑漆交椅	hēiqī jiāoyǐ	[古] black lacquer armchair
拜茶	bàichá	[古] 喝茶
迟疑	chíyí	hesitate
坐起	zuòqǐ	[古] parlor
菖蒲	chāngpú	a kind of lily
香炉	xiānglú	vase for incense burning
蒙…应付周全	méng	[古] thank you so much for helping us
些微	xiēwēi	小事
何足挂齿	hé zú guàchǐ	It's hardly worth mentioning
片时	piànshí	[古] a while
推辞	tuīcí	decline; refuse
把…流水排将出来	bǎ…liúshuǐ pái jiāng chūlái	[古] bring out an array of something
厚扰	hòurǎo	[古] cause somebody too much trouble
小子告回	xiǎo.zǐ gàohuí	[古] 我回去了
舍亲	shèqīn	[古] my relatives
饮馔	yǐnzhuàn	[古] eat and drink
相烦	xiāngfán	[古] 麻烦你
推个事故	tuīge shìgù	[古] 找个借口
筛一杯酒	shāi yìbēijiǔ	[古] 倒一杯酒
满面春风	mǎnmiàn chūnfēng	[成] be radiant with happiness; beam with pleasure
宿世姻缘	sùshì yīnyuán	marriage in some past incarnation
媒证	méizhèng	matchmaker
浑家	húnjiā	[古] wife
不谐	bùxié	[古] 不合适

139

量我日间在李将仕家做主管，夜间在姐夫家安歇，虽有些少东西，只好办身上衣服，如何得钱来娶老小？"自沉吟不答。只见白娘子道："官人何故不回言语？"许宣道："多感过爱。实不相瞒，只为身边窘迫，不敢从命。"娘子道："这个容易。我囊中自有余财，不必挂念。"便叫青青道："你去取一锭白银下来。"只见青青手扶栏杆，脚踏胡梯，取下一个包儿来，递与白娘子。娘子道："小乙官人，这东西将去使用，少欠时再来取。"亲手递与许宣。许宣接得包儿，打开看时，却是五十两雪花银子。藏于袖中，起身告回。青青把伞来还了许宣。许宣接得相别，一径回家，把银子藏了。当夜无话。明日起来，离家到官巷口，把伞还了李将仕。许宣将些碎银子买了一只肥好烧鹅，鲜鱼精肉，嫩鸡果品之类提回家来。又买了一樽酒，分付养娘丫鬟安排整下。那日却好姐夫李募事在家。饮馔俱已完备，来请姐夫和姐姐吃酒。李募事却见许宣请他，到吃了一惊，道："今日做甚么子坏钞？日常不曾见酒盏儿面，今朝作怪！"三人依次坐定饮酒。酒至数杯，李募事道："尊舅，没事教你坏钞做甚？"许宣道："多谢姐夫，切莫笑话，轻微何足挂齿。感谢姐夫姐姐管雇多时。一客不烦二主人，许宣如今年纪长成，恐虑后无人养育，不是了处。今有一头亲事在此说起，望姐夫姐姐与许宣主张，结果了一生终身，也好。"姐夫姐姐听得说罢，肚内暗自寻思道："许宣日常一毛不拔，今日坏得些钱钞，便要我替他讨老小！"夫妻二人，你我相看，只不回话。吃酒了，许宣自做买卖。过了三两日，许宣寻思道："姐姐如何不说起？"忽一日，见姐姐问道："曾向姐夫商量也不曾？"姐姐道："不曾。"许宣道："如何不曾商量？"姐姐道："这个事不比别样的事，仓卒不得，又见姐夫这几日面色心焦，我怕他烦恼，不敢问他。"许宣道："姐姐你如何不上紧？这个有甚难处，你只怕我教姐夫出钱，故此不理。"许宣便起身到卧房中开箱，取出白娘子的银来，把与姐姐道："不必推故，只要姐夫做主。"姐姐道："吾弟多时在叔叔家中做主管，积攒得这些私房。可知道要娶老婆！你且去，我安在此。"却说李募事归来，姐姐道："丈夫，可知小舅要娶老婆，原来自趱得些私房，如今教我倒换些零碎使用，我们只得与他完就这亲事则个。"李募事听得说道："原来如此，得他积些私房也好。拿来我看！"做妻的连忙将银子递与丈夫。李募事接在手中，番来覆去，看了上面凿的字号，大叫一声："苦！不好了，全家是死！"

安歇	ānxiē	lodge
只好	zhǐhǎo	[古] barely enough
娶老小	qǔ lǎoxiǎo	[古] set up a family
沉吟不答	chényín bùdá	hold back one's answer
多感过爱	duōgǎn guò'ài	[古] 谢谢你对我这么好
实不相瞒	shíbù xiāngmán	to be frank with you
身边窘迫	shēnbiān jiǒngpò	[古] 身边没有钱
不敢从命	bùgǎn cóngmìng	[古] 不能答应你的要求
囊中自有余财	nángzhōng zìyǒu yúcái	[古] my purse is loaded
一锭白银	yídìng báiyín	an ingot of silver
胡梯	hútī	[古] 梯子; ladder
少欠时再来取	shǎoqiànshí zàiláiqǔ	[古] 不够的时候再来拿
两	liǎng	measure word of silver
坏钞	huàichāo	[古] 破费；squander money
日常不曾见酒盏面	rìcháng bùcéng jiàn jiǔzhǎn miàn	[古] 平常从来没见过他喝酒或者请人喝酒
今朝作怪	jīnzhāo zuòguài	[古] 今天真奇怪
管雇	guǎngù	[古] 照顾
恐虑后无人养育，不是了处	kǒnglǜhòu wúrén yǎngyù,búshì liǎochù	[古] 怕以后没有人照顾我，没有办法生活
与···主张	yǔ...zhǔzhāng	[古] make a decision for somebody
结果了一生终身	jiéguǒ le yìshēng zhōngshēn	[古] 把终身大事（指结婚）解决掉
一毛不拔	yìmáo bùbá	[成] miserly; very stingy
仓卒不得	cāngcù bùdé	不能那么快决定
面色心焦	miànsè xīnjiāo	[古] look quite ill-tempered
上紧	shàngjǐn	press hard enough
推故	tuīgù	[古] 找借口; make an excuse for
积攒	jīzǎn	scrap up；save up
私房	sīfáng	private savings
零碎	língsuì	small change
番来覆去	fānlái fùqù	again and again; repeatedly
字号	zìhào	inscription mark

那妻吃了一惊，问道："丈夫有甚么**利害之事**？"李募事道："**数日**前邵太尉库内**封记锁押**俱不动，又无**地穴**得入，平空不见了五十锭大银。见今**着落**临安府提捉贼人，十分紧急，没有**头路**得获，**累害**了多少人。**出榜缉捕**，写着字号锭数，'有人捉获贼人银子者，赏银五十两；**知而不首**，及**窝藏**贼人者，除**正犯**外，全家**发边远充军**。'，这银子与榜上字号不差，正是邵太尉库内银子。即今捉捕十分紧急。正是：'**火到身边，顾不得亲眷**，自可去拨。'**明日事露，实难分说**。不管他偷的借的，宁可苦他，不要累我。只得将银子**出首**，免了一家之害。"老婆见说了，合口不得，**目睁口呆**。当时拿了这锭银子，径到临安府出首。那大尹闻知这话，一夜不睡。次日，**火速**差缉捕使臣何立。何立带了伙伴，并一班**眼明手快**的公人，径到官巷口，李家生药店，提捉正贼许宣。到得柜边，发声喊，把许宣一条绳子绑缚了，一声锣，一声鼓，解上临安府来。正值韩大尹升厅，押过许宣当厅跪下，喝声打！许宣道："告相公不必**用刑**，不知许宣有何罪？"大尹**焦躁**道："真赃正贼，有何理说？还说无罪？邵太尉府中不动封锁，不见了一号大银五十锭，见有李募事出首，一定这四十九锭也在你处。想不动封皮，不见了银子，你也是个**妖人**！"喝教："拿些**秽血**来！"许宣方知是这事，大叫道："不是妖人，不要打，待我分说！"大尹道："且住，你且说这银子从何而来？"许宣将借伞讨伞的**上项事**，一一细说一遍。大尹道："白娘子是甚么样人？见住何处？"许宣道："凭他说是白三班白殿直的亲妹子，如今见住箭桥边，双茶坊巷口，秀王墙对黑楼子高坡儿内住。"那大尹随即便叫缉捕使臣何立，押领许宣，去双茶坊巷口捉拿本妇前来。何立等领了钧旨，一阵做公的径到双茶坊巷口秀王府墙对黑楼子前看时：门前四扇看阶，中间两扇大门，门外**避藉陛**，坡前却是垃圾，一条竹子横夹着。何立等见了这个模样，倒都呆了！当时就叫捉了邻人，上首是做花的丘大，下首是做皮匠的孙公。那孙公**摆忙**的吃他一惊，**小肠气发**，**跌倒**在地。众邻舍都走来道："这里不曾有甚么白娘子。这屋不五六年前，有一个毛巡检，合家时病死了。**青天白日**，常有鬼出来买东西，无人敢在里头住。几日前，有个**疯子**立在门前**唱喏**。"何立教众人解下横门竹竿，里面冷清清地，起一阵风，卷出一道腥气来。众人都吃了一惊，倒退几步。许宣看了，则声不得，一似呆的。做公的数中，有一个能胆大，排行第二，姓王，专好酒吃，都叫他好酒王二。王二道："都跟我

利害之事	lìhài zhī shì	[古] 可怕的事；something terrible
数日	shùrì	several days
封记锁押	fēngjìsuǒyā	[古] seal
地穴	dìxué	tunnel
着落	zhuóluò	[古] order
头路	tóulù	[古] clue
累害	lěihài	[古] get somebody into trouble
出榜缉捕	chūbǎng jībǔ	[古] put out a notice to arrest
知而不首	zhī ér bù shǒu	[古] 知道了却不报告
窝藏	wōcáng	hide; shelter
正犯	zhèngfàn	main criminal
发边远充军	fā biānyuǎn chōngjūn	[古] be banished to the frontier
即今	jíjīn	[古] 现在
火到身边，顾不得亲眷	qīnjuàn	[古] In a fire there's no time to care for relatives
明日事露，实难分说		[古] if it leaked out tomorrow, we would never be able to give an explanation
出首	chūshǒu	[古] own up; report a crime to the authorities
目睁口呆	mùzhēng kǒudāi	（因为吃惊或害怕）睁大眼睛，张着嘴，说不出话来
火速	huǒsù	at top speed; posthaste
眼明手快	yǎnmíng shǒukuài	sharp-eyed and agile
用刑	yòngxíng	put sb. to torture
焦躁	jiāozào	impatient
妖人	yāorén	evil sorcerer
秽血	huìxiě	foul blood
上项事	shàngxiàngshì	[古] 以前发生的那些事
避藉陛	bìjièbì	[古] high step
摆忙的	bǎimángde	[古] suddenly
小肠气	xiǎochángqì	colic; hernia
跌倒	diēdǎo	slip up, tumble
青天白日	qīngtiān báirì	broad daylight
疯子	fēngzi	madman; bedlamite
唱喏	chàngrě	[古] say hello to passengers

来。"发声喊 一齐哄将入去，看时板壁、坐起、桌凳都有。来到胡梯边，叫王二前行，众人跟着，一齐上楼。楼上**灰尘**三寸厚。众人到房门前，推开房门一望，床上挂着一张帐子，箱笼都有，只见一个**如花似玉**穿着白的美貌娘子，坐在床上。众人看了，不敢向前。众人道："不知娘子是神是鬼？我等奉临安大尹钧旨，唤你去与许宣**执证公事**。"那娘子端然不动。好酒王二道："众人都不敢向前，怎的是了？你可**将**一坛酒来，与我吃了，**做我不着**，捉他去见大尹。"众人连忙叫两三个下去提一坛酒来与王二吃。王二开了坛口，将一坛酒吃尽了，道："做我不着！"将那空坛望着帐子内打将去。**不打万事皆休**，才然打去，只听得一声响，却是**青天里打一个霹雳**，众人都惊倒了！起来看时，床上不见了那娘子，只见**明晃晃**一堆银子。众人向前看了道："好了。"**计数**四十九锭。众人道："我们将银子去见大尹也罢。"扛了银子，都到临安府。何立将前事**禀覆**了大尹。大尹道："定是**妖怪**了。也罢，邻人无罪**宁家**。"差人送五十锭银子与邵太尉处，**开个缘由**，一一禀覆过了。许宣照"**不应得为而为之事**"，理重者**决杖免刺**，配牢城营做工，满日疏放。牢城营乃苏州府管下。李募事因出首许宣，心上不安，将邵太尉给赏的五十两银子尽数付与**小舅**作为**盘费**。李将仕与书二封，一封与押司范院长，一封与吉利桥下开客店的王主人。许宣痛哭一场，拜别姐夫姐姐，带上**行枷**，两个**防送人**押着，离了杭州到东新桥，下了航船。**不一日**，来到苏州。先把书去见了范院长，并王主人。王主人与他官府上下**使了钱**，打发两个公人去苏州府，下了公文，**交割**了犯人，讨了**回文**，防送人自回。范院长王主人**保领**许宣不入牢中，就在王主人门 前 楼上歇了。许宣心中愁闷，壁上题诗一首：

> 独上高楼望故乡，愁看斜日照纱窗；
>
> 平生自是真诚士，谁料相逢妖媚娘！
>
> 白白不知归甚处？青青岂识在何方？
>
> 抛离骨肉来苏地，思想家中寸断肠！

有话即长，无话即短。不觉**光阴似箭**，日月如梭，又在王主人家住了半年之上。忽遇九月下旬，那王主人正在门首闲立，看街上人来人往。只见远远一乘**轿子**，旁边一个丫鬟跟着，道："借问一声：此间不是王主人家么？"王主人连忙起身道："此间便是。你寻谁人？"丫鬟道："我寻临安府

灰尘	huīchén	dust
执政公事	zhízhèng gōngshì	[古] bear witness with somebody
将	jiāng	[古] 拿
做我不着	zuò wǒ bùzháo	[古] You won't scare me.
不打万事皆休	bùdǎ wànshì jiēxiū	[古] If only he had not done that
才然	cáirán	[古] 刚；刚刚
青天里一个霹雳	pīlì	a peal of thunder from the blue sky
明晃晃	mínghuànghuàng	glittering
计数	jìshù	count
禀覆	bǐngfù	[古] report
妖怪	yāoguài	evil spirit
宁家	níngjiā	[古] go home in peace
开个缘由，一一禀覆过了	yuányóu bǐngfù	[古] write a report giving a full explanation of the case
不应得为而为之事		[古] committing an act which should not be committed
决杖免刺	juézhàng miǎncì	[古] to be given a beating, but spared the punishment of tattoo on the face
尽数	jìnshù	全部
小舅	xiǎojiù	brother-in-law
盘费	pánfèi	[古] money for journey
与书二封	yǔshū èrfēng	[古] 写了两封信
行枷	xíngjiā	[古] cangue
防送人	fángsòngrén	[古] guard
押	yā	escort
不一日	bùyírì	[古] 不到一天的时间
使钱	shǐqián	offer money; bribe
交割	jiāogē	[古] deliver
回文	huíwén	[古] return slip
保领	bǎolǐng	[古] do something on bail
光阴似箭，日月如梭	guāngyīn sìjiàn, rìyuè rúsuō	[成] time shoots by like an arrow, and the days and months speed as quickly as the shuttle on a loom
人来人往	rénlái rénwǎng	people come and go
轿子	jiàozi	sedan
寻	xún	to search for

来的许小乙官人。"主人道："你等一等，我便叫他出来。"这乘轿子便**歇**在门前。王主人便入去，叫道："小乙哥！有人寻你。"许宣听得，急走出来，同主人到门前看时，正是青青跟着，轿子里坐着白娘子。许宣见了，连声叫道："**死冤家**！自被你盗了官库银子，**带累**我吃了多少苦，有屈无伸，**如今到此地位**，又赶来做甚么？**可羞死人**！"那白娘子道："小乙官人不要**怪**我。今番特来与你**分辩**这件事。我且到主人家里面与你说。"白娘子叫青青取了包裹下轿。许宣道："你是鬼怪，不许入来。"挡住了门不放他。那白娘子与主人深深道了个万福，道："奴家不相瞒，主人在上，我怎的是鬼怪？**衣裳有缝，对日有影**。不幸先夫去世，教我如此被人**欺负**！做下的事，是先夫日前所为，**非干我事**。如今怕你**怨畅**我，特地来分说明白了，我去也**甘心**。"主人道："且教娘子入来坐了说。"那娘子道："我和你到里面对主人家的妈妈说。"门前看的人，自都散了。许宣入到里面对主人家并妈妈道："我为他偷了官银子事，如此如此，因此教我吃场**官司**。如今又赶到此，有何理说？"白娘子道："先夫留下银子，我好意把你，我也不知怎的来的？"许宣道："**如何做公的捉你之时，门前都是垃圾，就帐子里一响不见了你**？"白娘子道："我听得人说你为这银子捉了去，我怕你说出我来，**捉我到官，妆幌子羞人不好看**。我无奈何只得走去华藏寺前姨娘家**躲**了。使人担垃圾堆在门前，把银子安在床上，**央**邻舍与我说谎。"许宣道："你却走了去，教我吃官事！"白娘子道："我将银子安在床上，只**指望**要好，哪里**晓得**有许多事情？我见你配在这里，我便带了些盘缠，搭船到这里寻你，如今分说都明白了，我去也。敢是我和你**前生**没有夫妻之分！"那王主人道："娘子许多路来到这里，难道就去？且在此间住几日，却理会。"青青道："既是主人家再三劝解，娘子且住两日，当初也曾许嫁小乙官人。"白娘子随口便道："**羞杀人**！**终不成**奴家没人要？只为**分别是**非而来。"王主人道："既然当初许嫁小乙哥，却又回去？且留娘子在此。"打发了轿子，不在话下。

过了数日，白娘子先自**奉承**好了主人的妈妈，那妈妈劝主人与许宣说合，选定十一月十一日**成亲**，共**百年偕老**。**光阴一瞬**，早到吉日良时。白娘子取出银两，央王主人办备喜筵，二人**拜堂**结亲。酒席散后，共入纱厨。白娘子放出迷人声态，**颠鸾倒凤，百媚千娇**，喜得许宣如遇神仙，只恨相见之

歇	xiē	[古] stop
死冤家	sǐ yuānjiā	You wicked devil.
盗	dào	smuggle
带累	dàilěi	[古] put somebody into hot water
有屈无伸	yǒuqūwúshēn	[古] can't redress an injustice
如今**到此地位**	dàocǐdìwèi	[古] 现在到了这个地步
可羞死人	kě xiūsǐrén	[古] I feel ashamed for you
怪	guài	blame
今番	jīnfān	[古] 这次
分辨	fēnbiàn	explain
衣裳有缝，对日有影	yīshang yǒufèng, duìrì yǒuyǐng	one's dress has seams, and cast a shadow under the sun
欺负	qī.fù	bait; rag; tease
非干我事	fēi gān wǒ shì	[古] 跟我没有关系
怨畅	yuànchàng	[古] blame
甘心	gānxīn	reconcile to; be willing to; be content with
吃官司	chī guān.sī	get someone in trouble with the law
如何	rúhé	[古] 为什么
捉我到官，妆幌子羞人不好看	zhuāng huǎngzi	[古] I would be taken to court and made a fool of in front of everybody.
无奈何	wúnàihé	[古] 没有办法
躲	duǒ	hide
指望	zhǐwàng	expect
晓得	xiǎodé	知道
前生	qiánshēng	上辈子
终不成	zhōngbùchéng	难道
分别是非	fēnbié shìfēi	to clarify what is true and what is not
打发	dǎ.fā	send away
奉承	fèng.chéng	flatter
成亲	chéngqīn	结婚
百年偕老	bǎinián xiélǎo	夫妻相爱到老
光阴一瞬	guāngyīn yíshùn	时间过得很快
拜堂	bàitáng	[古] 举行婚礼
纱厨	shāchú	[古] gauze-curtained chamber
颠鸾倒凤，百媚千娇	diānluán dǎofèng, bǎimèi qiānjiāo	[古] when making love, the lady is exquisitely dainty and ravishingly beautiful

晚。正好欢娱，不觉**金鸡三唱，东方渐白**。正是：

欢娱嫌夜短，寂寞恨更长。

自此日为始，夫妻二人**如鱼似水**，终日在王主人家**快乐昏迷缠定**。日往月来，又早半年**光景**。时临**春气融和，花开如锦**，车马往来，街坊热闹。许宣问主人家道：“今日如何人人出去闲游，如此**喧嚷**？”主人道：“今日是二月半，男子妇人，都去看**卧佛**。你也好去承天寺里**闲走一遭**。”许宣见说，道：“我和妻子说一声，也去看一看。”许宣上楼来，和白娘子说：“今日二月半，男子妇人都去看卧佛，我也看一看就来。有人寻说话，回说不在家，不可出来见人。”白娘子道：“有甚好看？只在家中却不好？看他做甚么？”许宣道：“我去**闲耍**一遭就回，**不妨**。”许宣离了店内，有几个**相识**，同走到寺里看卧佛。绕廊下各处殿上观看了一遭，方出寺来，见一个先生，穿着道袍，头戴逍遥巾，腰系黄丝绦，脚着熟麻鞋，坐在寺前卖药，**散施符水**。许宣立定了看。那先生道：“贫道是终南山**道士**，到处**云游**，散施符水，**救人病患灾厄**，有事的向前来。”那先生在**人丛**中看见许宣头上一道**黑气**，必有妖怪缠他，叫道：“你近来有一妖怪缠你，其害非轻！我与你二道**灵符**，救你性命。一道符，**三更**烧，一道符放在自头发内。”许宣接了符，**纳头便拜**，肚内道：“我也八九分**疑惑**那妇人是妖怪，真个是实。”谢了先生，径回店中。至晚，白娘子与青青睡着了，许宣起来道：“料有三更了！”将一道符放在自头发内，正欲将一道符烧化，只见白娘子叹一口气道：“小乙哥和我许多时夫妻，**尚兀自不把我亲热**，却信别人言语，**半夜三更**，烧符来压镇我！你且把符来烧看！”就夺过符来，一时烧化，**全无动静**。白娘子道：“却如何？说我是妖怪！”许宣道：“不干我事。卧佛寺前一云游先生，知你是妖怪。”白娘子道：“明日同你去看他一看，如何模样的先生。”次日，白娘子清早起来，梳妆罢，戴了钗环，穿上素净衣服，分付青青看管楼上。夫妻二人，来到卧佛寺前。只见一簇人，团团围着那先生，在那里散符水。只见白娘子睁一双妖眼，到先生面前，喝一声：“你好无礼！**出家人**枉在我丈夫面前说我是一个妖怪，书符来捉我！”那先生回言：“我行的是五雷天心正法，凡有妖怪，吃了我的符，他即**变出真形来**。”那白娘子道：“众人在此，你且书符来我吃看！”那先生书一道符，递与白娘子。白娘子接过符来，便吞下去。众人都看，没些动静。众人道：“这等一

金鸡三唱，东方渐白	jīnjī sānchàng, dōngfāng jiànbái	[古] the cock crows thrice, hailing the dawn
如鱼似水	rúyú sìshuǐ	like a fish in water
快乐昏迷缠定	hūnmí chándìng	[古] revel, deliriously enamored of each other
光景	guāngjǐng	[古] 时间
春气融合，花开如锦	chūnqìrónghé, huākāi rújǐn	[古] lovely season arrives, brings the flowers it to gorgeous bloom
喧嚷	xuānrǎng	vociferation, hustle
卧佛	wòfó	reclining Buddha
闲走一遭	xiánzǒu yìzāo	[古] make a round to somewhere
闲耍	xiánshuǎ	[古] do something just for fun
不妨	bùfáng	[古] don't worry; would not be a bad idea
相识	xiāngshí	acquaintance
散施	sànshī	[古] give away
符水	fúshuǐ	charms and talisman water
立定	lìdìng	[古] stand there
道士	dàoshì	Taoist
云游	yúnyóu	roam, wander
救人病患灾厄	jiùrén bìnghuàn zāi'è	[古] save people from illness and calamities
人丛	réncóng	crowd
黑气	hēiqì	black fog
灵符	língfú	charm
三更	sān'gēng	the third watch
纳头便拜	nàtóu biànbài	[古] make a deep bow
疑惑	yíhuò	suspect; disbelieve; doubt
尚兀自不把我亲热	shàng wùzì bù bǎwǒ qīnrè	[古] 到现在还不相信我
半夜三更	bànyè sān'gēng	deep in the night
压镇	yāzhèn	[古] exorcise
全无动静	quán wú dòngjìng	[古] nothing happened
无礼	wúlǐ	impertinence; insolence
出家人	chūjiārén	one who enters into religion; a Buddhist monk
变出真形	biànchū zhēnxíng	change into the true form

个妇人，如何说是妖怪？"众人把那先生齐骂，那先生骂得**目睁眼呆，半晌无言，惶恐满面**。白娘子道："众位官人在此，他**捉我不得**。我自小学得个**戏术**，且把先生试来与众人看。"只见白娘子口内**喃喃**的，不知念些甚么。把那先生却似有人**擒**的一般，**缩做一堆，悬空而起**。众人看了齐吃一惊。许宣呆了。娘子道："若不是众位面上，把这先生吊他一年。"白娘子喷口气，只见那先生依然放下，只恨爹娘少生**两翼**，飞也似走了。众人都散了。夫妻依旧回来，**不在话下。日逐盘缠**，都是白娘子**将出来用度**。正是：**夫唱妇随，朝欢暮乐**。

不觉光阴似箭，又是四月初八日，**释迦佛生辰**。只见街市上人抬着柏亭浴佛，家家布施。许宣对王主人道："此间与杭州**一般**。"只见邻舍边一个小的，叫做铁头，道："小乙官人，今日承天寺里**做佛会**，你去看一看。"许宣转身到里面，对白娘子说了。白娘子道："甚么好看，休去！"许宣道："去走一遭，**散闷**则个。"娘子道："你要去，身上衣服旧了不好看。我打**扮**你去。"叫青青取新鲜时样衣服来。许宣着得不长不短，一似**像体裁的**：戴一顶黑漆头巾，脑后一双白玉环；穿一领青罗道袍，脚着一双皂靴，手中拿一把细巧百褶描金美人珊瑚坠上样春罗扇，打扮得**上下齐整**。那娘子分付一声，如莺声巧啭道："丈夫早早回来，**切勿教奴记挂！**"许宣叫了铁头相伴，径到承天寺来看佛会。人人**喝采**，好个官人。只听得有人说道："昨夜周将仕典当库内，不见了四五千贯金珠**细软物件**。现今开单告官，挨查没捉人处。"许宣听得，不解其意，自同铁头在寺。其日烧香官人子弟男女人等往往来来，十分热闹。许宣道："娘子教我早回，去罢。"转身人丛中，不见了铁头，独自个走出寺门来。只见五六个人似公人打扮，腰里挂着牌儿。数中一个看了许宣，对众人道："此人身上穿的，手中拿的，**好似那话儿**。"数中一个认得许宣的道："小乙官，扇子借我一看。许宣不知是计，将扇递与公人。那公人道："你们看这扇子坠，与单上开的一般！"众人喝声："拿了！"就把许宣**一索子绑了**，好似：

数只皂雕追紫燕，一群饿虎啖羊羔。

许宣道："众人休要错了！我是无罪之人！"众公人道："是不是，且去府前周将仕家**分解**！他店中**失去**五千贯金珠细软，白玉绦环，细巧百褶扇，珊瑚坠子，你还说**无罪**？**真赃正贼，有何分说！**实是大胆汉子，**把我**

150

目睁眼呆	mùzhēng yǎndāi	stunned; stupefied; dumbstruck
半晌	bànshǎng	a long time; quite a while
无言	wúyán	speechless
惶恐满面	huángkǒng mǎnmiàn	shamefacedly
捉我不得	zhuō wǒ bùdé	[古] 抓不着我
戏术	xìshù	[古] trick
喃喃	nánnán	mutter
擒	qín	catch
缩	suō	shrink
悬空	xuánkōng	hang in the air
吊	diào	hang up
两翼	liǎngyì	a pair of wings
不在话下	búzài huà xià	needless to say
日逐盘缠	rìzhuó pánchán	[古] 日常生活的花费
将出来用度	jiāng chūlái yòngdù	[古] 拿出来用
夫唱妇随	fūchàng fùsuí	[成] " husband sings and wife follows " ，比喻夫妻关系和谐
朝欢暮乐	zhāohuān mùlè	pass the days and nights in mirth
释迦佛	shìjiāfó	Buddha Shakyamuni
生辰	shēngchén	birthday
布施	bùshī	alms giving; donation
…一般	yìbān	[古] 像…一样
做佛会	zuò fóhuì	holding a Buddhists' gathering
散闷	sànmèn	[古] kill time
打扮	dǎbàn	dress up
一似像体裁的	cái	[古] 就像是专门为他做的一样; as if tailored to fit
上下齐整	shàngxià qízhěng	one's attire is complete
切勿	qièwù	千万不要
记挂	jìguà	worry about somebody
喝彩	hècǎi	marvel at; acclaim
细软物件	xìruǎn wùjiàn	[古] jewelry
好似	hǎosì	好像
一索子绑了	yìsuǒzi bǎngle	[古] tie somebody up with a rope
分解	fēnjiě	[古] explain
失去	shīqù	[古] lost
无罪	wúzuì	innocent; do nothing wrong; impeccability

们公人**作等闲看成**。见今头上、身上、脚上，都是他家物件，**公然**出外，全无**忌惮**！"许宣方才呆了，半晌不则声。许宣道："原来如此。不妨，不妨，自有人偷得。"众人道："你自去苏州府厅上分说。"次日大尹升厅，押过许宣见了。大尹**审问**："盗了周将仕库内金珠宝物在于何处？从实供来，免受**刑法拷打**！"许宣道："禀上相公做主，小人穿的衣服物件皆是妻子白娘子的，不知从何而来。望相公**明镜详辨**则个！"大尹喝道："你妻子今在何处？"许宣道："现在吉利桥下王主人楼上。"大尹即差缉捕使臣袁子明押了许宣**火速**捉来。差人袁子明来到王主人店中，主人吃了一惊，连忙问道："做甚么？"许宣道："白娘子在楼上么？"主人道："你同铁头早去承天寺里，去不多时，白娘子对我说道：'丈夫去寺中闲耍，教我同青青**照管**楼上。此时不见回来，我与青青去寺前寻他去也，望乞主人替我照管。'出门去了，到晚不见回来。我只道与你去**望亲戚**，到今日不见回来。"众公人要王主人寻白娘子，前前后后，**遍寻不见**。袁子明将主人捉了，见大尹回话。大尹道："白娘子在何处？"王主人细细禀覆了，道："白娘子是妖怪。"大尹一一问了道："且把许宣监了。"王主人使用了些钱，**保出**在外，**伺候**归结。且说周将仕正在对门**茶坊**内闲坐，只见家人报道："金珠等物都有了，在库阁头空箱子内。"周将仕听了，慌忙回家看时，果然有了。只不见了头巾绦环扇子并扇坠。周将仕道："明是**屈**了许宣，**平白**地害了一个人，不好。"**暗地里**到与该房说了，把许宣只问个小罪名。却说邵太尉使李募事到苏州干事，来王主人家歇。主人家把许宣来到这里，又吃官事，一一从头说了一遍。李募事**寻思**道："看自家面上**亲眷，如何**看做落？"只得与他**央人情**，上下使钱。一日，大尹把许宣一一供招明白，都做在白娘子身上，只做"**不合**不出首妖怪等事"，**杖**一百，**配**三百六十里，押发镇江府牢城营做工。李募事道："镇江去便不妨。我有一个**结拜**的叔叔，姓李名克用，在针子桥下开生药店。我写一封书，你可去**投托**他。"许宣只得问姐夫借了些盘缠，拜谢了王主人并姐夫，就买酒饭与两个公人吃，**收拾行李起程**。王主人并姐夫送了一程，各自回去了。

且说许宣在路，**饥餐渴饮，夜住晓行**，不则一日，来到镇江。先寻李克用家，来到针子桥生药铺内，只见主管正在门前卖生药。老将仕从里面走来。两个公人同许宣慌忙唱个喏道："小人是杭州李募事家中人，有书在此。"

<u>真脏正贼</u>，有何分说	zhēnzāng zhèngzéi	[古] Both loot and thief are here, how will you defend yourself?
把我们公人作<u>等闲</u>看成！	děngxián	[古] Take us to be good-for-nothings!
公然	gōngrán	(do something evil) in public
忌惮	jìdàn	dread; fear
审问	shěnwèn	interrogate
刑法	xíngfǎ	penal code; criminal law
拷打	kǎodǎ	torture
明镜详辨	míngjìngxiángbiàn	[古] use somebody's discreet judgement
火速	huǒsù	at top speed
照管	zhàoguǎn	in charge of; look after
望亲戚	wàng qīnqi	[古] visit relatives
遍寻不见	biànxún bújiàn	[古] 哪里都找了，就是找不到
监	jiān	[古] detain
保出	bǎochū	[古] bring somebody out on bail
伺候归结	sìhòu guījié	[古] await the final verdict
茶坊	cháfáng	teahouse
屈	qū	[古] injustice
平白	píngbái	for no reason; gratuitously
暗地里	àndìlǐ	stealthily; secretly
亲眷	qīnjuàn	[古] one of the family; relative
如何<u>看做落</u>	kànzuòluò	[古] 怎么能不帮他的忙呢？
央人情	yāng rénqíng	[古] beg for favors
不合	bùhé	[古] 不应该
杖	zhàng	[古] punish by flogging. 杖一百：flog 100 strokes
配	pèi	[古] banish 发配
结拜	jiébài	sworn; swear to be brothers, sisters, etc.
投托	tóutuō	[古] go to somebody for help
收拾行李	shōu.shi xíng.lǐ	pack one's things
起程	qǐchéng	set out; start on a journey
饥餐渴饮，夜住晓行	jīcān kěyǐn, yèzhù xiǎoxíng	[古] 渴了就喝水，饿了就吃饭；晚上睡觉，白天向前走

主管接了，递与老将仕。老将仕拆开看了道："你便是许宣？"许宣道："小人便是。"李克用教三人吃了饭。分付**当直的**，同到府中，下了公文，使用了钱，保领回家。防送人讨了回文，自归苏州去了。许宣与当直一同到家中，拜谢了克用，参见了**老安人**。克用见李募事书，说道："许宣原是生药店中主管。"因此留他在店中做买卖，夜间教他去五条巷卖豆腐的王公楼上歇。克用见许宣药店中十分**精细**，心中欢喜。原来药铺中有两个主管，一个张主管，一个赵主管。赵主管一生**老实本分**，张主管一生**克剥奸诈**。**倚着**自老了，欺侮后辈。见又添了许宣，心中**不悦**，恐怕**退**了他；反生奸计，要**嫉妒**他。忽一日，李克用来店中闲看，问："新来的做买卖如何？"张主管听了心中道："**中我机谋了！**"应道："好便好了，只有一件，……"克用道："有甚么一件？"老张道："他大主买卖肯做，小主儿**就打发**去了，因此人说他不好。我几次劝他，不肯**依**我。"老员外说："这个容易，我自分付他便了，不怕他不依。"赵主管在旁听得此言，私对张主管说道："我们都要**和气**。许宣新来，我和你照管他才是。有**不是宁可当面**讲，如何背后去说他？他得知了，只道我们嫉妒。"老张道："你们后生家，晓得甚么！"天已晚了，各回**下处**。赵主管来许宣下处道："张主管在员外面前嫉妒你，你如今要**愈加**用心。大主小主儿买卖，一般样做。"许宣道："多承**指教**！我和你去**闲酌**一杯。"二人同到店中，左右坐下。**酒保**将要饭果碟摆下，二人吃了几杯。赵主管说："老员外最**性直，受不得触**。你便依随他生性，耐心做买卖。"许宣道："**多谢老兄厚爱，谢之不尽！**"又饮了两杯，天色晚了。赵主管道："晚了路黑难行，改日再会。"许宣还了酒钱，各自散了。许宣觉道有杯酒醉了，恐怕冲撞了人，从屋檐下回去。正走之间，只见一家楼上推开窗，**将熨斗播灰**下来，都倾在许宣头上。立住脚，便骂道："谁家泼男女，不生眼睛，好没道理！"只见一个妇人，慌忙走下来道："官人休要骂，是奴家不是，一时**失误**了，休怪！"许宣半醉，抬头一看，两眼相观，正是白娘子。许宣**怒从心上起，恶向胆边生，无名火焰腾腾高起三千丈，掩纳**不住，便骂道："你这贼贱妖精，连累得我好苦！吃了两场官事！"恨小非君子，无毒不丈夫。正是：

踏破铁鞋无觅处，得来全不费工夫。

154

当直的	dāngzhíde	[古] servant
老安人	lǎo ānrén	[古] 对李克用太太的称呼
精细	jīngxì	conscientious；meticulously
老实本分	lǎo.shí běnfèn	veracity and devoir; honest
克剥奸诈	kèbō jiānzhà	greedy and cunning
倚着	yǐ.zhē	count on
不悦	búyuè	不高兴
退	tuì	fire; dismiss
嫉妒	jì.dù	envy, jealous
中机谋	zhòng jīmóu	come into one's trap
依	yī	obey
和气	héqì	gentle; polite; kind
不是	búshì	mistake; disadvantage
下处	xiàchù	[古]home; place
愈加	yùjiā	more
指教	zhǐjiào	advice; give advice
闲酌	xiánzhuó	[古] drink at leisure
酒保	jiǔbǎo	[古] waiter at a tavern
性直	xìngzhí	a blunt temper
受不得触	shòubùdéchù	[古] can't stand any contradiction
多谢厚爱	duōxiè hòuài	Thanks a lot for being good to me.
熨斗	yùndǒu	iron
播灰	bōhuī	[古] pour the ashes
倾	qīng	rain down
失误	shīwù	careless
怒从心上起，恶向胆边生	nù cóng xīnshàng qǐ, è xiàng dǎnbiān shēng	Anger and fury swelled in one's bosom.
无名火焰腾腾高起三千丈	huǒyàn	one's flames of wrath are no longer controllable.
掩纳	yǎnnà	[古] control; restrain
恨小非君子，无毒不丈夫	hènxiǎo fēi jūnzǐ, wúdú bú zhàng.fū	If one does not react according to one's natural temper, one falls short of being a real man.
踏破铁鞋无觅处，得来全不费功夫	tàpò tiěxié wú mìchù, délái quánbúfèi gōng.fū	After searching frenziedly to no avail, it did not take any effort at all when the thing was finally found.

许宣道："你如今又到这里，却不是妖怪？"赶将入去，把白娘子一把拿住道："你要**官休私休**！"白娘子陪着笑面道："丈夫，**一夜夫妻百夜恩**，和你**说来事长**。你听我说，当初这衣服，都是我先夫留下的。我与你**恩爱深重**，教你穿在身上，恩将仇报，反成吴越？"许宣道："那日我回来寻你，如何不见了？主人家说你同青青来寺前看我，因何又在**此间**？"白娘子道："我到寺前，听得说你被捉了去，教青青打听不着，只道你**脱身**走了。怕来捉我，教青青连忙讨了一只船，到建康府娘舅家去。昨日才到这里。我也道连累你两场官事，也**有何面目见你**！你怪我也无用了。**情意相投**，做了夫妻，如今**好端端**难道走开了？我与你**情似泰山**，**恩同东海**，**誓同生死**，可看日常夫妻之面，取我到下处，和你**百年偕老**，却不是好！"许宣被白娘子一骗，**回嗔作喜**，**沉吟**了半晌，被色迷了心胆，**留连**之意，不回下处，就在白娘子楼上歇了。次日，来上河五条巷王公楼家，对王公说："我的妻子同丫鬟从苏州来到这里。"一一说了，道："我如今搬回来一处**过活**。"王公道："此乃好事，如何用说。"当日把白娘子同青青搬来王公楼上。次日，点茶请邻舍。第三日，邻舍又与许宣**接风**。酒筵散了，邻舍各自回去，不在话下。第四日，许宣早起梳洗已罢，对白娘子说："我去拜谢东西邻舍，去做买卖去也。你同青青只在楼上照管，切勿出门！"分付已了，自到店中做买卖，早去晚回。不觉光阴迅速，日月如梭，又过一月。忽一日，许宣与白娘子商量，去见主人李员外妈妈**家眷**。白娘子道："你在他家做主管，去参见了他，也好日常走动。"到次日，**雇**了轿子，径进里面请白娘子上了轿。叫王公挑了盒儿，丫鬟青青跟随，一齐来到李员外家。下了轿子，进到里面，请员外出来。李克用连忙来见，白娘子深深道个万福，拜了两拜，妈妈也拜了两拜，内眷都参见了。原来李克用年纪虽然高大，却专一好色。见了白娘子有**倾国之姿**，正是：

> 三魂不附体，七魄在他身。

那员外**目不转睛**，看白娘子。当时安排酒饭管待。妈妈对员外道："好个**伶俐**的娘子！十分容貌，温柔和气，本分**老成**。"员外道："便是杭州娘子生得**俊俏**。"饮酒罢了，白娘子相谢自回。李克用心中思想："如何得这妇人共宿一宵？"**眉头一簇**，计上心来，道："六月十三是我寿诞之日。不要慌，教这妇人**着**我一个**道儿**。"不觉**乌飞兔走**，才过**端午**，又是六

官休	guānxiū	[古] solve in court
私休	sīxiū	[古] solve in private
一夜夫妻百夜恩	yíyèfūqī bǎiyè'ēn	Husband and wife for only one night, but love linger on for a hundred nights.
说来事长	shuōlái shìcháng	说来话长
恩将仇报	ēnjiāngchóubào	bite the hand that feeds one
此间	cǐjiān	[古] 这里
脱身	tuōshēn	escape
有何面目见你！	yǒu hé miànmù jiàn nǐ	[古] I felt such shame that I didn't dare to face you!
情意相投	qíngyì xiāngtóu	find so much in common with one another; see eye to eye in everything
好端端	hǎoduānduān	in perfectly good condition; when everything is all right
情似泰山，恩同东海	qíngsì Tàishān, ēntóng Dōnghǎi	Love as constant as the Tai Mountains and the Eastern Sea.
誓同生死	shì tóng shēngsǐ	swear to live and die together
百年偕老	bǎinián xiélǎo	live in conjugal bliss to a ripe old age
回嗔作喜	huíchēn zuòxǐ	[古] be instantly gladdened and stop fretting
沉吟	chényín	ponder
留连	liúlián	[古] stay
过活	guòhuó	[古] 生活
接风	jiēfēng	give a dinner for a visitor from afar
家眷	jiājuàn	[古] one's household
雇	gù	hire
专一	zhuānyī	singularly
好色	hàosè	lech; be driven by lust
倾国之姿	qīngguó zhī zī	extraordinary charm
目不转睛	mùbùzhuǎnjīng	[成] to have one's eyes fixed upon
伶俐	línglì	clever; bright; quick-witted
十分容貌	shífēn róngmào	[古] 非常好看
温柔	wēnróu	bland; gentle and soft; femininity
老成	lǎochéng	well behaved
眉头一簇（今作皱），计上心来	méitóu yícù(zhòu), jìshàngxīnlái	knit one's brows, and an idea come into one's mind
寿诞	shòudàn	birthday
着……的道儿	zháo...dàor	be taken in
乌飞兔走		time flies　乌：the sun　兔：the moon
端午	duānwǔ	Dragon Boat Festival

157

月初间。那员外道："**妈妈**，十三日是我寿诞，可做一个筵席，请亲眷朋友闲耍一日，也是 一生 的快乐。" 当日亲眷邻 友主管人等，都下了**请帖**。次日，家家户户都送烛面手帕物件来。十三日都来**赴筵**，吃了一日。次日是女眷们来**贺寿**，也有廿来个。且说白娘子也来，十分打扮，上着青织金衫儿，下穿大红纱裙，戴一头百巧珠翠金银首饰。带了青青，都到里面拜了生日，参见了老安人。东阁下排着筵席。原来李克用**吃虱子留 后 腿**的人。因见白娘子容貌，设此一计，大排筵席。各各**传杯弄盏**，酒至**半酣**，却起身脱衣**净手**。李员外原来预先分付**腹心养娘**道："若是白娘子**登东**，他要进去，你可另引他 到后面**僻静**房内去。" 李员外设计已定，先自躲在后面。正是：

　　　　　不劳钻穴逾墙事，稳做**偷香窃**玉人。

只见白娘子真个要去 净手，养娘便引他到后面一间僻静房内去。养娘自回。那员外**心中淫乱，捉身不住**，不敢便走进去，却在门缝里**张**。不张万事皆休，则一张那员外大吃一惊，回身便走，来到后边，望后倒了。

　　　　　不知一命如何，先觉四肢不举！

那员外眼中不见如花似玉体态，只见房中**蟠**着一条吊桶来粗大白蛇，两眼一似灯盏，放出金光来。惊得半死，回身便走，**一绊一跤**。众养娘扶起看时，面青口白。主管慌忙用**安魂定魄丹**服了，方才醒来。老安人与众人都来看了道："你为何大惊小怪做甚么？" 李员外不说其事，说道："我今日起得早了，连日又辛苦了些，头风病发**晕倒**了。 "扶去房里睡了。众亲眷再入席饮了几杯，酒筵散罢，众人作谢回家。白娘子回到家中思想，恐怕明日李员外在铺中对许宣说出本相来。便生一条计，一头脱衣服，一头**叹气**。许宣道："今日出去吃酒，因何回来叹气？"白娘子道："丈夫，说不得！李员外原来假做生日，其心不善。因见我起身登东，他躲在里面，欲要**奸骗**我，扯裙扯裤，来**调戏**我。欲待叫起来，众人都在那里，怕**妆幌子**。被我一推倒地。他**怕羞没意思**，假说晕倒了。**这惶恐哪里出气**！"许宣道："既不曾奸 骗 你，他是我主人家，**出于无奈**，只得忍了。这遭休去便了。"白娘子道："你不与我做主，还要做人？"许宣道："先前多承姐夫写书，教我投**奔**他家。亏他不**阻，收留**在家做主管。如今教我怎的好？"白娘子道："男子汉！我被他这般欺负，你还去他家做主管？许宣道："你叫我何处去安身？做何生理？"白娘子道："做人家主管，也是**下贱**之事。不如自开一个生药铺。"

妈妈	māma	[古] 对年老的妻子的另一种称呼
请帖	qǐngtiě	invitation card
赴筵	fùyàn	come to the feast
贺寿	hèshòu	offer birthday greetings
吃虱子留后腿	chī shī.zi liú hòutuǐ	when one is eating a flea , he will save a hind leg
传杯弄盏	chuánbēi nòngzhǎn	[古] pass around the cups
半酣	bànhān	[古] half drunk
净手	jìngshǒu	[古] go to the bathroom
腹心	fùxīn	[古] trusted
养娘	yǎngniáng	[古] waiting woman
登东	dēngdōng	[古] 上厕所
僻静	pìjìng	quiet; lonely; secluded
偷香窃玉	tōuxiāng qièyù	make a surreptitious trip to take a woman in
心中淫乱	xīnzhōng yínluàn	[古] restless with lascivious thoughts
捉身不住	zhuōshēn bùzhù	[古] unable to control oneself
张	zhāng	[古] peep
蟠	pán	coil; wind
一绊一跤	yíbàn yìjiāo	[古] slip and fall
安魂定魄丹	ānhún dìngpò dān	nerve-calming pill
晕倒	yūndǎo	faint; fall in a faint
思想	sīxiǎng	[古] think over
一头…一头…	yìtóu	一边……一边……
叹气	tànqì	sigh
奸骗	jiānpiàn	rape
调戏	tiáoxì	take liberties with (a woman)
妆幌子	zhuānghuǎngzi	[古] cause a scandal
怕羞没意思	pàxiū méiyì.sī	[古] be afraid of losing face
这惶恐哪里出气！	huángkǒng	[古] What a terrible time! If I know how to get my revenge.
出于无奈	chūyú wúnài	{古] 没有办法
投奔	tóubèn	go to somebody for help
阻	zǔ	[古] refuse; decline; turn down
收留	shōuliú	have somebody in one's care
下贱	xiàjiàn	low; degrading

许宣道："亏你说，只是哪讨**本钱**？"白娘子道："你放心。这个容易。我明日把些银子，你先去**赁**了间房子**却又说话**。"且说"**今是古，古是今**"，各处有这等**出热**的。间壁有一个人，姓蒋名和，一生出热**好事**。次日，许宣问白娘子讨了些银子，教蒋和去镇江渡口**码头**上，赁了一间房子，买下一付生药橱柜，**陆续**收买生药。十月前后，俱已完备，选日开张药店，不去做主管。那李员外也自知惶恐，不去叫他。

许宣自开店来，**不匡**买卖一日兴一日，**普得厚利**。正在门前卖生药，只见一个和尚**将**着一个**募缘簿子**道："小僧是金山寺和尚。如今七月初七日是英烈**龙王**生日，伏望官人到寺烧香，**布施**些香钱！"许宣道："不必写名，我有一块好降香，**舍**与你拿去烧罢。"即便开柜取出递与和尚。和尚接了道："**是日望官人来烧香**！"打一个问讯去了。白娘子看见道："你这杀才，把这一块好香与那**贼秃**去换酒肉吃！"许宣道："我一片**诚心**舍与他，花费了也是他的**罪过**。"不觉又是七月初七日，许宣正开得店，只见街上闹热，人来人往。**帮闲**的蒋和道："小乙官前日布施了香，今日何不去寺内闲走一遭？"许宣道："我收拾了，**略待**略待，和你同去。"蒋和道："小人当得相伴。"许宣连忙收拾了，进去对白娘子道："我去金山寺烧香，你可照管家里则个。"白娘子道："'**无事不登三宝殿**'，去做甚么？"许宣道："一者不曾认得金山寺，要去看一看；二者前日布施了，要去烧香。"白娘子道："你既要去，我也挡你不得，只要依我三件事。"许宣道："哪三件？"白娘子道："一件，不要去**方丈**内去；二件，不要与和尚说话；三件，去了就回。来得迟，我便来寻你也。"许宣道："这个**何妨**，都依得。"当时换了**新鲜**衣服鞋袜，**袖了香盒**，同蒋和径到江边，搭了船，投金山寺来。先到龙王堂烧了香，绕寺闲走了一遍，同众人**信步**来到方丈门前。许宣猛**省**道："妻子分付我休要进方丈内去。"立住了脚，不进去。蒋和道："不妨事。他自在家中，回去只说不曾去便了。"说罢，走入去，看了一回，便出来。且说方丈当中座上，坐着一个有**德行**的和尚，**眉清目秀**，圆顶方袍，看了模样，的是真僧。一见许宣走过，便叫侍者："快叫那**后生**进来！"侍者看了一回，人千人万，乱滚滚的，又不记得他，回说："不知他走哪边去了？"和尚见说，持了**禅杖**，自出方丈来，前后寻不见。复身出寺来看，只见众人都在那里等**风浪**静了**落船**。那风浪越大了，道："去不得。"

本钱	běnqián	capital
赁	lìn	rent
却又说话	quèyòu shuōhuà	[古] 然后再做别的事
出热	chūrè	[古] warm-hearted; helpful
好事	hàoshì	meddlesome
码头	mǎtóu	ferry pier
陆续	lùxù	gradually
不匡	búkuāng	[古] 没想到
买卖一日兴一日		生意一天比一天好
普得厚利	pǔdé hòulì	[古] 赚了很多钱
募缘簿子	mùyuán bùzi	donation register
龙王	lóngwáng	Dragon King
布施	bùshī	donate
舍与你	shěyǔ nǐ	[古] give (incense) to a monk as an offering
是日	shìrì	[古] that day
打一个问讯	wènxùn	[古] make a sign of greeting
杀才	shācái	[古] stupid fool
贼秃	zéitū	"the bald evil", a derogatory term for monks
诚心	chéngxīn	sincerity; good faith
罪过	zuì.guò	fault; offence; sin
帮闲	bāngxián	[古] busybody
略待	luèdài	[古] wait a minute
无事不登三宝殿	wúshì bù dēng sānbǎodiàn	No one visits the temple unless he has a purpose.
方丈	fāngzhàng	abbot's cell
这个何妨	zhège héfáng	That's easy.
新鲜	xīnxiān	clean
袖了香盒	xiùle xiānghé	[古] tuck the incense box in his sleeve
信步	xìnbù	stroll; walk aimlessly
省	xǐng	realize; remember
德行	déxíng	great spiritual accomplishment
眉清目秀	méiqīng mùxiù	[成] have delicate features; with neat, elegant brows and clear, bright eyes
后生	hòu.shēng	[古] young man
禅杖	chánzhàng	Buddhist staff
风浪	fēnglàng	storm; stormy waves
落船	luòchuán	[古] board the ferry

正看之间，只见江心里一只船飞也似来得快。许宣对蒋和道："这般大风浪**过不得渡**，那只船如何到来得快？"正说之间，船已将近。看时，一个穿白的妇人，一个穿青的女子来到岸边，仔细一认，正是白娘子和青青两个。许宣这一惊非小。白娘子来到岸边，叫道："你如何不归？快来上船！"许宣却**欲上船**，只听得有人在背后**喝道**："**业畜**在此做甚么！"许宣回头看时，人说道："**法海禅师**来了！"禅师道："业畜，敢再来无礼，**残害生灵**！老僧为你特来！"白娘子见了和尚，摇开船，和青青把船一翻，两个都翻下水底去了。许宣回身看着和尚便拜："告尊师，救弟子一条草命！"禅师道："你如何遇着这妇人？"许宣把前项事情从头说了一遍。禅师听罢，道："这妇人正是妖怪。汝可速回杭州去。如再来**缠汝**，可到**湖南**净慈寺里来寻我。"有诗四句：

> 本是妖精变妇人，西湖岸上卖娇声；
>
> 汝因不识遭他计，有难湖南见老僧。

许宣拜谢了法海禅师，同蒋和下了渡船，过了江，上岸归家。白娘子同青青都不见了，方才信是妖精。到晚来，教蒋和相伴过夜，心中**昏闷**，一夜不睡。次日早起，教蒋和看着家里，却来到针子桥李克用家，把前项事情告诉一遍。李克用道："我生日之时，他登东，我撞将去，**不期**见了这妖怪，惊得我死去。我又不敢与你说这话。既然如此，你且搬来我这里住着，**别做道理**。"许宣作谢了李员外，依旧搬到他家。不觉住过**两月有余**。

忽一日立在门前，只见**地方总甲**分付排门人等，俱要**香花灯烛**，迎接朝廷恩赦。原来是**宋高宗策立孝宗**，降赦通行天下，只除**人命大事**，其余小事，尽行赦放回家。许宣遇赦，**欢喜不胜**，吟诗一首，诗云：

> 感谢吾皇降赦文，罔开三面许更新。
>
> 死时不作他邦鬼，生日还为旧土人。
>
> 不幸逢妖愁更甚，何期遇宥罪除根。
>
> 归家满把香焚起，拜谢乾坤再造恩。

许宣吟诗已毕，央李员外**衙门上下打点**使用了钱，见了大尹，给引还**乡**。拜谢东邻西舍，李员外妈妈**合家大小**、二位主管，**俱**拜别了。央帮闲的蒋和买了些**土物**带回杭州。来到家中，见了姐夫姐姐，拜了四拜。李募事见了许宣焦躁道："你**好生**欺负人，我两遭写书教你投托人，你在李员外家婆

过不得渡	guòbudé dù	be unable to cross the river
却欲	quèyù	[古] 正要
喝	hè	shout
业畜	yèchù	evil beast
禅师	chánshī	a Chan Buddhist monk
残害生灵	cánhài shēnglíng	wreak havoc in the mortal realm
汝	rǔ	[古] 你
缠	chán	impose; entangle
湖南	húnán	the south of the lake
昏闷	hūnmèn	unhappy; upset
别做道理	biézuò dàolǐ	[古] make further plans
两月有余	liǎngyuè yǒuyú	两个多月
地方总甲	dìfāng zǒngjiǎ	[古] community headman
排门人	páiménrén	[古] the households who serve the local government office
香花灯烛	xiānghuā dēngzhú	incense, flowers, lanterns and candles
朝廷	cháotíng	emperor
恩赦	ēnshè	grand amnesty
宋高宗	Sòng Gāozōng	Emperor Kao-tsung
策立	cèlì	[古] install
孝宗	Xiàozōng	Emperor Hsiao-tsung
人命大事	rénmìng dàshì	homicides and other serious crimes
尽行	jìnxíng	全部
欢喜不胜	huānxǐ búshèng	高兴得不得了；overjoyed
衙门上下	yá.mén shàngxià	[古] high and low in the prefectural tribunal
打点	dǎdiǎn	facilitate things with money
还乡	huánxiāng	[古] go home
东邻西舍	dōnglín xīshè	neighbors
合家大小	héjiā dàxiǎo	all the family
俱	jù	[古] 都
土物	tǔwù	[古] 当地特产；indigenous products
好生	hǎoshēng	[古] certainly quite
直得	zhídé	[古] worthwhile

了老小，不**直得**寄封书来教我知道，**直恁的无仁无义！**"许宣说："我不曾娶妻小。"姐夫道："现今两日前，有一个妇人带着一个丫鬟，道是你的妻子。说你七月初七日去金山寺烧香，不见回来，**哪里不寻到**。直到如今，打听得你回杭州，同丫鬟先到这里等你两日了。" 教人叫出那妇人和丫鬟见了许宣。许宣看见，果是白娘子、青青。许宣见了，目睁口呆，吃了一惊。不在姐夫姐姐面前说这**话本**，只得任他**埋怨**了一场。李募事教许宣共白娘子去一间房内去**安身**。 许宣见晚了，怕这白娘子，心中**慌**了，不敢向前。朝着白娘子**跪**在地下道："不知你是何神何鬼？**可饶**我的性**命！**"白娘子道："小乙哥**是何道理！**我和你许多时夫妻，又不曾**亏负**你，如何说这等**没力气的话**。"许宣道："自从和你相识之后，带累我吃了两场官司。我 到镇江府，你又来寻我。前日金山寺烧香，归得迟了，你和青青又直赶来。见了禅师，便跳下江里去了。我只道 你死了，不想你又先到此，**望乞可怜见饶我则个！**"白娘子圆睁 怪眼道："小乙官我也只是为好，谁想到**成怨本！**我与你平生夫妇，**共枕同衾**，许多恩爱，如今却信别人**闲言语**，教我夫妻**不睦**。我如今实对你说，若听我言语喜喜欢欢， 万 事皆休；若生**外心**，教你 满城皆为血水 ，人人**手攀洪浪，脚踏浑波**，皆死于非命。"惊得许宣**战战兢兢**，半晌无言可答，不敢走近前去。青青劝道："官人，娘子爱你杭州人生得好，又喜你恩情深重。听我说，与娘子**和睦**了，休要疑虑。"许宣**吃两个缠不过**，叫道："**却是苦也！**"只见姐姐在天井里**乘凉**，听得叫苦，连忙来到房前，只道他两个儿**厮闹**，拖了许宣出来。白娘子关上房门自睡。许宣把前因后事，一一对姐姐告诉了一遍。**却好**姐夫乘凉归房。姐姐道：" 他两口儿厮闹了，如今不知睡了也未？你且去**张一张**了来。"李募事走到房前看时，里头黑了，半亮不亮 。 将舌头舔 破纸窗，不张万事皆休，一张时， 见一条吊桶来大的**蟒蛇**，睡在床上，伸头在天窗内乘凉，**鳞甲**内放出白光来，照得房内如同白日。吃了一惊，回身便走。来到房中，不说其事。 道："睡了，不见则声。"许宣躲在姐姐房中，不敢出头。姐夫也不问他。过了一夜， 次日，李募事叫许宣出去，到僻静处问道："你妻子从何娶来？实实的对我说，不要**瞒我**！自昨夜亲眼看见他是一条大白蛇，我怕你姐姐害怕，不说出来。"许宣把从头事，一一对姐夫说了一遍。李募事道："既是这等，白马庙前，一个呼蛇戴先生，**如法捉得蛇**。我同你去接他。"二人取路来到白马庙前，

直恁的	zhínènde	[古] 这么
无仁无义	wúrén wúyì	heartless and faithless
哪里不寻到	xún	[古] 什么地方都找过了
话本	huàběn	[古] story
埋怨	mányuàn	complain; grumble; blame
安身	ānshēn	[古] stay
慌	huāng	nervous; scared
跪	guì	kneel
饶命	ráomìng	spare somebody's life
是何道理	shì hé dàolǐ	[古] Why do you say this?
亏负	kuīfù	[古] be ungrateful
没力气	méi lìqì	[古] unpleasant
望乞可怜见饶我则个!	wàngqǐ kěliánjiàn ráowǒzégè	[古] Have some pity on me and let me go!
成怨本	chéng yuànběn	[古] make you so bitter
共枕同衾	gòngzhěn tóngqīn	share the same bed
闲言语	xián yányǔ	[古] idle words; gossip
不睦	búmù	不和睦
外心	wàixīn	other thoughts
手攀洪浪，脚踏浑波	shǒupān hónglàng jiǎotà húnbō	[古] gripping at tall waves and treading on monsterous swells - everybody will drown
死于非命	sǐ yú fēi mìng	[成] die a violent death
战战兢兢	zhànzhàn jīngjīng	[成] quivering with fear
半晌	bànshǎng	a long time
和睦	hémù	harmonious; amicable
吃两个缠不过	chán	[古] can't prevail against the two of them
却是苦也	quèshì kǔyě	[古] the misery of it
乘凉	chéngliáng	enjoy the cool
厮闹	sīnào	[古] have a lover's quarrel
却好	quèhǎo	[古] 正好
张一张	zhāngyizhāng	[古] 看一看
蟒蛇	mǎngshé	python; boa
鳞甲	línjiǎ	scale and shell
则声	zéshēng	[古] utter a word
瞒	mán	hide the truth
如法	rúfǎ	[古] 有办法

只见戴先生正立在门口。二人道："先生**拜揖**。"先生道："**有何见谕**？"许宣道："家中有一条大蟒蛇，**相烦一捉**则个！"先生道："宅上何处？"许宣道："过军桥黑珠儿巷内李募事家便是。" 取出一两银子道："先生收了银子，待捉得蛇另又**相谢**。" 先生收了道："二位先回，小子便来。"李募事与许宣自回。那先生装了一瓶**雄黄药水**，一直来到黑珠儿巷内，问李募事家。人指道："前面那楼子内便是。"先生来到门前，**揭起帘子**，咳嗽一声，并无一个人出来。敲了半晌门，只见一个小娘子出来问道："寻谁家？"先生道："此是李募事家么？"小娘子道："便是。"先生道："说宅上有一条大蛇，却才二位官人来请小子捉蛇。"小娘子道："我家哪有大蛇？你差了。"先生道："官人先与我一两银子，说捉了蛇后，有**重谢**。"白娘子道："没有，休信他们**哄**你。"先生道："如何**作耍**？"白娘子**三回五次发落不去**，焦躁起来，道："你真个会捉蛇？只怕你**捉他不得**！"戴先生道："**我祖宗七八代**呼蛇捉蛇，**量道**一条蛇有何难捉！"娘子道："你说捉得，只怕你见了要走！"先生道："不走，不走！如走，**罚一锭白银**。"娘子道："随我来。"到天井内，那娘子转个弯，走进去了。那先生手提着瓶儿，立在空地上。不多时，只见**刮起一阵冷风**，风过处，只见一条吊桶来大的蟒蛇，**速射将来**，正是：

> 人无害虎心，虎有伤人意。

且说那戴先生吃了一惊，望后便倒，雄黄罐儿也打破了。那条大蛇张开血红大口，露出雪白齿，来咬先生。先生慌忙爬起来，只恨爹娘少生两脚，一口气跑过桥来，正**撞着**李募事与许宣。 许宣道："如何？"那先生道："好教二位得知，……"把前项事，从头说 了一遍。取出那一两银子付还李募事道："若不生这双脚，连性命都没了。二位自去**照顾别人**！"急急的去了。许宣道："姐夫，如今怎么处？"李募事道："**眼见实是妖怪了**。如今赤山埠前张成家欠我一千贯钱，你去那里静处，**讨一间房儿住下**。那怪物不见了你，自然去了。"许宣**无计可奈**，只得应承。同姐夫到家时，**静悄悄的没些动静**。李募事写了书帖，和票子做一封，教许宣往赤山埠去。只见白娘子叫许宣到房中道："你好**大胆**！又叫甚么捉蛇的来！你若和我好意，**佛眼相看**，若不好时，带累一城百姓受苦，都死于非命！"许宣听得，**心寒胆战**，不敢则声。将了票子，**闷闷不已**。来到赤山埠前，寻着了张成。随即袖

拜揖	bàiyī	[古] give a deep bow
有何见喻	yǒuhé jiànyù	[古] 找我有什么事？
相烦	xiāngfán	[古] 麻烦你
相谢	xiāngxiè	[古] 谢谢你
雄黄药水	xiónghuáng yàoshuǐ	orpiment solution
揭起帘子	jiēqǐliánzǐ	lift the curtain
却才	quècái	[古] 刚才
你差了	nǐchàle	[古] 你错了
重谢	zhòngxiè	reward
哄	hǒng	跟---开玩笑
作耍	zuòshuǎ	[古] 开玩笑
三回五次	sānhuí wǔcì	again and again
发落不去	fāluò búqù	[古] couldn't send him away
捉他不得	zhuōtā bùdé	[古] 捉不到它
祖宗七八代	zǔzōng qībādài	seven or eight generations
量	liàng	[古] estimate
罚	fá	penalize
刮起一阵冷风	guā	blow
速射将来	sù shèjiānglái	[古] it shot forward toward him
血红大口	xiěhóng dàkǒu	blood –red gorged mouth
撞着	zhuàngzháo	bump into
付还	fùhuán	[古] give back
照顾	zhàogù	favor
眼见	yǎnjiàn	see by oneself
欠	qiàn	owe
讨	tǎo	[古] rent
无计可奈	wújì kě'nài	[古] 没有什么办法
应承	yìng.chéng	答应
静悄悄	jìngqiāoqiāo	soundless; very quiet
动静	dòng.jìng	sound of people speaking or moving about
大胆	dàdǎn	audacity; boldness
和我好意	héwǒhǎoyì	[古] be good to me
佛眼相看	fóyǎn xiāngkàn	[古] I will have mercy.
心寒胆战	xīnhán dǎnzhàn	[成] tremble with fear
闷闷不已	mènmèn bùyǐ	be in low spirits

中取票时，不见了，只叫得苦。慌忙转步，一路寻回来时，哪里见。正闷之间，来到净慈寺前，忽地里想起那金山寺长老法海禅师曾分付来：**"倘若那妖怪再来杭州缠你，可来净慈寺内来寻我。"如今不寻，更待何时**。急入寺中，问监寺道："动问和尚，法海禅师曾来上刹也未？"那和尚道："不曾到来。"许宣听得说不在，越闷。**折身便回来长桥塊下，自言自语**道："**时衰鬼弄人**，我要性命何用？" 看着一湖清水，却待要跳。正是：

阎王判你三更到，定不容人到四更。

许宣正欲**跳水**，只听得背后有人叫道："男子汉何故**轻生**？死了一万口，只当五千双，有事何不问我！"许宣回头看时，正是法海禅师。背驮衣钵，手提禅杖，原来真个才到。也是不该**命尽**，再迟一碗饭时，性命也休了。许宣见了禅师，纳头便拜，道："救弟子一命则个！"禅师道："这业**畜**在何处？"许宣把上项事一一诉了。道："如今又直到这里。求尊师救度一命！" 禅师于袖中取出一个**钵盂**，递与许宣道："你若到家，不可教妇人得知，悄悄的将此物**劈头一罩**，切勿手轻，紧紧的按住，不可心慌。你便回去。"且说许宣拜谢了禅师，回家。只见白娘子正坐在那里，口内喃喃的骂道："不知甚人**挑拨**我丈夫和我**做冤家**，打听出来，和他理会！"正是有心等了没心的，许宣张得他眼慢，背后悄悄的，望白娘子头上一罩，用尽平生气力纳住。不见了女子之形，随着钵盂慢慢的按下，不敢手松，紧紧的按住。只听得钵盂内道："和你**数载**夫妻，好没一些儿人情！略放一放！"许宣正没了结处，报道："有一个和尚，说道：'要收妖怪！'"许宣听得，连忙教李募事请禅师进来。来到里面，许宣道："救弟子则个！"不知禅师口里念的甚么，念毕，轻轻的揭起钵盂，只见白娘子缩做七八寸长，如**傀儡**人像，双眸紧闭，做一堆儿，伏在地下。禅师喝道："是何业畜妖怪， 怎敢缠人？可说备细！"白娘子答道："禅师，我是一条大蟒蛇。因为**风雨大作**，来到西湖上安身，同青青一处。不想遇着许宣，**春心荡漾，按纳不住**。一时**冒犯天条**，却不曾杀生害命。望禅师**慈悲**则个！"禅师又问："青青是何怪？"白娘子道："青青是西湖内第三桥下潭内千年成气的青鱼。一时遇着，拖他为伴。他不曾得一日**欢娱**，并望禅师**怜悯**！"禅师道："念你千年修炼，免你一死。可现本相！"白娘子不肯。禅师**勃然大怒**，口中念念有词，大喝道："**揭谛**何在？快与我**擒**青鱼怪来，和白蛇**现形，听吾发落**！"须

如今不寻，更待何时	rújīn bùxún, gèngdài héshí	[古] 现在不找他，要等到什么时候呢？
来上刹也未	lái shàngchà yěwèi	[古] 来你的寺庙了吗？刹：寺庙; temple
折身	zhéshēn	[古] turn around
自言自语	zìyán zìyǔ	[成] talking to oneself
时衰鬼弄人	shíshuāi guǐ nòngrén	[古] The devil is after somebody.
<u>阎王</u>判你三更到，定不容你到四更	yánwáng	If the Yama King expects you at the third watch, you cannot be late not even by an hour. the Yama King: the supreme ruler of hell
跳水	tiàoshuǐ	jump in the lake
轻生	qīngshēng	commit suicide
命尽	mìngjìn	[古] 死
钵盂	bōyú	alms bowl
劈头一罩	pītóu yízhào	throw the bowl and cover something
挑拨	tiǎobō	provoke
做冤家	zuò yuān.jiā	[古] become ememies
理会	lǐhuì	[古] settle
数载	shùzǎi	[古] 好几年
傀儡	kuǐlěi	creature; cipher in algorism
风雨大作	fēngyǔ dàzuò	刮大风，下大雨
春心荡漾	chūnxīn dàngyàng	wanting to fall in love with somebody
按捺不住	ànnà búzhù	unable to control
冒犯天条	màofàn tiāntiáo	violate the rules of Heaven
慈悲	cíbēi	mercy; have mercy on somebody
欢娱	huānyú	joy
怜悯	liánmǐn	pity; take pity on
修炼	xiūliàn	practice in spiritual devotion
勃然大怒	bórán dànù	[成] bluster oneself into anger
念念有词	niànniàn yǒucí	mumble
揭谛	jiēdì	Guardians of the Sky
擒	qín	catch
现形	xiànxíng	reveal one's true features
听吾发落	tīng wú fāluò	[古] await my verdict
须臾	xūyú	[古] a very short time; after a second

臾，庭前起一阵狂风，风过处，只闻得豁刺一声响，半空中坠下一个青鱼，有一丈多长，向地**拨剌**的连跳几跳，**缩做尺余长**一个小青鱼。看那白娘子时，也**复了原形**，变了三尺长一条白蛇，**兀自昂头**看着许宣。禅师将二物**置**于钵盂之内，**扯下褊衫一幅，封了**钵盂口，拿到雷峰寺前，将钵盂放在地下，令人搬砖运石，**砌成一塔**。后来许宣**化缘**，砌成了七层宝塔。千年万**载**，白蛇和青鱼不能出世。且说禅师**押镇**了，留**偈**四句：

"西湖水干，江潮不起，雷峰塔倒，白蛇出世。"

法海禅师**筵**言偈毕，又题诗八句以劝后人：

奉劝世人休爱色，爱色之人被色迷。

心正自然邪不扰，身端怎有恶来欺？

但看许宣因爱色，带累官司惹是非。

不是老僧来救护，白蛇吞了不留些。

法海禅师**吟罢**，各人自散。**惟有许宣情愿出家**，礼拜禅师为师，就雷峰塔**披剃为僧。修行数年**，一夕坐化去了。众僧买龛烧化，造一座骨塔，千年**不朽**。临去世时，亦有诗四句，留以**警世**，诗曰：

祖师度我出红尘，铁树开花始见春。

化化轮回重化化，生生转变再生生。

欲知有色还无色，须识无形却有形。

色即是空空即色，空空色色要分明。

拨剌	bōlā	crashing sound
缩	suō	shrink
尺余长	chǐyúcháng	[古] 一尺多长
复了原形	fùle yuánxíng	[古] change back into one's true form
兀自	wùzì	[古] still
昂头	ángtóu	raise one's head
置	zhì	[古] 放
扯	chě	tear
褊衫	biǎnshān	[古] garment
封	fēng	seal
砌	qì	build by laying bricks or stones
塔	tǎ	tower; pagoda
化缘	huàyuán	beg for alms
千年万载	qiānnián wànzǎi	thousands of years
出世	chūshì	enter the human world
押镇	yāzhèn	[古] make somebody tamed
偈	jì	the chant in sutra
吟	yín	[古] recite
惟有	wéiyǒu	只有
情愿	qíngyuàn	自愿；愿意
出家	chūjiā	become a monk or nun
披剃为僧	pītì wéisēng	[古] put on a monk's robe and be shaved and become a monk
修行	xiūxíng	cultivate oneself according to a religious doctrine
数年	shùnián	很多年
一夕	yìxī	[古] 一天晚上
坐化	zuòhuà	pass into nirvana
烧化	shāohuà	cremate
不朽	bùxiǔ	monumental, perpetuation
警世	jǐngshì	impart edification to later generations

（六）蒋兴哥重会珍珠衫

《喻世明言》第一卷

仕至千锺非贵，年过七十常稀。浮名身后有谁知？万事空花遊戏。休逞少年狂荡，莫贪花酒便宜。脱离烦恼是和非，随分安闲得意。

这首词，名为《西江月》，是劝人**安分守己**，**随缘作乐**，莫为"酒"、"色"、"财"、"气"四字，**损却**精神，亏了**行止**。求快活时非快活，**得便宜**处失便宜。说起那四字中，总到不得那"色"字利害。眼是情媒，心为欲种。起手时，**牵肠挂肚**；过后去，**丧魄销魂**。假如墙花路柳，偶然适兴，**无损于事**；若是**生心设计**，**败俗伤风**，只图自己一时欢乐，却不顾他人的**百年恩义**。假如你有**娇妻爱妾**，别人**调戏**上了，你**心下**如何？古人有四句道得好：

　　人心或可昧，天道不差移。

　　我不淫人妇，人不淫我妻。

看官，则今日听我说《珍珠衫》这套词话，可见**报应不爽**，好教少年子弟做个榜样。

话中单表一人，姓蒋名德，小字兴哥，乃湖广襄阳府枣阳县人氏。父亲叫做蒋世泽，从小走熟广东做客买卖。因为丧了妻房罗氏，只遗下这兴哥，年方九岁，别无男女。这蒋世泽**割舍**不下，又绝不得广东的**衣食道路**，**千思百计**，**无可奈何**，只得带那九岁的孩子同行作伴，就教他学些**乖巧**。这孩子虽则年小，生得：

眉清目秀，齿白唇红。行步端庄，言辞敏捷。聪明赛过读书家，伶俐不输长大汉。人人唤做粉孩儿，个个羡他无价宝。

蒋世泽怕人妒忌，一路上不说是**嫡亲**儿子，只说是**内侄**罗小官人。原来罗家也是走广东的，蒋家只走得一代，罗家倒走过三代了。那边**客店牙行**都与罗家世代相识，如自己亲眷一般。这蒋世泽**做客**，起头也还是丈人罗公领他走起的。因罗家近来屡次遭了**屈官司**，**家道消乏**，好几年不曾走动。这些

Selected by C. P. Chou
Text prepared by Joanne Chiang
Vocabulary prepared by Yan Xia

安分守己	ānfèn shǒujǐ	[成] abide by contentedly the law and do one's duty
随缘作乐	suíyuán zuòlè	find joy in what fate brings
色	sè	lust
损却	sǔnquè	sap
亏	kuī	ruin
行止	xíngzhǐ	conduct
得便宜	dé piányi	gain advantage
到不得那色字利害		nothing is so dreadful as lust
媒	méi	a go-between; matchmaking
种	zhǒng	seed
起手	qǐshǒu	[古] in the beginning
牵肠挂肚	qiāncháng guàdù	[成] be deeply concerned
丧魄销魂	sàngpò xiāohún	[成] lose one's wits; be driven to distraction
无损	wúsǔn	do no harm
生心设计	shēngxīn shèjì	set one's mind scheming
败俗伤风	bàisú shāngfēng	[成] offend public decency; harmful to society's morals
百年恩义	bǎinián' ēnyì	long-cherished love between husband and wife
娇妻爱妾	jiāoqī' àiqiè	charming wife and favorite concubine
调戏	tiáoxì	take liberties with a woman; flirt with women
心下如何	xīnxià rúhé	how would (sb.) feel?
报应	bàoyìng	[religion][of Buddhism] karma; retribution for sin; punitive justice
不爽	bù shuǎng	inevitable
割舍	gēshě	give up; part with
衣食道路	yīshí dàolù	source of livelihood
千思百计	qiānsī bǎijì	give much thought to
无可奈何	wúkě nàihé	[成] have no alternative; have to
乖巧	guāiqiǎo	tricks of the trade
嫡亲	díqīn	close paternal relations
内侄	nèizhí	nephew of one's wife
客店	kèdiàn	an inn; a tavern
牙行	yáháng	broker
做客	zuòkè	do business
屈官司	qū guānsi	unjust lawsuit
家道消乏	jiādào xiāofá	suffer decline in family fortune

173

客店牙行见了蒋世泽，哪一遍不**动**问罗家消息，**好生牵挂**。今番见蒋世泽带个孩子到来，问知是罗家小官人，且是生得十分清秀，应对聪明，想着他祖父三辈**交情**，如今又是第四辈了，哪一个不欢喜。

闲话休题。却说蒋兴哥跟随父亲做客，走了几遍，学得伶俐乖巧。生意行中，百般都会，父亲也**喜不自胜**。**何期**到一十七岁上，父亲一病身亡。**且喜**刚在家中，还不做**客途之鬼**。兴哥哭了一场，免不得揩干泪眼，整理大事。**殡殓**之外，做些**功德超度**，自不必说。七七四十九日内，内外宗亲都来**吊孝**。本县有个王公，正是兴哥的新**岳丈**，也来上门**祭奠**，少不得蒋门亲戚陪侍叙话。中间说起，兴哥**少年老成**，这般大事，亏他独力支持。因话随话间，就有人**撺掇**道："王老亲翁，如今**令爱**也长成了，何不**乘凶完配**，教他夫妇作伴，也好过日。"王公**未肯应承**，当日相别去了。众亲戚等安葬事毕，又去撺掇兴哥。兴哥初时也不肯，却被撺掇了几番，自想孤身无伴，只得应允。央原媒人往王家去说。王公只是推辞，说道："我家也要备些薄薄**妆奁**，一时如何来得？况且**孝未期年，于礼有碍**。便要成亲，且待**小祥**之后再议。"媒人回话，兴哥见他说得正理，也不相强。**光阴如箭**，不觉周年已到。兴哥祭过了父亲**灵位**，换去粗麻衣服，再央媒人王家去说，方才依允。不隔几日，**六礼完备**，娶了新妇进门。有《西江月》为证：

> 孝幕翻成红幕，色衣换去麻衣。画楼结彩烛光辉，合卺花筵齐备。哪羡妆奁富盛，难求丽色娇妻。今宵云雨足欢娱，来日人称恭喜。

说这新妇是王公最幼之女，小名唤做三大儿。因他是七月七日生的，又唤做三巧儿。王公先前嫁过的两个女儿，都是**出色标致**的。枣阳县中，人人称羡，造出四句口号，道是：

> 天下妇人多，王家美色寡。
>
> 有人娶着他，胜似为驸马。

常言道："做买卖不着，只一时；讨老婆不着，是一世。"若干官宦**大户人家**，单拣门户相当，或是贪他嫁资丰厚，**不分皂白**，定了亲事。后来娶下一房奇丑的媳妇。十亲九眷面前，出来相见，做公婆的好没意思。又且丈夫心下不喜，未免私房走野。偏是丑妇极会管老公，若是一般见识的，便要反目。若使**顾惜体面**，让他一两遍，他就**做大**起来。有此数般不妙，所以蒋

动问	dòngwèn	[古] ask for (news)
好生	hǎoshēng	[古] very
牵挂	qiānguà	be concerned about; to think fondly about
交情	jiāo.qíng	friendship
闲话休题	xiánhuà xiū tí	enough of this idle chatter
喜不自胜	xǐ bú zìshèng	[成] be delighted beyond measure
何期	hé qī	not anticipate
且喜	qiěxǐ	fortunately
客途	kètú	non-native place
殡殓	bìnliàn	put a corpse in the coffin and carry it to the grave
功德	gōngdé	[religion] charitable and pious deeds
超度	chāodù	[religion] release souls from purgatory
吊孝	diàoxiào	make a condolence visit
岳丈	yuèzhàng	father-in-law
祭奠	jìdiàn	hold a memorial ceremony for
少年老成	shàoniánlǎochéng	[成] young but competent
撺掇	cuān.duò	suggest; urge
令爱	lìng'ài	your daughter
乘凶完配	chéngxiōng wánpèi	take this sad occasion to complete the match
未肯应承	wèikěn yìngchéng	not willing to agree
妆奁	zhuānglián	dowry
孝未期年	xiào wèi jīnián	the mourning has not reached a year
于礼有碍	yú lǐ yǒu'ài	violate the rites
小祥	xiǎoxiáng	a year of mourning
光阴如箭	guāngyīn rújiàn	time flies like an arrow
灵位	língwèi	memorial tablet
六礼	liùlǐ	six rites（纳彩，问名，纳吉，纳征，请期，亲迎）
出色标致	chūsè biāozhì	good-looking (of female)
官宦大户人家	guānhuàn dàhù rénjiā	family of wealth and influence
门户相当	ménhù xiāngdāng	families of equal standing; well matched
不分皂白	bù fēn zàobái	with no regard for right or wrong
走野	zǒuyě	[古] have extramarital relations
反目	fǎnmù	a fall out (especially between spouses)
顾惜体面	gùxī tǐmiàn	for the sake of appearance and reputation
做大	zuòdà	[古] put on airs

世泽闻知王公惯生得好女儿，从小便送过**财礼**，定下他幼女与儿子为婚。今日娶过门来，果然**娇姿艳质**。说起来，比他两个姐儿加倍标致。正是：

> 吴宫西子不如，楚国南威难赛。

> 若比水月观音，一样烧香礼拜。

蒋兴哥**人才本自齐整**，又娶得这房美色的**浑家**，分明是一对玉人，**良工琢就**。男欢女爱，比别个夫妻更胜十分。三朝之后，**依先**换了些浅色衣服，只**推制中**，**不与外事**，专在楼上与浑家成双捉对，朝暮取乐。真个行坐不离，梦魂作伴。自古苦日**难熬**，欢时易过。暑往寒来，早已**孝服**完满，**起灵**除孝，不在话下。

兴哥一日间想起父亲存日广东**生理**，如今**担阁**三年有余了。那边还放下许多**客帐**，不曾取得。夜间与浑家商议，欲要去走一遭。浑家初时也答应道该去。后来说到许多路程，恩爱夫妻，何忍分离？不觉两泪交流。兴哥也自割舍不得，两下凄惨一场，又丢开了。如此已非一次。

光阴荏苒，不觉又捱过了二年。那时兴哥**决意**要行，瞒过了浑家，在外暗暗收拾行李。拣了个**上吉**的日期，五日前方对浑家说知，道："常言：**坐吃山空**，我夫妻两口，也要**成家立业**，终不然抛了这衣食道路？如今这二月天气，不寒不暖，不上路**更待何时**？"浑家料是留他不住了，只得问道："丈夫此去，几时可回？"兴哥道："我这番出外，**甚不得已**，**好歹**一年便回。宁可第二遍多去几时罢了。"浑家指着楼前一棵椿树道："明年此树发芽，便盼着官人回也。"说罢，泪下如雨。兴哥把衣袖替他揩拭，**不觉自己**眼泪也挂下来。两下里怨离惜别，分外恩情，**一言难尽**。

到第五日，夫妇两个啼啼哭哭，说了一夜的说话，索性不睡了。五更时分，兴哥便起身收拾。将祖遗下的珍珠**细软**，都交付与浑家收管，自己只带得本钱银两、账目底本及随身衣服、**铺陈**之类。又有预备下送礼的**人事**，都**装叠**得停当。原有两房家人，只带一个后生些的去，留一个老成的在家，听浑家使唤，买办日用。两个婆娘，专管厨下。又有两个丫头，一个叫晴云，一个叫暖雪，专在楼中服侍，不许远离。分付停当了，对浑家说道："娘子耐心度日。地方**轻薄子弟**不少，你又生得美貌，莫在门前**窥瞰**，**招风揽火**。"浑家道："官人放心，早去早回。"两下掩泪而别。正是：

> 世上万般哀苦事，无非死别与生离。

财礼	cáilǐ	betrothal gifts
娇姿艳质	jiāozī yànzhì	of great charm and beauty
人才齐整	réncái qízhěng	a man of striking appearance and exceptional ability
浑家	húnjiā	[古] wife
良工	liánggōng	master craftsman
三朝	sānzhāo	[古] three days
依先	yī xiān	as of old
推	tuī	make excuses
制中	zhìzhōng	[古] in mourning
不与外事	bù yǔ wàishì	[古] unconcerned about outside affairs
难熬	nán'áo	hard to endure
孝服	xiàofú	mourning gown
起灵	qǐlíng	remove memorial tablet
生理	shēnglǐ	business
担阁	dānge	neglect
客帐	kèzhàng	credit slips
光阴荏苒	guāngyīn rěnrǎn	[成] the swift passage of time
决意	juéyì	make one's mind
上吉	shàngjí	most propitious day
坐吃山空	zuòchī shānkōng	[成] if left to sit idle, one can even consume a mountain; in idleness, one's entire fortune will be used up
成家立业	chéngjiā lìyè	[成] get married and establish a career
更待何时	gèng dài héshí	what better time to expect
甚不得已	shèn bùdéyǐ	no alternative but…
好歹	hǎodǎi	no matter what happens
不觉	bùjué	before one knows; unknowingly
一言难尽	yì yán nán jìn	[成] difficult to explain in a few words
五更时分	wǔgēng shífēn	the fifth and last watch (just before dawn)
细软	xìruǎn	jewels and valuables
铺陈	pūchén	[成] bedding
人事	rénshì	[古] present
装叠	zhuāngdié	pack
轻薄子弟	qīngbó zǐdì	philanderer
窥瞰	kuīkàn	gaze about
招风揽火	zhāofēng lǎnhuǒ	invite trouble

兴哥上路，心中只想着浑家，整日的**不瞅不睬**。不一日，到了广东地方，下了客店。这伙旧时相识都来会面，兴哥送了些人事，**排家**的治酒**接风**，一连半月二十日，不得空闲。兴哥在家时，原是**淘虚了的身子**，一路受些劳碌，到此未免**饮食不节**，得了个疟疾。一夏不好，秋间转成水痢。每日请医**切脉**，服药调治。直**延到秋尽，方得安痊**。把买卖都耽搁了，**眼见得**一年回去不成。正是：

> 只为蝇头微利，抛却鸳被良缘。

兴哥虽然想家，到得日久，**索性把念头放慢了**。不题兴哥做客之事，且说这里浑家王三巧儿，自从那日丈夫分付了，果然数月之内，**目不窥户，足不下楼**。光阴似箭，不觉残年将尽，家家户户闹轰轰的**暖火盆**，放爆竹，**吃合家欢耍子**。三巧儿**触景生情**，思想丈夫，这一夜好生凄楚！正合古人的四句诗，道是：

> 腊尽愁难尽，春归人未归。
>
> 朝来嗔寂寞，不肯试新衣。

明日正月初一日，是个**岁朝**。晴云、暖雪两个丫头，**一力劝主母**在前楼去看看街坊景象。原来蒋家住宅前后通连的两带楼房，第一带临着大街，第二带方做卧室。三巧儿闲常只在第二带中坐卧。这一日被丫头们撺掇不过，只得从边厢里走过前楼，分付推开窗子，把帘儿放下，三口儿在帘内观看。这日街坊上**好不闹杂**！三巧儿道："多少东行西走的人，偏没个**卖卦先生**在内。若有时，唤他来卜问官人消息也好。"晴云道："今日是岁朝，人人要闲耍的，哪个出来卖卦？"暖雪叫道："娘**限**在我两个身上，五日内包唤一个来占卦便了。"

到初四日早饭过后，暖雪下楼**小解**，忽听得街上当当的敲响。响的这件东西，唤做"报君知"，是瞎子卖卦的**行头**。暖雪等不及解完，慌忙**检了裤腰**，跑出门外，叫住了瞎先生，拨转脚头，一口气跑上楼来，报知主母。三巧儿分付唤在楼下**坐启**内坐着，**讨他课钱**。通陈过了，走下楼梯，听他剖断。那瞎先生占成一卦，问是何用。那时厨下两个婆娘，听得热闹，也都跑将来了，替主母传语道："这卦是问**行人的**。"瞎先生道："可是妻问夫么？"婆娘道："正是。"先生道："**青龙治世，财爻发动**。若是妻问夫，行人在半途，**金帛**千箱有，风波一点无。青龙属木，木旺于春。立春前后，已动身了。月尽月初，必然回家，更兼十分财采。"三巧儿

不瞅不睬	bù chǒu bù cǎi	be oblivious to
排家	páijiā	[古] one after another
接风	jiēfēng	give a welcome dinner
<u>淘虚</u>了的身子	táoxū	deplete one's health
饮食不节	yǐnshí bù jié	irregular eating and drinking
切脉	qièmài	feel a patient's pulse
延到秋尽	yán dào qiūjìn	linger on to the end of fall
方得	fāngdé	[古] only then
安痊	ānquán	[古] fully recover from an illness
眼见得	yǎnjiàn.de	(of something unpleasant) be evident
索性	suǒxìng	simply; just
把<u>念头</u>放慢了	niàntou	give up the idea of
目不窥户	mù bù kuīhù	never casting a glance out the window
足不下楼	zú bú xiàlóu	never moving a step from the upper chamber
暖火盆	nuǎn huǒpén	burning pine wood in braziers
吃合家欢	chī héjiāhuān	hold a feast
耍子	shuǎ.zi	[古] play a game
触景生情	chùjǐng shēngqíng	[成] a sight that strikes a plaintive chord in one's heart
岁朝	suìzhāo	the first day of the first month of the lunar year
一力	yílì	[古] do one's utmost; do one's best
主母	zhǔmǔ	master's wife
好不闹杂	hǎobú nàozá	very crowded and noisy
卖卦先生	màiguà xiān.shēng	fortune-teller
闲耍	xiánshuǎ	relax and have fun
限	xiàn	depend on
小解	xiǎojiě	urinate
行头	xíng.tou	(originally) actor's costumes and paraphernalia for the stage; (here) trade-marker
捡了裤腰	jiǎn.le kùyāo	pull up (one's) pants
一口气	yì kǒuqì	in one breath; at one blast
坐启	zuòqǐ	parlor
讨(他)课钱	tǎo (tā)kèqián	ask for a price
行人	xíngrén	traveler
青龙治世，财爻发动	qīnglóng zhìshì, cáiyáo fādòng	when the green dragon rules the world, the auguty of wealth appears
金帛	jīnbó	gold and silk

叫买办的，把 三分银子打发他去。**欢天喜地**，上楼去了。真所谓"**望梅止渴，画饼充饥**"。

大凡人不做指望，倒也不放在心上；一做指望，便**痴心妄想**，时刻难过。三巧儿只为信了卖卦先生之语，一心只想丈夫回来，从此时常走向前楼，在帘内**东张西望**。直到二月初旬，椿树抽芽，不见些动静。三巧儿思想丈夫**临行之约**，愈加心慌 。一日几遍，向外探望。也是合当有事，遇着这个俊俏后生。正是：

有缘千里能相会，无缘对面不相逢。

这个俊俏后生是谁？原来不是本地，是徽州新安县人氏 ， 姓陈名商，小名叫做大喜哥，后来改口呼为大郎。年方二十四岁 ， 且是生得**一表人物**。 虽胜不得**宋玉**、**潘安**，也不在两人之下。 这大郎也是父母双亡， 凑了二三千金本钱，来走襄阳**贩籴**些米豆之类，每年常走一遍。他**下处**自在 城 外，偶然这日进城 来 ，要到大市街汪朝奉**典铺**中问个家信。那典铺正在 蒋家对门，因此经过。你道**怎生**打扮？头上戴一顶苏样的百柱棕帽，身上穿一件鱼肚白的湖纱道袍，又恰好与蒋兴哥平昔穿着相像。三巧儿远远瞧见，只道是他丈夫回 了，揭开帘子，定睛而看。陈大郎抬头，望见楼上一个年少的美妇人，**目不转睛**的，只道心上欢喜了他，也对着楼上**丢个眼色**。 谁知两个都**错认**了。 三巧儿见不是 丈 夫，羞得两颊 通 红，忙忙把窗儿拽转，跑在后楼，靠着床沿上坐地， 兀自心头突突的跳一 个不住。谁知陈大郎的一 片**精魂**，早被妇人眼光儿**摄**上去了。回到下处，**心心念念**的放他不下。肚里想道："家中妻子 ，虽是有些**颜色**，怎比得妇人一半！欲待**通个情款**，**争奈无门可入** 。 若得**谋他一宿**，就消花这些 本 钱，也**不枉为人在世**。"叹了几口气，忽然想起大市街东巷，有个卖珠子的薛婆，曾与他做过交易。这婆子**能言快语**，况且日逐**串街走巷**，哪一家不认得？须是与他商议，定有道理。

这一夜**翻来覆去**，勉强过了。次日起个清早，只推有事，讨些凉水梳洗。取了一百两银子、两大锭金子，急急的跑进城来。这叫做：

欲求生受用，须下死工夫。

陈大郎进 城，**一 径** 来到 大市街东巷，去敲那薛婆的门。薛婆**蓬着头**，正 在天 井里拣珠子。听得敲门，一头收过珠包，一头问道："是谁？"才听说出"徽州陈"三字，慌忙开门请进，道："老身未曾梳洗，不敢为礼了。大官人起得好早！有何贵干？"陈大郎道："**特特而来**，若迟时，怕不相遇 。 "薛婆

打发	dǎ.fa	send away; dismiss
欢天喜地	huāntiān xǐdì	[成] with boundless joy; overjoyed
望梅止渴	wàngméi zhǐkě	[成] quench one's thirst by watching plums; take imaginary satisfaction in
画饼充饥	huàbǐng chōngjī	[成] draw cakes to stave off hunger; feed on illusions
大凡	dàfán	mostly; generally speaking
痴心妄想	chīxīn wàngxiǎng	[成] silly and fantastic notions
东张西望	dōngzhāng xīwàng	[成] look around
临行之约	línxíng zhīyuē	promise made at the eve of departure
一表人物	yìbiǎo rénwù	a man of striking appearance
宋玉、潘安	Sòng Yù, Pān An	names of two fine-looking men
贩籴	fàndí	sell and buy
下处	xiàchù	[古] quarters
典铺	diǎnpù	a pawnshop; a loan office
怎生	zěnshēng	[古] how
目不转睛	mù bù zhuǎnjīng	[成] gaze steadily; look attentively
丢眼色	diū yǎnsè	cast a glance
错认	cuòrèn	mistake for
兀自	wùzì	[古] still
精魂	jīnghún	soul
摄	shè	captivate (one's soul)
心心念念放他不下		bear sb. in mind constantly
颜色	yánsè	good look
通个情款	tōng ge qíngkuǎn	get a message to somebody
争奈	zhēngnài	[古] but; however
谋他一宿	móu tā yī sù	seek the chance to spend a night with her
不枉	bù wǎng	not … in vain
为人在世	wéirén zàishì	live in this world; being in the world
能言快语	néngyán kuàiyǔ	have the gift of the gab; eloquent
串街走巷	chuàn jiē zǒu xiàng	travel through streets and alleys
翻来覆去	fānlái fùqù	[成] turn over and over
一径	yíjìng	[古] directly
蓬着头	péng.zhe tóu	with disheveled hair
一头	yìtóu	[古] while; at the same time
特特而来	tètè'ér ái	make a special effort of coming

道："可是作成老身出脱些珍珠首饰么？"陈大郎道："珠子也要买，还有大买卖作成你。"薛婆道："老身除了这一行货，其余都不熟惯。"陈大郎道："这里可说得话么？"薛婆便把大门关上，请他到小阁儿坐着，问道："大官人有何分付？"大郎见四下无人，便向衣袖里摸出银子，解开布包，摊在桌上，道："这一百两白银，干娘收过了，方才敢说。"婆子不知高低，那里肯受。大郎道："莫非嫌少？"慌忙又取出黄灿灿的两锭金子，也放在桌上，道："这十两金子，一并奉纳。若干娘再不收时，便是故意推调了。今日是我来寻你，非是你来求我。只为这桩大买卖，不是老娘成不得，所以特来相求。便说做不成时，这金银你只管受用。终不然我又来取讨，日后再没相会的时节了。我陈商不是恁般小样的人！"看官，你说从来做牙婆的哪个不贪钱钞？见了这般黄白之物，如何不动火？薛婆当时满脸堆下笑来，便道："大官人休得错怪。老身一生不曾要别人一厘一毫不明不白的钱财。今日既承大官人分付，老身权且留下。若是不能效劳，依旧奉纳。"说罢，将金锭放银包内，一齐包起，叫声："老身大胆了。"拿向卧房中藏过，忙趋出来，道："大官人，老身且不敢称谢。你且说甚么买卖，用着老身之处？"大郎道："急切要寻一件救命之宝，是处都无，只大市街上一家人家方有，特央干娘去借借。"婆子笑将起来，道："又是作怪！老身在这条巷内住了二十多年，不曾闻大市街有甚救命之宝。大官人你说，有宝的还是谁家？"大郎道："敝乡里汪三朝奉典铺对门高楼子内是何人之宅？"婆子想了一回，道："这是本地蒋兴哥家里。他男子出外做客，一年多了，只有女眷在家。"大郎道："我这救命之宝，正要问他女眷借借。"便把椅儿掇近婆子身边，向他诉出心腹，如此如此。婆子听罢，连忙摇首道："此事大难！蒋兴哥新娶这房娘子，不上四年，夫妻两个如鱼似水，寸步不离。如今没奈何出去了，这小娘子足不下楼，甚是贞节。因兴哥做人有些古怪，容易嗔嫌，老身辈从不曾上他的阶头。连这小娘子面长面短，老身还不认得，如何应承得此事？方才所赐，是老身薄福，受用不成了。"陈大郎听说，慌忙双膝跪下。婆子去扯他时，被他两手拿住了衣袖，紧紧按定在椅上，动弹不得。口里说："我陈商这条性命，都在干娘身上。你是必思量个妙计，作成我入马，救我残生。事成之日，再有白金百两相酬。若是推阻，即今便是个死。"

出脱	chūtuō	[古] sell or dispose of (goods, etc.)
行货	hánghuò	stuff
熟惯	shúguàn	[古] be familiar
四下无人	sìxià wú rén	no one is around
不知高低	bù zhī gāodī	have no idea what is going on
莫非	mòfēi	can it be that; is it possible that
一并	yībìng	along with all the other
奉纳	fèngnà	[古] accept; take
推调	tuīdiào	[古] turn down
成不得	chéng bù.de	[古] cannot succeed
便说	biànshuō	[古] even if; granted that
只管	zhǐguǎn	just; by all means
终不然	zhōngbùrán	[古] 难道
恁般	nènbān	[古] such; so
小样	xiǎoyàng	[古] stingy; penny-pinching
牙婆	yápó	[古] person who buys and sells things for others; broker; here: procuress
动火	dònghuǒ	[古] show interest
满脸堆笑	mǎnliǎn duīxiào	beaming
休得	xiūdé	[古] must not
错怪	cuòguài	to wrong sb.
一厘一毫	yìlí yìháo	the least bit
权且	quánqiě	for the time being
急切	jíqiè	desperately
救命之宝	jiùmìng zhī bǎo	life-saving jewel
敝	bì	[古] (polite) my
做客	zuòkè	[古] be away traveling
女眷	nǔjuàn	the womenfolk of a family
心腹	xīnfù	something on one's mind
寸步不离	cùnbù bù lí	[成] never so much as one inch apart
嗔嫌	chēnxián	anger over trifles
阶头	jiētóu	stairs
方才	fāngcái	[方] just now
所赐	suǒcì	what you grant
动弹不得	dòng.tán bùdé	cannot move; bog down
入马	rùmǎ	[古] collude with (woman)

慌得婆子没理会处，连声应道："是，是！莫要折杀老身！大官人请起，老身有话讲。"陈大郎方才起身，拱手道："有何妙策，作速见教。"薛婆道："此事须从容图之。只要成就，莫论岁月。若是限时限日，老身决难奉命。"陈大郎道："若果然成就，便迟几日何妨？只是计将安出？"薛婆道："明日不可太早，不可太迟，早饭后，相约在汪三朝奉典铺中相会。大官人可多带银两，只说与老身做买卖，其间自有道理。若是老身这两只脚跨进得蒋家门时，便是大官人的造化。大官人便可急回下处，莫在他门首盘桓，被人识破，误了大事。讨得三分机会，老身自来回复。"陈大郎道："谨依尊命。"唱了个肥喏，欣然开门而去。正是：

  未曾灭项兴刘，先见筑坛拜将。

  当日无话。到次日，陈大郎穿了一身齐整衣服，取上三四百两银子，放在个大皮匣内，唤小郎背着，跟随到大市街汪家典铺来。瞧见对门楼窗紧闭，料是妇人不在，便与管典的拱了手，讨个木凳儿坐在门前，向东而望。不多时，只见薛婆抱着一个篾思箱儿来了。陈大郎唤住，问道："箱内何物？"薛婆道："珠宝首饰。大官人可用么？"大郎道："我正要买。"薛婆进了典铺，与管典的相见了，叫声聒噪，便把箱儿打开。内中有十来包珠子，又有几个小匣儿，都盛着新样簇花点翠的首饰，奇巧动人，光灿夺目。陈大郎拣几吊极粗极白的珠子，和那些簪珥之类，做一堆儿放着，道："这些我都要了。"婆子便把眼儿瞅着，说道："大官人要用时尽用，只怕不肯出这样大价钱。"陈大郎已自会意，开了皮匣，把这些银两白华华的，摊做一台，高声的叫道："有这些银子，难道买你的货不起！"此时邻舍闲汉已自走过七八个人，在铺前站着看了。婆子道："老身取笑，岂敢小觑大官人。这银两须要仔细，请收过了，只要还得价钱公道便好。"两下一边的讨钱多，一边的还钱少，差得天高地远。那讨价的一口不移，这里陈大郎拿着东西，又不放手，又不增添，故意走出屋檐，件件的翻覆认看，言真道假，弹觔估两的，在日光中烜耀。惹得一市人都来观看，不住声的有人喝采。婆子乱嚷道："买便买，不买便罢！只管耽搁人则甚！"陈大郎道："怎么不买？"两个又论了一番价。正是：

  只因酬价争钱口。惊动如花似玉人。

慌得没理会处	huāngde méi lǐhuì chù	[古] too startled to know what to do
折杀	zhéshā	[古] you lavish me with more than what I deserve
老身	lǎoshēn	[古] (of old woman) I; me
拱手	gǒngshǒu	hold one's hands in a respectful salute
妙策	miàocè	clever plan
作速见教	zuòsù jiànjiào	[古] tell me at once
从容	cóngróng	slowly
图	tú	plan
成就	chéngjiù	succeed; work out
莫论岁月	mò lùn suìyuè	it doesn't matter how long it takes
奉命	fèng mìng	accept assignment
何妨	héfáng	[古] what difference does it make?
计将安出	jì jiāng' ān chū	how do you plan to go about it?
自有道理	zì yǒu dàolǐ	there is a reason for this
造化	zàohuà	[古] luck; lot
门首	ménshǒu	[古] threshold
盘桓	pánhuán	loiter
识破	shípò	see through
谨依尊命	jǐn yī zūnmìng	I will do everything you say
肥喏	féirě	[古] a deep bow
皮匣	píxiá	leather box
聒噪	guōzào	[古] (used in polite speech) to trouble; to disturb
簇花点翠	cùhuā diǎncuì	flower cluster speckled with blue
会意	huìyì	get the message
闲汉	xiánhàn	loafer
小觑	xiǎoqù	take sb. lightly
讨钱	tǎo qián	[古] demand price
还钱	huán qián	(in bargaining) make a counter-offer buying price
一口不移	yì kǒu bù yí	(the one setting the price) would not waver from original price
弹觔估两	tánjīn gūliǎng	appraise the values
烜耀	xuānyào	shine; glitter; radiate
喝彩	hècǎi	shout of appreciation
便罢	biànbà	[古] never mind; drop it; forget about it
则甚	zéshèn	[古] what is the point

王三巧儿听得对门**喧嚷**，不觉移步前楼，推窗偷看。只见**珠光闪烁**，宝色辉煌，甚是可爱。又见婆子与客人**争价不定**，便分付丫鬟去唤那婆子，借他东西看看。晴云**领命**，走过街去，把薛婆**衣袂**一扯，道："我家娘子请你。"婆子故意问道："是谁家？"晴云道："对门蒋家。"婆子把珍珠之类，**劈手夺将**过来，忙忙的包了，道："老身没有许多空闲**与你歪缠**！"陈大郎道："再添些卖了罢！"婆子道："不卖不卖！像你这样价钱，老身卖去多时了。"一头说，一头放入箱儿里，依先锁了，抱着便走。晴云道："我替你老人家拿罢！"婆子道："**不消**。"头也不回，**径**到对门去了。陈大郎心中**暗喜**，也收拾银两，别了管典的，自回下处。正是：

眼 望 捷 旌 旗，耳 听 好 消 息。

晴云引婆子上楼，与三巧儿相见了。婆子看那妇人，心下想道："真**天人**也！怪不得陈大郎心迷。若我做男子，也要**浑**了。"当下说道："老身久闻大娘**贤慧**，但恨无缘拜识。"三巧儿问道："你老人家尊姓？"婆子道："老身姓薛，只在这里东巷住，与大娘也是个邻里。"三巧儿道："你方才这些东西，如何不卖？"婆子笑道："若不卖时，老身又拿出来怎的？只笑那**下路**客人，**空自一表人才**，不识货物。"说罢便去开了箱儿，取出几件簪珥，**递与那妇人**看，叫道："大娘，你道这样首饰，便工钱也费多少！他们还得**忒不象样**，教老身在主人家面前，如何告得许多消乏？"又把几串珠子**提将**起来，道："这般头号的货，他们还做梦哩！"三巧儿问了他讨价还价，便道："真个亏你些儿。"婆子道："还是**大家宝眷**，见多识广，比男子眼力，倒胜十倍。"三巧儿**唤丫鬟看茶**。婆子道："不扰茶了。老身有件要紧的事，欲往西街走走，遇着这个客人，缠了多时，正是：买卖不成，耽误工程。这箱儿连锁放在这里，**权烦**大娘收拾。老身暂去，**少停就来**。"说罢，便走。三巧儿叫晴云送他下楼，出门向西去了。

三巧儿心上爱了这几件东西，专等婆子到来**酬价**，一连五日不至。到第六日午后，忽然下一场大雨。雨声未绝，砰砰的敲门声响。三巧儿唤丫鬟开看，只见薛婆衣衫半湿，提个破伞进来，口儿道："晴干不肯走，直待雨淋头。"把伞儿放在楼梯边，走上楼来万福道："大娘，前晚**失信**了。"三巧儿慌忙答礼道："这几日在哪里去了？"婆子道："小女**托赖**新添了外孙，老身去看看，留住了几日，今早方回。半路上下起雨来，在一个相识人家借得把伞，又是破

186

喧嚷	xuānrǎng	commotion
珠光闪烁	zhūguāng shǎnshuò	sparkling of pearls
争价不定	zhēngjià búdìng	haggle over the price
吩咐	fēn.fù	instruct
领命	lǐngmìng	accept assignment; as instructed
衣袂	yīmèi	sleeve
劈手	pīshǒu	in one deft motion
(与你) 歪缠	wāichán	[古] carry on such nonsense with (you)
不消	bù xiāo	[古] no need
径	jìng	[古] straight
暗喜	ànxǐ	feel pleased but not show it
天人	tiānrén	a woman of matchless beauty
浑	hún	in a tizzy
大娘	dà'niáng	[古] madam
贤慧	xiánhuì	virtue and intelligence
但恨	dàn hèn	[古] only regret
无缘	wúyuán	have no chance
拜识	bàishí	[古] make acquaintance with
下路	xiàlù	[古] some other place
空自	kōngzì	[古] despite
递与	dìyǔ	[古] hand to
忒不像样	tuī bú xiàngyàng	ridiculous
消乏	xiāofá	[古] loss
提将	tíjiāng	[古] hold up
头号	tóuhào	top-notch
大家宝眷	dàjiā bǎojuàn	people from a good family
见多识广	jiànduō shíguǎng	[成] experienced and knowledgeable
丫鬟	yā.huán	maid
看茶	kànchá	serve tea
权烦	quán fán	[古] would you mind
少停	shǎotíng	[古] shortly
酬价	chóujià	bargain price
万福	wànfú	[古] offer one's blessings
失信	shīxìn	break one's promise
托赖	tuōlài	[古] be blessed

的，却不是**晦气！**"三巧儿道："你老人家几个儿女？"婆子道："只一个儿子，**完婚**过了。女儿倒有四个，这是我第四个了，嫁与徽州朱八朝奉做偏房，就在这北门外开盐店的。"三巧儿道："你老人家女儿多，**不把来当事**了。本乡本土少甚么一夫一妇的，怎舍得与**异乡人**做**小**？"婆子道："大娘不知，倒是异乡人有情怀。虽则偏房，他**大娘子**只在家里，小女自在店中，**呼奴使婢，一般**受用。老身每遍去时，他当个**尊长**看待，更不**怠慢**。如今养了个儿子，愈加好了。"三巧儿道："也是你老人家造化，嫁得着。"说罢，恰好晴云讨茶上来，两个吃了。婆子道："今日雨天没事，老身**大胆**，敢求大娘的首饰一看，看些**巧样**儿在肚里也好。"三巧儿道："也只是平常生活，你老人家莫笑话。"就取了一把钥匙，开了箱笼，陆续搬出许多**钗、钿、缨络**之类。薛婆看了，夸美不尽，道："大娘有恁般**珍异**，把老身这几件东西，**看不在眼**了。"三巧儿道："好说。我正要与你老人家请个实价。"婆子道："娘子是**识货**的，何消老身费嘴？"三巧儿把东西检过，取出薛婆的篾丝箱儿来，放在桌上，将钥匙递与薛婆道："你老人家开了，检看个明白。"薛婆道："大娘**忒精细**了。"当下开了箱儿，把东西逐件搬出。三巧儿**品评**价钱，都不甚远。婆子并不争论，欢欢喜喜的道："恁地，便不枉了人。老身就少赚几贯钱，也是快活的。"三巧儿道："只是一件，目下**凑**不起价钱，只好现奉一半，等待我家官人回来，一并清楚。他也只在这几日回了。"婆子道："便迟几日，也**不妨事**。只是价钱上相让多了，银水要足纹的。"三巧儿道："这也小事。"便把心爱的几件首饰及珠子收起。唤晴云取杯现成酒来，与老人家坐坐。婆子道："**造次如何好搅扰？**"三巧儿道："时常清闲，难得你老人家到此，作伴**扳话**。你老人家若**不嫌怠慢**，时常过来走走。"婆子道："**多谢**大娘**错爱**。老身家里当不过嘈杂，像宅上又忒清闲了。"三巧儿道："你家儿子做甚生意？"婆子道："也只是接些珠宝客人。每日**讨酒讨浆，刮**的人不耐烦。老身亏杀各宅门走动，在家时少还好。若只在六尺地上转，怕不燥死了人。"三巧儿道："我家与你相近，不耐烦时，就过来闲话。"婆子道："只不敢频频打搅。"三巧儿道："老人家说哪里话。"

只见两个丫鬟轮番的走动，摆了两副杯箸，两碗腊鸡，两碗腊肉，两碗鲜鱼。连果碟素菜，共一十六个碗。婆子道："**如何盛设！**"三巧儿道："现成的，休怪怠慢。"说罢，斟酒递与婆子，婆子将杯回敬，两下对坐而饮。原来三巧

晦气	huìqì	bad luck
完婚	wánhūn	get married
偏房	piānfáng	concubine
不把来当事	bù bǎ lái dāng shì	not take (sb/sth) seriously
异乡人	yìxiāngrén	people from other regions; outsiders
做小	zuòxiǎo	make concubine
大娘子	dà niángzǐ	[古] first wife
呼奴使婢	hū nú shǐ bì	have servants and maids to serve sb.
一般	yìbān	the same as
尊长	zūnzhǎng	respectable elders
怠慢	dàimàn	treat sb. with neglect
大胆	dàdǎn	[古] may I be so bold to…
巧样儿	qiǎoyàngr	interesting design
钗钿缨络	chāi diàn yīng luò	hairpin, filigree, tassel
珍异	zhēnyì	rare treasure
看不在眼	kàn bú zài yǎn	unworthy of one's notice
识货	shíhuò	good judge of value
何消	hé xiāo	[古] what need
忒	tuī	[方] overly
精细	jīngxì	careful; meticulous
当下	dāngxià	at once, the moment
品评	pǐnpíng	inspect and assess
凑	còu	manage to raise enough money; pool money
不妨事	bù fángshì	[古] make no difference
足纹	zúwén	(silver) of the finest grade
造次	zàocì	impetuous
搅扰	jiǎorǎo	bother
扳话	bānhuà	[古] chat
不嫌怠慢	bù xián dàimàn	if you don't mind the little I have to offer
多谢错爱	duō xiè cuò ài	thanks for your kindness to one so undeserving
当不过	dāng bú guò	[古] can't bear it
讨酒讨浆	tǎo jiǔ tǎo jiāng	clamor for wine and soup
刮	guā	racket
亏杀	kuīshā	[古] luckily
如何盛设	rúhé shèngshè	what a feast

酒量尽去得，那婆子又是酒壶**酒瓮**，吃起酒来，**一发相投**了，只恨会面之晚。 那日直吃到傍晚，刚刚雨止，婆子作谢要回。三巧儿又取出大**银钟**来，劝了几钟，又陪他吃了晚饭，说道：" 你老人家再宽坐一时，我将这一半价钱付你去。"婆子道：" 天晚了，大娘请**自在**，**不争**这一夜儿，明日却来领罢。连这篾丝箱儿，老身也不拿去了，省得路上泥滑滑的好走。"三巧儿道：" 明日专专望你。"婆子**作别**下楼，取了破伞，出门去了。正是：

> 世间只有虔婆嘴，哄动多多少少人。

却说陈大郎在下处呆**等**了几日，并无**音信**。见这日天雨，料是婆子在家，拖泥带水的进城来问个消息，又不**相值**。自家在**酒肆**中吃了三杯，用了些点心，又到薛婆门首打听，只是未回。看看天晚，**却待转身**，只见婆子**一脸春色**，脚略斜的走入巷来。陈大郎迎着他，**作了揖**，问道：" 所言如何？"婆子摇手道：" 尚早。如今方**下种**，还没有发芽哩！再隔五六年，开花结果，才到得你口。你莫在此**探头探脑**，老娘不是管闲事的。"陈大郎见他醉了，只得转去。

次日，婆子买了些时新果子、鲜鸡、鱼、肉之类，唤个厨子安排停当，装做两个盒子，又买一瓮上好的**酽酒**，央**间壁**小二挑了，来到蒋家门首。三巧儿这日，不见婆子到来，正教晴云开门出来探望，恰好相遇。婆子教小二挑在楼下，先打发他去了。晴云已自报知主母。三巧儿把婆子当个贵客一般，直到楼梯口边迎他上去。婆子千恩万谢的**福**了一回，便道："今日老身偶有一杯水酒，**将来**与大娘**消遣**。"三巧儿道：" 倒要你老人家赔钞，不当受了。"婆子央两个丫鬟搬将上来。摆做一桌子。三巧儿道："你老人家忒迁阔了，怎般大弄起来。"婆子笑道：" 小户人家，备不出甚么好东西，只当一茶奉献。"晴云便去取杯箸，暖雪便吹起**水火炉**来。**霎时**酒暖，婆子道：" 今日是老身薄意，还请大娘转坐**客位**。"三巧儿道："虽然相扰，在**寒舍岂有此理**？"两下谦让多时，薛婆只得坐了客席。这是第三次相聚，更觉**熟分**了。

饮酒中间，婆子问道："官人出外好多时了，还不回，亏他**撇**得大娘下。"三巧儿道："便是，说过一年就转，不知怎地耽搁了。"婆子道："依老身说，放下了怎般如花似玉的娘子，便**博**个堆金积玉也不为**罕**。"婆子又道：" 大凡走江湖的人，把客当家，把家当客。比如我第四个女婿朱八朝奉，有了小女，朝欢暮乐，哪里想家？或三年四年，才回一遍，住不上一两个月，又来了。家中大娘子替他担孤受寡，哪晓得他外边之事？"三巧儿道："我家官人倒不是这样人。"

酒量	jiǔliàng	one's capacity for liquor
尽去得	jìnqù.de	considerable
酒瓮	jiǔwèng	wine jug
一发	yìfā	[古] more and more; increasingly
相投	xiāngtóu	be congenial with
银钟	yínzhōng	silver goblet
自在	zìzài	relax
不争	bùzhēng	不在乎
作别	zuòbié	say good-bye
呆等	dāiděng	wait listlessly
音信	yīnxìn	message; news about a person
相值	xiāngzhí	[古] be at home
酒肆	jiǔsì	[古] tavern
却待	quèdài	[古] be on the point of ; be about to
一脸春色	yìliǎn chūnsè	face beaming
作揖	zuōyī	make a bow with hands folded in front
下种	xià zhǒng	sow seeds
探头探脑	tàntóu tànnǎo	pop one's head in and look about
酽	yàn	(of tea,etc.) thick; strong
间壁	jiānbì	[古] neighbor
福	fú	[古] greet
将来	jiānglái	[古] bring along
消遣	xiāoqiǎn	enjoy; enjoy the use of
赔钞	péichāo	[古] spend money
当受	dāngshòu	[古] deserve
迂阔	yūkuò	[古] extravagant
水火炉	shuǐhuǒlú	brazier
霎时	shàshí	in a moment
客位	kèwèi	guest's seat
寒舍	hánshè	[谦] my humble house
岂有此理	qǐ yǒu cǐ lǐ	how can you expect me …
熟分	shúfèn	[古] close
撇下	piěxià	put aside
博	bó	obtain
罕	hǎn	precious

婆子道：“老身只当闲话讲，怎敢将天比地？”当日两个**猜谜掷色**，吃得**酩酊**而别。第三日，同小二来**取家伙**，就领这一半价钱。三巧儿又留他吃点心。

从此以后，把那一半**赊钱**为由，只**做问**兴哥的消息，不时行走。这**婆子俐齿伶牙**，能言快语，又**半痴不颠**的惯与丫鬟们**打诨**，所以上下都喜欢他。三巧儿一日不见他来，便觉寂寞，教老家人认了薛婆家里，早晚常去请他，所以一发**来得勤**了。世间有四种人惹他不得，引起了头，再不好**绝**他。是哪四种？**游方僧道**，乞丐，闲汉，牙婆。上三种人犹可，只有牙婆是**穿房入户**的，女眷们怕冷静时，十个九个倒要扳他来往。今日薛婆本是个**不善之人**，一般**甜言软语**，三巧儿遂与他成了**至交**，时刻少他不得。正是：

　　　　画虎画皮难画骨，知人知面不知心。

陈大郎几遍讨个消息，薛婆只回言尚早。其时五月中旬，天渐炎热。婆子在三巧儿面前，偶说起家中**蜗窄**，又是朝西房子，夏月最不相宜，不比这楼上高广风凉。三巧儿道：“你老人家若撇得家下，到此过夜也好。”婆子道：“好是好，只怕官人回来。”三巧道：“他就回，料道不是半夜三更。”婆子道：“大娘不嫌**蒿恼**，老身惯是**挜相知**的，只今晚就取铺陈过来，与大娘作伴。何如？”三巧儿道：“铺陈尽有，也不须拿得。你老人家回覆家里一声，索性在这里过了一夏家去不好？”婆子真个对家里儿子媳妇说了，只带个**梳匣儿**过来。三巧儿道：“你老人家多事。难道我家油梳子也缺了？你又带来怎地？”婆子道：“老身一生怕的是同**汤洗脸**，合具梳头。大娘怕没有精致的梳具？老身如何敢用？其他姐儿们的，老身也怕用得，还是自家带了**便当**。只是大娘分付在哪一门房安歇？”三巧儿指着床前一个小小**藤榻儿**，道：“我预先排下你的住处了。我两个亲近些，夜间睡不着好讲些闲话。”说罢，检出一顶**青纱帐**来，教婆子自家挂了。又同吃了一会酒，方才歇息。两个丫鬟原在床前**打铺**相伴，因有了婆子，打发他在间壁房里去睡。从此为始，婆子日间出去串街做买卖，黑夜便到蒋家**歇宿**。时常**携壶挈榼**的殷勤热闹，不一而足。床榻是丁字样铺下的，虽隔着帐子，却像是一头同睡。夜间**絮絮叨叨**，你问我答，凡街坊**秽亵**之谈，无所不至。这婆子或时**装醉诈风**起来，倒说起自家少年时**偷汉**的许多情事，**去勾动**那妇人的**春心**。害得那妇人娇滴滴一副嫩脸，红了又白，白了又红。那婆子已知妇人**心活**，只是那话儿**不好启齿**。

猜谜	cāimí	guess riddles
掷色	zhì shǎi	roll dice
酩酊	mǐngdǐng	pleasantly intoxicated
家伙	jiā.huo	dish
赊钱	shēqián	unpaid money
做问	zuòwèn	[古] ask about; to inquire about
俐齿伶牙	lìchǐ língyá	have a glib tongue
半痴不颠	bànchī bù diān	carry on like a crazy fool
打诨	dǎhùn	crack jokes
来得勤	lái.de qín	come more often
绝	jué	reject
游方僧道	yóufāng sēngdào	wandering Taoist and Buddhist monks
穿房入户	chuān fáng rù hù	worm one's way into a home
不善之人	bú shàn zhī rén	people of a bad sort
甜言软语	tiányán ruǎnyǔ	honeyed words and gentle phrases
至交	zhìjiāo	the most intimate friends
蜗窄	wōzhǎi	cramp
蒿恼	hāonǎo	[古] trouble
挜相知	yà xiāngzhī	[古] seek connections in high places
梳匣	shūxiá	box of toilet articles
汤	tāng	[古] hot water
合具	héjù	share a comb
便当	biàndāng	[古] it is better
藤榻	téngtà	wicker couch
青纱帐	qīngshāzhàng	green gauze curtain
打铺	dǎpù	lay out bedding
歇宿	xiēsù	rest for the night
携壶挈榼	xiéhú qièkē	bring a jug of wine along
絮絮叨叨	xù.xùdāo.dāo	chatter endlessly
秽亵	huìxiè	lewd
装醉诈风	zhuāngzuì zhàfēng	feign intoxication or madness
偷汉	tōuhàn	(of women) carry on a clandestine love affair
勾动春心	gōudòng chūnxīn	stir up (sb's) longings
心活	xīn huó	feeling aroused
不好启齿	bùhǎo qǐchǐ	difficult to bring the matter up

光阴迅速，又到了七月初七日，正是三巧儿的生日。婆子清早备下两盒礼，与他做生。三巧儿称谢了，留他吃面。婆子道："老身今日有些穷忙，晚上来陪大娘，看牛郎织女做亲。"说罢自去了。

下得阶头不几步，正遇着陈大郎。路上不好讲话，随到个僻静巷里。陈大郎**攒着两眉**，埋怨婆子道："干娘，你好慢心肠！春去夏来，如今又立过秋了。你今日也说尚早，明日也说尚早，却不知我**度日如年**。再**延捱**几日，他丈夫回来，此事便付**诸东流**，却不活活的害死我也！阴司去少不得与你**索命**。"婆子道："你且莫喉急，老身正要**相请**，来得恰好。事成不成，只在今晚，须是依我而行。如此如此，这般这般。全要**轻轻悄悄**，莫带累人。"陈大郎点头道："好计！好计！事成之后，**定当厚报**。"说罢，欣然而去。正是：

> 排成窃玉偷香阵，费尽携云握雨心。

却说薛婆约定陈大郎这晚成事。午后细雨微茫，到晚却没有星月。婆子黑暗里引着陈大郎**埋伏**在左近，自己却去敲门。晴云点个纸灯，开门出来。婆子故意把衣袖一摸，说道："**失落了一条临清汗巾儿**。姐姐，**劳你大家寻一寻**。"哄得晴云便把灯向街上照去。这里婆子**捉个空**，**招**着陈大郎一溜溜进门来。先引他在楼梯背后空处伏着，婆子便叫道："有了，不要寻了。"晴云道："恰好火也没了，我再去点个来照你。"婆子道："走熟的路，不消用火。"两个黑暗里关了门，**摸**上楼来。三巧儿问道："你没了甚么东西？"婆子袖里扯出个小帕儿来，道："就是这个**冤家**。虽然不值甚钱，是一个北京客人送我的，却不道：礼轻人意重。"三巧儿取笑道："莫非是你老相交送的表记？"婆子笑道："也差不多。"当夜两个耍笑饮酒。婆子道："酒肴尽多，何不把些**赏**厨下男女？也教他闹轰轰，像个节夜。"三巧儿真个把四碗菜两壶酒，分付丫鬟，拿下楼去。那两个婆娘，一个汉子，吃了一回，各去歇息，不题。

再说婆子饮酒中间，问道："官人如何还不回家？"三巧儿道："便是。算来一年半了。"婆子道："牛郎织女，也是一年一会，你比他倒多隔了半年。常言道：一品官，二品客。做客的哪一处没有风花雪月？只苦了家中娘子。"三巧儿叹了口气，低头不语。婆子道："是老身多嘴了。今夜牛女佳期，只该饮酒作乐，不该说伤情话儿。"说罢，便斟酒去劝那妇人。

约莫半酣，婆子又把酒去劝两个丫鬟，说道："这是牛郎织女的喜酒，劝你多吃几杯，后日嫁个恩爱的老公，寸步不离。"两个丫鬟**被缠**不过，勉强吃了，各

做生	zuòshēng	[古] celebrate sb's birthday
牛郎织女	Niúláng Zhīnǚ	herdboy and weaving maid (from a Chinese legend: they were once a happy couple who became stars separated by the Milky Way. Now they can meet only once a year, when magpies fly together to form a bridge over the Milky Way.)
做亲	zuòqīn	[古] pay a visit
攒着两眉	cuán.zhe liǎngméi	contract one's eyebrows
度日如年	dùrì rú nián	[成] pass days as if they were years
延捱	yán'ái	put off
付诸东流	fù zhū dōngliú	thrown into the eastward flowing stream; all efforts have gone to waste
阴司	yīnsī	the nether world; the underworld
索命	suǒmìng	demand payment with one's life
喉急	hóují	excited and impatient
轻轻悄悄	qīng.qīng qiāo.qiāo	quietly
带累	dàilěi	implicate
定当	dìngdāng	[古] certainly
厚报	hòubào	reward handsomely
埋伏	mái.fu	hide oneself
左近	zuǒjìn	[古] nearby
失落	shīluò	drop
汗巾	hànjīn	[古] handkerchief
劳你大家	láo nǐ dàjiā	[古] could you please
哄	hǒng	fool; cheat
捉个空	zhuō.ge kòng	[古] seize the opportunity
招	zhāo	wave
溜	liū	sneak
摸	mō	grope for
冤家	yuān.jiā	culprit (term for beloved person or thing, here referring to the handkerchief)
相交	xiāngjiāo	[古] lover
表记	biǎojì	keepsake
赏	shǎng	bestow
风花雪月	fēng huā xuě yuè	romance
约莫	yuēmo	approximately
半酣	bànhān	half drunk
被缠不过	bèi chán bú guò	unable to resist someone's demands

不胜酒力，**东倒西歪**。三巧儿分付关了楼门，发放他先睡。他两个自在吃酒。

婆子一头吃，口里不住的**说啰说皂**，道："大娘几岁上嫁的？"三巧儿道："十七岁。"婆子道："**破得身迟**，还不吃亏。我是十三岁上就破了身。"三巧儿道："嫁得恁般早？"婆子道："论起嫁，倒是十八岁了。**不瞒大娘说**，因是在间壁人家学针指，被他家小官人**调诱**，一时间贪他生得俊俏，就应**承**与他**偷**了。初时好不疼痛，两三遍后，就**晓得**快活。大娘你可也是这般么？"三巧儿只是笑。婆子又道："那话儿倒是不晓得滋味的好，尝过的便丢不下，**心坎里时时发痒**。日里还好，夜间好难过哩！"三巧儿道："想你在娘家时，**阅人多矣**，亏你怎**生充得黄花女儿**嫁去？"婆子道："我的老娘也晓得些影像，生怕**出丑**，教我一个**童女方**，用石榴皮生矾两味**煎汤**洗过，那东西就**揪紧**了。我只**做张做势**的叫疼，就**遮**过了。"三巧儿道："你做女儿时，夜间也少不得独睡。"婆子道："还记得在娘家时节，哥哥出外，我与嫂嫂一头同睡。两下轮番在肚子上学男子汉的行事。"三巧儿道："两个女人**做对**，有甚好处？"婆子走过三巧儿那边，**挨肩**坐了，说道："大娘，你不知，只要大家**知音**，一般有趣，也**撒得火**。"三巧儿举手把婆子肩胛上打一下，说道："我不信，你说谎。"婆子见他欲心已动，有心去挑拨他，又道："老身今年五十二岁了，夜间常**痴性发作**，**打熬不过**，亏得你少年老成。"三巧儿道："你老人家打熬不过，终不然还去**打汉子**？"婆子道："**败花枯柳**，如今那个要我了？不瞒大娘说，我也有个**自取其乐**，**救急**的法儿。"三巧儿道："你说谎，又是甚么法儿？"婆子道："少停到床上睡了，与你细讲。"说罢，只见一个飞蛾在灯上旋转，婆子便把扇来一扑，故意**扑灭**了灯，叫声："啊呀！老身自去点个灯来。"便去开楼门。陈大郎已自走上楼梯，伏在门边多时了，都是婆子预先设下的圈套。婆子道："忘带个**取灯儿**去了。"又走转来，便引着陈大郎到自己榻上伏着。婆子下楼去了一回，复上来道："夜深了，厨下火种都熄了，怎么处？"三巧儿道："我点灯睡惯了，黑魆魆地，好不怕人！"婆子道："老身伴你一床睡何如？"三巧儿正要问他救急的法儿，应道："甚好。"婆子道："大娘，你先上床，我关了门就来。"三巧儿先脱了衣服，床上去了，叫道："你老人家快睡罢！"婆子应道："就来了！"却在榻上拖陈大郎上来，**赤条条**的樱在三巧儿床上去。三巧儿摸着身子，道："你老人家许多年纪，身上恁般光滑！"那人并不回言，钻进被里，就捧着妇人做嘴。妇人还认是婆子，双手相

东倒西歪	dōngdǎo xīwāi	stagger around
说啰说皂	shuōluó shuōzào	babble
破身	pòshēn	[古] (of women) lose one's virginity
不瞒…说	bùmán…shuō	be frank
针指	zhēnzhǐ	needlework
调诱	tiáoyòu	flirt with
俊俏	jùnqiào	handsome
应承	yìngchéng	agree
偷	tōu	make love
好不	hǎo bú	[古] very
晓得	xiǎo.dé	[方] know
心坎	xīnkǎn	the bottom of one's heart
发痒	fāyǎng	get an itch
阅人多	yuèrén duō	know quite a few (men or women)
充	chōng	pretend to be; falsely claim to be
黄花女儿	huánghuā nǚér	virgin
出丑	chūchǒu	lead to disgrace; make a fool of oneself
童女方	tóngnǚ fāng	prescription for restoring virginity
煎汤	jiāntāng	concort herbal medicine
揪紧	jiūjǐn	tighten up
做张做势	zuòzhāng zuòshì	make a big fuss
遮	zhē	cover
做对	zuòduì	[古] sleep together
挨肩	āijiān	get close to; shoulder up to
知音	zhīyīn	a close friend; a kindred spirit
撒火	sāhuǒ	release
痴性发作	chīxìng fāzuò	old itch comes back
打熬不过	dǎ'áo bú guò	cannot bear it
打汉子	dǎhàn.zi	=偷汉子
败花枯柳	bàihuā kūliǔ	withered old flower (of an older woman)
自取其乐	zì qǔ qí lè	find joy in one's own way
救急	jiùjí	help meet an urgent need
扑灭	pūmiè	smash the light
取灯儿	qǔdēng.er	[古] matches
赤条条	chìtiáotiáo	stark naked

抱。那人蓦地腾身而上，就干起事来。那妇人一则多了杯酒，醉眼**朦胧**；二则被婆子**挑拨**，春心飘荡；到此不暇致详，**凭他轻薄**。

一个是闺中怀春的少妇，一个是客邸慕色的才郎。一个打熬许久，如文君初遇相如；一个盼望多时，如必正初谐陈女。分明久旱逢甘雨，胜过他乡遇故知。

陈大郎是**走过风月场**的人，颠鸾倒凤，曲尽其趣，弄得妇人**魂不附体**。云雨毕后，三巧儿方问道："你是谁？"陈大郎把楼下相逢，如此**相慕**，如此苦央薛婆用计，**细细**说了："今番**得遂平生，便死瞑目**。"婆子走到床间，说道："不是老身大胆，一来可怜大娘青春独宿，二来要救陈郎性命。你两个也是**宿世姻缘**，非干老身之事。"三巧儿道："事已如此，万一我丈夫**知觉**，怎么好？"婆子道："此事你知我知，只**买定**了晴云暖雪两个丫鬟，不许他**多嘴**，再有谁人**漏泄**？在老身身上，管成你夜夜欢娱，一些事也没有。只是日后不要忘记了老身。"三巧儿到此，也顾不得许多了，两个又狂荡起来。直到**五更鼓绝**，天色将明，两个兀自**不舍**。婆子催促陈大郎起身，送他出门去了。

自此无夜不会。或是婆子同来，或是汉子自来。两个丫鬟被婆子把**甜话儿偎**他，又把利害话儿吓他，又教主母赏他几件衣服。汉子到时，不时把些**零碎**银子赏他们买果儿吃，骗得欢欢喜喜，已自**做了一路**。夜来明去，一出一入，都是两个丫鬟迎送，全无阻隔。真个是你贪我爱，**如胶似漆**，胜如夫妇一般。陈大郎有心要结识这妇人，不时的**制办**好衣服、好首饰送他，又替他还了欠下婆子的一半价钱，又将一百两银子谢了婆子。往来半年有余，这汉子约有千金之费。三巧儿也有三十多两银子东西，送那婆子。婆子只为图这些**不义之财**，所以肯做**牵头**。这都不在话下。

古人云：天下无不散的**筵席**。才过十五元宵夜，又是清明三月天。陈大郎思想**蹉跎**了多时生意，要得还乡，夜来与妇人说知。两个恩深义重，各不相舍。妇人情愿收拾了些细软，跟随汉子逃走，去做长久夫妻。陈大郎道："**使不得**。我们相交始末，都在薛婆肚里。就是主人家吕公，见我每夜进城，难道没有些疑惑？况客船上人多，瞒得哪个？两个丫鬟又带去不得。你丈夫回来，**跟究**出情由，**怎肯干休**？娘子权且耐心，到明年此时，我到此，觅个僻静下处，悄悄通个信儿与你，那时两口儿同走，**神鬼不觉**，却不安稳？"妇人道："万一你明年不来，如何？"陈大郎就**设起誓**来。妇人道："既然你有真心，奴家也决不

朦胧	ménglóng	in a haze
挑拨	tiǎobō	stir up
不暇致详	bù xiá zhì xiáng	have no time to demand explanation
凭	píng	at one's discretion
轻薄	qīngbó	philander
走过风月场	zǒuguò fēngyuèchǎng	be familiar with the world of sensual pleasure
魂不附体	hún bú fùtǐ	as if the soul had left the body
相慕	xiāngmù	yearn
用计	yòngjì	devise a plan
细细	xìxì	in detail
得遂平生	désuì píngshēng	fulfill one's lifelong wish
便死瞑目	biàn sǐ míngmù	can close one's eyes at the hour of death
宿世姻缘	sùshì yīnyuán	predestined union
干	gān	have something to do with
知觉	zhījué	find out
买定	mǎidìng	[古] bribe
多嘴	duōzuǐ	have a big mouth; talk too much
漏泄	lòuxiè	(of secret) make known
五更鼓绝	wǔgēng gǔ jué	until the fifth watch died away
不舍	bù shě	loath to part
甜话	tiánhuà	sweet words
偎	wēi	cajole
零碎	língsuì	bits and pieces
做了一路	zuò.le yí lù	become a party to the undertaking
如胶似漆	rújiāo sìqī	[成] stick to each other like glue or lacquer
制办	zhìbàn	buy
不义之财	búyì zhī cái	[成] ill-gotten wealth; filthy money
牵头	qiāntóu	mastermind
天下无不散的<u>筵席</u>	yànxí	even the finest feast must come to an end
蹉跎	cuōtuó	waste time; idle away
使不得	shǐ.bu.de	[古] it cannot be done
跟究	gēnjiū	[古] find out
怎肯干休	zěn kěn gānxiū	[古] how could he let this matter drop
神鬼不觉	shén'guǐ bù jué	without even the spirits knowing about it
设誓	shèshì	vow; make an oath

相负。你若到了家乡，**倘有便人**，托他**捎**个书信到薛婆处，也教**奴家放意**。"陈大郎道："我自**用心**，不消分付。"

又过几日，陈大郎雇下船只，装载粮食完备，又来与妇人作别。这一夜**倍加眷**恋。两下说一会，哭一会，又狂荡一会，整整的一夜不曾合眼。到五更起身，妇人便去开箱，取出一件宝贝，叫做"珍珠衫"，递与陈大郎道："这件衫儿，是蒋门**祖传之物**。暑天若穿了它，**清凉透骨**。此去**天道**渐热，正用得着。奴家把与你做个纪念，穿了此衫，就如奴家贴体一般。"陈大郎哭得出声不得，软做一堆。妇人就把衫儿亲手与汉子穿下，叫丫**鬟**开了门户，亲自送他出门，再三**珍重**而别。诗曰：

昔年含泪别夫郎，今日悲啼送所欢。

堪恨妇人多水性，招来野鸟胜文鸾。

话分两头。却说陈大郎有了这珍珠衫儿，每日贴体穿着，便夜间脱下，也放在被窝中同睡，寸步不离。一路遇了顺风，不两月行到苏州府枫桥地面。那枫桥是柴米牙行聚处，**少不得**投个主家脱货，不在话下。

忽一日，赴个同乡人的酒席。席上遇个襄阳客人，生得风流标致。那人非别，正是蒋兴哥。原来兴哥在广东贩了些珍珠、玳瑁、苏木、沉香之类，**搭伴起身**。那伙同伴商量，都要到苏州发卖。兴哥久闻得"上说天堂，下说苏杭"，好个大码头所在，有心要去走一遍，做这一回买卖，方才回去。还是去年十月中到苏州的。因是**隐姓**为商，都称为罗小官人，所以陈大郎更不疑惑。他两个**萍水相逢**，年相若，貌相似，**谈吐**应对之间，彼此**敬慕**。**即席**间问了下处，互相拜望，两下**遂**成知己，不时会面。

兴哥讨完了客帐，欲待起身，走到陈大郎寓所作别。大郎置酒相待，**促膝谈心**，甚是**款洽**。此时五月下旬，天气炎热，两个解衣饮酒，陈大郎露出珍珠衫来。兴哥心中**骇异**，又不好认他的，只夸此衫之美。陈大郎**恃**了**相知**，便问道："贵县大市街有个蒋兴哥家，罗兄可认得否？"兴哥倒也乖巧，回道："在下出外日多，里中虽晓得有这个人，并不相识。陈兄为何问他？"陈大郎道："不瞒兄长说，小弟与他有些**瓜葛**。"便把三巧儿相好之情，告诉了一遍。扯着衫儿看了，眼泪汪汪道："此衫是他所赠。兄长此去，小弟有封书信，**奉烦一寄**，明日**侵早**送到贵寓。"兴哥口里答应道："当得，当得。"心下沉吟："有这等异事！现在珍珠衫为证，不是个**虚话**了。"当下如针刺肚，**推故**不饮，急急起身别去。回到下

相负	xiāngfù	fall short of one's expectation
倘	tǎng	[古] if
便人	biànrén	someone available
捎	shāo	take (a message)
奴家	nújiā	[古] (of woman) I; me
用心	yòngxīn	know what to do
倍加	bèijiā	extra; double
祖传之物	zǔchuán zhī wù	ancestral heirloom
清凉透骨	qīngliáng tòugǔ	cool through to one's bones; very cool
天道	tiāndào	[古] weather
珍重	zhēnzhòng	take good care
少不得	shǎo.bùdé	[古] be certain
同乡	tóngxiāng	people from one's own county
搭伴	dābàn	go together; travel together
起身	qǐshēn	set off
隐姓	yǐnxìng	conceal one's identity
萍水相逢	píng shuǐ xiāngféng	[成] meet by chance like patches of drifting duckweed
年相若	nián xiāng ruò	Of about the same age
谈吐	tántǔ	style of speech
敬慕	jìngmù	respect and admire
即席	jíxí	[formal] impromptu; offhand
遂	suì	subsequently
知己	zhījǐ	an intimate friend
促膝谈心	cùxī tánxīn	sit knee to knee and have a heart-to-heart talk
款洽	kuǎnqià	pleasant
骇异	hàiyì	astound
恃	shì	rely on; presume on
相知	xiāngzhī	friendship
在下	zàixià	[谦] I; me
瓜葛	guāgé	be involved with
奉烦	fèngfán	[古] could you please
侵早	qīnzǎo	early morning
心下沉吟	xīnxià chényín	say to oneself in one's heart
虚话	xūhuà	idle chatter
推故	tuīgù	[古] find an excuse

处，想了又恼，恼了又想，恨不得学个**缩地法儿，顷刻**到家。**连夜**收拾，**次早**便上船要行。只见岸上一个人**气吁吁**的赶来，却是陈大郎。亲把书信一大包，递与兴哥，叮嘱千万寄去。气得兴哥**面如土色**，说不得，话不得，死不得，活不得。只等陈大郎去后，把书看时，面上写道："此书烦寄大市街东巷薛妈妈家。"兴哥**性起**，一手扯开，却是八尺多长一条桃红**绉纱**汗巾。又有个纸糊长匣儿，内有**羊脂玉凤头簪**一根。书上写道："**微物二件，**烦干娘转寄心爱娘子三巧儿亲收，**聊表纪念。**相会之期，准在来春。珍重，珍重。"兴哥大怒，把书扯得粉碎，**撇在河中**；提起玉簪在船板上一**掼**，折做两段。一念想起道："我好糊涂！何不留此做个**证见**也好！"便捡起簪儿和汗巾，做一包收拾，催促开船。急急的赶到家乡，望见了自家门首，不觉堕下泪来。想起："当初夫妻何等恩爱，只为我贪着**蝇头微利**，撇他少年守寡，弄出这场丑来。如今**悔之何及！**"在路上性急，**巴不得**赶回；及至到了，心中又苦又恨，行一步，懒一步。进得自己家里，少不得忍住了气，勉强相见。兴哥并无言语，三巧儿自己**心虚**，觉得满脸**惭愧**，不敢殷勤上前扳话。兴哥搬完了行李，只说去看丈人丈母，依旧到船上住了一晚。次早回家，向三巧儿说道："你的爹娘同时害病，**势甚危笃**。昨晚我只得住下，看了他一夜。他心中只**牵挂**着你，欲见一面。我已雇下轿子在门首，你可**作速**回去，我也随后就来。"三巧儿见丈夫一夜不回，心里正在疑虑，闻说爹娘有病，却认真了，如何不慌？慌忙把箱笼上匙钥递与丈夫，唤个婆娘跟了，上轿而去。兴哥叫住了婆娘，向袖中摸出一封书来，分付他送与王公："送过书，你便随轿回来。"

却说三巧儿回家，见爹娘双双**无恙**，吃了一惊。王公见女儿不接而回，也自**骇然**。在婆子手中接书，拆开看时，却是**休书一纸**，上写道：

立休书人蒋德，系襄阳府枣阳县人，从幼凭媒聘定王氏为妻。**岂期过门**之后，本妇多有过失，正合**七出**之条。因念夫妻之情，**不忍明言**。情愿退还本宗，**听凭改嫁，**并无异言。休书是实。

成化二年　　　　月　　　　日

手掌为记。

书中又包着一条桃红汗巾，一支打折的羊脂玉凤头簪。王公看了大惊，叫过女儿问其缘故。三巧儿听说丈夫把他休了，一言不发，啼哭起来。王公气**忿忿**的一径跟到女婿家来，蒋兴哥**连忙**上前作揖。王公回礼，便问道："贤婿，我女儿

缩地法	suōdì fǎ	means of shrinking distance
顷刻	qǐngkè	in an instant
连夜	liányè	the same night
次早	cìzǎo	the next morning
气吁吁	qìxūxū	out of breath
面如土色	miàn rú tǔsè	[成] look ashen; look pale
性起	xìngqǐ	anger mounts
绉纱	zhòushā	silk
羊脂玉	yángzhī yù	fine white-tallow jade
凤头簪	fèngtóu zān	phoenix hairpin
微物	wēiwù	small gift
聊表记念	liáo biǎo jìniàn	as a remembrance
撇	piē	fling
掼	guàn	[古] hurl
证见	zhèngjiàn	evidence
蝇头微利	yíngtóu wēilì	a pittance of profit
悔之何及	huǐ zhī hé jí	too late for regrets
巴不得	bā.bù.dé	be only too anxious to (do sth.)
心虚	xīnxū	overcome with guilt
惭愧	cánkuì	feel ashamed; feel sorry
势甚危笃	shì shèn wēidǔ	in a grave condition
作速	zuòsù	with all speed
无恙	wú yàng	in good health
骇然	hàirán	amazed
休书	xiūshū	divorce document
岂期	qǐ qī	contrary to expectations
过门	guòmén	(of woman) get married and move into the bridegroom's household
七出之条	qīchū zhī tiáo	seven statutes of divorce
念夫妻之情	niàn fūqī zhī qíng	out of consideration for the affection between husband and wife
不忍明言	bù rěn míngyán	have not the heart to make it public
听凭	tīngpíng	be left at the disposal
改嫁	gǎijià	(of a woman) remarry
异言	yìyán	no objections
气忿忿	qìfènfèn	fume with indignation

是清清白白嫁到你家的，如今有何过失，你便把他休了？须**还我个明白！**"蒋兴哥道："小婿不好说得，但问令爱便知。"王公道："他只是啼哭，不肯开口，教我肚里好闷！小女从幼聪慧，料**不到得犯了淫盗**。若是小小过失，你可也**看老汉薄面，恕了**他罢！你两个是七八岁上定下的夫妻，完婚后并不曾争论一遍两遍，且是**和顺**。你如今做客才回，又不曾住过**三朝五日**，有甚么**破绽**落在你眼里，你直如此狠毒？也被人笑话，说你无情无义！"蒋兴哥道："丈人在上，小婿也不敢多讲。家下有祖遗下珍珠衫一件，是令爱收藏，只问他如今在否。若在时，半字休提；若不在，**只索**休怪了。"王公忙转身回家，问女儿道："你丈夫只问你讨甚么珍珠衫，你**端的**拿与何人去了？"那妇人听得说着了他紧要的关目，羞得满脸通红，开不得口，一发**号啕大哭**起来，慌得王公没做理会处。王婆劝道："你不要只管啼哭，实实的说个真情与爹妈知道，也好与你**分剖**。"妇人哪里肯说，悲悲咽咽，哭一个不住。王公只得把休书和汗巾簪子都付与王婆，教他慢慢的偎着女儿，问他个明白。

王公心中**纳闷**，走在邻家闲话去了。王婆见女儿哭得两眼**赤肿**，生怕苦坏了他，安慰了几句言语，走往厨房下去**暖酒**，要与女儿**消愁**。三巧儿在房中独坐，想着珍珠衫泄漏的缘故，好生**难解**！这汗巾簪子，又不知哪里来的。沉吟了**半晌**道："我晓得了！这折簪是**镜破钗分**之意；这条汗巾，分明叫我悬梁自尽。他念夫妻之情，不忍明言，是要全我的**廉耻**。可怜四年恩爱，一旦**决绝**，是我做的不是，负了丈夫恩情。便活在人间，料没有个好日，不如缢死，倒得干净。"说罢，又哭了一回，把个**坐兀子**填高，将汗巾兜在梁上，正欲自缢。也是**寿数未绝**，不曾关上房门。恰好王婆暖得一壶好酒走进房来，见女儿安排这事，急得他手忙脚乱，不放酒壶，便上前去拖拽。不期一脚踢翻坐兀子，娘儿两个跌做一团，酒壶都泼翻了。王婆爬起来，扶起女儿，说道："你好短见！二十多岁的人，一朵花还没有开足，怎做这**没下梢**的事！莫说你丈夫还有**回心转意**的日子，便真个休了，恁般容貌，怕没人要你？少不得**别选良姻**，图个下半世受用。你且放心过日子去，休要愁闷。"王公回家，知道女儿寻死，也劝了他一番，又嘱咐王婆用心提防。过了数日，三巧儿**没奈何**，也放下了念头。正是：

夫妻本是同林鸟，大限来时各自飞。

再说蒋兴哥把两条索子，将晴云、暖雪**捆缚**起来，**拷问**情由。那丫头初时**抵赖**，吃打不过，只得从头至尾，细细**招**将出来。已知都是薛婆勾引，不干他人之

204

还我个明白	huán wǒ ge míng.bái	you owe me an explanation
不到得	bú dào dé	[古] 不至于
淫盗	yíndào	adultery and robbery
看我薄面	kàn wǒ bó miàn	for my sake
恕	shù	forgive
和顺	héshùn	in harmony with
三朝五日	sānzhāo wǔrì	a few days
破绽	pòzhàn	fault
只索	zhǐsuǒ	[古] have no choice but
端的	duāndì	[古] what on earth
号啕大哭	háotáo dàkū	wail
分剖	fēnpōu	sort out
纳闷	nàmèn	feel baffled
赤肿	chìzhǒng	red and swollen
暖酒	nuǎn jiǔ	warm wine
消愁	xiāochóu	dispel grief
难解	nánjiě	difficult to figure out
半响	bànxiǎng	some time
镜破钗分	jìngpò chāifēn	the mirror is broken and the hairpin is rent (symbol of breaking up)
悬梁自尽	xuánliáng zìjìn	commit suicide by hanging
廉耻	liánchǐ	sense of shame and propriety
决绝	juéjué	destroy
坐兀子	zuòwù.zi	stool
寿数未绝	shòushù wèi jué	span of years has not been completed
短见	duǎnjiàn	shortsighted
没下梢	méi xiàshāo	[古] stupid
回心转意	huíxīn zhuǎnyì	[成] have a change of heart; come around
别选良姻	bié xuǎn liángyīn	find some other good match
没奈何	méi nàihé	[古] have no alternative; be utterly helpless
捆缚	kǔnfù	bind
拷问	kǎowèn	interrogate with torture
情由	qíngyóu	the fact; the truth
抵赖	dǐlài	deny
吃打不过	chī dǎ bú guò	unable to endure the pain
招	zhāo	confess

事。到明朝，兴哥领了一伙人，赶到薛婆家里，打得他雪片相似，只**饶**他拆了房子。薛婆**情知**自己不是，躲过一边，并没一人敢**出头说话**。兴哥见他如此，也出了这口气。回去唤个牙婆，将两个丫头都卖了。楼上细软箱笼，大小共十六只，写三十二条**封皮**，**打叉**封了，更不开动。这是甚意儿？只因兴哥夫妇，本是十二分相爱的，虽则一时休了，心中好生痛切。**见物思人**，何忍开看？

话分两头。却说南京有个吴杰进士，**除授**广东潮阳县**知县**，**水路**上任，打从襄阳经过。不曾带家小，**有心**要择一美妾。一路看了多少女子，并不**中意**。闻得枣阳县王公之女，大有颜色，一县闻名，出五十金财礼，央媒**议亲**。王公倒也**乐从**，只怕前婿**有言**，亲到蒋家，与兴哥说知。兴哥并不阻挡。**临嫁之夜**，兴哥雇了人夫，将楼上十六个箱笼，**原封不动**，连匙钥送到吴知县船上，**交割**与三巧儿，当个**陪嫁**，妇人心上倒过意不去。旁人晓得这事，也有夸兴哥做人忠厚的，也有笑他**痴騃**的，还有骂他没志气的，正是人心不同。

闲话休题。再说陈大郎在苏州脱货完了，回到新安，一心只想着三巧儿。朝暮看了这件珍珠衫，长吁短叹。老婆平氏心知这衫来得**蹊跷**，等丈夫睡着，悄悄的偷去，藏在天花板上。陈大郎早起要穿时，不见了衫儿，与老婆取讨，平氏哪里肯认。急得陈大郎性发，倾箱倒箧的寻个遍，只是不见，便破口骂老婆起来。惹得老婆啼啼哭哭，与他争嚷，闹吵了两三日。陈大郎**情怀撩乱**，忙忙的收拾银两，带个小郎再望襄阳路而进。将近枣阳，不期遇了一伙**大盗**，将本钱尽皆劫去，小郎也被他杀了。陈商**眼快**，走向船梢舵上伏着，**幸免残生**。思想**还乡**不得，且到**旧寓**住下，待会了三巧儿，与他借些东西，再图恢复。叹了一口气，只得离船上岸，走到枣阳城外主人吕公家，告诉其事；又道如今要央卖珠子的薛婆，与一个相识人家借些本钱营运。吕公道："大郎不知，那婆子为勾引蒋兴哥的浑家，做了些丑事。去年兴哥回来，问浑家讨甚么'珍珠衫，原来浑家赠与情人去了，无言回答，兴哥当时休了浑家回去，如今转嫁与南京吴进士做第二房夫人了。那婆子被蒋家打得个**片瓦不留**，婆子**安身不牢**，也搬在隔县去了。"

陈大郎听得这话，好似一桶冷水**没头淋下**，这一惊非小。当夜发寒发热，害起病来。这病又是郁症，又是相思症，也带些怯症，又有些惊症。床上卧了两个多月，翻翻覆覆只是不愈，连累主人家小厮，伏侍得不耐烦。陈大郎心上不安，**打熬起精神**，写成家书一封，请主人来商议，要觅个便人捎信往家中，取些

饶	ráo	spare; let sb. off
情知	qíngzhī	know
不是	búshì	be in the wrong
出头说话	chūtóu shuōhuà	come forward with protest
出了这口气	chū.le zhè kǒuqì	give vent to one's anger; feel avenged
封皮	fēngpí	sealing strips
打叉	dǎchā	crosswise
见物思人	jiànwù sīrén	seeing something that reminds you of someone
除授	chúshòu	[古] appoint
知县	zhīxiàn	county magistrate
水路	shuǐlù	waterway
上任	shàngrèn	take up an official post
有心	yǒuxīn	have the intent of
中意	zhòngyì	to one's liking
议亲	yìqīn	negotiate about marriage
乐从	lècóng	agree in delight
有言	yǒu yán	raise objection
临嫁之夜	línjiàzhīyè	the eve of the wedding
原封不动	yuánfēng bú dòng	[成] with the original seals left intact
交割	jiāogē	hand over
陪嫁	péijià	dowry
痴騃	chī'ái	foolish; silly
长吁短叹	chángxū duǎntàn	utter sighs and groans; sigh incessantly
蹊跷	qīqiāo	odd; queer
情怀缭乱	qínghuái liáoluàn	in a state of exasperation
大盗	dàdào	bandit
尽皆	jìnjiē	[古] entire; all
眼快	yǎnkuài	sharp-eyed and quick-moving
幸免残生	xìngmiǎn cánshēng	narrowly escape
还乡	huánxiāng	go back home
旧寓	jiùyù	old lodgings
片瓦不留	piànwǎ bù liú	not a single tile remains
安身不牢	ānshēn bù láo	not safe around there
没头淋下	mòtóu línxià	pour (cold water) on one's head
打熬（起精神）	dǎ'áo (qǐ jīng.shén)	keep up one's spirit

207

盘缠，就要一个亲人来看觑同回。这几句正中了主人之意。恰好有个相识的承差，奉上司公文要往徽宁一路，**水陆驿递**，极是快的。吕公接了陈大郎书札，又替他应出五钱银子，送与承差，央他**乘便**寄去。果然的"自行由得我，官差急如火"，不勾几日，到了新安县，问着陈商家里，送了家书，那承差飞马去了。正是：

> 只为千金书信，又成一段姻缘。

话说平氏拆开家信，果是　丈夫笔迹。写道：

陈商再拜，贤妻平氏见字：别后襄阳遇盗，劫资杀仆。某受惊患病，现**卧**旧寓吕家，两月不愈。字到可央一的当亲人，多带**盘缠**，速来看视。伏枕草草。

平氏看了，半信半疑，想道："**前番**回家，**亏折**了千金赀本。据这件珍珠衫，一定是**邪路**上来的。今番又推被盗，多讨盘缠，怕是假话。"又想道："他要个的当亲人，速来看视，必然病势利害。这话是真**也未可知**。如今央谁人去好？"左思右想，放心不下。与父亲平老朝奉商议。收拾起细软家私，带了陈旺夫妇，就请父亲作伴，雇个船只，亲往襄阳看丈夫去。到得京口，平老朝奉痰火**病发**，央人送回去了。平氏引着男女，**上水**前进。

不一日，来到枣阳城外，问着了旧主人吕家。原来十日前，陈大郎已**故**了。吕公赔些钱钞，**将就入殓**。平氏哭倒在地，**良久方醒**。慌忙换了孝服，再三向吕公说，欲待开棺一见，另买副好棺材，重新殓过。吕公执意不肯。平氏没奈何，只得买木做个外棺包裹，请僧做**法事**超度，多焚**冥资**。吕公已自索了他二十两银子**谢仪**，随他闹吵，并不言语。

过了一月有余，平氏要选个好日子，**扶柩**而回。吕公见这妇人年少姿色，料是**守寡不终**，又且**囊中有物**，思想儿子吕二，还没有亲事，何不留住了他，**完其好事**，可不两便？吕公买酒请了陈旺，央他老婆**委曲进言**，许以厚谢。陈旺的老婆是个蠢货，哪晓得甚么委曲？**不顾高低**，一直的对主母说了。平氏大怒，把他骂了一顿，连打几个耳光子，连主人家也**数落**了几句。吕公一场没趣，敢怒而不敢言。正是：

> 羊肉馒头没的吃，空教惹得一身骚。

吕公便去挦掇陈旺逃走。陈旺也思量没甚好处了，与老婆商议，教他做**脚**，里应外合，把银两首饰偷得**罄尽**，两口儿连夜走了。吕公明知其情，反埋怨平

上司	shàng.sī	superior
公文	gōngwén	official or public document
水陆驿递	shuǐlù yìdì	travel over land and water from station to station
书札	shūzhá	letter
乘便	chéngbiàn	at one's convenience
卧	wò	be confined to bed
的当	dédàng	trust worthy
盘缠	pán.chán	money for traveling expense
前番	qiánfān	last time; previous occasion
亏折	kuīshé	lose
邪路	xiélù	improper dealings
也未可知	yě wèi kě zhī	no way of knowing
家私	jiāsī	family possessions
病发	bìngfā	(of a disease) come on
上水	shàngshuǐ	go upstream
故	gù	pass away
将就	jiāngjiù	make shift; make do with
入殓	rùliàn	place in coffin
良久	liángjiǔ	a good while; a long time
法事	fǎshì	prayer services
冥资	míngzī	paper money
谢仪	xièyí	money to compensate for
扶柩	fújiù	escort the coffin (back)
守寡不终	shǒuguǎ bùzhōng	unable to remain a widow for long
囊中有物	nángzhōng yǒu wù	well-off
完其好事	wán qí hǎoshì	arrange a match
委曲	wěiqū	in a tactful way
进言	jìnyán	give the suggestion to
不顾高低	búgù gāodī	with no regard whatsoever for what was proper
数落	shǔluò	scold
没趣	méiqù	unpleasant or awkward situation
做脚	zuòjiǎo	[古] accomplice
里应外合	lǐyìng wàihé	[成] work in collusion, one from without and the other from within
罄尽	qìngjìn	[古] exhaust; empty

氏道：不该带这样歹人出来。幸而偷了自家主母的东西，若偷了别家的，可不连累人！又嫌这灵柩碍他生理，教他快些抬去。又道**后生寡妇**，在此居住不便，催促他**起身**。平氏被逼不过，只得别**赁**下一间房子住了，雇人把灵柩移来，**安顿**在内。这凄凉景象，自不必说。

间壁有个张七嫂，为人甚是**活动**。听得平氏啼哭，时常走来**劝解**。平氏又时常央他典卖几件衣服**用度**，**极感其意**。不勾几月，衣服都典尽了。从小学得一手好**针线**，**思量**要到个大户人家，教习**女红**度日，**再做区处**。正与张七嫂商量这话，张七嫂道：" 老身不好说得。这大户人家，不是你少年人走动的。死的没福自死了，活的还要做人。你后面日子正长哩！终不然做**针线娘子了得**你**下半世**？况且名声不好，被人看得轻了。还有一件，这个灵柩，如何处置？也是你身上一件大事。便出赁房钱，终久是**不了之局**。" 平氏道：" 奴家也都虑到，只是**无计可施**了。" 张七嫂道：" 老身倒有一**策**，娘子莫怪我说。你千里离乡，**一身孤寡**，手中又无半钱，想要搬这灵柩回去，多是**虚**了。莫说你**衣食不周**，到底难**守**；便多守得几时，亦有何益？依老身**愚见**，**莫若**趁此青年美貌，寻个好**对头**，一夫一妇的，随了他去。得些财礼，就买块土来葬了丈夫，你的终身又有所**托**，可不生死无憾？" 平氏见他说得**近理**，沉吟了一会，叹口气道：" **罢**，罢！奴家卖身葬夫，旁人也笑我不得。" 张七嫂道：" 娘子若定了主意时，老身现有个主儿在此。年纪与娘子相近，人物齐整，又是大富之家。" 平氏道：" 他既是富家，怕不要**二婚**的。" 张七嫂道：" 他也是**续弦**了。原对老身说：不拘**头婚**二婚，只要**人才出众**。似娘子这般丰姿，怕不中意！" 原来张七嫂曾受蒋兴哥之托，央他访一头好亲。因是前妻三巧儿出色标致，所以如今只要访个美貌的。那平氏容貌，虽**不及得**三巧儿，论起手脚伶俐，胸中泾渭，又**胜似**他。

张七嫂次日就进城，与蒋兴哥说了。兴哥闻得是下路人，愈加欢喜。这里平氏分文财礼不要，只要买块好地殡葬丈夫要紧。张七嫂往来回复了几次，两相依允。

话休烦絮。却说平氏送了丈夫灵柩入土，祭奠毕了，大哭一场，免不得起灵除孝。**临期**，蒋家送衣饰过来，又将他典下的衣服都赎回了。成亲之夜，一般**大吹大擂**，洞房花烛。正是：

规矩熟闲虽旧事，恩情美满胜新婚。

后生	hòushēng	young men
起身	qǐshēn	leave
赁	lìn	rent
安顿	āndùn	place steadily
活动	huódòng	active and sociable
劝解	quànjiě	help someone to get over their worries through giving advices
用度	yòngdù	meet expenses
极感其意	jí gǎn qí yì	very grateful for (her) help
思量	sīliáng	consider
女红	nǚgōng	needlework
再做区处	zài zuò qūchù	then decide what to do next
针线娘	zhēnxiànniáng	seamstress
了得	liǎodé	to end; to spend
下半世	xià bànshì	the rest of one's life
不了之局	bùliǎozhījú	an unresoluable situation
无计可施	wújì kě shī	[成] can think of no other way
一策	yícè	a plan
一身孤寡	yìshēn'gūguǎ	all alone
虚了	xūliǎo	no hope
衣食不周	yīshí bùzhōu	have difficulty making ends meet
愚见	yújiàn	my humble opinion
莫若	mòruò	[古] nothing is better than
对头	duì.tóu	mate
托	tuō	entrust
近理	jìnlǐ	sensible
罢	bà	all right
二婚	èrhūn	remarry; the second marriage
续弦	xùxián	(of man) remarry
不拘	bùjū	it makes no difference; regardless of
头婚	tóuhūn	first marriage
人才出众	réncái chūzhòng	a person of exceptional ability or striking appearance
不及得	bùjíde	not as good as; inferior to
胜似	shèngsì	surpass
临期	línqī	before the appointed date
大吹大擂	dàchuī dàlěi	drums and flutes playing loudly

蒋兴哥见平氏举止**端庄**，甚相敬重。一日，从外而来，平氏正在打叠衣箱，内有珍珠衫一件。兴哥认得了，大惊问道："此衫从何而来？"平氏道："这衫儿来得**跷蹊**。"便把前夫如此**张致**，夫妻如此争嚷，如此**赌气**分别，述了一遍。又道："前日艰难时，几番欲把它典卖，只愁**来历不明**，怕**惹出是非**，不敢**露人眼目**。连奴家至今，不知这物事哪里来的。"兴哥道："你前夫陈大郎名字，可叫做陈商？可是**白净面皮**，没有**须**，左手长指甲的么？"平氏道："正是。"蒋兴哥把舌头一伸，合掌对天道："如此说来，**天理昭彰**，好怕人也！"平氏问其缘故，蒋兴哥道："这件珍珠衫，原是我家旧物。你丈夫奸骗了我的妻子，得此衫为表记。我在苏州相会，见了此衫，始知其情，回来把王氏休了。谁知你丈夫客死，我今续弦，但闻是徽州陈客之妻，谁知就是陈商，却不是**一报还一报！**"平氏听罢，**毛骨悚然**。从此恩情愈笃。这才是"蒋兴哥重会珍珠衫"的正话。诗曰：

　　天理昭昭不可欺，两妻交易孰便宜？

　　分明欠债偿他利，百岁姻缘暂换时。

再说蒋兴哥有了管家娘子，一年之后，又往广东做买卖。也是**合当有事**。一日到合浦贩珠，价都讲定。主人家**老儿**只拣一粒绝大的偷过了，再不承认。兴哥**不忿**，一把扯他袖子要**搜**。何期去得势重，将老儿拖翻在地，跌下便**不作声**。忙去扶时，气已断了。儿女亲邻，哭的哭，叫的叫，一阵的**簇拥**将来，把兴哥捉住。**不由分说**，痛打一顿，关在空房里。**连夜**写了**状词**，只等天明，**县主早堂**，连人进状。县主**准**了，因这日有公事，分付把凶身锁押，次日**候审**。

你道这县主是谁？姓吴名杰，南畿进士，正是三巧儿的晚老公。**初选**原在潮阳，上司因见他**清廉**，调在这合浦县采珠的所在来做官。是夜，吴杰在灯下将准过的状词细阅，三巧儿正在旁边闲看。**偶见**宋福所告人命一词，凶身罗德，枣阳县客人，不是蒋兴哥是谁！想起旧日恩情，不觉痛酸，哭告丈夫道："这罗德是贱妾的亲哥，**出嗣**在母舅罗家的。不期客边，犯此**大辟**。官人可看妾之面，救他一命还乡。"县主道："且看临审如何。若人命果真，教我也难**宽宥**。"三巧儿两眼噙泪，跪下**苦苦哀求**。县主道："你且莫忙，我自有道理。"明早**出堂**，三巧儿又扯住县主衣袖哭道："若哥哥无救，贱妾亦当**自尽**，不能相见了。"

端庄	duānzhuāng	dignified
张致	zhāngzhì	act; action; conduct
赌气	dǔqì	get in a rage (often insist on doing sth. regardless of the consequences)
来历不明	láilì bùmíng	of unknown origin
惹出是非	rě chū shìfēi	cause a scandal
露人眼目	lù rén yǎnmù	let it be seen
白净面皮	báijìng miànpí	fair complexion
须	xū	beard
天理昭彰	tiānlǐ zhāozhāng	heaven's justice will always prevail
一报还一报	yíbào huán yíbào	retribution paid out in kind
毛骨悚然	máogǔ sǒngrán	with one's hair standing on end
笃	dǔ	earnest; sincere
合当	hédāng	[古] destined
老儿	lǎo'er	[古] old man
不忿	búfèn	irked
搜	sōu	search
作声	zuòshēng	make a sound
气断	qìduàn	breathe one's last breath
簇拥	cùyōng	cluster round
不由分说	bùyóu fēnshuō	[成] without waiting for an explanation
连夜	liányè	through that very night
状词	zhuàngcí	accusation
县主	xiànzhǔ	county magistrate
早堂	zǎotáng	morning session of court
准	zhǔn	accept
凶身	xiōngshēn	[古] the accused
候审	hòushěn	await trial
初选	chūxuǎn	original appointment
清廉	qīnglián	be honest in performing one's official duties
偶	ǒu	accidentally
大辟	dàpì	grave offence
宽宥	kuānyòu	pardon
苦苦哀求	kǔkǔ āiqiú	beseech piteously
自尽	zìjìn	commit suicide

213

当日县主升堂，第一就问这起。只见宋福、宋寿兄弟两个，哭啼啼的与父亲**执命**，禀道："因争珠怀恨，**登时打闷，仆地身死**。望爷爷做主。"县主问众**干证口词**，也有说打倒的，也有说推跌的。蒋兴哥辩道："他父亲偷了小人的珠子，小人不忿，与他争论。他因年老脚呸，自家跌死，不干小人之事。"县主问宋福道："你父亲几岁了？"宋福道："六十七岁了。"县主道："老年人容易**昏绝**，未必是打。"宋福、宋寿坚执是打死的。县主道："有伤无伤，须凭检验。既说打死，将尸发在**漏泽园**去，**俟晚堂听检**。"原来宋家也是个大户，有体面的，老儿曾当过**里长**，儿子怎肯把父亲在尸场**剔骨**？两个双双**叩头**道："父亲死状，众目共见，只求爷爷到小人家里相验，不愿**发检**。"县主道："若不见**贴骨**伤痕，凶身怎肯**伏罪**？没有**尸格**，如何**申**得上司过？"弟兄两个只是求告，县主发怒道："你既不愿检，我也难问。"慌得他弟兄两个连连叩头道："但凭爷爷**明断**！"县主道："**望七**之人，死是**本等**。倘或不因打死，**屈害**了一个**平人**，反增死者罪过。就是你做儿子的，**巴得**父亲到许多年纪，又把个不得**善终**的恶名与他，心中何忍？但打死是假，推仆是真，若不重罚罗德，也难出你的气。我如今教他**披麻戴孝**，与亲儿一般行礼；一应殡殓之费，都要他支持。你可**服**么？"弟兄两个道："爷爷分付，小人敢不遵依。"兴哥见县主不用刑罚，断得干净，喜出望外。当下原被告都叩头称谢。县主道："我也不写**审单**，着差人押出，待事完回话，把原词与你**销讫**便了。"正是：

公堂造业真容易。要积阴功亦不难。

试看今朝吴大尹，解冤释罪两家欢。

却说三巧儿自丈夫出堂之后，**如坐针毡**。一闻得退衙，便迎住问个消息。县主道："我如此如此**断**了。看你之面，一板也不曾责他。"三巧儿千恩万谢，又道："妾与哥哥久别，渴思一会，问取爹娘消息。官人如何做个方便，使妾兄妹相见，此恩不小。"县主道："这也容易。"看官们，你道三巧儿被蒋兴哥休了，恩断义绝，如何恁地用情？他夫妇原是十分恩爱的，因三巧儿做下不是，兴哥不得已而休之，心中兀自不忍，所以三巧儿改嫁之夜，把十六只箱笼完完全全的赠他。只这一件，三巧儿的心肠，也不容不软了。今日他身处富贵，见兴哥**落难**，如何不救？这叫做知恩报恩。

执命	zhímìng	demand vengeance
怀恨	huáihèn	full of hatred; begnidged against sb.
登时	dēngshí	at once
打闷	dǎmēn	beat sb. unconscious
仆地	pūdì	fall to the ground
做主	zuòzhǔ	decide
干证	gānzhèng	[古] witness
口词	kǒucí	testimony
昏绝	hūnjué	faint
未必	wèibì	not necessarily
漏泽园	lòuzéyuán	[古] morgue
俟	sì	wait
听检	tīngjiǎn	hear the result of examination
里长	lǐzhǎng	[古] district alderman
剔骨	tìgǔ	autopsy
发检	fājiǎn	have a public examination
贴骨	tiēgǔ	to the bone
伏罪	fúzuì	admit one's guilt
尸格	shīgé	[古] postmortem report
申	shēn	report
明断	míngduàn	verdict wisely
望七	wàngqī	[古] approaching seventy years old
本等	běnděng	be expected
屈害	qūhài	be wronged
平人	píngrén	[古] innocent man
罪过	zuìguò	guilt
巴得	bādé	[古] after having seen
善终	shànzhōng	die while in a state of grace
披麻戴孝	pīmá dàixiào	[成] put on mourning apparel
服	fú	agree
审单	shěndān	record
销讫	xiāoqì	cancel
如坐针毡	rú zuò zhēnzhān	[成] as if sitting on a blanket of needles
断	duàn	settle a lawsuit
落难	luònàn	meet with a misfortune; encounter difficulty

再说蒋兴哥遵了县主所断，着实小心尽礼，更不惜费，宋家弟兄都没话了。丧葬事毕，差人押到县中回复。县主唤进私衙赐坐，说道："尊舅这场官司，若非令妹再三哀恳，下官几乎得罪了。"兴哥不解其故，回答不出。少停茶罢，县主请入内书房，教小夫人出来相见。你道这番意外相逢，不像个梦景么？他两个也不行礼，也不讲话，紧紧的你我相抱，放声大哭，就是哭爹哭娘，从没见这般哀惨。连县主在旁，好生不忍，便道："你两人且莫悲伤，我看你不像哥妹，快说真情，下官有处。"两个哭得半休不休的，哪个肯说？却被县主盘问不过，三巧儿只得跪下，说道："贱妾罪当万死。此人乃妾之前夫也。"蒋兴哥料瞒不得，也跪下来，将从前恩爱及休妻再嫁之事，一一诉知。说罢，两人又哭做一团，连吴知县也堕泪不止，道："你两人如此相恋，下官何忍拆开？幸然在此三年，不曾生育，即刻领去完聚。"两人插烛也似拜谢。

县主即忙讨个小轿，送三巧儿出衙；又唤集人夫，把原来赔嫁的十六个箱笼抬去，都教兴哥收领；又差典吏一员，护送他夫妇出境。此乃吴知县之厚德。正是：

> 珠还合浦重生采，剑合丰城倍有神。
>
> 堪羡吴公存厚道，贪财好色竟何人？

此人向来艰子，后行取到吏部，在北京纳宠，连生三子，科第不绝，人都说阴德之报，这是后话。

再说蒋兴哥带了三巧儿回家，与平氏相见。论起初婚，王氏在前；只因休了一番，这平氏倒是明媒正娶，又且平氏年长一岁，让平氏为正房，王氏反做偏房。两个姐妹相称。从此一夫二妇，团圆到老。有诗为证：

> 恩爱夫妻虽到头，妻还作妾亦堪羞。
>
> 殃祥果报无虚谬，咫尺青天莫远求。

小心尽礼	xiǎoxīn jìnlǐ	scrupulously observe all the rites
私衙	sīyá	private chamber
赐坐	cìzuò	offer a chair
有处	yǒuchù	figure out a way
盘问	pánwèn	question
贱妾	jiànqiè	[古] (of woman to husband) I; me
罪当万死	zuì dāng wàn sǐ	be guilty of a crime for deserving ten thousand deaths
小轿	xiǎojiào	sedan chair
差	chāi	order
厚德	hòudé	goodness
艰子	jiānzǐ	[古] have difficulty in giving birth to a son
行取	xíngqǔ	be promoted
吏部	lìbù	Ministry of Personnel
纳宠	nàchǒng	take a concubine
科第不绝	kēdì bùjué	all of them pass the imperial examination
阴德	yīndé	a good deed to the doer's credit in the next world
明媒正娶	míngméi zhèngqǔ	[成] through a formal wedding or marriage
正房	zhèngfáng	a legal wife
偏房	piānfáng	a concubine

（七）金玉奴棒打薄情郎

《喻世明言》第二十七卷

枝在墙东花在西，自从落地任风吹。
枝无花时还再发，花若离枝难上枝。

这四句，乃昔人所作《弃妇词》，言妇人之随夫，如花之附于枝，枝若无花，逢春再发；花若离枝，不可复合。劝世上妇人，事夫尽道，**同甘同苦**，**从一而终**。**休得慕富嫌贫**，两意三心，自贻后悔。

且说汉朝一个名臣，当初未遇**时节**，其妻**有眼不识泰山**，弃之而去，到后来，悔之无及。你说那名臣何方人氏？姓甚名谁？那名臣姓朱，名买臣，表字翁子，**会稽郡**人氏。家贫未遇，夫妻二口，住于**陋巷蓬门**。每日买臣向山中砍柴，挑至市中，卖钱度日。性好读书，**手不释卷**。肩上虽**挑却**柴担，手里兀自擒着书本，朗诵咀嚼，且歌且行。市人听惯了，但闻读书之声，便知买臣挑柴担来了，可怜他是个儒生，都与他买。更兼买臣不争价钱，凭人估值，所以他的柴比别人容易出脱。**一般**也有**轻薄少年**，及儿童之辈，见他又挑柴、又读书，**三五成群**，把他嘲笑戏侮，买臣全不为意。

一日其妻出门汲水，见群儿随着买臣柴担，拍手共笑，深以为耻。买臣卖柴回来，其妻劝道："你要读书，便休卖柴；要卖柴，便休读书。许大年纪，不痴不颠，却做出恁般行径，被儿童笑话，岂不羞死！"买臣答道："我卖柴以救贫贱，读书以取富贵，各**不相妨**，由他笑话便了。"其妻笑道："你若取得富贵时，不去卖柴了。自古及今，哪见卖柴的人做了官？却说这**没把鼻**的话！"买臣道："富贵贫贱，各有其时。有人**算**我八字，到五十岁上，必然**发迹**。常言'**海水不可斗量**'，你休料我。"其妻道："那算命先生，见你痴颠模样，故意要笑你，你休听信。到五十岁时，连柴担也挑不动，饿死是有分的，还想做官！除是**阎罗王**殿上，少个**判官**，等你去做！"买臣道："姜太公八十岁，尚在渭水钓鱼，遇了**周文王**，以后车载之，拜为**尚父**。本朝公孙弘丞相，五十九岁上，还在东海**牧豕**，整整六十岁，方才**际遇今上**，**拜将封侯**。我五十岁上发迹，比甘罗虽迟，比那两个还早，你须耐心等去。"其妻道："你

同甘共苦	tónggān gòngkǔ	[成] share both prosperity and adversity with someone
从一而终	cóng yī 'ér zhōng	[成] (of a wife) be faithful to one's husband unto death
休得…	xiūdé	[古] 别…; do not
慕富嫌贫	mùfù xiánpín	[成] scorn poverty and covet riches
时节	shíjié	[古] time when
有眼不识泰山	yǒu yǎn bù shí Tàishān	[成] have eyes but fail to see Tai Mountain, which means someone fails to recognize a person with high social status or great ability
会稽郡	Huìjī Jùn	今浙江省绍兴 (Shàoxīng) 县
陋巷蓬门	lòuxiàng péngmén	a broken-down cottage in a mean alley
手不释卷	shǒu bú shì juàn	[成] always with a book in one's hand; be a diligent reader
挑却	tiāoquè	[古] 挑着; 挑: tote with a carrying pole; to shoulder
兀自	wùzì	[古] still
擒	qín	拿
咀嚼	jǔjué	mull over; ruminate; ponder over what one is reading
儒生	rúshēng	Confucian scholar
一般	yìbān	[古] as a rule; as usual
轻薄少年	qīngbó shàonián	lighthearted youth; gang of idlers
三五成群	sānwǔ chéngqún	[成] in groups of three and four; in knots; in small groups
相妨	xiāng fáng	互相妨碍; 妨: contradict; interfere with
没把鼻	méi bǎbí	[古] without cue
算八字	suàn bāzì	to make an astrological calculation; 八字: Eight Characters (in four pairs, including the year, month, day and hour of a person's birth, each pair consisting of one Heavenly Stem and one Earthly Branch, formerly used in fortune-telling)
发迹	fājī	(of a poor man) gain fame and fortune; make a career
海水不可斗量	hǎishuǐ bù kě dǒu liáng	[成] You can't measure out the ocean with a gallon can. This is usually said after "人不可貌相 (Don't judge anyone by appearances.)"
阎罗王	Yánluó Wáng	Yama; the King of Hades
判官	pànguān	[古] judge
周文王	Zhōu Wénwáng	King Wen of Chou Dynasty
尚父	Shàngfù	[古] counselor
牧豕	mù shǐ	[古] herd hogs
际遇	jìyù	meet; this term is usually used as a noun, meaning favorable or unfavorable turns in life; spells of good or bad fortune
今上	jīnshàng	[古] the present emperor
拜将封侯	bài jiàng fēng hóu	拜将: be conferred a post; 封侯: to confer (a title, territory, etc.) upon

休得**攀今吊古**！那钓鱼牧豕的，胸中都有才学。你如今读这几句死书，便读到一百岁，只是这个**嘴脸**，有甚**出息**？**晦气**做了你老婆！你被儿童耻笑，**连累**我也没脸皮。你不听我言，抛却书本，我决不跟你终身，各人自去走路，休得两相耽误了。"买臣道："我今年四十三岁了，再七年，便是五十。前长后短，你就等耐，也不多时。**直恁薄情**，舍我而去，后来须要**懊悔**！"其妻道："世上少甚挑柴担的汉子，懊悔甚么来？我若再守你七年，连我这骨头不知饿死于何地了。你倒放我出门，做个方便，活了我这条性命。"买臣见其妻决意要去，留他不住，叹口气道："**罢**，罢，只愿你嫁得丈夫，**强似朱买臣的便好**。"其妻道："好歹强似一分儿。"说罢，拜了两拜，欣然出门而去，头也不回。买臣感慨不已，题诗四句于壁上云：

> 嫁犬逐犬，嫁鸡逐鸡。
>
> 妻自弃我，我不弃妻。

买臣到五十岁时，值汉**武帝下诏求贤**，买臣到**西京上书**，**待诏公车**。同邑人严助**荐**买臣之才，**天子知买臣**是会稽人，必知本土民情利弊，即拜为会稽**太守**，**驰驿赴任**。会稽长吏闻新太守将到，大发人夫，修治道路。买臣妻的后夫亦在役中，其妻**蓬头跣足**，随伴送饭。见太守**前呼后拥**而来，从旁窥之，乃故夫朱买臣也。买臣在车中，一眼瞧见，还认得是故妻，遂使人招之，载于后车。到**府第**中，故妻羞惭无地，**叩头谢罪**。买臣教请他后夫相见。不多时，后夫唤到，拜伏于地，不敢**仰视**。买臣大笑，对其妻道："似此人，未见得强似我朱买臣也。"其妻再三叩谢，自悔**有眼无珠**，愿降为**婢妾**，**伏事终身**。买臣命取水一桶，泼于阶下，向其妻说道："若泼水可复收，则汝亦可复合。念你少年**结发**之情，判后园**隙地**，与汝夫妇耕种自食。"其妻随后夫走出府第，路人都指着说道："此即新太守夫人也。"于是羞极**无颜**，到于后园，遂投河而死。有诗为证：

> 漂母尚知怜饿士，亲妻忍得弃贫儒。
>
> 早知覆水难收取，悔不当初任读书。

又有一诗，说欺贫重富，世情皆然，不止一买臣之妻也。诗曰：

> 尽看成败说高低，谁识蛟龙在污泥？
>
> 莫怪妇人无法眼，普天几个负羁妻。

这个故事，是妻弃夫的。如今再说一个夫弃妻的，一般是欺贫重富，背义忘恩，后来徒**落得个薄幸之名**，被人讲论。

攀今吊古	pānjīn diàogǔ	reference experience of historical figures to make one's case
嘴脸	zuǐliǎn	样子 (in derogatory sense)
出息	chūxi	promise; prospects; future
晦气	huì.qì	unlucky; bad luck; encounter rough going
连累	liánlèi	implicate; incriminate; involve; get someone into trouble
直恁…	zhírèn	[古] 这么…; 那么…
须要	xūyào	[古] 一定会
懊悔	àohuǐ	后悔; regret
罢	bà	All right, then
强似	qiángsì	[古] be better than; be superior to
好歹	hǎodǎi	不管怎么样; no matter how; anyway
汉武帝	Hàn Wǔdì	Emperor Wu of the Han Dynasty
下诏	xiàzhào	issue an edict
到西京上书		went to the Western Capital and submitted a written statement
待诏公车	dài zhào Gōngchē	take his place among those awaiting appointment; 公车: 汉代的政府部门, 负责接应征者, 并安排住宿
同邑人	tóng yì rén	同乡; a person from the same village, town or province
荐	jiàn	推荐; recommend
天子	tiānzǐ	[古] the Emperor
太守	tàishǒu	[古] prefecture chief in feudal China
驰驿	chíyì	ride off; 驰: to gallop; 驿: formerly one of a series of roadside stops for the supply of relay horses or rest for couriers
赴任	fùrèn	[古] go to one's appointed post; be on the way to one's post
长吏	zhǎnglì	[古] superior officer
蓬头跣足	péngtóu xiǎnzú	[古] with disheveled hair and barefeet; unkempt; very untidy in appearance; 今做 "蓬头垢面"
前呼后拥	qiánhū hòuyōng	[成] with escorts in front and behind; with many attendants crowding round; 形容达官贵人出行时随从众多的盛况
府第	fǔdì	a mansion; a large hall
叩头谢罪	kòutóu xièzuì	bow down to the ground and offer an apology
仰视	yǎngshì	往上看
有眼无珠	yǒuyǎn wúzhū	[成] fail to recognize a thing for what it truly is
婢妾	bìqiè	maidservant or concubine
伏事	fúshì	to serve; 今做 "服侍"
结发	jiéfà	betrothed and married when both were young
隙地	xìdì	[古] unoccupied place; open space
落得个**薄幸**之名	bóxìng	end in having the reputation of being ungrateful

话说**故宋绍兴年间**，临安虽然是个建都之地，富庶之乡，其中乞丐的依然不少。那丐户中有个为头的，名曰"团头"，管着众丐。众丐**叫化**得东西来时，团头要收他日头钱。若是雨雪时，没处叫化，团头却**熬些稀粥**，养活这伙丐户，破衣破袄，也是团头照管。所以这伙丐户，小心低气，服着团头，如奴一般，不敢**触犯**。那团头现成收些常例钱，一般在众丐户中**放债盘利**，若不嫖不赌，依然**做起大家事来**。他靠此为生，一时也不想改业。只是一件，"团头"的名儿不好。**随你挣**得有田有地，几代发迹，**终是个叫化头儿**，比不得**平等百姓人家**，出外没人恭敬，只好闭着门，自屋里做大。虽然如此，若数着"良贱"二字，只说娼、优、隶、卒，四般为贱流，倒数不着那乞丐。看来乞丐只是没钱，**身上却无疤癞。**假如春秋时伍子胥**逃难**，也曾吹箫于吴市中乞食；唐时郑元和做**歌郎**，唱《莲花落》，后来富贵发达，一床锦被遮盖。这都是叫化中出色的。可见此辈虽然被人轻贱，倒**不比**娼、优、隶、卒。

闲话休题，如今且说杭州城中一个团头，姓金，名老大。祖上到他，做了七代团头了，**挣得个完完全全的家事。**住的有好房子，种的有好田园，穿的有好衣，吃的有好食；真个**廒多积粟**，囊有余钱，放债使婢。虽不是顶富，也是数得着的富家了。那金老大有志气，把这团头让与族人金癞子做了，自己**现成受用**，不与这伙丐户**歪缠**。然虽如此，里中口顺，还只叫他是团头家，其名不改。金老大年五十余，丧妻无子，只存一女，名唤玉奴。那玉奴生得十分美貌，怎见得？有诗为证：

无瑕堪比玉，有态欲羞花。

只少宫妆扮，分明张丽华。

金老大爱此女如同珍宝，从小教他读书识字。到十五六岁时，诗赋俱通，一写一作，**信手而成**。更兼女工精巧，亦能**调筝弄管**，事事伶俐。金老大倚着女儿才貌，立心要将他嫁个士人。论来就名门旧族中，急切要这一个女子也是少的，可恨生于团头之家，没人相求。若是**平常经纪人家**，没前程的，金老大又不肯**扳**他了。因此高低不就，把女儿直挨到一十八岁，尚未许人。

偶然有个邻翁来说："太平桥下有个书生，姓莫名稽，年二十岁，一表人才，读书饱学。只为父母双亡，家穷未娶。近日考中，补上太学生，情愿**入赘**人家。此人正与**令爱**相宜，何不招之为婿？"金老大道："就烦老翁作伐何如？"邻翁**领命**，**径**到太平桥下寻那莫**秀才**，对他说了："实不相瞒，祖宗曾做个团头的，如

故宋绍兴年间	gù Sòng Shàoxīng	in the Shaoxing reign-period of the Song Dynasty (1131-1163)
临安	Lín'ān	今浙江省临安市, 在浙江西北, 东为杭州, 西为黄山
叫化	jiàohuà	[古] to beg, a beggar
熬些稀粥	áo xiē xīzhōu	煮一些稀饭; boil some rice or millet gruel
触犯	chùfàn	offend
放债盘利	fàngzhài pánlì	lend out money at an exorbitant rate of interest
嫖	piáo	visit prostitutes
做起大家事来		[古] build up a going concern
随你···终是···	suínǐ...zhōngshì...	[古] 不管你怎么…最后还是…
平等百姓人家		[古] 一般的背景良好的家庭; ordinary respectable people
娼、优、隶、卒	chāng, yōu, lì, zú	prostitutes, actors/actresses, (of a government office) runners and soldiers
疤癍	bābān	[古] scar; here it means labels such as 娼, 优, 隶, 卒
假如	jiǎrú	[古] 例如; 譬如; 比方说
春秋	Chūnqiū	the Spring and Autumn Period (770-476 B.C.)
逃难	táonàn	flee from calamity; be a refugee
歌郎	gēláng	[古] people who sing at funerals
挣得个完完全全的家事	zhèng	develop the profession into a perfect family business
廒多积粟	áo duō jī sù	barns are well-stocked with grain
现成受用	xiànchéng shòuyòng	be satisfied with what he has
歪缠	wāichán	mingle
女工	nǚgōng	needlework; 也写成 "女红"
信手而成	xìnshǒu ér chéng	have words, material, etc. at one's fingertips and write with facility
调筝弄管	tiáozhēng	perform on the harp or flute; play musical instruments
平常经纪人家		humble and unambitious business people
扳	pān	同 "攀", to cultivate a liaison with…
一表人才	yìbiǎo réncái	[成] a man of striking appearance; with the appearance of talent
入赘	rùzhuì	marry into and live with one's bride's family
令爱	lìng'ài	是 "您的女儿" 的尊称
婿	xù	son-in-law; 现在一般说 "女婿"
作伐	zuòfá	[古] act as matchmaker
领命	lǐngmìng	receive orders or errands; accept a commission
径	jìng	directly; straightway
秀才	xiù.cái	one who passed the imperial examination at the county level in the Ming and Qing dynasties

今久不做了。只贪他好个女儿，又且家道富足。秀才若不弃嫌，老汉即当**玉成**其事。"莫稽口虽不语，心下想道："我今衣食不周，无力婚娶，何不俯就他家，**一举两得**？也顾不得耻笑。"乃对邻翁说道："大伯所言虽妙，但我**家贫乏聘**，如何是好？"邻翁道："秀才但是**允从**，纸也不费一张，都在老汉身上。"邻翁回覆了金老大，择个吉日，金家倒送一套新衣穿着，莫秀才**过门成亲**。莫稽见玉奴才貌，**喜出望外**，不费一钱，白白的得了个美妻，又且**丰衣足食**，事事称**怀**。就是朋友辈中，晓得莫稽贫苦，无不相谅，倒也没人去笑他。

到了满月，金老大备下盛席，教女婿请他同学会友饮酒，荣耀自家门户。一连吃了六七日酒。**何期**恼了族人金癞子。那癞子**也是一班正理**，他道："你也是团头，我也是团头，只你多做了几代，挣得钱钞在手。论起**祖宗一脉**，彼此无二。侄女玉奴招婿，也该请我**吃**杯**喜酒**。如今请人做满月，开宴六七日，并无三寸长一寸阔的**请帖儿**到我。你女婿做秀才，难道就做尚书、宰相？我就不是亲叔公，坐不起凳头？**直恁不觑**人在眼里！我且去**蒿恼**他一场，教他大家没趣！"叫起五六十个丐户，一齐奔到金老大家里来。但见：

> 开花帽子，打结衫儿。旧席片对着破毡条，短竹根配着缺糙碗。叫爹叫娘叫财主，门前只见喧哗；弄蛇弄狗弄猢狲，口内各呈伎俩。敲板唱杨花，恶声聒耳；打砖搽粉脸，丑态逼人。一班泼鬼聚成群，便是钟馗收不得。

金老大听得闹吵，开门看时，那金癞子领着众丐户，一拥而入，嚷做一堂。癞子径奔席上，拣好酒好食只顾吃，口里叫道："快叫侄婿夫妻来**拜见叔公**！"唬得众秀才站脚不住，都逃席去了，连莫稽也随着众朋友躲避。金老大**无可奈何**，只得再三**央告**道："今日是我女婿请客，不干我事。改日专**治**一杯，与你**陪话**。"又将许多钱钞分赏众丐户，又抬出两瓮好酒和些活鸡、活鹅之类，教众丐户送去金癞子家，当个**折席**。直乱到黑夜，方才散去。玉奴在房中气得两泪交流。这一夜，莫稽在朋友家借宿，次早方回。金老大见了女婿，自觉出丑，满面含羞。莫稽心中未免也有三分不乐，只是大家不说出来。正是：

> 哑子尝黄柏，苦味自家知。

却说金玉奴只恨自己门风不好，**要挣个出头**，乃劝丈夫刻苦读书。凡古今书籍，不惜价钱，买来与丈夫看；又不吝供给之费，**请人会文会讲**；又出资财，教丈夫**结交延誉**。莫稽由此才学日进，名誉日起，二十三岁**发解连科及第**。这日**琼林宴**罢，乌帽宫袍，**马上迎归**。将到丈人家里，只见街坊上一群小儿争先来

玉成	yùchéng	help; (礼貌说法) kindly help secure the success of something
一举两得	yìjǔ liǎngdé	[成] get a double advantage; get two results from one effort
家贫乏聘	jiāpín fápìn	家里太穷, 没有聘礼; too poor to buy betrothal presents
如何是好	rúhé shì hǎo	怎么办? 怎么做才好?
但是允从	dàn shì yǔn cóng	只要答应就好了
过门成亲	guòmén chéngqīn	move into one's husband's household and have a wedding ceremony
喜出望外	xǐ chū wàng wài	[成] be pleasantly surprised; be delighted with one's unexpected good fortune
丰衣足食	fēngyī zúshí	[成] have ample food and clothing
称怀	chènhuái	fulfill; satisfy; have as one wishes
满月	mǎnyuè	a couple's completion of their first month of marriage
荣耀自家门户	róngyào...ménhù	enhance the dignity of the house
何期	héqí	没想到
也是一般正理		也有他的道理
祖宗一脉	mài	come down in one continuous line; can be traced to the same origin; to be derived from the same origin
无二	wú'èr	没有不同
吃喜酒	chī xǐjiǔ	go to a wedding feast; attend a wedding banquet
请帖儿	qǐngtiěr	invitation card
直恁	zhírèn	[古] 竟然如此; 竟然这样
觑	qù	看
蒿恼	hāonǎo	[古] annoy; make angry
拜见	bàijiàn	pay a formal visit; call to pay respects
无可奈何	wúkě nàihé	[成] feel helpless; against one's will; have no alternative (but)
央告	yānggào	请求; beg; ask earnestly
治	zhì	准备
陪话	péihuà	[古] 道歉; apologize
折席	zhéxí	补办的酒席
门风	ménfēng	the class status of one's family; a family origin or background
挣个出头	zhèng ge chūtóu	become outstanding; come to the fore
请人会文会讲		engage tutors for learned discussions with him
延誉	yányù	extend one's circle of acquaintances; make oneself known
发解连科及第		pass the provincial civil service examination under the old Chinese examination system
琼林宴	qiónglín yàn	a luxurious dinner in honor of successful national examination candidates
马上迎归	mǎshàng yíngguī	ride on a horse and return

看，指道：“金团头家女婿做了官也。”莫稽在马上听得此言，又不好**揽事**，只得忍耐。见了丈人，虽然**外面尽礼**，却包着一肚子忿气，想道：“早知有今日富贵，怕没王侯贵戚招赘成婚？却拜个团头做岳丈，**可不是 终身之玷**！养出儿女来，还是团头的外孙，被人**传作话柄**。如今事已如此，妻又贤慧，不犯**七出之条**，不好决绝得。正是事不三思，终有后悔。”为此心中**快快**，只是不乐。玉奴几遍问而不答，正不知甚么意故。好笑那莫稽，只想着今日富贵，却忘了贫贱的时节，把老婆资助成名一段功劳，化为春水，这是**他心术不端**处。

不一日，莫稽**调选**，得授无为军司户，丈人治酒送行。此时众丐户，料也不敢登门闹吵了。喜得临安到无为军，是**一水之地**，莫稽领了妻子，登舟赴任。行了数日，到了采石江边，**维舟**北岸。其夜月**明如昼**，莫稽睡不能寐，穿衣而起，坐于船头玩月。四顾无人，又想起团头之事，闷闷不悦。忽然动一个恶念，除非此妇身死，另娶一人，方免得终身之耻。心生一计，走进船舱，哄玉奴起来看月华。玉奴已睡了，莫稽再三逼他起身。玉奴难逆丈夫之意，只得披衣，走至马门口，**舒**头望月，被莫稽**出其不意**，牵出船头，推堕江中。悄悄唤起舟人，**分**付快开船前去，重重有赏，不可迟慢。舟子**不知明白**，慌忙**撑篙荡桨**，移舟于十里之外，住泊停当，方才说：“**适间奶奶因玩月坠水，捞救不及了**！”却将三两银子赏与舟人为酒钱。舟人**会意**，谁敢开口？船中虽跟得有几个蠢婢子，只道主母真个坠水，悲泣了一场，丢开了手，不在话下。有诗为证：

> 只为团头号不香，忍因得意弃糟糠。
>
> 天缘结发终难解，赢得人呼薄幸郎。

你说事有凑巧，莫稽移船去后，**刚刚**有个淮西转运使许德厚，也是新**上任**的，泊舟于采石北岸，正是莫稽先前推妻坠水处。许德厚和夫人推窗看月，开怀饮酒，尚未曾睡。忽闻岸上啼哭，乃是妇人声音，其声哀怨，**好生**不忍。忙呼水手打看，果然是个单身妇人，坐于江岸。便教唤上船来，审其来历。原来此妇正是无为军司户之妻金玉奴，初坠水时，**魂飞魄荡**，已拚着必死。忽觉水中有物，托起两足，随波而行，近于江岸。玉奴挣扎上岸，举目看时，江水**茫茫**，已不见了司户之船，才**悟道**丈夫贵而忘贱，**故意欲溺死故妻，别图良配**。如今虽得了性命，无处**依栖**，转思苦楚，以此痛哭。见许公盘问，不免从头至尾，细说一遍。说罢，哭之不已，连许公夫妇都感伤堕泪，劝道：“汝休得悲啼，肯为我义女，再

揽事	lǎnshì	惹事; stir up trouble
外面尽礼	wàimiàn jìnlǐ	表面上做到了礼貌
岳丈	yuèzhàng	wife's father; father-in-law; 也叫 "岳父"
可不是终身之玷	diàn	这真是一辈子的污点啊!
传作话柄	huàbǐng	become the joke of the town; 话柄: subject for ridicule
七出之条	qīchū zhī tiáo	women's seven sins: 不育、不孝、不贞、口舌、妒忌、恶疾、偷窃
怏怏	yàngyàng	disgruntled; sullen
心术不端	xīnshù bùduān	[成] harbor evil intentions; lack of sincerity; one's intention is not right; 也说 "心术不正"
谒选	yèxuǎn	go to the Ministry of the Interior to get an appointment
无为军司户	Wúwéijūn Sīhù	Census Officer of Wuweijun (今安徽省无为县)
一水之地	yìshuǐ zhī dì	在同一条河的旁边
维舟	wéizhōu	lie at anchor; lie along the shore; tie up in a harbor
月明如昼	yuè míng rú zhòu	The moon shines as bright as day
月华	yuèhuá	[古] 月光; moonlight
马门	mǎmén	船舱门; doorway of a cabin
舒头	shūtóu	伸头; 探头
出其不意	chū qí búyì	[成] 出乎对方意料之外; beyond one's range of expectation
分付	fēn.fù	tell; command; order; 今做 "吩咐"
不知明白	bùzhī míngbái	不知道发生了什么事; be unable to make head or tail of something; be baffled
撑篙	chēnggāo	move a boat with a pole
荡桨	dàngjiǎng	row a boat
适间	shìjiān	刚才
会意	huìyì	了解; 明白
刚刚	gānggāng	正好
上任	shàngrèn	take up an official post; assume office
好生	hǎoshēng	[古] 多么; 很; quite; exceedingly
魂飞魄荡	húnfēi pòdàng	[成] be frightened out of one's wits; almost swooning with fright; 一般说 "魂飞魄散"
茫茫	mángmáng	boundless and indistinct; vast
悟道	wùdào	明白真相; realize the truth
意欲	yìyù	想要; 打算
别图良配	bié tú liángpèi	企图另外找一个好对象
依栖	yīqī	depend on a husband like a bird alighting or roosting on a tree
义女	yìnǚ	adopted daughter; foster daughter

作**道理**。"玉奴拜谢。许公分付夫人取干衣替他通身换了，安排他后舱独宿。教手下男女都称他小姐，又分付舟人，不许**泄漏**其事。

不一日，到淮西上任。那无为军正是他所属地方，许公是莫稽司户的**上司**，未免随班**参谒**。许公见了莫司户，心中想道："可惜一表人才，干恁般薄幸之事。"约过数月，许公对**僚属**说道："**下官**有一女，颇有才貌，年已**及笄**，欲择一佳婿赘之。诸君意中，有其人否？"众僚属都闻得莫司户青年**丧偶**，齐声荐他才品非凡，堪作东**床**之选。许公道："此子吾亦**属意**久矣，但少年登第，心高望**厚**，未必肯赘吾家。"众僚属道："彼**出身寒门**，得公收拔，如**蒹葭倚玉树**，何幸如之，岂以入赘为嫌乎？"许公道："诸君既**酌量**可行，可与莫司户言之。但云出自诸君之意，以探其情，莫说下官，恐有妨碍。"众人领命，遂与莫稽说知此事，要替他**做媒**。莫稽正要攀高，况且联姻上司，**求之不得**，便欣然应道："此事全**仗**玉成，**当效衔结之报**。"众人道："当得，当得。"随即将言回复许公。许公道："虽承司户不弃，但下官夫妇，钟爱此女，**娇养成性**，所以不舍得出嫁。只怕司户少年气概，不相饶让，或致小有**嫌隙**，有伤下官夫妇之心。须是预先讲过，凡事容耐些，方敢赘入。"众人领命，又到司户处传话，司户无不依允。此时司户不比做秀才时节，一般用金花彩币为**纳聘之仪**，选了吉期，皮松骨痒，整备做转运使的女婿。

却说许公先教夫人与玉奴说："老相公怜你寡居，欲重赘一少年**进士**，你不可**推阻**。"玉奴答道："奴家虽出寒门，颇知礼数。既与莫郎结发，从一而终。虽然莫郎嫌贫弃贱，忍心害理；奴家各尽其道，岂肯改嫁，以伤**妇节**？"言毕，**泪如雨下**。夫人察他志诚，乃实说道："老相公所说少年进士，就是莫郎。老相公恨其薄幸，务要你夫妻再合，只说有个亲生女儿，要招赘一婿，却教众僚属与莫郎议亲，莫郎欣然听命，只今晚入赘吾家。等他进房之时，须是如此如此，**与你出这口呕气**。"玉奴方才收泪，重匀粉面，再整新妆，打点结亲之事。

到晚，莫司户**冠带齐整**，帽插金花，身披红锦，跨着**雕鞍骏马**，两班鼓乐前导，众僚属都来送亲。一路行来，谁不**喝采**！正是：

> 鼓乐喧阗白马来，风流佳婿实奇哉。
>
> 团头喜换高门眷，采石江边未足哀！

是夜，转运司**铺毡结彩**，大吹大擂，等候新女婿上门。莫司户到门下马，许公冠带出迎，众官僚都别去。莫司户直入私宅，新人用红帕**覆首**，两个**养娘**扶将出

道理	dàolǐ	[古] 打算
泄漏	xièlòu	make known; divulge; give away; let out; vent
上司	shàngsī	superior; boss
参谒	cānyè	pay one's respects to someone
僚属	liáoshǔ	officials under someone in authority; subordinates; staff
下官	xiàguān	[古] 官员自称
及笄	jíjī	[古] (of women) coming of age, usually at 15, the year when in which a girl begins wearing a pin to hold her hair
丧偶	sàng'ǒu	失去配偶; bereft of one's spouse
东床	dōngchuáng	女婿; son-in-law
属意	zhǔyì	fix one's mind on someone (as one's choice, favorite, etc.)
出身寒门	chūshēn hánmén	come from a humble home; be of humble origin(s)
兼葭倚玉树	jiānjiā yǐ yùshù	cling as the creeper to the tree of jade; 兼葭: a kind of reed with a pithy stem
何幸如之	hé xìng rú zhī	多么地幸运啊!
酌量	zhuóliáng	consider; deliberate; use one's judgment
做媒	zuòméi	be a matchmaker; act as a go-between
求之不得	qiúzhī bùdé	[成] just what one (has) wished for; most welcome
仗	zhàng	靠
当效衔结之报	xiánjié	一定会像那只咬着玉环报答恩人的鸟一样地报答你们; will repay with gratitude, just like the bird in an old story returns with rings in its mouth to thank its owner for giving it freedom; 效: 学; 模仿
娇养成性	jiāoyǎng chéngxìng	be spoiled; brought up in easy circumstances by doting parents; 娇养: 娇生惯养; 成性: 成了天性
嫌隙	xiánxì	误解; feelings of animosity; enmity; grudge
纳聘之仪	nàpìn zhī yí	gift signifying acceptance of the betrothal
进士	jìn.shì	a successful candidate in the highest imperial examinations
推阻	tuīzǔ	拒绝; refuse; decline
妇节	fùjié	the true virtue of womanhood
泪如雨下	lèi rú yǔ xià	[成] burst into a flood of tears
与你出这口呕气	òuqì	替你出气; vent your spleen
冠带齐整	guāndài qízhěng	in full dress; 冠带: cap and belt worn by the literati
雕鞍骏马	diāo'ān jùnmǎ	a fine horse with decorated saddle
喝采	hècǎi	applaud; cheer; hurrah
铺毡结彩	pūzhān jiécǎi	roll out carpets and put up silk ribbons
覆首	fùshǒu	盖在头上
养娘	yǎngniáng	[古] maid

来。掌礼人在槛外**喝 礼**，双双**拜了天地**，又拜了丈人、丈母，然 后 交拜 礼毕，送归**洞房**，做花烛筵席。莫司户此 时心中，如登**九霄**云里，欢喜不可形容，仰着脸 昂然而入。才跨进房门，忽然两边门侧里走出七八个**老妪**、**丫鬟**，一个个 手 执篱竹细棒，**劈头劈脑** 打将下来，把纱帽都打脱了，肩背上 棒如雨下，打得叫喊**不 迭**，正没想一头处。莫司户被打，慌做一堆 **蹭倒** ，只得叫声："丈人、丈母救命！"只听房中娇声**宛转**，分付道："休**打杀**薄情郎，且唤来相见。"众人方才住手。七八个老妪、丫鬟 扯耳朵，拽胳膊，好似**六 贼 戏 弥 陀** 一般，脚不点地，拥 到新人面 前。司户口中还说道："下官 何罪？"开眼看时，画烛 辉煌，照见上边 端 端 正 正坐 着个新 人，不是别人，正是故妻 金玉 奴 。莫稽此时**魂不附体**，乱嚷道："有鬼！有鬼！"众人都笑起 来 。只见许公自外而入，叫道："贤婿休疑，此 乃吾采石 江头所 认之义女，非鬼也。"莫稽 心 头方才住了跳，慌 忙跪下 ，拱手道："我 莫稽知 罪了，望 大人包容之。"许公道："此事与下官无干，只吾女没说话就罢了。"玉 奴**唾 其面**，骂道："薄幸贼！你 不记 宋 弘有言：'**贫 贱 之交不可 忘，糟糠之妻不下堂**'。当初你 空手赘入吾门，亏得我家 资财，读 书 延誉，以致 成名，**侥 幸今日。 奴 家** 亦望 夫荣 妻贵，何期你忘恩负本，就不念结发之情，**恩将仇报**，将奴推堕江心。幸然上天可 怜，得 遇 恩 爹 提救，收为义女。**倘然**葬江鱼之腹，你别娶新人，于心何 忍？今日有何颜面，再与你完聚？"说罢，**放声 而 哭**，"千薄幸"，"万薄幸"，骂不住口。莫稽 满面羞惭，闭口无言，只顾磕头求恕。

许公见骂得够了，方才把莫稽扶起，劝玉奴道："我儿息怒，如今贤婿悔罪，**料然不敢 轻慢你了。** 你 两 个虽然旧日夫妻，在我家只算新婚花烛，凡事看我之面，**闲言闲语，一笔都 勾罢。**"又 对莫 稽 说道："贤婿，你自家不是，休怪别人。今宵只 索忍耐，我教你**丈母**来解 劝 。" 说罢，出房去。少刻夫人来到 ，又 **调 停**了许多说话，两个方才和睦。

次日，许公设宴，管待新女婿，将前日所下金花彩币，依旧送还，道："一 女不受 二聘，贤婿**前番**在金家已费过了，今番下官不敢重叠收受。" 莫 稽 低头无语。许公又道："贤婿常恨令岳翁卑贱，以致夫妇 失 爱，几乎**不 终**。 今下官 备员 如何？只怕**爵位**不高，尚未满 贤婿之意。"莫稽 涨得 面皮 红紫，只是 **离席 谢 罪**。有诗为证：

> 痴心指望缔高姻，谁料新人是旧人。
>
> 打骂一场羞满面，问他何取岳翁新？

喝礼	hèlǐ	(master of ceremony in a wedding) speaking loudly to take the couple through the ritual
拜天地	bài tiāndì	(of the bride and groom) bow to Heaven and Earth as part of a wedding ceremony
洞房	dòngfáng	新婚夫妇的房间
九霄	jiǔxiāo	the farthest limits of the sky
老妪	lǎoyù	老妇人; old women
丫鬟	yā. huán	年轻的婢女; young maid
劈头劈脑	pītóu pīnǎo	right in the face
不迭	bùdié	不停地; profusely; incessantly
正没想一头处		[方] 想不出原因，觉得莫名其妙
蹭倒	cèngdǎo	跌倒
宛转	wǎnzhuǎn	形容声音很好听; sweet and agreeable
打杀	dǎshā	[古] 打得太过分; 杀: in the extreme; exceedingly
六贼戏<u>弥陀</u>	mítuó	the six senses (色, 声, 香, 味, 触, 法) tormenting Amida Buddha, which was a drama
魂不附体	hún bú fùtǐ	[成] Body and soul parted -- greatly frightened
唾其面	tuò qí miàn	spat in his face
贫贱之交不可忘，糟糠之妻不下堂	zāokāng	Do not forget your friends from the days of poverty and wretchedness; a wife who has shared in her husband's hard lot must never be cast aside
侥幸	jiǎoxìng	luckily; by luck; by a fluke
奴家	nújiā	[古] 妻子对丈夫的自称; self-deprecating substitute for "I"
恩将仇报	ēnjiāngchóubào	[成] return kindness with ingratitude
倘然	tǎngrán	如果
放声大哭	fàngshēng dàkū	weep aloud; burst into loud sobbing
息怒	xīnù	平息怒气; cease to be angry; calm one's anger
料然	liàorán	一定; 想必
闲言闲语	xiányán xiányǔ	sarcastic remarks; complaints; 现在一般是 "gossip" 的意思
一笔勾罢	yìbǐ gōubà	cancel with a stroke of the pen; let bygones be bygones; forget the past animosity; 常说成 "一笔勾消"
丈母	zhàngmǔ	岳母; wife's mother; mother-in-law
调停	tiáotíng	mediate; intervene
前番	qiánfān	上次
不终	bùzhōng	不能维持到最后
备员	bèiyuán	职位; position; title; one filling a post
爵位	juéwèi	the rank of nobility; title of nobility
离席谢罪	líxí xièzuì	leave the table, acknowledge his error, and offer an apology

　　自此莫稽与玉奴夫妇和好，比前加倍。许公共夫人待玉奴如真女，待莫稽如真婿，玉奴待许公夫妇，亦与真爹妈无异。连莫稽都感动了，迎接团头金老大在任所，奉养送终。后来许公夫妇之死，金玉奴皆制重服，以报其恩。莫氏与许氏世世为通家兄弟，往来不绝。诗云：

　　宋弘守义称高节，黄允休妻骂薄情。

　　试看莫生婚再合，姻缘前定枉劳争。

共	gòng	和
无异	wúyì	没有不同; 一样
任所	rènsuǒ	[古] official residence; 今称 "官邸"
<u>奉养</u>送终	fèngyǎng sòngzhōng	provide for one's parents and attend to them when they are dying
制重服	zhì zhòngfú	wear mourning apparel that indicates you've lost someone extremely close to you, such as your parents
世世	shìshì	代代; generation to generation
通家	tōngjiā	family related, or friends for generations

（八）吴衙内邻舟赴约

《醒世恒言》 第 二十八 卷

贪花费尽采花心，身损精神德损阴。

劝汝遇花休浪采，佛门第一戒邪淫。

　　话说南宋时，江洲有一秀才，姓潘名遇，父亲潘朗，曾做长沙太守，**高致**在家。潘遇已**中过省元**，别了父亲，买舟往临安**会试**。前一夜，父亲梦见**鼓乐旗彩**，送一状元**匾额**进门。匾上正注潘遇姓名。早起唤儿子说知。潘遇大喜，以为**春闱首捷无疑**。一路去高歌畅饮，情怀开发。不一日，到了临安，寻觅下处，到一个小小人家。主翁相迎，问："相公可姓潘么？"潘遇道："然也。**足下何以知之？**"主翁道："夜来梦见**土地公公**说道今科状元姓潘，明日午时到此，你可小心迎接。相公正应其**兆**。若不嫌寒舍简慢，就在此**下榻**何如？"潘遇道："若果有此事，房价自当倍奉。"即令家人搬运行李到其家停宿。主人有女**年方二八**，颇有姿色，听得父亲说其**梦兆**，道潘郎有状元之分，在窗下偷觑，又见他仪容俊雅，心怀**契慕，无繇通款**。一日，潘生因取砚水，偶然童子不在，自往厨房，恰与主人之女相见。其女一笑而避之。潘生魂不附体，遂将金戒指二枚，玉簪一只，嘱咐童儿，**觑空**致意此女，恳求幽会。此女欣然领受，解腰间**绣囊**相答。约以父亲出外，亲赴**书斋**。一连数日，**潘生望眼将穿，未得其便**。直至**场事已毕**，主翁**治杯节劳**。饮至更深，主翁大醉。潘生方欲就寝，忽闻轻轻叩门之声，启而视之，乃此女也。不及交言，捧进书斋，成其云雨，十分欢爱。约以成名之后，当娶为侧室。是夜，潘朗在家，复梦向时鼓乐旗彩、迎状元匾额过其门而去。潘朗梦中唤云："此乃我家旗匾。"送匾者答云："非是。"潘朗追而看之，果然又一姓名矣。送匾者云："今科状元合是汝子潘遇。因做了欺心之事，天帝命削去前程，另换一人也。"潘朗惊醒，**将信将疑**。**未几揭晓**，潘朗阅登科记，状元果是梦中所迎匾上姓名。其子**落第**。待其归而**叩**之，潘遇**抵赖**不过，只得实说。父子嗟叹不已。潘遇过了岁余，心念此女，遣人持金帛往聘之，则此女已**适**他人矣。心中甚是懊悔。后来连走数科不第，郁郁而终。

Selected by C. P. Chou
Text prepared by Joanne Chiang
Vocabulary prepared by Yan Xia

高致	gāozhì	[古] retire
中省元	zhòng shěngyuán	[古] become the number-one scholar in the provincial level examination
会试	huìshì	[古] take the national examination
鼓乐旗彩	gǔyuè qícǎi	sound of drums and colorful flags
状元	zhuàng.yuán	[古] number one scholar in the nation-wise examination
匾额	biǎn'é	horizontal inscribed board
春闱	chūnwéi	[古] the spring imperial examination
首捷无疑	shǒujié wúyí	will succeed definitely
情怀开发	qínghuái kāifā	be in a cheerful mood
足下	zúxià	[古] you
土地公公	tǔdì gōnggong	god of the earth
正应其兆	zhèng yìng qí zhào	exactly match the prediction
下榻	xiàtà	stay (at a place during a trip)
年方二八	nián fāng 'èrbā	[古] be sixteen years old (of female)
梦兆	mèngzhào	dream
契慕	qìmù	admire; look up to
无繇通款	wúyáo tōngkuǎn	unable to express (one's admiration)
魂不附体	hún bú fùtǐ	[成] as if one's soul has left his body
觑空	qùkòng	[古] seek an opportunity
绣囊	xiùnáng	embroidered bag
书斋	shūzhāi	study
望眼将穿	wàng yǎn jiāng chuān	[成] gaze anxiously till one's eyes are strained; to have long been looking forward with eager expectancy
未得其便	wèi dé qí biàn	have no chance yet
场事已毕	chǎngshì yǐ bì	examination is over
治杯节劳	zhìbēi jiéláo	spread a feast in celebration of (victory)
将信将疑	jiāngxìn jiāngyí	[成] between belief and suspicion; take sth. with a grain of salt
未几	wèijǐ	[古] before long
揭晓	jiēxiǎo	announce the results
落第	luòdì	[古] flunk a competitive examination for a job or school admission
叩	kòu	[古] ask about; inquire for
抵赖	dǐlài	deny a truth
适	shì	[古] (of woman) marry

因贪片刻欢娱景，误却终身富贵缘。

说话的，依你说，古来**才子佳人**，往往私谐欢好，后来**夫荣妻贵**，反成美谈，天公大**算盘**，如何又差错了？看官有所不知。 大凡**行奸卖俏，坏人终身名节**，其过非小。若是五百年前合为夫妇，**月下老**赤绳系足，不论**幽期明配**，总是**前缘判定，不亏行止**。听在下再说一件故事，也出在宋朝，却是神宗皇帝年间，有一位官人，姓吴名度，汴京人氏，进士出身，**除授**长沙府通判。 夫人林氏，生得一位衙内，单讳个彦字，年方一十六岁，**一表人才**，风流潇洒。 自幼读书，**广通经史；吟诗作赋**，件件皆能； 更有一件**异处**，你道是什么异处？这等一个清标人物，却吃得东西，每日要吃三升米饭，二斤多肉，十余斤酒，其外饮馔不算。 这还是吴府尹恐他伤食，**酌中**定下的规矩，若论起吴衙内，只算作**半饥半饱**，未能**趁心像意**。 是年三月间，吴通判**任满**，升选扬州府尹。 彼处**吏书差役**，带领马船，直至长沙迎接。吴度即日收拾行装， 辞别**僚友**起程。下了马船， 一路顺风顺水。 非只一日，将近江州。昔日白乐天赠商妇《琵琶行》云："江州司马青衫湿"便是这个地方。吴府尹船上正扬着满帆，中流稳度。 **倏忽之间，狂风陡作，怒涛汹涌，险些**儿掀翻。莫说吴府尹和夫人们慌张，便是**篙师舵工无不失色**，急忙收帆拢岸。 只有四五里江面，也挣了两个时辰。回顾江中往来船只，哪一只上不**手忙脚乱，求神许愿**，挣得到岸，便谢天不尽了。 这里吴府尹马船至了岸旁抛锚系缆， 那边已先有一只官船**停泊**，两下相隔约有十数丈远。这官船舱门上帘儿半卷，下边站着一个中年妇人，一个美貌女子，背后又侍立三四个丫鬟。吴衙内在舱中帘内，早已瞧见。那女子果然生得娇艳。怎见得？有诗为证：

秋水为神玉为骨，芙蓉如面柳如眉。

分明月殿瑶池女，不信人间有异姿。

吴衙内看了，不觉魂飘神荡，恨不得就飞到他身边，搂在怀中。只是隔着许多路，看得不十分较切，**心生一计**，向吴府尹道："爹爹，何不教水手移去，**帮**在这只船上？倒也安稳。"吴府尹依着衙内，分付水手移船。水手不敢怠慢，起锚解缆，撑近那只船旁。吴衙内指望帮过了船边，细细饱看。谁知才傍过去，便掩上舱门，把吴衙内一团高兴直冷淡到脚指尖上。你道那船中是甚官员？姓甚名谁？那官人姓贺名章，祖贯建康人氏，也曾中过进士。前任钱塘县尉，新任荆州司户， 带领家眷前去赴任，亦为阻风暂驻。江州三府是他同年，顺便进城拜望去了，故此家眷开着舱门闲玩。中年的便是夫人金氏，美貌女子乃女儿秀娥。原来贺司户没有儿子，只得这秀娥

才子佳人	cáizǐ jiārén	gifted scholars and beautiful ladies (types in Chinese romances)
夫荣妻贵	fūróng qīguì	when a woman's husband achieves high status, she also is accorded great honor
算盘	suànpán	abacuses. (here): heaven's arrangement
行奸卖俏	xíngjiān màiqiào	seduce (women)
坏	huài	ruin
终身名节	zhōngshēn míngjié	lifelong reputation for integrity
月下老	yuèxiàlǎo	an old man in the moonlight who decided marriage matches 500 years ago by tying the couple's feet together by a red string
幽期明配	yōuqī míngpèi	secretly in love or publicly married
前缘判定	qiányuán pàndìng	fate has been decided
不亏行止	bù kuī xíngzhǐ	have no shortcomings in one's conduct
除授	chúshòu	[古] (officially) appoint
一表人才	yìbiǎo réncái	[成] a man of striking appearance
广通经史	guǎngtōng jīngshǐ	be knowledgeable in literature and history
吟诗作赋	yínshī zuòfù	recite verses and compose poems
异处	yìchù	something strange
酌中	zhuózhōng	take the circumstances into consideration
半饥半饱	bànjī bànbǎo	half hungry and half full
趁心像意	chènxīn xiàngyì	in accord with one's wishes
任满	rènmǎn	complete one's term
吏书差役	lìshū chāiyì	[古] officer; clerk
僚友	liáoyǒu	[古] colleague
倏忽之间	shūhū zhījiān	[书] all of a sudden
狂风陡作	kuángfēng dǒuzuò	strong wind blows and howls suddenly
怒涛汹涌	nùtāo xiōngyǒng	waves roar and crash
险些	xiǎnxiē	[书] narrowly; nearly; almost
篙师舵工	gāoshī duògōng	captain and sailor
失色	shīsè	turn pale with fright
收帆拢岸	shōufān lǒng'àn	take down the sail and approach the shore
手忙脚乱	shǒumáng jiǎoluàn	[成] act with confusion; be in a great bustle
求神许愿	qiúshén xǔyuàn	make a pledge or vow to a deity or god
停泊	tíngbó	anchor; come to an anchor
心生一计	xīn shēng yí jì	come up with a plan
帮	bàng	draw near; be close to

237

小姐，年才十五，真有**沉鱼落雁**之容，**闭月羞花**之貌。**女工针指**，百伶百俐，不教自能。**兼之**幼时贺司户曾**延师**教过读书识字，写作俱高。贺司户夫妇，因是独养女儿，钟爱胜如珍宝，要**赘**个快婿，**难乎其配**，尚未**许人**。当下母子正在舱门口观看这些船只慌乱，却见吴府尹马船帮上来。夫人即叫丫鬟下帘掩门进去。吴府尹是仕路上人，便令人问是何处官府。不一时回报说："是荆州司户，姓贺讳章，今去上**任**。"吴府尹对夫人道："此人**昔年**至京应试，与我有交。向为钱塘县尉，**不道**也升迁了。既在此相遇，**礼合拜访**。"教从人取帖儿过去传报。从人又**禀**道："那船上说，贺爷进城拜客未回。"正说间，船头上又报道："贺爷已来了。"吴府尹教取公服穿着。在舱中望去，贺司户坐着一乘四人轿，背后跟随着许多人从。原来贺司户去拜三府，不想那三府数日前**丁忧**去了，所以来得甚快。抬到船边下轿，看见又有一只座船，心内也**暗转**："不知是何使客？"走入舱中，方待问手下人，吴府尹帖儿早已递进。贺司户看罢，即教相请。恰好舱门相对，走过来就是。见礼已毕，各叙间**阔寒温**。吃过两杯茶，吴府尹起身作别。不一时，贺司户回拜。吴府尹款留**小酌**，唤出吴衙内相见，命坐于旁。贺司户因自己无子，观见吴彦仪表超群，气质温雅，先有四五分欢喜。及至问些古今书史，却又**应答如流**。贺司户愈加**起敬**，称赞不绝。暗道："此子人才学识，尽是**可人**。若得他为婿，与女儿恰好正是一对。但他居汴京，我住建康，两地相悬，往来遥远，难好成偶，深为可惜。"此乃贺司户心内之事，却是说不出来的话。吴府尹问道："老先生有几位公子？"贺司户道："**实不相瞒**，只有小女一人，尚无**子嗣**。"吴衙内也暗想道："**适来**这美貌女子，必定是了。看来**年纪与我相仿**。若求得为妇，**平生足矣**。但他只有此女，料必不肯远嫁，说也**徒然**。"又想道："莫说求他为妇，今后要再见一面，也不能勾了。怎做恁般痴想！"吴府尹听得贺司户尚没有子，乃道："原来老先生还无令郎。此亦不可少之事，须广**置姬妾**，以图生育便好。"贺司户道："**多承指教**！学生将来亦有此意。"彼此谈论，不觉更深方止。临别时，吴府尹道："**倘**今晚风息，明晨即行，恐不及相辞了。"贺司户道："相别已久，后会无期。还求再谈一日。"道罢，回到自己船中。夫人小姐都还未卧，**秉烛**以待。贺司户酒已半酣，向夫人说起吴府尹**高情厚谊**，又夸扬吴衙内青年美貌，学问广博，许多好处，将来必是个**大器**。明日要**设席**请他父子。因有女儿在旁，不好说出意欲要他为婿的这一段情来。哪晓得秀娥听了，便怀着爱慕之念。至次日，风浪转觉狂大，江面上一望去，烟水迷蒙，浪头推起约有二三丈高，唯闻澎湃之声。往来要一只船儿做样，却也没有。吴府尹只得住下。贺司户清早

沉鱼落雁	chényú luòyàn	(of stunning beauty who) causes fish to sink into the sea and wild geese to fall from the sky
闭月羞花	bìyuè xiūhuā	(of stunning beauty who) makes the moon hide and flowers feel embarrassed
女工针指	nǔgōng zhēnzhǐ	needle work
兼之	jiānzhī	[古] moreover
延师	yánshī	[古] hire teacher
赘	zhuì	become a son-in-law who lives in the wife's home and assumes the role of a son
难乎其配	nán hū qí pèi	hard to find someone to match her
许人	xǔrén	betroth one's daughter to
上任	shàngrèn	take up an official post; assume office
昔年	xīnián	[古] in former times; in the past
不道	búdào	[古] coincidentally
升迁	shēngqiān	promote
礼合拜访	lǐ hé bàifǎng	should pay a visit as a courtesy
禀	bǐng	report
丁忧	dīngyōu	[古] be in mourning over the death of one's father
暗转	ànzhuǎn	ponder; turn over in one's mind
叙间阔寒温	xù jiānkuò hánwēn	exchange greetings
小酌	xiǎozhuó	have a little drink
应答如流	yìngdá rúliú	[成] answer fluently
起敬	qǐjìng	register profound respect
可人	kěrén	[古] admirable
实不相瞒	shí bù xiāngmán	honestly speaking
子嗣	zǐsì	son; male offspring
适来	shìlái	[古] just now
年纪相仿	niánjì xiāngfǎng	be about the same age
平生足矣	píngshēng zú yǐ	be satisfied for the rest of one's life
徒然	túrán	[书] for nothing; without avail
广置姬妾	guǎngzhì jīqiè	get some mistresses (to produce an heir)
多承指教	duōchéng zhǐjiào	thank you for the advice
倘	tǎng	if; supposing
秉烛	bǐngzhú	hold candles
高情厚谊	gāoqíng hòuyì	profound friendship
大器	dàqì	very successful person
设席	shèxí	arrange a dinner

就送请帖，邀他父子赴酌。那吴衙内**记挂**着贺小姐，一夜卧不安稳。早上贺司户相邀，正是**挖耳当招**，巴不能到他船中，**希图**再得一觑。偏这吴府尹不会**凑趣**，道是父子不好齐扰贺司户。吴府尹至午后，独自过去，替儿子写帖**辞谢**。吴衙内难好说得，**好不气恼**！幸喜贺司户不听，再三差人相请。吴彦不敢自专，又**请了父命**，方才脱换服饰，过船相见，入座饮酒。早**惊动**后舱贺小姐，悄悄走至遮堂后，门缝中张望。那吴衙内妆束整齐，比平日愈加**风采飘逸**。怎见得？也有诗为证：

何郎俊俏颜如粉，荀令风流坐有香。

若与潘生同过市，不知掷果向谁傍？

贺小姐看见吴衙内这表人物，不觉动了私心，想道：“这衙内果然**风流俊雅**，我若嫁得这般丈夫，便心满意足了。只是怎好在爹妈面前启齿？除非他家来相求才好。但我便在思想，吴衙内如何晓得？欲待约他会面，**怎奈爹妈俱在一处**，两边船上，**耳目又广**，没讨个空处。**眼见得难就，只索罢休！**”心内虽如此转念，那双眼却紧紧觑定吴衙内。大凡人起了爱念，总有十分丑处，俱认作美处。何况吴衙内本来风流，自然转盼生姿，愈觉可爱。又想道：“今番错过此人，后来总配了**豪家宦室**，恐未必有此才貌兼全！”左思右想，把肠子都想断了，也没个计策与他相会。心下烦恼，倒走去坐下。**席还未暖**，恰像有人推起身的一般，两只脚又早到屏风后张望。看了一回，又转身去坐。不上吃一碗茶的工夫，却又走来观看。犹如**走马灯**一般，顷刻几个盘旋，恨不得三四步走至吴衙内身边，把爱慕之情一一细罄。说话的，我且问你，那后舱中，非止贺小姐一人，须有夫人丫鬟等辈，难道这般**着迷光景**，岂不要看出破绽？看官，有个缘故。只因夫人平素有件毛病，刚到午间，便要熟睡一觉。这时正在睡乡，不得工夫。那丫头们，**巴不得**夫人小姐不来呼唤，背地自去**打伙作乐**，谁个管这样**闲帐**。为此并无人知觉。少顷，夫人睡醒，秀娥只得耐住双脚，闷坐呆想。正是：

相思相见知何日？此时此际难为情。

且说吴衙内身虽坐于席间，心却挂在舱后，不住偷眼瞧看。见屏门紧闭，毫无影响，暗叹道：“贺小姐，我特为你而来，不能再见一面，何缘分浅薄如此！”**快快不乐**，连酒也懒得去饮。抵暮席散，归到自己船中，没情没绪，便向床上和衣而卧。这里司户送了吴府尹父子过船，请夫人女儿到中舱夜饭。秀娥一心忆着吴衙内，坐在旁边，不言不语，如醉如痴，酒也不沾一滴，箸也不动一动。夫人看了这个模样，忙问道：“儿，为甚一毫东西不吃，只是呆坐？”连问几声，秀娥方答道：“身子有些

记挂	jìguà	be on one's mind
挖耳当招	wā'ěr dāngzhāo	desperately want to grasp the opportunity
希图	xītú	wish
凑趣	còuqù	cater to another's taste
辞谢	cíxiè	decline politely
好不	hǎobù	[古] very
气恼	qìnǎo	get angry; be sulky
幸喜	xìngxǐ	[古] fortunately
差人	chāi rén	order people to (do something)
自专	zìzhuān	make one's own decision
请了父命	qǐngle fùmìng	[古] ask for father's permission
惊动	jīngdòng	disturb;　startle
风采飘逸	fēngcǎi piāoyì	of an impressive and likable bearing
风流俊雅	fēngliú jùnyǎ	handsome and elegant
怎奈	zěnnài	[古] but; however
耳目又广	ěrmù yòu guǎng	eyes and ears everywhere; too many people around
眼见得	yǎnjiàn.de	(of something unpleasant) be evident
难就	nánjiù	hard to succeed
只索	zhǐsuǒ	[古] have no choice but
罢休	bàxiū	cease; give up
豪家宦室	háojiā huànshì	rich and influential family
才貌兼全	cáimào jiānquán	be endowed with both beauty and talent
席还未暖	xí hái wèi nuǎn	the seat has not been warmed up
屏风	píngfēng	a shield; a screen
走马灯	zǒumǎdēng	a lantern adorned with a revolving circle of paper horses
顷刻	qīngkè	in an instant
着迷光景	zháomí guāngjǐng	expression of besottedness
破绽	pòzhàn	something in speech or action that gives away an ulterior motive
巴不得	bābùde	be only too anxious (to do something)
打伙作乐	dǎhuǒ zuòlè	play among themselves
管闲帐	guǎn xiánzhàng	[古] poke one's nose into someone else's business; meddle
怏怏不乐	yàngyàng bú lè	look sulky and unhappy
和衣而卧	héyī ér wò	lie down to sleep without taking off one's clothing

241

不好，吃不下。"司户道："既然不自在，先去睡罢。"夫人便起身，叫丫鬟**掌灯**，送他睡下，方才出去。停了一回，夫人又来看觑一番，催丫鬟吃了夜饭，近来打铺相伴。秀娥睡在帐中，**翻来覆去**，哪里睡得着。忽闻舱外有**吟咏**之声，**侧耳**听时，乃是吴衙内的声音。其诗云：

> 天涯犹有梦，对面岂无缘。
>
> 莫道欢娱暂，还期誓盟坚。

秀娥听罢，不胜欢喜道："我想了一日，无计见他一面。如今在外吟诗，**岂非天付良缘**！料此更深人静，无人知觉，正好与他相会。"又恐丫鬟们未睡，连呼数声，俱不答应。**量**已睡熟，即**披衣**起身，将残灯挑得亮亮的，轻轻把舱门推开。吴衙内恰如在门首守候的一般，门启处便钻入来，两手搂抱。秀娥又惊又喜，日间许多想念之情，也**不暇**诉说。连舱门也不曾闭上，**相偎相抱**，解衣**就寝**，成其云雨。正在**酣美深处**，只见丫鬟起来**解手**，喊道："不好了！舱门已开，**想必有贼**！"惊动合船的人，都到舱门口观看。司户与夫人推门进来，教丫鬟点火寻觅。吴衙内**慌做一堆**，叫道："小姐，怎么处？"秀娥道："不要着忙，你只躲在床上，**料然**不寻到此。待我打发他们出去，送你过船。"刚抽身下床，不想丫鬟照见了吴衙内的鞋儿，乃道："贼的鞋也在此，想躲在床上。"司户夫妻便来搜看。秀娥推住，连叫没有，那里肯听。向床上搜出吴衙内。秀娥只叫得"**苦也**！"司户道："**叵耐这厮**，怎来点污我家！"夫人便说："吊起**拷打**。"司户道："也不要打。**竟撇入江里去罢**！"教两个水手，扛头扛脚，抬将出去。吴衙内只叫**饶命**，秀娥扯住叫道："爹妈，都是孩儿之罪，不干他事。"司户也不答应，将秀娥**推上一跤**，把吴衙内扑通撇在水里。秀娥此时也**不顾羞耻**，**跌脚捶胸**，哭道："吴衙内，是我害着你了！"又想道："他既因我而死，我又**何颜独生**！"遂抢出舱门，向着江心便跳。

> 可怜嫩玉娇香女，化作随波逐浪魂！

秀娥刚跳下水，**猛然惊觉**，却是**梦魇**，身子仍在床上。旁边丫鬟还在那里叫喊："小姐苏醒！"秀娥睁眼看时，天已明了，丫鬟俱已起身。外边风浪，依然狂大。丫鬟道："小姐梦见甚的？怎般啼哭，叫唤不醒。"秀娥把言语**支吾**过了，想道："莫不我与吴衙内没有姻缘之分，显这等凶恶梦兆？"又想道："若得真如梦里这回恩爱，就死亦所甘心。"此时又被梦中那段光景在腹内打搅，越发想得痴了。觉到睡来没些**聊赖**，推枕而起，丫鬟们都不在眼前，即将门掩上，看着舱门，说道："昨夜吴衙内明明从此进来，搂抱至床，不信倒是做梦。"又想道："难道我梦中便

掌灯	zhǎngdēng	light the lamp
翻来覆去	fānlái fùqù	[成] turn over and over
吟咏	yínyǒng	chant; recite a poem
侧耳	cèěr	incline the head and listen attentively; prick up one's ears
岂非	qǐfēi	[古] isn't that; doesn't that
天付良缘	tiān fù liángyuán	heaven-sent opportunity
量	liàng	estimate
披衣	pīyī	throw on some clothing
不暇	bùxiá	[古] have no time; be occupied in doing sth.
相偎相抱	xiāngwēi xiāngbào	be in mutual embrace
就寝	jiùqǐn	go to bed
酣美深处	hānměi shēnchù	fully and delightfully
解手	jiěshǒu	relieve oneself; go to the toilet
想必	xiǎngbì	[书] most probably; most likely
慌作一堆	huāngzuò yìduī	be struck all of a heap; be thrown into utter confusion
料然	liàorán	[古] most likely
苦也	kǔyě	[古] how terrible; too bad
叵耐	pǒnài	[古] hateful
这厮	zhèsī	[古] this bastard
点污	diǎnwū	sully; bring disgrace on
拷打	kǎodǎ	beat; flog
竟	jìng	simply
撇入	piěrù	throw into
饶命	ráomìng	spare sb's life
推上一跤	tuīshàng yì jiāo	push (her) to fall
不顾羞耻	búgù xiūchǐ	not care about shame or embarrassment
跌脚捶胸	diējiǎo chuíxiōng	stamp one's feet and beat one's breast (in deep sorrow, etc.)
何颜独生	hé yán dú shēng	too ashamed to live by oneself
猛然惊觉	měngrán jīngjué	awaken or realize all of a sudden
梦魇	mèngyǎn	nightmare
支吾	zhīwu	falter; equivocate
凶恶梦兆	xiōng'è mèngzhào	an ill omen
甘心	gānxīn	willingly
没些聊赖	méixiē liáolài	be bored; boring

这般**侥幸**，醒时却真个无缘不成？"一头思想，一面随手将舱门推开，用目一觑。只见吴府尹船上舱门大开，吴衙内向着这边船上**呆呆而坐**。原来二人**卧处**都在后舱，**恰好间壁**，只隔得五六尺远。若去了两重窗槅，便是一家。那吴衙内也因夜来魂颠梦倒，清早就起身，开着窗儿，观望贺司户船中。 这也是**癞蛤蟆想天鹅肉吃**的妄想。哪知姻缘有分，数合当然，**凑巧**贺小姐开窗，两下正打个**照面**，四目相视，**且惊且喜**。 恰如**识熟**过的，彼此微微而笑。秀娥欲待通句话儿，期他相会，又恐被人听见。遂取过一幅桃花笺纸，**磨得墨浓**，**蘸得笔饱**，**题诗**一首，折成**方胜**，袖中摸出一方**绣帕**包裹，卷作一团，掷过船去。吴衙内双手承受，深深唱个肥喏，秀娥还了个礼。然后解开看时，其诗云：

花笺裁锦字，绣帕裹柔肠。

不负襄王梦，行云在此方。

旁边又有一行小字道："今晚妾当**挑灯相候**，以剪刀声响**为号，幸勿爽约。**"吴衙内看罢，喜出望外，暗道："不道小姐又有如此秀美才华，真个世间少有！"一头赞美，急忙取过一幅金笺，**题诗**一首，腰间解下一条**锦带**，也卷成一块，掷将过来。秀娥接得看时，这诗与梦中听见的一般，转觉**骇然**！暗道："如何他才题的诗，昨夜梦中倒先见了？看起来我二人**合该**为配，故先做这般真梦。"诗后边也有一行小字道："承芳卿雅爱，敢不**如命**。"看罢，**纳诸袖中**。正在迷恋之际，恰值丫鬟送面水叩门，秀娥轻轻带上槅子，开放丫鬟。 随后夫人也来询视，见女儿已是起身，才放下这片愁心。那日乃是吴府尹**答席**，午前贺司户就去赴宴，夫人也自昼寝。 秀娥取出那首诗来，不时展玩，私心自喜，盼不到晚。有恁般怪事！每常时，眨眨眼便过了一日， **偏生**这日的日子，恰像有条绳子系住，再不能够下去， 心下好不焦躁！渐渐捱至黄昏，忽地想着这两个丫鬟碍眼，不当稳便， 除非如此如此。到夜饭时，**私自赏他****贴身**服侍的丫鬟一大壶酒，两碗菜蔬。这两个丫头，犹如渴龙见水，吃得一滴不留。少顷贺司户筵散回船，已是烂醉。 秀娥恐怕吴衙内也吃醉了，不能赴约，反增忧虑。回到后舱，掩上门儿，叫丫鬟将香儿熏好了衾枕，吩咐道："我还要做些针指，你们先睡则个。"那两个丫鬟正是酒涌上来，面红耳热，**脚软头旋**，也思量干这道儿，只是不好开口。得了此言，**正中下怀**，连忙收拾被窝去睡。头儿刚刚着枕，鼻孔中就扇风箱般**打鼾**了。秀娥坐了更余，仔细听那两船人声静悄，寂寂无闻，料得无事，遂把剪刀向桌儿上厮琅的一响。那边吴衙内早已会意。原来吴衙内记挂此事，在席上酒也不敢多饮，贺司户去后，回至舱中，侧耳专听。约莫坐了一个更次，不见些影响，心内

侥幸	jiǎoxìng	lucky
呆呆而坐	dāidāi ér zuò	sit deep in thoughts
卧处	wòchù	bedroom
恰好	qiàhǎo	precisely; just right
间壁	jiānbì	next door
癞蛤蟆想吃天鹅肉	làiháme xiǎng chī tiān'éròu	a toad wanting to eat the flesh of a swan; a desire that is totally beyond one's league and ability
凑巧	còuqiǎo	luckily; fortunately
打个照面	dǎge zhàomiàn	meet face to face
且惊且喜	qiějīng qiěxǐ	alarmed and happy at the same time
识熟	shíshú	have long been familiar with somebody
磨墨	mó mò	grind the ink
蘸	zhàn	dip (in)
题诗	tí shī	compose a poem
方胜	fāngshèng	square
绣帕	xiùpà	embroidered handkerchief
挑灯	tiǎo dēng	raise the wick
相侯	xiānghòu	await
为号	wéi hào	as a signal
幸勿	xìngwù	[古] I hope; I trust
爽约	shuǎng yuē	break one's promises
锦带	jǐndài	brocade belt
骇然	hàirán	[书] be overwhelmed with amazement
合该	hégāi	[古] should
如命	rúmìng	[古] comply with your wish; obey your command
纳诸袖中	nà zhū xiùzhōng	put it into the sleeves of her robe
答席	dáxí	have a return dinner
偏生	piānshēng	[古] unfortunately; it happened that
捱至	áizhì	wait until
贴身	tiēshēn	personal
私自	sīzì	do sth. without permission
烂醉	lànzuì	dead drunk
脚软头旋	jiǎoruǎn tóuxuán	feel as if the sky and earth were spinning round
正中下怀	zhèng zhòng xiàhuái	[成] be just what one hopes for; fit in exactly
打鼾	dǎhān	snore
会意	huìyì	understand; know

正在疑惑，忽听得了剪刀之声，**喜不自胜**，连忙起身，轻手轻脚，开了窗儿，跨将出去，依原推上，纵身跳过这边船来，向窗门上轻轻**弹**了三弹，秀娥便来开窗，吴衙内钻入舱中，秀娥原复带上，两下又见了个礼儿。吴衙内在灯下把贺小姐仔细一观，更觉千娇百媚。这时彼此情如火热，那有闲工夫说甚言语。吴衙内捧过贺小姐，松开钮扣，**解卸**衣裳，双双就枕。**酥胸**紧贴，玉体轻偎，这场云雨，十分美满。但见：

　　舱门轻叩小窗开，瞥见犹疑梦里来。

　　万种欢娱愁不足，梅香熟睡莫惊猜。

　　一回儿**云收雨敛**，各道想慕之情。秀娥又将梦中听见诗句却与所赠相同的话说出。吴衙内惊讶道："有任般奇事！我昨夜所梦，与你**分毫不差**。因道是奇异，闷坐呆想。不道天使小姐也开窗观觑，遂成好事。看起来，**多分**是宿世姻缘，故令魂梦先通。明日即恳爹爹求亲，以图**偕老**百年。"秀娥道："此言正合我意。"二人说到情浓之际，**阳台重赴，恩爱转笃**，竟自一觉睡去。不想那晚夜半，风浪平静，五鼓时分，各船**尽皆**开放。贺司户、吴府尹两边船上，也各收拾**篷檣**，解缆开船。众水手齐声打号子起篷，早把吴衙内、贺小姐惊醒。又听得水手说道："这般好顺风，怕赶不到荆州！"吓得吴衙内暗暗只管**叫苦**，说道："如今**怎生是好**？"贺小姐道："低声。倘被丫鬟听见，反是**老大利害**。事已如此，急也无用。你且**安下**，再作区处。"吴衙内道："莫要应了昨晚的梦便好？"这句话却**点醒**了贺小姐。想梦中被丫鬟看见鞋儿，**以致事露**，遂伸手摸起吴衙内那双丝鞋藏过。贺小姐**踌躇**了千百万遍，想出一个计来，乃道："我有个法儿在此。"吴衙内道："是甚法儿？"贺小姐道："日里你便向床底下躲避，我也只推有病，不往外边陪母亲吃，竟讨进舱来。待到了荆州，多将些银两与你，趁起岸时人众纷纭，从**闹中脱身**，觅个便船回到扬州，然后写书来求亲。爹妈若是允了，不消说起。倘或不肯，只得**以实告之**。爹妈平日将我极是爱惜，到此**地位**，料也只得允从。那时可不依旧夫妻会合！"吴衙内道："若得如此，可知好哩！"到了天明，等丫鬟起身出舱去后，二人也就下床。吴衙内急忙钻入床底下，做一堆儿伏着，两旁俱有箱笼**遮隐**，床前自有帐幔低垂，贺小姐又紧紧坐在床边，寸步不离。**盥漱**过了，头也不梳，**假意**靠在桌上。夫人走入看见，便道："呵呀！为何不梳头，却靠在此？"秀娥道："**身子觉道不快**，怕得梳头。"夫人道："想是起得早些，**伤了**风了。还不到床上去睡睡？"秀娥道："因是睡不安稳，才坐在这里。"夫人道："既然要坐，还该再添件衣服，**休得**冻了，越加不好。"教丫鬟寻过一领**披风**，与他穿起。又坐了一回，丫鬟请吃朝膳。夫人道："儿，身子不安，

246

喜不自胜	xǐ bú zìshēng	[成] be delighted beyond measure
见礼	jiànlǐ	[古] exchange greetings
弹	tán	knock
千娇百媚	qiānjiāo bǎimèi	[成] pinnacle of beauty
解卸	jiěxiè	undress
酥胸	sūxiōng	soft bosom
云收雨敛	yúnshōu yǔliǎn	the clouds have scattered and the rain is over (here: love-making has ended)
分毫不差	fēnháo bú chà	exactly the same
道是	dàoshi	[古] think; figure; assume
多分	duōfēn	[古] most likely
偕老百年	xiélǎo bǎinián	[书] husband and wife growing old together
恩爱转笃	ēn'ài zhuǎndǔ	become more affectionate
尽皆	jìnjiē	[古] all
篷樯	péngqiáng	sail and mast
打号子	dǎhàozi	sound the signal
叫苦	jiàokǔ	moan or groan
怎生是好	zěnshēng shi hǎo	[古] what should we do
老大利害	lǎodà lìhài	[古] big trouble
安下	ānxià	[古] relax
应	yìng	fulfill (omen)
点醒	diǎnxǐng	remind
以致	yǐzhì	lead to
事露	shìlù	fail and be exposed
踌躇	chóuchú	hesitate
起岸	qǐ'àn	pull in to shore; draw alongside the shore
闹中脱身	nàozhōng tuōshēn	escape while everybody is busy
以实告之	yǐ shí gào zhī	tell (them) the truth
地位	dìwèi	extent; degree
遮隐	zhēyǐn	hide
盥漱	guànshù	wash the face and rinse the mouth
假意	jiǎyì	pretend
身子觉道不快		feel sick
伤风	shāngfēng	catch a cold
休得	xiūdé	[古] don't
披风	pīfēng	shawl

莫要吃饭，不如教丫鬟香香的煮些粥儿调养倒好。"秀娥道："我心里不喜欢吃粥，还是饭好。只是**不耐烦**走动，拿进来吃罢。"夫人道："既恁般，我也在此陪你。"秀娥道："这班丫头，**背着你眼**，就要**胡做**了。母亲还到外边去吃。"夫人道："也说得是。"遂转身出去，教丫鬟将饭送进摆在桌上。秀娥道："你们自去，待我唤时方来。"**打发**丫鬟去后，把门**顶上**，向床底下招出吴衙内来吃饭。那吴衙内爬起身，把腰伸了一伸，**举目看桌上时**，乃是两碗荤菜，一碗素菜，饭只有一吃一添。原来贺小姐平日**饭量不济**，**额定**两碗，故此只有这些。你想吴衙内食三升米的肠子，这两碗饭填在哪处？微微笑了一笑，举起箸两三超，就便**了帐**，却又不好说得，忍着饿原向床下躲过。秀娥开门，唤过丫鬟又教添两碗饭来吃了。那丫鬟互相私议道："小姐自来只吃得两碗，今日说道有病，如何反多吃了一半？可不是怪事！"不想夫人听见，走来说道："儿，你身子不快，怎地反吃许多饭食？"秀娥道："**不妨事**，我还未饱哩。"这一日三餐俱是如此。司户夫妇只道女儿年纪长大，增了饭食；正不知舱中另有个替吃饭的，还饿得**有气无力**哩。正是：

> 安排布地瞒天谎，成就偷香窃玉情。

当晚夜饭过了。贺小姐既教吴衙内先上床睡卧，自己随后解衣入寝。夫人又来看时，见女儿已睡，，问了声自去。丫鬟也掩门歇息。吴衙内**饥馁难熬**，对贺小姐说道："事虽好了，只有一件苦处。"秀娥道："是哪件？"吴衙内道："不瞒小姐说，我的**食量颇宽**。今日这三餐，还不够我一顿。若这般忍饿过日，怎能捱到荆州？"秀娥道："既恁地，何不早说？明日多讨些就是。"吴衙内道："十分讨得多，又怕惹人疑惑。"秀娥道："**不打紧**，自有道理。但不知要多少才够？"吴衙内道："那里**像得我意**！每顿十来碗也**胡乱**度得过了。"到次早，吴衙内依旧躲过。贺小姐**诈病**在床，**呻吟**不绝。司户夫人**担着愁心**，要请医人**调治**，又在大江中，没处去请。秀娥却也不要，只叫肚里**饿得慌**，夫人**流水**催进饭来，又只嫌少，共争了十数多碗，倒把夫人**吓了一跳**。劝他少吃时，故意**使起性**儿，连叫："快拿去！不要吃了。索性饿死罢。"夫人是个爱女，见他使性，反**陪笑脸**道："儿，我是好话，如何便气？你若吃得，**尽意**吃罢了，只不要勉强。"亲自拿起碗箸，递到了他手里。秀娥道："母亲在此看着，孩儿吃不下去。须通出去了，等我慢慢的，或者吃不完，也未可知。"夫人依他言语，教丫鬟一齐出外。秀娥披衣下床，将门掩上，吴衙内便钻出来。因是昨夜饿坏了，看见这饭，也不**谦让**，也不抬头，一连十数碗，吃个**流星赶月**，约莫存得碗余，方才住手，把贺小姐倒看呆了，低低问道："可还少么？"吴衙内道：

不耐烦	búnàifán	[古] don't want to
背着你眼	bèizhe nǐ yǎn	behind your back
胡做	húzuō	commit foolish acts; mess things up
打发	dǎfa	dismiss
顶上	dǐng. shàng	lock
举目	jǔmù	raise the eyes; look
饭量不济	fànliàng bújì	small appetite
额定	édìng	fixed (number or amount)
了账	liǎozhàng	finish; end
不妨事	bù fángshì	[古] it doesn't matter
有气无力	yǒuqì wúlì	[成] weakly; feebly
掩门	yǎnmén	shut the door
饥馁	jī'něi	hungry
难熬	nán'áo	hard to endure
食量颇宽	shíliàng pō kuān	fairly big appetite
不打紧	bùdǎjǐn	[古] it doesn't matter
自有道理	zì yǒu dàolǐ	I have a plan
像得我意	xiàngdé wǒ yì	satisfy me
胡乱	húluàn	make do with
次早	cìzǎo	the next morning
诈病	zhàbìng	[古] feign that one is sick
呻吟	shēnyín	groan
担愁心	dānchóuxīn	worry
调治	tiáozhì	undergo medical treatment and recuperation
饿得慌	è.de huāng	be starving
流水	liúshuǐ	running water; flowing water (here: continuously)
争	zhēng	get
吓一跳	xiàyítiào	be taken back; be scared
使性	shǐxìng	get angry; lose one's temper
陪笑脸	péi xiàoliǎn	put up a smiling face in order to please or placate someone
尽意	jìnyì	as much as one pleases
谦让	qiānràng	decline modestly
流星赶月	liúxīnggǎnyuè	the shooting star chasing the moon (here: with great speed)
约摸	yuēmo	about; approximately

"**将就**些吧。再吃便没意思了。"泻杯茶漱漱口儿，往床下**飕的**又钻入去了。贺小姐将余下的饭吃罢，拽开门儿，原到床上睡卧。那丫鬟专等他开门，就奔进去。看见饭儿菜儿都吃得**精光**。**收着家伙**，一路笑道："原来小姐患的却是吃饭病。"报知夫人。夫人闻言，只把头摇，说道："亏他怎地吃上这些！那病儿也患得**蹊跷**！"急请司户来说知，教他请医**问卜**。连司户也不肯信，分付午间莫要依他，恐食伤了五脏，便难医治。那知未到午时，秀娥便叫肚饥。夫人再三把好言语劝谕时，秀娥就啼哭起来。夫人没法，只得又依着他，晚间亦是如此。司户夫妻只道女儿得了怪病，十分慌张。

这晚已到蕲州停泊，分付水手，明日不要开船，清早差人入城，访问名医。一面求神占卦。不一时，请下个太医来。那太医**衣冠齐楚，气字轩昂**，贺司户迎至舱中，叙礼看座。那太医晓得是位官员，**礼貌甚恭**。献过两杯茶，问了些病缘，然后到后舱**诊脉**。诊过脉，复至中舱坐下。贺司户道："请问太医，小女还是何症？"太医先咳了一声嗽，方答道："令爱是**疳膨食积**。"贺司户道："**先生差矣**！疳膨食积乃婴儿之疾，小女今年十五岁了，如何还犯此症？"太医笑道："老先生**但知其一，不知其二**。令爱名虽十五岁，即今尚在春间，只有十四岁之实。倘在寒月所生，才十三岁有余。老先生，你且想，十三岁的女子，难道不算婴孩？大抵此症，**起于饮食失调**，兼之水土不伏，食积于小腹之中，**凝滞不消**，遂至生热，升至胸中，便觉饥饿。及吃下饮食，反资其火，所以**日盛一日**。若再过月余不医，就难治了。"贺司户见说得有些道理，问道："**先生所见**，极是有理了。但今如何治之？"太医道："如今学生先消其积滞，**去其风热**。住了热，饮食自然渐渐减少，平复如旧矣。"贺司户道："若得如此神效，自当重酬。"道罢，太医起身作别。贺司户**封了药资**，差人取得药来，流水煎起，送与秀娥。那秀娥一心只要早到荆州，哪个要吃什么汤药。初时见父母请医，再三阻挡不住，又难好道出真情，只得由他慌乱。晓得了医者这般言语，暗自好笑，将来的药，也打发丫鬟将去，竟泼入净桶。求神占卦，有说**星辰不利**，又触犯了**鹤神**，须请僧道**禳解**，自然无事；有的说在**旷野**处遇了**孤魂饿鬼**，若**设醮追荐**，便可痊愈。贺司户夫妻一一依从。见服了几剂药，没些效验，吃饭如旧，又请了一个医者。那医者更是扩而充之，乘着轿子，三四个仆从跟随。相见之后，高谈阔论，也先探了病源，方才诊脉，问道："老先生，可有哪个看过么？"贺司户道："前日曾请一位看来。"医者道："他看的是何症？"贺司户道："说是疳膨食积。"医者呵呵笑道："此乃**痨瘵**之症，怎说是疳膨食积？"贺司户道："小女年纪尚幼，如何有

将就	jiāng. jiù	put up with
漱口	shùkǒu	rinse the mouth
飕的	sōu.de	with a whirr (used to modify a fast action)
精光	jīngguāng	with nothing left; completely gone
收家伙	shōu jiāhuo	remove the plates and clear the table
蹊跷	qī.qiāo	odd; queer
问卜	wènbǔ	divine; prognosticate
占卦	zhānguà	divine by means of the eight trigrams
衣冠齐楚	yīguān qíchǔ	dress very neatly and properly
气宇轩昂	qìyǔ xuān´áng	have an imposing appearance; to have an impressive presence
礼貌甚恭	lǐmào shèn gōng	very respectful; with great respect
诊脉	zhěnmài	feel pulse
疳膨食积	gānpéng shíjī	intestinal disease in children
先生差矣	xiānsheng chà yǐ	you are mistaken; it couldn't be
但知其一，不知其二		only know one aspect but ignorant of the other
寒月	hányuè	winter season
起于	qǐyú	originate from
饮食失调	yǐnshí shītiáo	eating disorder
水土不伏	shuǐtǔ bùfú	the climate of the place does not agree with one
凝滞不消	níngzhì bùxiāo	accumulate and be undigested
日盛一日	rì shèng yí rì	with increasing daily intensity
积滞	jīzhì	accumulate
先生所见	xiānsheng suǒjiàn	your judgment; according to you
去其风热	qù qí fēngrè	take away hot air
封药资	fēng yàozī	put the money for the medicine into an envelope
星辰不利	xīngchén búlì	zodiac sign is not auspicious
触犯	chùfàn	(recklessly) offend
鹤神	hèshén	crane-god
禳解	rángjiě	[书] avert (a misfortune or disaster) by prayer
旷野	kuàngyě	wilderness; open field
孤魂饿鬼	gūhún èguǐ	solitary soul and hungry ghost
设醮	shèjiào	perform a sacrificial ceremony to avert disaster
追荐	zhuījiàn	pray
痨瘵	láozhài	ill caused by indulging in sensual pleasures

251

此症候？"医者道："令爱非**七情六欲**痨怯之比。他本**秉气虚弱**，所谓孩儿痨便是。"贺司户道："饮食无度，这是为何？"医者道："寒热**交攻**，**虚火**上延，因此容易饥饿。"夫人在屏后打听，教人传说，小姐身子并不发热。医者又道："这乃内热外寒骨蒸之症，故不觉得。"又讨前日医家药剂见了，说道："这般**克罚**药，削弱元气，再服几剂，便难救了。待学生先以煎剂治其虚热，调和**脏腑**，节其饮食。那时，方以**滋阴降火养血补原**的丸药，慢慢调理，自当痊可。"贺司户称谢道："全仗神力。"遂辞别而去。少顷，家人又请一个太医到来。那太医却是个老者，**须鬓皓然，步履蹒跚**。刚坐下，便夸张善识疑难怪异之病。"某官府亏老夫救的，某夫人又亏老夫用甚药奏效。"那门**面话**儿就说了一大派。又细细问了病者起居饮食，才去诊脉。贺司户被他大话一哄，认作有意思的，按道："常言老医少卜，或者这医人有些效验也未可知。"医者诊过了脉，向贺司户道："还是老先生有缘，得遇老夫。令爱这个病症，非老夫不能识。"贺司户道："请问果是何疾？"医者道："此乃有名色的，谓之**膈病**。"贺司户道："吃不下饮食，方是膈病。目今比平常多食几倍，如何是这症候？"医者道："膈病原有几般。像令爱这膈病俗名唤作老鼠膈。背后尽多尽吃，及至见了人，一些也难下咽喉。后来食多发胀，便成**蛊胀**。二病相兼，便难医治。如今幸尔初起，还不妨碍。**包在老夫身上，可以除根**。"言罢，起身。贺司户送出船头方别。那时一家都认作老鼠膈，见神见鬼的请医问卜。哪晓得贺小姐把来的药都送在净桶肚里，背地冷笑。贺司户在蕲州停了几日，算来不是**长法**，与夫人商议，与医者求了个药方，多买些药材，一路吃去，且到荆州另请医人。那老儿因要他写**方**，着实诈了好些银两，可不是他的**造化**！有诗为证：

> 医人未必尽知医，却是将机便就机。

> 无病妄猜云有病，却教司户折便宜。

常言说得好：少女少郎，情色相当。贺小姐初时，还是个**处子**，云雨之际，尚是**逡巡畏缩**。**况兼**吴衙内心慌胆怯，不敢**恣肆**，彼此未见十分美满。两三日后，**渐入佳境，恣意取乐，忘其所以**。一晚夜半，丫鬟睡醒，听得床上唧唧哝哝，床棱嘎嘎的响，隔了一回，又听得气喘吁吁，心中怪异。次早报与夫人。夫人也因见女儿面色红活，不像了病容，正有些疑惑。听了这话，合着他的意思。不去通知司户，竟走来观看，又没些破绽。及细看秀娥面貌，愈加丰采倍常，却又不好开口问得，倒没了主意。坐了一回，原走出去。朝饭以后，终是放心不下，又进去探觑，把**远话**挑问。秀娥见夫人话儿问得蹊跷，便不答应。耳边忽闻得打鼾之声。原来吴衙内夜间多做了

七情六欲	qīqíng liùyù	[成] the seven emotions and the six sensory pleasures
痨怯	láoqiè	ill caused by indulging in sensual pleasures
秉气虚弱	bǐngqì xūruò	body is weak
饮食无度	yǐnshí wúdù	excessive eating and drinking
交攻	jiāogōng	(of cold air and hot air) fighting each other
虚火	xūhuǒ	hot air
元气	yuánqì	vigor; energy
脏腑	zàngfǔ	internal organs
滋阴降火	zīyīn jiànghuǒ	enrich the bodily fluids and reduce hot "qi"(cool down the body)
养血补元	yǎngxuè bǔyuán	enrich the body and increase one's vigor
自当	zìdāng	[古] surely; certainly
须鬓皓然	xūbìn hàorán	with a big white beard
步履蹒跚	bùlǚ pánshān	walk haltingly
善识	shànshí	good at treating (diseases)
疑难怪异	yí'nán guàiyì	difficult and strange (disease)
门面话	ménmiànhuà	formal and insincere remarks; routine courteous expressions without sincerity
膈病	gébìng	stomach illness
蛊胀	gǔzhàng	swelling in the stomach
包在···身上		(sb.) take the full charge of (this matter)
除根	chúgēn	dig up the roots; find a permanent cure for the disease
长法	chángfǎ	a permanent solution
写方	xiěfāng	write a prescription
造化	zào.huà	good luck; fate; karma
处子	chùzǐ	virgin
逡巡畏缩	qūnxún wèisuō	hesitate to move forward
况兼	kuàngjiān	[古] moreover
恣肆	zīsì	indulge in passions and run wild
渐入佳境	jiàn rù jiājìng	get more and more enjoyable
恣意	zīyì	unscrupulous
忘其所以	wàng qí suǒyǐ	[成] forget oneself; be intoxicated with sth.
唧唧哝哝	jījinóngnong	whisper to another
气喘吁吁	qìchuǎn xūxū	[成] pant for breath
远话	yuǎnhuà	indirect question
打齁	dǎhōu	snore

些正经，不曾睡得，此时吃饱了饭，在床底下酣睡。秀娥一时遮掩不来，被夫人听见，将丫鬟使遣开去，把门顶上，向床下一望，只见靠壁一个拢头孩子，曲着身体，睡得好不自在。夫人暗暗**叫苦不迭**！对秀娥道："你做下这等**勾当**，却诈推有病，吓得我夫妻心花儿急碎了！如今**羞人答答**，怎地做人！这**天杀的**，他是哪里来的？"秀娥羞得满面通红，说道："是孩儿不是，一时做差事了！望母亲遮盖则个！这人不是别个，便是吴府尹的**衙内**。"夫人失惊道："吴衙内与你从未见面，况那日你爹在他船上吃酒，还在席间陪侍，夜深方散，四鼓便开船了，如何得能到此？"秀娥**从实**将司户称赞**留心**，次日屏后张望，夜来做梦，早上开窗**订约**，并睡熟船开，前后事细细说出，又道："**不肖女**一时情痴，丧名失节，**玷辱**父母，罪实**难逭**。但两地相隔数千里，一旦因阻风而会，此乃**宿世姻缘**，天遣成配，非由人力。儿与吴衙内**誓同生死**，各不更改。望母亲好言劝爹**曲允**，尚可**挽**回前失。倘爹有**别念**，儿即**自尽**，决不偷生**苟活**。今蒙耻禀知母亲，**一任主张**。"道罢，泪如雨下。 这里母子便说话，下边吴衙内打**鼾**声越发雷一般响了。此时夫人又气又恼。欲待把他**难为**，一来娇养惯了，哪里舍得；二来恐婢仆闻知，反做**话靶**。**吞声忍气**，拽开门走往外边去了。

秀娥等母亲转身后，急下床顶上门儿，在床下叫醒吴衙内，埋怨道："你打**鼾**，也该轻些儿。 惊动母亲，事都泄漏了。"吴衙内听说事露，吓得浑身冷汗直淋，上下牙齿，顷刻就咯噔噔地相打，半句话也挣不出。秀娥道："莫要慌！**适来**与母亲如此如此说了。若爹爹依允，不必讲起。不肯时，拼得学梦中结局，决不教你独受其累。"说到此处，不觉泪珠乱滚。

且说夫人急请司户进来，屏退丫鬟，未曾开言，眼中早已簌簌泪下。司户还道愁女儿病体，反宽慰道："那医者说，只在数日便可奏效，不消烦恼。"夫人道："听那老光棍花嘴！什么老鼠膈！论起恁样太医，莫说数日内奏效，就一千年还看不出病体。"司户道："你且说怎地？"夫人将前事细述，把司户气得个**发昏章第十一**，连声道："罢了，罢了！这等不肖之女，做恁般丑事，**败坏门风**，要他何用？趁今晚都**结果**了**性命**，也脱了这个丑名！"这两句话惊得夫人面如土色，劝道："你我已在中年，只有这点**骨血**，一发断送，更有何人？论来吴衙内好人家子息，才貌兼全。招他为婿，原是门当户对。独怪他不来求亲，私下做这般勾当。事已如此，也说不得了。**将错就错**，悄地差人送他回去，写书与吴府尹，令人来下聘，然后成礼，**两全其美**。今若声张，反**妆幌子**。"司户沉吟半响，无可奈何，只得依着夫人。出来问水手道："这里是什么地方？"水手答道："前边已是武昌府了。"司户分付就武昌

使遣	shǐqiǎn	dismiss
叫苦不迭	jiàokǔ bùdié	[成] be full of complaint
勾当	gòudàng	(derogatory) business; deal
羞人答答	xiūrén dādā	[古] embarrassing
天杀的	tiānshā.de	[古] bastard
从实	cóngshí	based on the fact
留心	liúxīn	take heed
订约	dìngyuē	make a date
不肖	búxiào	unworthy; good-for-nothing
玷辱	diànrǔ	bring disgrace on
难道	nánhuàn	can hardly be forgiven
宿世姻缘	sùshì yīnyuán	fated match
誓同生死	shì tóngshēngsǐ	promise to be together through life and death
曲允	qǔyǔn	[古] approve of
挽回	wǎnhuí	reverse (a situation); save (the situation)
别念	bié'niàn	other ideas
自尽	zìjìn	commit suicide
偷生苟活	tōushēng gǒuhuó	live on in degradation
一任主张	yírèn zhǔzhāng	It is all up to you
难为	nán.wéi	makes things difficult for
话靶	huàbǎ	a laughing stock
吞声忍气	tūnshēng rěnqì	[成] swallow an insult; restrain one's temper
适来	shì lái	just now
独受其累	dú shòu qí lěi	take all the blame oneself
老光棍	lǎo guānggùn	quack
发昏章第十一		lose one's head
败坏门风	bàihuài ménfēng	ruin family's reputation to defame
结果性命	jiéguǒ xìngmìng	end (her)life; kill
骨血	gǔxiě	flesh and blood
一发	yìfā	[古] altogether
门当户对	méndāng hùduì	[成] families of equal standing; well-matched
将错就错	jiāngcuò jiùcuò	[成] leave a mistake uncorrected and make the best of it
两全其美	liǎng quán qí měi	[成] be complete in both respects
妆幌子	zhuāng huǎng.zi	install a shop sign (here; to arouse the attention of)

暂停，要差人回去。一面**修起书札**，唤过一个**心腹**家人，分付停当。**不一时**到了武昌。那家人便**上涯**写下船只，旁在船边。贺司户与夫人同至后舱。秀娥见了父亲，自觉无颜，把被**蒙**在面上。司户也不与他说话，只道："做的好事！"向床底下呼唤出吴衙内。那吴衙内看见贺司户夫妇，不知是甚意儿，**战兢兢**爬出来，**伏**在地上，口称**死罪**。司户低责道："我只道你少年博学，可以**成器**！不想如此无行，**辱我家门**！本该撇下江里，才**消**这点恶气。今**姑**看你父亲面皮，饶你性命，差人送归。若得成名，便把不肖女与你为妻；如没有这般**志气**，休得指望。"吴衙内连连叩头**领命**。司户原教他躲过，捱至夜深人静，**悄地**教家人引他过船，连丫鬟不容一个见面。彼时两下分别，都还道有甚**歹念**，十分**凄惨**，又不敢出声啼哭。秀娥又扯夫人到背后，说道："此行不知爹爹有甚念头，须教家人回时，讨吴衙内书信覆我，方才放心。"夫人真个依着他，又叮嘱了家人，次日清早开船自去。贺司户船也自望荆州进发。贺小姐**诚恐**吴衙内**途中有变**，心下忧虑。即时真个倒想出病来。正是：

乍别冷如冰，动念热如火。

三百六十病，唯有相思苦。

话分两头。且说吴府尹自那早离了江州，行了几十里路，已是朝膳时分，不见衙内起身。还道夜来中酒。看看至午，不见声息，以为奇怪。夫人自去叫唤，并不答应，那时**着**了**忙**，吴府尹叫人打开观看，只有一个空舱，吓得府尹夫妻**魂飞魄散**，呼**天怆地**的嚎哭，只是**解说**不出。合船的人都道："这也作怪！总来只有只船，哪里去了？除非落在水里。"吴府尹听了众人，遂泊住船，寻人打捞。自江州起至泊船之所，百里内外，把江也捞遍了，哪里罗得尸首。一面**招魂设祭**，把夫人哭得**死而复苏**。吴府尹因没了儿子，连官也不要做了。手下人再三苦劝，方才前去上任。不则一日，贺司户家人送吴衙内到来。父子一见，惊喜相半。看了书札，方知**就里**。将衙内责了一场，**款留**贺司户家人住了数日，准备聘礼，写起回书，差人同去求亲。吴衙内也写封私书寄予贺小姐。两下家人领着礼物，别了吴府尹，直至荆州，参见贺司户。收了聘礼，又做回书，打发吴府尹家人回去。那贺小姐正在病中，见了吴衙内书信，然后渐渐痊愈。那吴衙内在衙中，日夜攻书。候至开科，至京应试，**一举成名**，中了进士。凑巧除授荆州府湘潭县县尹。吴府尹见儿子成名，便告了**致仕**，同至荆州上任，**择吉**迎娶贺小姐过门成亲，同僚们前来称贺。

花烛下两个新人，锦衾内一双旧友。

修起书札	xiūqǐ shūzhá	[古] write a letter
心腹	xīnfù	a trusted subordinate
不一时	bùyìshí	shortly
上涯	shàngyá	go ashore
蒙	méng	cover up
战兢兢	zhànjīngjīng	with fear and trepidation
伏	fú	lie prostrate
死罪	sǐzuì	wrongdoing deserving death
成器	chéngqì	become a useful and decent person
无行	wúxíng	immoral
辱我家门	rǔ wǒ jiāmén	ruin my family's reputation
姑	gū	tentatively
消了恶气	xiāo le èqì	vent one's anger; release one's anger
志气	zhì.qì	aspiration; ambition
领命	lǐngmìng	[古] receive an order
悄地	qiāode	without being noticed
歹念	dǎiniàn	malicious intent
凄惨	qīcǎn	miserable; heartbreaking
诚恐	chéngkǒng	extremely afraid
途中有变	túzhōng yǒu biàn	encounter trouble during a journey
着忙	zháománg	be worried
魂飞魄散	húnfēi pòsàn	[成] be frightened out of one's wits
呼天抢地	hūtiān qiāngdì	[成] cry to heaven and knock one's head on earth; to utter cries of anguish
解说	jiěshuō	explain
泊船	bóchuán	stop the ship
罗	luó	salvage; get something from the water
招魂	zhāohún	call back the soul of the dead
设祭	shèjì	hold a memorial ceremony for
死去复苏	sǐqù fùsū	half dead, half alive
就里	jiùlǐ	the truth
款留	kuǎnliú	cordially urge (a guest) to stay
一举成名	yìjǔ chéngmíng	[成] be famous overnight
致仕	zhìshì	[古] resign
择吉	zéjí	choose an auspicious day

257

秀娥过门之后，孝敬公姑，夫妻和顺，颇有贤名。后来贺司户因念着女儿，也入籍汴京，靠老终身。吴彦官至龙图阁学士。生得二子，亦登科甲。这回书唤做《吴衙内邻舟赴约》。诗云：

佳人才子貌相当，八句新诗暗自将。

百岁姻缘床下就，丽情千古播词场。

过门	guòmén	get married and move into the bridegroom's household
公姑	gōnggū	[古] parents-in-law of a woman
贤名	xiánmíng	good reputation
念	niàn	miss; think of
入籍	rùjí	immigrate
登科甲	dēng kējiǎ	[古] achieve high marks on the imperial examination

（九）徐老仆义愤成家

《醒世恒言》第三十五卷

犬马犹然知恋主，况于列在生人。为奴一日主人身，情恩同父子，名分等君臣。主若虐奴非正道，奴如欺主伤伦。能为义仆是良民，盛衰无改节，史册可传神。

说这**唐玄宗**时，有一官人姓**萧**，名颖士，字茂挺，**兰陵**人氏。自幼聪明好学，**该博三教九流**，贯串**诸子百家**。上自天文，下至地理，无有不通，无有不晓。真个胸中书富五车，笔下句高千古。年方一十九岁，**高掇巍科**，**名倾朝野**，是一个广学的才子。家中有个仆人，名唤杜亮。那杜亮自萧颖士数龄时，就在书房中服事起来。若有**驱使**，奋勇直前，水火不避，身边并无半文私蓄。陪伴萧颖士读书时，不待分付，自去**千方百计**，预先寻觅下**果品饮馔**供奉。有时或烹**瓯**茶儿，助他清思；或暖杯酒儿，节他辛苦。整夜直服事到天明，从不曾打个瞌睡。如见萧颖士读到得意之处，他在旁也十分欢喜。那萧颖士般般皆好，件件俱美，只有两桩儿毛病。你道是哪两桩？第一件，乃是**恃才傲物**，不把人看在眼内。才登仕籍，便去**冲撞**了当朝宰相。那宰相若是个有**度量**的，还恕得他过，又正冲撞了是第一个**忌才**的李林甫。那李林甫**混名**叫做李猫儿，平昔不知坏了多少大臣，乃是**杀人不见血**的刽子手。却去惹他，可肯轻轻放过？被他**略施小计**，险些连性命都送了。又亏着座主搭救，只削了官职，坐在家里。第二件，是性子严急，却像一团烈火。片语不投，即暴躁如雷，两太阳火星直爆。奴仆稍有差误，便加**捶挞**。他的打法，又与别人不同。有甚不同？别人责治家奴，定然计其过犯大小，讨个板子，教人**行杖**，或打一十，或打二十，分个轻重。惟有萧颖士，不论事体大小，略触着他的性子，便连声喝骂，也不用什么板子，也不要人行杖，亲自跳起身来一把揪翻，**随分掣**着一件家火，**没头没脑**乱打。凭你什么人劝解，他也全不作准，直要打个气息。若不像意，还要咬上几口，方才罢手。因是恁般利害，奴仆们惧怕，都四散逃去，单单存得一个杜亮。

Selected by C. P. Chou
Text prepared by Joanne Chiang
Vocabulary prepared by Hsin-I Tseng

唐玄宗	Táng Xuánzōng	Emperor Xuanzong (712-756 A.D.) of the Tang Dynasty
萧颖士	Xiāo Yǐngshì	He (717-768) was a Tang scholar-official. The following story about him doesn't have much factual basis. After he offended the prime minister Li Linfu (?-752) and suffered other political setbacks, Xiao still held a number of middle-level official posts. In these capacities, he was always enthusiastic in promoting the well-being of younger scholars.
兰陵	Lánlíng	modern Yi County in southern Shandong Province.
该博	gāibó	[古] 学识广博; learned; well-read; erudite
三教九流	sānjiào jiǔliú	various religious sects and academic schools; 三教: Confucianism, Buddhism and Taoism; 九流: Confucians, Taoists, diviners, legalists, logicians, Mohists, political advisers, miscellaneous writers, and agriculturists.
诸子百家	zhūzǐ bǎijiā	the different philosophers and authors, esp. in time of the Warring States; the various schools of thought and their exponents during the period from pre-Qin times to the early years of the Han Dynasty
书富五车	shū fù wǔ jū	one's mind contained more knowledge than could have been contained in five cartloads of books.; be wealthy in knowledge. **学富五车, 才高八斗**: be a universal genius
高掇巍科	gāo duó wéi kē	pass the highest imperial examinations; 掇: obtain; 巍: 高
名倾朝野	míng qīng cháoyě	his reputation spread throughout the land. 倾: admire; 朝野: 朝廷和民间; the court and the commonalty
驱使	qūshǐ	吩咐
千方百计		[成] 想各种办法
果品饮馔	zhuàn	水果、点心、饮料和食物
瓯	ōu	pot
恃才傲物	shìcái àowù	[成] be proud and insolent because of one's talent
冲撞	chōngzhuàng	give offense; offend
度量	dùliàng	宽容人的限度; tolerance; magnanimity
忌才	jìcái	resent people more able than oneself
混名	hùnmíng	[古] 外号; 绰号
杀人不见血		kill without spilling blood - destroy a person by smooth strategy
略施小计	luè shī xiǎojì	[成] play tricks
捶挞	chuítà	捶: beat (with a stick or fist); thump; pound; 挞: whip
行杖	xíngzhàng	[古] flog with a stick
随分	suífèn	[古] 随便; 这里是 "看到什么就拿什么" 的意思
掣	chè	pull; drag
没头没脑	méi tóu méi nǎo	[成] without rhyme or reason; absent-minded; meaningless
打个气息		[古] beat until someone gasps for breath

论起萧颖士，只存得这个家人种儿，每事只该**将就**些才是。谁知他是天生的性儿，使惯的气儿，打溜的手儿，竟没丝毫更改，依然照旧施行。起先奴仆众多，还打了那个，空了这个。到得秃秃里独有杜亮时，反觉打得勤些。论起杜亮，遇着这般**难理会**的家主，也该学众人逃走去罢了，偏又**寸步不离**，甘心受他的责罚。常常打得**皮开肉绽**，头破血淋，也再无一点退悔之念，一句怨恨之言。打罢起来，整一整衣裳，忍着疼痛，依原在旁答应。

说话的，据你说，杜亮这等奴仆，莫说千中选一，就是走尽天下，也**寻不出个对儿**。这萧颖士又非**黑漆皮灯，泥塞竹管**，是那**一窍不通**的蠢物；他须是身登黄甲，位列朝班，读破万卷，明理的才人，难道恁般**不知好歹**，一味蛮打，没一点仁慈改悔之念不成？**看官**有所不知，常言道得好：**江山易改，本性难移**。那萧颖士平昔原爱杜亮小心**驯谨**，打过之后，深自懊悔道："此奴随我多年，并无十分过失，如何只管将他这样毒打？今后**断然**不可！"到得性发之时，不觉拳脚又轻轻的生在他身上去了。这也不要单怪萧颖士性子急躁；谁教杜亮刚闻得叱喝一声，恰如小鬼见了**锺馗**一般，扑秃的两条腿就跪倒在地。萧颖士本来是个好打人的，见他做成这个要打局面，**少不得奉承**几下。

杜亮有个远族兄弟杜明，就住在萧家左边，因见他常打得这个模样，心下倒**气不过**，**撺掇**杜亮道："凡做奴仆的，皆因家贫力薄，自难成立，故此投靠人家。一来贪图现成衣食，二来指望家主有个发迹日子，**带挈风光**，摸得些东西做个小小家业，快活**下半世**。像阿哥如今随了这措大，早晚辛勤服事，**竭力尽心**，并不见一些好处，只落得常受他凌辱痛楚。恁样不知好歹的人，跟他有何出息？他家许多人都存住不得，各自四散去了。你何不也别了他，另寻头路？有多少不如你的，投了大官府人家，吃好穿好，还要**作成趁**一贯两贯。走出**衙门**前，谁不奉承？那边才叫'某大叔，有些小事相烦。'还未答应时，这边又叫'某大叔，我也有件事儿劳动。'真个**应接不暇**，何等兴头。若是阿哥这样肚里又明白，笔下又来得，做人且又温存小心，走到势要人家，怕道不是**重用**？你那措大，虽然中个进士，**发利市**就与李丞相**作对**，被他弄来，坐在家中，**料道**也没个起官的日子，有何撇不下，定要与他缠帐？"杜亮道："这些事，我岂不晓得？若有此念，早已去得多年了，何待吾弟今日劝谕？古语云：

将就	jiāng.jiù	make do with
难理会	nán lǐhuì	[古] 不讲道理，难以相处
寸步不离	cùnbù bù lí	[成] not to move a step from; follow closely
皮开肉绽	pí kāi ròu zhàn	[成] the skinis torn and the flesh gapes open; badly bruised from/by flogging
说话的		[古] storyteller
寻不出个对儿	xún	peerless
黑漆皮灯，泥塞竹管	qī	a lantern made of leather or a bamboo tube filled with mud
一窍不通	yíqiào bù tōng	[成] be utterly ignorant of; an absolute blockhead; 窍: aperture
不知好歹	bù zhī hǎodǎi	[成] not to appreciate what is good
一味	yíwèi	blindly
看官	kànguān	[古] honored readers
江山易改，本性难移	jiāngshān yìgǎi, běnxìng nányí	[成] Mountains and rivers are easy to alter, but one's nature is hard to change.
驯谨	xúnjǐn	obedient and careful
断然	duànrán	绝对
钟馗	Zhōng Kuí	a sorcerer reputed for prowess in subjugating demons
少不得	shǎo bù dé	cannot do without; cannot dispense with
奉承	fèng.chéng	flatter; fawn upon; to serve with particular attention; to get into the good graces of (a superior); 这里是讽刺的用法
气不过	qì búguò	unable to restrain one's anger
撺掇	cuān.duó	instigate someone to do something
带挈风光	chè	沾光; share in reflected glory; benefit by someone's influence
下半世	xià bànshì	下半生; 下半辈子
措大	cuòdà	[古] 穷苦的读书人; wretch
竭心尽力	jiéxīn jìnlì	[成] think of everything one can and make greatest efforts
作成	zuòchéng	[古] 抽成; take a percentage; get commissions
趁	chèn	赚(钱)
贯	guàn	a string of 1,000 cash, 古时候用绳索穿钱, 每一千文为一贯
衙门	yámen	government office in feudal China
应接不暇	yìngjiē bùxiá	[成] too busy to attend to all; have more visitors or business than one can attend to
重用	zhòngyòng	put someone in an important position
发利市	fā lìshì	这里是 "at the start of his career" 之意; "大发利市": make a lot of money quickly
作对	zuòduì	set oneself against; oppose
料道	liàodào	料想; 猜想; expect; predict; anticipate

良臣择主而事，良禽择木而栖。奴仆虽是下贱，也要择个好使头。像我主人，只是性子躁急，除此之外，只怕舍了他，没处再寻得第二个出来。"杜明道："满天下无数官员宰相，贵戚豪家，岂有反不如你主人这个穷官？"杜亮道："他们有的，不过是爵位金银二事。"杜明道："只这两样尽够了，还要怎样？"杜亮道："那爵位乃虚花之事，金银是臭污之物。有甚**稀罕**？如何及得我主人这般高才绝学？**拈**起笔来，**顷刻万言**，不要打个稿儿。真个**烟云缭绕，华彩缤纷**。我所**恋恋不舍**者，单爱他这一件耳。"杜明听得说出爱他的才学，不觉呵呵大笑，道："且问阿哥，你既爱他的才学，到饥时可**将**来当得饭吃，冷时可作得衣穿么？"杜亮道："你又说笑话。才学在他腹中，如何**济**得我的饥寒？"杜明道："原来又救不得你的饥，又遮不得你的寒，爱他何用？当今有爵位的人，尚然只喜**趋权附势**，没一个肯怜才惜学。你我是个下人，但得饱食暖衣，寻觅些钱钞做家，乃是**本等**；却这般**迂阔**，爱什么才学，情愿受其打骂，可不是个呆子！"杜亮笑道："金银，我命里不曾带来，不做这个指望，还只是守旧。"杜明道："想是**打得你不爽利**，故此尚要挨他的棍棒。"杜亮道："**多承**贤弟好情，可怜我做兄的；但我主这般博奥才学，**总然打死**，也甘心服事他。"遂不听杜明之言，仍旧跟随萧颖士。**不想**今日一顿拳头，明日一顿棒子，打不上几年，把杜亮打得渐渐遍身疼痛，口内吐血，成了个**伤痨**症候。初日还勉强趋承，以后打熬不过，半眠半起。又过几时，便久卧床席。那萧颖士见他呕血，情知是打上来的，心下十分懊悔，指望还有好的日子。请医调治，亲自煎汤送药。挨了两月，**呜呼哀哉**！

萧颖士想起他平日的好处，只管涕泣，备办衣棺埋葬。萧颖士日常亏杜亮服事惯了，到得死后，十分不便，央人四处寻觅仆从。因他打人的名头出了，哪个肯来跟随。就有个肯跟他的，也不中其意。有时**读书到忘怀之处**，还认做杜亮在旁，抬头不见，**便掩卷而泣**。后来萧颖士知得了杜亮当日不从杜明这般说话，不觉气咽胸中，**泪如泉涌**，大叫一声："杜亮！我读了一世的书，不曾遇着个怜才之人，终身**沦落**，谁想你倒是我的知己。却又**有眼无珠，枉送了你性命，我之罪也**！"言还未毕，口中的鲜血，往外直喷。自此也成了个呕血之疾。将书籍尽皆**焚化**，口中不住的喊叫杜亮，病了数月，也归**大梦**。**遗命**教迁杜亮与他同葬。有诗为证：

纳贿趋权步步先，高才曾见几人怜？

良**臣**择主而事， 良**禽**择木而**栖**	chén…qín…qī	A good subject chooses a master he would serve; fine birds select their roosts.
使头	shǐtou	[方] 雇主; 老板; employer
舍	shě	舍弃; abandon
稀罕	xī.hǎn	稀奇; rare; scarce; uncommon
及得	jídé	比得上
拈	niān	用两三个手指头夹; 捏; pick up (with the thumb and one or two fingers)
顷刻	qǐngkè	在很短的时间之内; in a moment; in an instant; instantly
万言	wànyán	一万个字; 形容字数很多
烟云**缭绕**，华彩**缤纷**	liáorào, bīnfēn	as lofty as clouds and as colorful as flowers; 形容文章内容丰富、词藻华丽; 缭绕: coil up; curl up; 缤纷: colorful.
恋恋不舍	liànliàn bùshě	[成] be reluctant to part with; unwilling to give up
将	jiāng	拿; 取
济	jì	对事情有益; be of help; benefit
趋权附势	qūquán fùshì	[成] fawn upon the rich and powerful; please and flatter wealthy and influential persons; 一般写做 "趋炎附势"
本等	běnděng	[古] 本分; one's duty; one's part; one's role; obligation
迂阔	yūkuò	bookish; high-sounding and impracticable
想是打得你不**爽利**	shuǎnglì	It seems that he hasn't beaten you enough. 爽利: brisk and neat; efficient and able; 这里是 " 舒服痛快; refreshed" 之意
承	chéng	be indebted (to someone for a kindness), 是客套话
总然	zǒngrán	即使
不想	bùxiǎng	没想到
伤痨	shānglāo	consumptive
症候	zhènghou	疾病, disease; 症状, symptom
煎汤	jiāntāng	煎药; boil medicine; tisane
呜呼哀哉	wūhū'āizāi	[成] 死了; dead and gone
读书到**忘怀**之处	wànghuái	be deep in reading; 忘怀: forget; dismiss from one's mind
掩卷	yǎnjuàn	把书合上
泪如泉涌	lèi rú quán yǒng	[成] Tears like a bubbling spring; tears falling down abundantly
沦落	lúnluò	fall low; come down in the world; be reduced to poverty
枉送了你性命	wǎng	You died from mistreatment and abuse; 枉: treat unjustly
焚化	fénhuà	烧掉; incinerate; cremate
归大梦	guī dàmèng	[古] 古人有 "人生如大梦" 的说法; 这里指人死了.
遗命	yímìng	遗嘱; testament; will; dying words

当路若能如杜亮，草莱安得有遗贤？

说话的，这杜亮爱才恋主，果是千古奇人。然看起来，毕竟还带些**腐气**，未为全美。若有别桩稀奇故事，异样话文，再讲回出来。**列位**看官稳坐着，莫要性急。**适来**小子道这段小故事，原是**入话**，还未曾说到**正传**。那正传却也是个仆人，他比杜亮更是不同：曾独力与孤**孀主母**挣起个天大家事，替主母嫁三个女儿，与小主人娶两房娘子。到得死后，并无半文私蓄，至今**名垂史册**。待小子慢慢的道来，劝谕那世间为奴仆的，也学这般尽心尽力帮家做活，传个美名；莫学那样背恩**反噬，尾大不掉**的，被人唾骂。你道这段话文，出在哪个朝代？什么地方？原来就在**本朝嘉靖爷年间**，浙江严州府淳安县，离城数里，有个乡村，名曰锦沙村。村上有一姓徐的**庄家**，恰是弟兄三人。大的名徐言，次的名徐召，各生一子。第三个名徐哲，**浑家**颜氏，却倒生得二男三女。他弟兄三人，**奉**着父亲遗命，合锅儿吃饭，并力的耕田，挣下一头牛儿，一骑马儿。又有一个老仆，名叫阿寄，年已五十多岁，夫妻两口，也生下一个儿子，还只有十来岁。那阿寄也就是本村生长，当先因父母丧了，又无力**殡殓**，故此**卖身**在徐家。为人忠谨小心，**朝起晏眠**，勤于种作。徐言的父亲**大得其力**，每事优待。到得徐言辈**掌家**，见他年纪有了，便有些厌恶之意。那阿寄又**不达时务**，遇着徐言弟兄行事有不到处，便**苦口规谏**。徐哲尚肯**服善**，听他一两句。那徐言徐召是个**自作自用**的性子，反怪他多嘴擦舌，高声**叱喝**，有时还要奉承几下**消食拳头**。阿寄的老婆劝道：“你一把年纪的人了，**诸事只宜退缩算**。他们是后生家世界，时时新，局局变，由他自去主张罢了。何苦定要多口，常讨怎样凌辱！”阿寄道：“我受老主之恩，故此不得不说。”婆子道：“累说不听，这也怪不得你了！”自此阿寄听了老婆言语，**缄口结舌**，再不干预其事，也省了好些耻辱。正合着古人两句言语，道是：

闭口深藏舌，安身处处牢。

不则一日，徐哲忽地患了个**伤寒**症候，七日之间，即便了**帐**。那时就哭杀了颜氏母子，少不得衣棺盛殓，做些功果追荐。过了两月，徐言与徐召商议道：“我与你各只一子，三兄弟倒有两男三女，**一分就抵着我们两分**。便是三兄弟在时，一般耕种，还算计不就，何况他已死了。我们日夜吃辛吃苦挣来，却养他一**窝子吃死饭的**。如今还是小事，到得长大起来，你我儿子婚配了，难道不与他婚男嫁女？岂不比你我反多去四分？意欲即今三股分开，撇脱了这条烂死蛇，

腐	fǔ	迂腐; stubborn adherence to outworn rules and ideas; pedantry
列位	lièwèi	各位
适来	shìlái	刚才
入话	rùhuà	preamble; 宋、元时, 说书的人在讲主要故事之前先讲一段 小故事, 以引起正文, 叫做 "入话"。
正传	zhèngzhuàn	main story
孀	shuāng	寡妇; widow
主母	zhǔmǔ	主妇; 女主人
名垂史册	míng chuí shǐcè	[成] on the scroll of fame; leave a name in history
反噬	fǎnshì	反咬; trump up a countercharge against one's accuser
尾大不掉	wěidà búdiào	[成] The tail is too big to wag - of encumbrances, such as dependencies which become too much for the parent state.
本朝嘉靖爷年间	Jiājìng	during the reign of the Jiajing Emperor in the present dynasty
庄家	zhuāngjiā	农家; farmstead; peasant household
浑家	húnjiā	谦称自己的妻子, 多用于宋代和元代的小说中 _
奉	fèng	尊重; esteem; respect; believe in
殡殓	bìnliàn	encoffin a corpse and carry it to the grave
卖身	màishēn	卖自己或家人; sell oneself or a member of one's family
朝起晏眠	zhāo qǐ yàn mián	早起晚睡; 晏: 晚
大得其力	dà dé qí lì	得到很大的帮助; benefit greatly from someone
掌家	zhǎngjiā	掌管家务; 掌: control; hold in one's hand; be in charge of
不达时务	bù dá shíwù	[成] 今做 "不识时务"; lack proper understanding of the state of affairs; not to understand the concrete, actual conditions
苦口规谏	kǔkǒu guījiàn	earnestly advise; urge somebody time and again with good intentions; 苦口: 反复恳切地说
服善	fú shàn	听别人好意的劝告
自作自用	zì zuò zì yòng	[古] 自大; self-important; arrogant; conceited
叱喝	chìhè	shout at; bawl at
消食拳头	xiāoshí quántou	solid fist
诸事只宜退缩算		各方面都只合适忍住不说: just mind your own business; 退缩: hold back; withdraw from advancing
累	lěi	屡次; repeated
缄口结舌	jiānkǒu jiéshé	keep one's mouth shut; 缄: 封闭; seal; close; 结: tie; knot
伤寒	shānghán	[古] 感冒; affection by cold; typhoid fever
了帐	liǎozhàng	帐算完了; 指人死了
一分就抵着我们两分	dǐzhe	His part of the household is equivalent to both of ours.
一窝子吃死饭的	yì wō zi	a brood of freeloaders

由他们有得吃，没得吃，**可不与你我没干涉了**？只是当初老官儿**遗嘱**，教道莫要分开，今若违了他言语，被人谈论，却**怎么处**？"那时徐召若是个有仁心的，便该劝徐言休了这念才是。谁知他的念头，一发起得久了，听见哥子说出这话，正合其意，乃答道："老官儿虽有遗嘱，不过是死人说话了，须不是**圣旨**，违肯不得的。况且我们的家事，哪个外人敢来谈论！"徐言**连称有理**。即将田产**家私**，都暗地**配搭停当**，只拣不好的留与侄子。徐言又道："这牛马却怎地分？"徐召**沉吟半晌**，乃道："不难。那阿寄夫妻年纪已老，渐渐做不动了，活时倒有三个吃死饭的，死了又要赔两口棺木。把他也当作一股，派与三房里，**卸**了这干系，可不是好！"

计议已定，到次日备些酒肴，请过几个亲邻坐下，又请出颜氏，并两个侄儿。那两个孩子，大的才得七岁，唤做福儿，小的五岁，叫做寿儿，随着母亲，直到堂前，连颜氏也不知为甚缘故。只见徐言弟兄立起身来道："列位高亲在上，有一言相告：昔年先父原没甚所遗，多亏我弟兄，挣得些小产业，只望弟兄相守到老，传至子侄等辈**分析**。不幸三舍弟近日有此大变，弟妇又是个**女道家**，不知产业多少。况且人家**消长不一**，**到后边多挣得，分与舍侄便好**；万一消乏了，那时只道我们有甚**私弊**，欺负孤儿寡妇，反伤**骨肉情义**了。故此我兄弟**商量**，不如趁此完美之时，分作三股，各自领去**营运**，省得后来争多竞少。特请列位高亲来**作眼**。"遂向袖中摸出三张分书来，说道："总是一样配搭，至公无私，只劳列位**着个花押**。"颜氏听说要分开**自做人家**，眼**中扑簌簌**珠泪交流，哭道："二位伯伯，我是个孤孀妇人，儿女又小，就是没脚蟹一般，如何**撑持**得门户？昔日公公原分付莫要分开，还是二位伯伯总管在那里，扶持小儿女大了，但凭胡乱分些便罢，决不敢争多竞少。"徐召道："三娘子，**天下无有不散筵席**，就合上一千年，少不得有个分开日子。公公乃过世的人了，他的说话，哪里作得准？大伯昨日要把牛马分与你，我想侄儿又小，哪个去看养？故分阿寄来帮扶。他年纪虽老，筋力还健，赛过一个**后生家**种作哩。那婆子**绩麻纺线**，也不是吃死饭的。这孩子再耐他两年，就可下得田了，你**不消愁得**。"颜氏见他弟兄如此，明知已是做就，料道**拗他不过**，一味啼哭。那些亲邻看了分书，虽晓得分得不公道，都要做**好好先生**，哪个肯做闲**冤家**，出尖说话。一齐着了花押，劝慰颜氏收了进去，入席饮酒。有诗为证：

分书三纸语从容，人畜均分禀至公。

由	yóu	随; let (someone do as he likes)
可不与你我没干涉了？	gānshè	不就跟你我没有关系了吗?
仁心	rénxīn	benevolence; love; kindheartedness
圣旨	shèngzhǐ	imperial edict
连称有理	lián chēng yǒulǐ	一直说有道理
家私	jiāsī	家族的财产; family property
配搭停当	pèidā tíngdàng	分配好; 配搭: supplement; match; accompany; 停当: ready; settled
沈吟	chényín	mutter to oneself while thinking; meditate (in silence); unable to make up one's mind
卸	xiè	放下; get rid of; be relieved of
分析	fēnxī	这里是 "分配" 之意
大变	dàbiàn	很大的变故, 这里是指人死了
女道家	nǔdàojiā	女流之辈; the fair sex; the womenfolk
消长不一	xiāozhǎng bùyī	uncertain of growth and decline
到后边	dào hòubiān	以后
私弊	sībì	dishonest, underhand practices
骨肉情义	gǔròu qíngyì	kindred feelings; feelings of kinship
营运	yíngyùn	这里是 "管理、利用" 之意
争多竞少	zhēng, jìng	竞争多, 意思是发生很多争财产的冲突
作眼	zuòyǎn	做见证; witness; observe
着个花押	zhuóge huāyā	签个名; affix private mark (some kind of monogram) at the end; sign one's name (on a document)
扑簌簌	pū sùsù	gushing forth (tears)
撑持	chēngchí	prop up; shore up; sustain
门户	ménhù	family status
扶持	fúchí	support with the hand; help someone to stand or walk; support; help to sustain
天下无有不散筵席	yánxí	[成] a party must come to an end; 现在常说的是 "天下没有不散的筵席"
后生家	hòushēng jiā	青年男子
绩麻纺线	jīmá fǎngxiàn	twist threads and spin cotton
不消愁得	bùxiāo chóude	不必担心
拗他不过	niù	unable to dissuade someone because they are obstinate/stubborn
好好先生		one who tries not to offend anybody; a man who is always polite and never says no
冤家	yuānjiā	仇人; enemy; foe; opponent
出尖	chūjiān	to take up a difficult or dangerous task

老仆不如牛马用，拥孤孀妇泣西风。

却说阿寄，那一早差他买东买西，请张请李，也不晓得又做甚**事体**。恰好在南村去请个亲戚，回来时里边事已**停妥**。刚至门口，正遇着老婆。那婆子恐他晓得了这事，又去多言多语，扯到半边，分付道："今日是**大官人**分拨家私，你休得又去**闲管**，讨他的**怠慢**！"阿寄闻言，吃了一惊，说道："当先老主人遗嘱，不要分开，如何见三官人死了，就撇开这孤儿寡妇，教他如何过活？我若不说，再有何人肯说？"转身就走。婆子又扯住道："**清官也断不得家务事**。适来许多亲邻，都不开口，你是他手下人，又非什么高年族长，怎好**张主**？"阿寄道："话虽有理，但他们分的公道，便不开口；若有些**欺心**，就死也说不得，也要讲个明白。"又问道："可晓得分我在哪一**房**？"婆子道："这倒不晓得。"阿寄走到堂前，见众人吃酒，正在高兴，不好**遽然**问得，站在旁边。

间壁一个邻家抬头看见，便道："徐老官，你如今分在三房里了。他是孤孀娘子，须是竭力帮助便好。"阿寄随口答道："我年纪已老，做不动了。"**口中便说，心下暗转**道："原来拨我在三房里，一定他们道我没用了，借手推出的意思。我偏要**争口气**，挣个事业起来，也不被人耻笑。"遂不问他们分析的事，一径转到颜氏房门口，听得在内啼哭。阿寄立住脚听时，颜氏哭道："天啊！只道与你**一竹竿到底**白头相守，哪里说起半路上就**抛撇**了，遗下许多儿女，**无依无靠**！还指望倚仗做伯伯的扶养长大，谁知你**骨肉未寒**，便分拨开来。如今教我没**投**没**奔**，怎生过日？"又哭道："就是分的田产，**他们通是亮里，我是暗中**，凭他们分派，哪里**知得好歹**。只一件上，已见他们的**肠子狠**了。那牛儿可以耕田，马儿可**雇倩与人**，只拣两件有利息的拿了去，却推两个老头儿与我，反要费我的衣食。"那老儿听了这话，猛然揭起门帘叫道："三娘，你道老奴单费你的衣食，不及牛马的力么？"颜氏**魆地里**被他钻进来说这句话，倒惊了一跳，收泪问道："你怎地说？"阿寄道："那牛马每年耕种雇倩，不过有得数两利息，还要赔个人去喂养跟随。若论老奴，年纪虽有，精力未衰，路还走得，苦也受得。那经商道业，虽不曾做，也都明白。三娘**急急**收拾些本钱，待老奴出去做些生意，**一年几转**，其利岂不胜似马牛数倍！就是我的婆子，平昔又勤于**纺织**，亦可少助薪水之费。那田产莫管好歹，把来放租与人，讨**几担谷子**，做了桩主，三娘同姐儿们，也做些活计，将就度日，不要动那货本。营运数年，怕不挣起个事业！何消愁闷？"

事体	shìtǐ	事情
停妥	tíngtuǒ	安排好了; be well arranged; be in order; well-settled
大官人	dà guānrén	[古] address for upper-class man; 这里指徐言和徐召
闲管	xiánguǎn	多管闲事
怠慢	dàimàn	冷淡; cold-shoulder; slight
清官也断不得家务事		[成] even an honest official cannot pass judgment on family affairs; 常说成 "清官难断家务事"
张主	zhāngzhǔ	作主; 做决定; take the responsibility for a decision
欺心	qīxīn	蒙蔽自己的良心, 比喻一个人起了坏心思; play dirty tricks
房	fáng	指家族的一支; a branch of a family
遽然	jùrán	忽然; suddenly; abruptly
间壁	jiànbì	隔壁
口中便说，心下暗转		As he was saying this, he secretly thought to himself.
争口气	zhēng kǒu qì	争气; try to make a good showing; try to win credit for; try to bring credit to
一竹竿到底	zhúgān	一直到底; 一辈子
白头相守	báitóu xiāngshǒu	(of married couple) growing old together
抛撇	pāopiē	弃置不顾; 抛弃; cast aside; throw overboard; neglect
无依无靠	wúyīwúkào	[成] have no one to depend on; be alone in the world; be left forlorn and without a protector
骨肉未寒	gǔròu wèihán	before the body of a dead turns cold, 意指才过世不久
投奔	tóubèn	go to (a friend or a place) for shelter
他们通是亮里，我是暗中		They know what they are doing, but I've been kept in the dark.
知得好歹	zhīdé hǎodǎi	know whether it's fair or not; 好歹: 好坏; what's good and what's bad
只一件上		就从一件事情上
肠子	chángzi	心肠; 用心; heart; intention
雇倩	gùqiàn	[古] 出租
魆地里	xù	[古] suddenly
急急	jíjí	尽快; 在短时间内; in a short time
一年几转		一年出去(做生意)几趟
纺织	fǎngzhī	织布; spinning and weaving
少	shāo	稍微; a bit
几担谷子	jǐ dàn gǔzi	a few piculs of grain; 担: a unit of weight (=111 pounds); 谷子: millet; foxtail millet; unhusked rice
活计	huójì	手工艺; handicraft work; manual labor

颜氏见他说得**有些来历**，乃道："若得你如此出力，**可知好哩**。但恐你有了年纪，受不得辛苦。"阿寄道："不瞒三娘说，老便老，健还好，眠得迟，起得早，只怕后生家还赶我不上哩！这倒不消虑得。"颜氏道："你打算做甚生意？"阿寄道："大凡经商，本钱多便大做，本钱少便小做。须到外边去，**看临期着便，见景生情**，只拣有利息的就做，不是在家论得定的。"颜氏道："说得有理，**待我计较起来**。"阿寄又讨出**分书**，将分下的家火，照单逐一点明，搬在一边，然后走至堂前**答应**。众亲邻直饮至晚方散。

次日，徐言即唤个匠人，把房子**两下夹断**，教颜氏另自开个门户出入。颜氏一面**整顿**家中事体，自不必说；一面将**簪钗衣饰**，悄悄教阿寄去**变卖**，共凑了十二两银子。颜氏把来交与阿寄道："这些少东西，乃我尽**命之资**，一家大小俱在此上。今日交付与你，大利息原不指望，但得细微之利也就够了。临事务要**斟酌**，路途亦宜小心，切莫**有始无终**，反被大伯们耻笑。"口中便说，**不觉**泪随言下。阿寄道："但请放心，老奴自有见识在此，**管情不负所托**。"颜氏又问道："何时起身？"阿寄回道："本钱已有了，明早就行。"颜氏道："可要拣个好日？"阿寄道："我出去做生意，便是好日了，何必又拣？"即把银子藏在**兜肚**之中，走到自己房里，向婆子道："我明早要出门去做生意，可将旧衣旧裳，打叠在一处。"原来阿寄只与主母计议，连老婆也不通她知得。这婆子见**蓦地**说出那句话，也觉**骇然**，问道："你往何处去？做甚生意？"阿寄方把前事说与。那婆子道："啊呀！这是哪里说起！你虽然**一把年纪**，那生意行中，从不曾着**脚**，却去弄**虚头**，说大话，**兜揽**这帐。孤孀娘子的银两，是**苦恼**东西，莫要把去弄出个**话靶**，连累她没得过用，岂不终身抱怨？不如依着我，快快送还三娘，拚得早起晏眠，多吃些苦儿，依旧耕种帮扶，彼此倒得安逸。"阿寄道："婆子家晓得什么？只管**胡言乱语**！哪见得我不会做生意，弄坏了事，要你未风先雨。"遂不听老婆，自去收拾了衣服被窝。却没个被囊，只得打个包儿。又做起一个**缠袋**，准备些干粮。又到市上买了一顶雨伞，一双麻鞋。**打点**完毕，次早先到徐言、徐召二家说道："老奴今日要往远处做生意，家中无人照管，虽则各分门户，还要二位官人早晚看顾。"徐言二人听了，不觉暗笑，答道："这倒不消你叮嘱，只要赚了银子回来，送些**人事**与我们。"阿寄道："这个自然。"转到家中，吃了饭食，作别

有些来历	yǒu xiē láilì	这里是 "有点道理" 之意; 来历: background; past history
可知好哩!	kě zhī hǎo li	那真是太好了!
临期着便，见景生情	lín qī zhuó biàn	decide according to the situation; "见景生情" 现在的意思是: be moved by what one sees; memories revive at the sight of familiar places
利息	lì.xī	利润; profit
待我计较起来	dài wǒ jìjiào qǐlái	Let me think it over.
分书	fēnshū	分配财产的合约; the document of division
答应	dāyìng	[古] wait on (the house guests); standby
两下夹断	liǎngxià jiáduàn	分成不相通的两部分; 两下: 两边
整顿	zhěngdùn	rectify; consolidate; reorganize; readjust
簪钗衣饰	zānchāi yīshì	hair clasp, hairpin, clothing and ornaments
变卖	biànmài	sell off (one's property)
凑	còu	gather together; pool; collect
些少	xiēshǎo	一些; 一点
尽命之资	jìnmìng zhī zī	所有的财产
斟酌	zhēnzhuó	consider; deliberate; weigh and consider; think over
有始无终	yǒu shǐ wú zhōng	[成] having a beginning but no end
不觉	bùjué	不知不觉地
管情	guǎnqíng	[古] 保证; assure
不负所托	bú fù suǒ tuō	not disappointing those who had hopes or confidence in one
起身	qǐshēn	动身; 出发; leave; set out; get off
拣个好日	jiǎn ge hǎorì	select an auspicious day
兜肚	dōudù	an undergarment covering the chest and abdomen
蓦地	mò. dì	suddenly; unexpectedly; all of a sudden
骇然	hàirán	吓一跳; gasping with astonishment; shockingly
一把年纪	yìbǎ niánjì	年纪大了
着脚	zhuójiǎo	把脚踩上去, 意思是 "to be engaged in"
虚头	xūtóu	empty talk
兜揽	dōulǎn	take upon oneself (someone else's work, etc.)
苦恼东西	kǔnǎo dōngxi	辛辛苦苦才得到的东西
话靶	huàbǎ	target, topic of gossip; laughingstock
未风先雨	wèi fēng xiān yǔ	意思是: 事情还没开始做，就先批评
缠袋	chándài	waist bag
打点	dǎdiǎn	收拾; 准备; get (luggage, etc.) ready
人事	rénshì	[古] 礼物

了主母，穿上麻鞋，背着包裹雨伞，又分付老婆，早晚须要小心。临出门，颜氏又再三叮咛，阿寄点头答应，大踏步去了。

且说徐言弟兄，等阿寄转身后，都笑道：“可笑那三娘子好没见识！有银子做生意，却不与你我商量，倒听阿寄这老奴才的说话。我想他生长以来，何曾做惯生意？哄骗孤孀妇人的东西，自去快活。这本钱可不白白送落。”徐召道：“便是当初合家时，却不把出来营运，如今才分得，即教阿寄做客经商。我想三娘子又没甚**妆奁**，这银两定然是**老官儿存日**，三兄弟克剥下的，今日方才**出豁**。总之，三娘子瞒着你我做事，若说她不该如此，反道我们妒忌了。且待阿寄**折本**回来，那时去笑她。”正是：

云端看厮杀，毕竟孰输赢？

路遥知马力，日久见人心。

再说阿寄离了家中，一路思想：“做甚**生理**便好？”忽地转着道：“闻得贩**漆**这项道路，颇有利息，况又在近处，何不去试他一试？”定了主意，一直来至庆云山中。从来采漆之处，原有**牙行**，阿寄就行家住下。那贩漆的客人，却也甚多，都是**挨次儿打发**。阿寄想道：“若慢慢的挨去，可不耽搁了日子，又费去**盘缠**。”心生一计，捉个空扯主人家到一村店中，买三杯请他，说道：“我是个小贩子，本钱短少，**守日子不起**的。望主人家看乡里分上，怎地设法先打发我去。哪一次来，大大再**整个东道**请你。”也是**数合当然**，那主人家却正撞着是个**贪杯**的，吃了他的软口汤，不好回得，一口应承。当晚就往各村户凑足其数，装裹停当，恐怕客人们知得**嗔怪**，倒寄在邻家放下，次日**起个五更**，打发阿寄起身。

那阿寄发利市，就**得了便宜**，好不喜欢。教脚夫挑出新安江口，又想道：“杭州离此不远，定**卖不起价钱**。”遂雇船直到苏州。正遇在缺漆之时，见他的货到，犹如宝贝一般，不够三日，卖个干净。**一色都是现银**，并无一毫**赊账**。除去盘缠使用，足足**赚个对合有余**，暗暗感谢天地。急忙收拾起身。又想道：“我今空身回去，须是趁船，这银两在身边，反担干系，何不再贩些别样货去，多少寻些利息也好。”打听得枫桥**籼米**到得甚多，登时落了几分价钱，乃道：“这贩米生意，量来必不吃亏。”遂**籴**了六十多担籼米，载到杭州出脱。那时乃七月中旬，杭州有一个月不下雨，稻苗都干坏了，米价**腾涌**。阿寄这载米，又**值在巧里**，每一挑涨了二钱，又赚十多两银子。自言自语道：“且

见识	jiànshì	experience; knowledge; sensibleness
妆奁	zhuānglián	trousseau; dowry
老官儿<u>存日</u>	cúnrì	父亲活着的时候
三兄弟	sān xiōngdi	三弟, 指徐哲
克剥	kèbō	siphon off
出豁	chūhuō	拿出来
折本	shéběn	赔了本钱; make losses in business
路遥知马力，日久见人心	lù yáo zhī mǎlì, rì jiǔ jiàn rénxīn	[成] the strength of the horse can be tested only by the length of its journey; man's heart will be revealed only through the passage of time
生理	shēnglǐ	生意
漆	qī	lacquer; paint
牙行	yáháng	[古] 协助成交, 然后从中取利的商号; broker house
挨次儿打发	āi cìr dǎ.fa	按排队顺序来做买卖
盘缠	pánchán	旅费; money for the journey; traveling expenses
三杯	sānbēi	几杯酒
守日子不起	shǒu rìzi bùqǐ	负担不起等好几天要花的费用
乡里	xiānglǐ	乡亲; fellow villager or townsman
整个东道	zhǎng...dōngdào	play the host; stand treat
数合当然	shù hé dāngrán	正好; 凑巧; as luck would have it
贪杯的	tānbēide	嗜酒的; 爱喝酒的
回得	huídé	拒绝
一口应承	yìkǒu yìngchéng	一口答应; readily agree; readily promise
嗔怪	chēnguài	blame; rebuke
起个五更	qǐ ge wǔjīng	get up before dawn; 更: 古人把一夜分为五更, 每更是两小时, 晚上 7-9 点是一更, 3-5 点是五更
得了便宜	déle piányi	gain advantage
脚夫	jiǎofū	porter
卖不起<u>价钱</u>	jiàqian	cannot get a good price
一色	yísè	completely; entirely
赊帐	shēzhàng	transaction on credit
<u>赚个对合</u><u>有余</u>	zhuàn...yǒuyú	make a profit of 50%
籼米	xiānmǐ	早熟而米粒不黏的稻子; common rice
籴	dí	buy in rice or grain
腾涌	téngyǒng	涨得很厉害; soar; surge
值在巧里	zhí zài qiǎo lǐ	遇上好时机

喜做来生意，**颇颇顺溜**，想是我**三娘福分**到了。"却又想道："既在**此间**，怎不去问问漆价？若与苏州相去不远，也省好些盘缠。"细细访问时，比苏州便反胜。你道为何？原来**贩漆**的，都道**杭州**路近价贱，俱往远处去了，杭州倒时常**短缺**。常言道："货无大小，缺者便贵。"故此比别处反胜。阿寄得了这个消息，**喜之不胜**，星夜赶到**庆云山**。已备下**些小人事**，送与主人家，依旧又买三杯相请。那主人家得了些小便宜，**喜逐颜开**，一如前番，悄悄先打发他转身。到杭州也不消三两日，就都卖完。**计算本利**，果然比起先这一帐又多几两，只是少了那回头货的利息。乃道："下次还到远处去。"与**牙人**算清了账目，收拾起程。想道："出门好几时了，三娘必然**挂念**，且回去**回覆**一声，也教她放心。"又想道："总是收漆，要等候两日。何不先到山中，将银子教**主人家**一面先收，然后回家，岂不**两便**！"定了主意，到山中把银两付与牙人，自己赶回家去。正是：

先收漆货两番利，初出茅庐第一功。

且说颜氏，自阿寄去后，**朝夕悬挂，** 常恐他消折了这些本钱，**怀着鬼胎**。耳根边又听得徐言弟兄在背后**颠唇簸嘴**，愈加烦恼。一日正在房中闷坐，忽见两个儿子**乱喊**进来道："阿寄回家了！"颜氏闻言，急走出房，阿寄早已在面前。他的老婆也随在背后。阿寄上前，深深**唱个大喏**。颜氏见了他，反增着一个**蹬心拳头**，胸前突突的乱跳，**诚恐**说出句**扫兴话**来。便问道："你做的是什么生意？可有些利钱？"那阿寄叉手不离方寸，不慌不忙的说道："一来**感谢天地保佑**，二来**托赖**三娘洪福，做的却是贩漆生意，赚得**五六倍**利息。如此如此，这般这般。恐怕三娘放心不下，特归来回覆一声。"颜氏听罢，**喜从天降**，问道："如今银子在哪里？"阿寄道："留与主人家收漆，不曾带回，我明早就要去的。"那时合家都**欢天喜地**。阿寄住了一晚，次日清早起身，别了颜氏，又往庆云山去了。

且说徐言弟兄，那晚在邻家吃社酒醉倒，故此阿寄归家，全不晓得。到次日齐走过来，问道："阿寄做生意归来，**趁了**多少银子？"颜氏道："**好教**二位伯伯知得，他一向贩漆营生，倒觅得五六倍利息。"徐言道："好**造化**！恁样赚钱时，不够几年，便做财主哩。"颜氏道："伯伯休要笑话，免得饥寒便够了。"徐召道："他如今在哪里？出去了几多时？怎么也不来见我？这样没礼。"颜氏道："今早原就去了。"徐召道："如何去得恁般急速？"徐言又问道："那银两你可曾见见数么？"颜氏道："他说俱留在行

颇颇顺溜	pōpō shùnliu	挺顺利的
福分	fúfèn	happy lot; good fortune; share of happiness allotted by destiny
此间	cǐjiān	这里
短缺	duǎnquē	deficit; shortage
喜之不胜	xǐ zhī bù shēng	非常高兴; overjoyed
些小	xiēxiǎo	一些
喜逐颜开	xǐ zhú yán kāi	one's face broke into smiles; 常说 "笑逐颜开"
一如前番	yì rú qián fān	就像上次一样
计算本利	jìsuàn běnlì	figure the profit against the capital
牙人	yárén	[古] 协助成交从中取利的人; middleman
挂念	guàniàn	lie at someone's heart; worry about someone who is absent
回复	huífù	reply
主人家	zhǔrén jiā	指牙行的主人
两便	liǎng biàn	be convenient to both; make things easy for both
朝夕	zhāoxī	早晚; 日夜; day and night
怀着鬼胎	huái zhe guǐtāi	心里有坏主意; with misgivings in one's heart; with one's heart full of evil and fear
颠唇簸嘴	diānchún bǒzuǐ	distort facts, give a false account of the true facts
唱喏	chàngrě	[方] make a bow with hands folded in front; (servants, retinue) make a vocal response, similar to answer "here" in roll call, but more like "Yes, sir!"
反增着一个蹬心拳头	dèng xīn quántou	反而好像多了个拳头捶着心脏
诚恐	chéngkǒng	很怕
扫兴话	sǎoxìng huà	让人失望的话
叉手	chāshǒu	fold hands in salute
方寸	fāngcùn	指人的心
不慌不忙	bùhuāng bùmáng	[成] unhurried; calm; cool-headed; with full composure
感谢天地保佑	bǎoyòu	gratitude for the blessings from Heaven and Earth
托赖	tuōlài	rely on; owe to; thanks to
洪福	hóngfú	great luck
喜从天降	xǐ cóng tiān jiàng	[成] one's happiness seemed to have dropped from the heavens; a sudden unexpected happy event
欢天喜地	huāntiān xǐdì	be full of joy; be elated and happy
趁	chèn	[方] 富有; 拥有; be rich in; be possessed of
好教…	hǎojiào…	很高兴让…
造化	zàohuà	运气; 命运

家买货，没有带回。"徐言呵呵笑道："我只道本利已在手了，原来还是**空口说白话，眼饱肚中饥**。耳边倒说得热烘烘，还不知本在何处，利在哪里，便信以为真。做经纪的人，**左手不托右手**，岂有自己回家，银子反留在外人。据我看起来，**多分**这本钱弄折了，把这鬼话哄你。"徐召也道："三娘子，论起你家做事，不该我们多口，但你**终是女眷家**，不知外边世务。既有银两，也该与我二人商量，买几亩田地，还是**长策**。那阿寄晓得做甚生理？却瞒着我们，将银子与他出去**瞎撞**。我想那银两，不是你的妆奁，也是三兄弟的私蓄，须不是偷来的，怎看得恁般轻易！"二人一吹一唱，说得颜氏**哑口无言**，心下也生疑惑，**委决不下**。把一天欢喜，又变为万般愁闷。按下此处不提。

再说阿寄这老儿急急赶到庆云山中，那行家已与他收完，点明交付。阿寄此番不在苏杭发卖，径到兴化地方，利息比这两处又好。卖完了货，打听得那边米价一两三担，**斗斛**又大。想起杭州现今**荒歉**，前次籴客贩的去，尚赚了钱，今在**出处**贩去，怕不有一两个对合。遂装上一大载米至杭州，准准籴了一两二钱一担，**斗斛上多来**，恰好顶着船钱使用。那时到山中收漆，便是大客人了，主人家好不奉承。一来是颜氏命中合该造化，二来也亏阿寄经营**伶俐**，凡贩的货物，定获厚利。**一连做了几帐**，长有二千馀金。看看**捱**着残年，算计道："我一个孤身老儿，带着许多财物，**不是耍处**！倘有**差跌**，**前功尽弃**。况且年近岁逼，家中必然悬望，不如回去，商议置买些田产，**做了根本**，将馀下的再出来运弄。"此时他出路行头，**诸色**尽备。把银两逐封紧紧包裹，藏在**顺袋**中。水路用舟，陆路雇马，晏行早歇，十分小心。非止一日，已到家中，把行李驮入。

婆子见老公回了，便去报知颜氏。那颜氏一则以喜，一则以惧。所喜者，阿寄回来；所惧者，未知生意长短若何？因向日被徐言弟兄**奚落**了一场，这番心里比前更是着急。三步并做两步，奔至外厢，望见这堆行李，料道不像个折本的，心下就安了一半。终是忍不住，便问道："这一向生意如何？银两可曾带回？"阿寄近前见了个礼，说道："三娘不要性急，待我慢慢的细说。"教老婆顶上中门，把行李尽搬至颜氏房中打开，将银子逐封交与颜氏。颜氏见着许多银两，喜出望外，连忙开箱启笼收藏。阿寄方把往来经营的事说出。颜氏因怕惹是非，徐言当日的话，一句也不说与他知道，但连称："都亏你老人家气力了，且去歇息则个。"又分付："倘大伯们来问起，不要

只道	zhǐdào	还以为
空口说白话，<u>眼饱肚中饥</u>	yǎn bǎo dùzhōng jī	make empty promises; just like filling your eyes and leaving your stomach hungry
信以为真	xìn yǐwéi zhēn	[成] take something for gospel truth
左手不托右手		连自己的左手都不相信右手
多分···	duōfèn...	很可能···
终	zhōng	终究; 毕竟; eventually; in the end; after all
女眷家	nǚjuàn jiā	the womenfolk of a family
长策	chángcè	long-term plan
瞎撞	xiāzhuàng	盲目地冒险; go for something blindly; 瞎: blindly; aimlessly; groundlessly; foolishly; to no purpose; 撞: 闯; temper oneself (by battling through difficulties and dangers)
哑口无言	yǎkǒu wúyán	[成] be rendered speechless; be left without an argument
委决不下	wěijué bú xià	[成] 无法决定; delay decision
斗斛	dǒu hú	Both 斗 and 斛 are measures for grain; one 斛 is equal to 10 斗
荒歉	huāngqiàn	crop failure; deficiency; famine
出处	chūchù	产地; the producing area
斗斛上多来		the excess from the oversize measurements
好不		表示程度深, 并带感叹语气; how; what
伶俐	línglì	聪明; 灵活; clever; bright; quick-witted; smart
一连做了几帐		make several good deals in succession
捱着残年	ái zhe cánnián	close to the end of the year; 残年: 一年将尽的时候; the last days of the year
不是耍处	búshì shuǎ chù	这不是开玩笑的
差跌	chādiē	差错; mishap; accident
前功尽弃	qiángōng jìn qì	[成] All of one's labor has been in vain.
做了根本		serve as the base
出路**行头**	chūlù xíngtou	necessary equipment for taking a trip
诸色	zhūsè	每一种; 每一样
顺袋	shùndài	waist pouch
奚落	xīluò	scoff at; taunt; gibe; jeer at
三步并做两步		take three steps in two
厢	xiāng	厢房; wing (usu. of a one-story house); wing-room
见礼	jiànlǐ	salute of welcome
惹是非	rě shìfēi	stir up ill will (misunderstanding)
则个	zége	[古] used as a final particle in a sentence for purposes of emphasis

与他讲真话。"阿寄道："老奴理会得。"正话间，外面砰砰声叩门，原来却是徐言弟兄听见阿寄归了，特来打探消耗。阿寄上前作了两个揖。徐言道："前日闻得你生意十分旺相，今番又趁若干利息？"阿寄道："老奴托赖二位官人洪福，除了本钱盘费，干净趁得四五十两。"徐召道："啊呀！前次便说有五六倍利了，怎地又去了许多时，反少起来？"徐言道："且不要问他趁多趁少，只是银子今日可曾带回？"阿寄道："已交与三娘了。"二人便不言语，转身出去。

再说阿寄与颜氏商议，要置买田产，悄地央人寻觅。大抵出一个财主，生一个败子。那锦沙村有个晏大户，家私豪富，田产广多，单生一子，名为世保，取世守其业的意思。谁知这晏世保，专于嫖赌，把那老头儿活活气死。合村的人道他是个败子，将晏世保三字，顺口改为献世宝。那献世宝同着一班无藉，朝欢暮乐，弄完了家中财物，渐渐摇动产业。道是零星卖来不够用，索性卖一千亩，讨价三千余两，又要一注儿交银。那村中富者虽有，一时凑不起许多银子，无人上桩。延至岁底，献世宝手中越觉干逼，情愿连一所庄房，只要半价。阿寄偶然闻得这个消息，即寻中人去，讨个经帐，恐怕有人先成了去，就约次日成交。献世宝听得有了售主，好不欢喜。平日一刻也不着家的，偏这日足迹不敢出门，呆呆的等候中人同往。

且说阿寄料道献世宝是爱吃东西的，清早便去买下佳肴美酝，唤个厨夫安排。又向颜氏道："今日这场交易，非同小可。三娘是个女眷家，两位小官人又幼，老奴又是下人，只好在旁说话，难好与他抗礼；须请间壁大官人弟兄来作眼，方是正理。"颜氏道："你就过去请一声。"阿寄即到徐言门首，弟兄正在那里说话。阿寄道："今日三娘买几亩田地，特请二位官人来张主。"二人口中虽然答应，心内又怪颜氏不托他寻觅，好生不乐。徐言说道："既要买田，如何不托你我，又教阿寄张主。直至成交，方才来说。只是这村中，没有什么零星田卖。"徐召道："不必猜疑，少顷便见着落了。"二人坐于门首，等至午前光景，只见献世宝同着几个中人，两个小厮，拿着拜匣，一路拍手拍脚的笑来，望着间壁门内齐走进去。徐言弟兄看了，倒吃一吓，都道："咦！好作怪！闻得献世宝要卖一千亩田，实价三千余两，不信他家有许多银子？难道献世宝又零卖一二十亩？"疑惑不定。随后跟入，相见已罢，分宾而坐。阿寄向前说道："晏官人，田价昨日已是言定，一依分付，不敢短少。晏官人也莫要节外生枝，又更他说。"献世宝乱嚷道："大丈夫做

消耗	xiāohào	[古] 消息; message
作揖	zuōyī	make a bow with hands folded in front
旺相	wàngxiàng	兴旺; flourishing; prosperous; vigorous
大抵出一个财主，生一个败子		In general, a wealthy man produces a spendthrift; 败子: 败家子; children who ruin the family; black sheep of the family
晏大户	Yàn dàhù	a powerful family named Yan; 大户: 有钱人家; rich and influential family
世守其业	shì shǒu qí yè	The property can be kept for generations.
顺口改为献世宝	Xiànshì Bǎo	replace the name with a homonym meaning "Spend-It-All"
无藉	wújí	[古] 无赖; a ne'er-do-well; a good-for-nothing
摇动	yáodòng	to lose stability of position, 现在说成 "动摇"
零星	língxīng	(1) 零碎的; fragmentary; odd; piecemeal; (2) 少量的; a small amount; a little; a few
索性	suǒxìng	might (just) as well; simply
亩	mǔ	a unit of area (=0.0667 hectares)
一注儿	yízhùr	一次
上桩	shàng zhuāng	上他的农庄去
干逼	gānbī	pressed for money
连一所庄房只要半价		take half the price with a farm house as a bonus
中人		middleman; go-between; mediator; intermediary
讨个经帐	tǎo ge jīngzhàng	obtain details about the property
成交	chéngjiāo	close a deal; conclude a transaction
着家	zhuójiā	待在家里
佳肴美酝	jiāyáo měiyùn	美食和好酒; 佳肴: delicacies
非同小可	fēi tóng xiǎo kě	[成] it is a serious matter; it is by no means a trivial matter
抗礼	kànglǐ	以彼此平等的礼节相待; equal; treat each other as equals without regard to etiquette or formalities
正理	zhènglǐ	correct principle; the right thing to do
门首	ménshǒu	门前
少顷	shǎoqǐng	in or after a short while; after a few moments; presently
着落	zháoluò	结果; a satisfactory result or settlement
光景	guāngjǐng	大约; about; around
小厮	xiǎosī	[古] manservant; page (boy)
拜匣	bàixiá	a card case
节外生枝	jié wài shēng zhī	[成] side issues or new problems crop up unexpectedly; bring about extra complications
又更他说	yòu gēng tā shuō	更改成其它的说法

事，一言已出，驷马难追。若又有他说，便不是人养的了。"阿寄道："既如此，先立了文契，然后兑银。"那纸墨笔砚，准备得停停当当，拿过来就是。献世宝拈起笔，尽情写了一纸绝契，又道："省得你不放心，先画了花押，何如？"阿寄道："如此更好。"徐言兄弟看那契上，果是一千亩田，一所庄房，实价一千五百两。吓得二人面面相觑，伸出了舌头，半日也缩不上去。都暗想道："阿寄生意总是趁钱，也趁不得这些！莫不是做强盗打劫的，或是掘着了藏？好生难猜。"中人着完花押，阿寄收进去交与颜氏。他已先借下一副天平法马，提来放在桌上，与颜氏取出银子来兑，一色都是粉块细丝。徐言、徐召眼内放出火来，喉间烟也直冒，恨不得推开众人，通抢回去。不一时兑完，摆出酒肴，饮至更深方散。

次日，阿寄又向颜氏道："那庄房甚是宽大，何不搬在那边居住？收下的稻子，也好照管。"颜氏晓得徐言弟兄妒忌，也巴不能远开一步。便依他说话，选了新正初六，迁入新房。阿寄又请个先生，教他两位小官人读书。大的取名徐宽，次的名徐宏。家中收拾得十分次第。那些村中人见颜氏买了一千亩田，都传说掘了藏，银子不计其数，连坑厕说来都是银的，谁个不来趋奉。

再说阿寄将家中整顿停当，依旧又出去经营。这番不专于贩漆，但闻有利息的便做。家中收下米谷，又将来腾那。十年之外，家私巨富。那献世宝的田宅，尽归于徐氏。门庭热闹，牛马成群，婢仆雇工人等，也有整百，好不兴头！正是：

> 富贵本无根，尽从勤里得。
>
> 请观懒惰者，面带饥寒色。

那时颜氏三个女儿，都嫁与一般富户，徐宽徐宏也各婚配。一应婚嫁礼物，尽是阿寄支持，不费颜氏丝毫气力。他又见田产广多，差役烦重，与徐宽弟兄，俱纳个监生，优免若干田役。颜氏与阿寄儿子完了姻事；又见那老儿年纪衰迈，留在家中照管，不肯放他出门，又派个马儿与他乘坐。那老儿自经营以来，从不曾私吃一些好饮食，也不曾自私做一件好衣服，寸丝尺帛，必禀命颜氏，方才敢用。且又知礼数，不论族中老幼，见了必然站起。或乘马在途中遇着，便跳下来闪在路旁，让过去了，然后又行。因此远近亲邻，没一人不把他敬重。就是颜氏母子，也如尊长看承。那徐言、徐

一言已出，<u>驷马难追</u>	sìmǎ nánzhuī	[成] even four horses cannot take back what one has said; what has been said cannot be unsaid; 常說成 "一言既出…"
便不是人养的了		就是畜生(domestic animal)了; call me any name you want
文契	wénqì	contract; deed
兑	duì	exchange; convert; cash
墨	mò	ink stick
砚	yàn	砚台; ink stone; ink slab
面面相<u>觑</u>	miànmiàn xiāngqù	[成] stand gazing at one another; being at a loss what to do
总是	zǒngshi	就算是
莫不是	mòbúshì	难道是
掘着了藏	juézháo le zàng	挖到了宝藏; dig up a hidden treasure
天平法马	tiānpíng fǎmǎ	scales and brass or lead weights, used in old-style scales
粉块细丝	fěnkuài xìsī	completely pure silver; "粉、细" 形容其质量好
通	tōng	全部
不一时	bù yī shí	过了一会儿
更深	gēngshēn	late at night; in the dead of night
巴不能	bābùnéng	巴不得; 恨不得; 迫切盼望; be only too anxious (to do something); eagerly look forward to; earnestly wish
新<u>正</u>初六	xīnzhèng chūliù	新年的一月六日; 正: 正月; the first month of the lunar year
先生	xiānsheng	老师
次第	cìdì	整齐
不计其数	bú jì qí shù	[成] too many to count; countless; innumerable
腾那	téngnuó	移动; 掉换; set aside, make available (a sum); 这里是说: 把家中的谷米卖得的钱再拿去做生意
…之外	…zhīwài	…以后
雇工	gùgōng	受雇用的工人; hired worker
兴头	xìngtou	热闹
一应	yíyìng	所有的; all; everything
差役	chāiyì	[古] 税; tax
与…纳个监生	nàge jiānshēng	purchase for… the title of students of imperial academies
<u>优免若干</u>田役	yōumiǎn ruògān	exempt from certain land taxes
禀命	bǐngmìng	report (to superior for instructions); petition
礼数	lǐshù	礼貌;礼节; courtesy; etiquette
闪	shǎn	躲闪;闪避; dodge; get out of the way
如<u>尊长</u>看承	zūnzhǎng	treat (阿寄) like a venerable elder

召，虽也挣起些田产，比着颜氏，尚有**天渊之隔**，**终日眼红颈赤**。那老儿**揣**知二人意思，劝颜氏各助百金之物，又筑起一座新坟，连徐哲父母，一齐**安葬**。

那老儿整整活到八十，患起病来。颜氏要请医人**调治**，那老儿道："人年八十，死乃**分内之事**，何必又费钱钞。"**执意**不肯服药。颜氏母子，不住在床前看视，一面准备**衣衾棺椁**。病了数日，势渐**危笃**，乃请颜氏母子到房中坐下，说道："老奴牛马力已少尽，死亦无**恨**。只有一事，**越分张主**，不要**见怪！**"颜氏垂泪道："我母子全亏你气力，方有今日。有甚事体，一凭分付，决不**违拗**。"那老儿向枕边摸出两纸文书，递与颜氏道："两位小官人，年纪已长，日后少不得要分析。倘那时嫌多道少，便伤了**手足之情**。故此老奴久已将一应田房财物等件，**均分停当**。今日交付与二位小官人，各自去管业。"又叮嘱道："那奴仆中难得好人，诸事须要自己**经心**，切不可**重托**。"颜氏母子，含泪领命。他的老婆儿子，都在床前啼啼哭哭，也嘱咐了几句。忽地又道："只有大官人二官人，不曾**面别**，终是**欠事**，可与我去请来。"颜氏即差个家人去请。徐言徐召说道："好时不**直得**帮扶我们，临死却来思想，可不**扯淡！**不去不去！"那家人无法，只得转身。却着徐宏亲自奔来相请，二人**灭不过**侄儿面皮，勉强随来。那老儿已说话不出，把眼看了两看，点点头儿，**奄然**而逝。他的老婆儿媳啼哭，自不必说。只这颜氏母子俱**放声号恸**，便是家中大小男女，念他平日做人好处，也无不下泪。惟有徐言、徐召反有喜色。可怜那老儿：

辛勤好似蚕成茧，茧老成丝蚕命休。

又似采花蜂酿蜜，甜头到底被人收。

颜氏母子哭了一回，出去支持殡殓之事。徐言、徐召看见棺木坚固，衣衾整齐，扯徐宽弟兄到一边，说道："他是我家家人，将就些罢了！如何要这般好**断送**？就是当初你家公公与你父亲，也没怎般齐整！"徐宽道："我家全亏他挣起这些事业，若**薄**了他，内心上也打不过去。"徐召笑道："你**老大的人**，还是个呆子！只是你母子命中合该有此造化，岂真是他本事挣来的哩！还有一件，他做了许多年数，克剥的**私房**，必然也有好些，怕道没得结果？你却挖出**肉里钱**来，与他备**后事**。"徐宏道："不要冤枉好人！我看他平日，**一厘一毫**，都清清白白交与母亲，并不见有什么私房。"徐召又道："做的私房，藏在哪里，难道把与你看不成？若不信时，如今将那房中一检，极少也有整千银子。"

天渊之隔	tiānyuān zhī gé	[成] be as far removed as heaven from the sea; a whale of difference; 渊: deep pool; abyss; 现在常说成 "天渊之别" 或 "天壤之别"
终日	zhōngrì	整天
揣	chuǎi	推测; estimate; surmise; conjecture; reckon (another's motive)
安葬	ānzàng	bury (the dead); inter
调治	tiáozhì	调理医治; recuperate under medical treatment
分内之事	fènnèi zhī shì	one's job or duty, 这里的意思是: 自然的事
执意	zhíyì	坚持; insist on; be determined to; be bent on
衣衾棺椁	yīqīn guānguǒ	burial gown, coverlet, inner and outer coffins
危笃	wēidǔ	critically ill; on the point of death
恨	hèn	遗憾; eternal regret
越分	yuèfèn	go beyond one's duties; overstep one's authority
见怪	jiàn'guài	mind; take offense
违拗	wéi'ào	不顺从; disobey; defy
手足之情	shǒuzú zhī qíng	brotherly affection
均分	jūnfēn	平均分配
经心	jīngxīn	小心谨慎; careful; mindful; conscientious
重托	zhòngtuō	great trust; 托: 托付; entrust; trust
面别	miànbié	当面道别
欠事	qiànshì	令人遗憾的事
扯淡	chědàn	[方] talk nonsense; nonsense; utter rubbish all the way
灭不过	miè bú guò	碍不过情面; 无法敷衍过去
面皮	miànpí	面子
奄然	yānrán	scarcely any breath left
放声号恸	háotòng	因悲伤而大声地哭; 放声: 大声; 号: 哭; 恸: 哀伤
断送	duànsòng	这里是指衣衾棺椁等葬礼时用的东西; 原意为: forfeit (one's life, future, etc.); ruin
薄	bó	treat ungenerously
打不过去		过意不去; feel apologetic; feel sorry
老大的人		年纪大的
私房	sīfáng	个人积蓄; private savings
肉里钱	ròu lǐ qián	血汗钱; money earned by hard toil
后事	hòushì	丧事; funeral matters
一厘一毫	yìlí yìháo	一分钱; 一角钱
清清白白		[成] 诚实地; be honest; have clean hands

徐宽道："总有也是他挣下的，好道拿他的不成？"徐言道："虽不拿他的，见个明白也好。"徐宽弟兄被二人说得疑疑惑惑，遂听了他，也不通颜氏知道，一齐走至阿寄房中，把婆子们哄了出去，闭上房门，开箱倒笼，遍处一**搜**。只有几件旧衣旧裳，哪有**分文**钱钞！徐召道："一定藏在儿子房里，也去一检。"寻出一包银子，不上二两，包中有个帐儿。徐宽仔细看时，还是他儿子娶妻时，颜氏助他三两银子，用剩下的。徐宏道："我说他没有什么私房，却定要来看！还不快收拾好了！倘被人**撞**见，反道我们**器量**小了。"徐言、徐召自觉乏趣，也不别颜氏，径自去了。

徐宽又把这事学向母亲，愈加伤感。令合家**挂孝**，开丧受**吊**，多修功果**追荐**。七终之后，即安葬于新坟旁边。祭葬之礼，每事**从厚**。徐宽弟兄，因念其生前如此忠义勤俭，并念其毫无私蓄，不忍要其老婆儿子伏役。祭葬已毕之后，赠以产业银两，约有千余金之数，令其妻子自己成家。里中将此事联名具呈，恳求**旌奖**。府县又加勘拟，申报上司，具疏奏闻。朝廷恩赐建坊，旌表其义。后来徐氏子孙**繁衍**，**富甲淳安**。阿寄子孙亦颇昌盛。诗云：

> 年老筋衰并马牛，千金置产出人头。
>
> 托孤寄命真无愧，羞杀苍头不义侯。

搜	sōu	寻找; 搜查; search; ransack
分文	fēnwén	a single cent; a single penny
撞见	zhuàngjiàn	meet or discover by chance; run across; catch someone in the act
器量	qìliàng	度量; tolerance
挂孝	guàxiào	戴孝; wear mourning garments for a parent, relative, etc.; be in mourning
吊	diào	祭奠死者并慰问家属; condole; offer one's condolences; pay last respects to
追荐	zhuījiàn	追悼; 怀念哀悼已死的人; grieve [mourn] over sb.'s death; lament sb.'s death
七		旧时人死后每隔七天祭一次, 一共七次, 所以有七个 "七", 共四十九天; a seventh day after death, when sacrifice is offered until seven times seven days (the forty-ninth) is over
从厚	cónghòu	用最好的; 从: 采取某种方针或态度; in a certain manner or according to a certain principle
旌奖	jīngjiǎng	an official testimonial conferred on women for chastity or on men for loyalty or filial piety
繁衍	fányǎn	逐渐增加或增广; multiply; increase gradually in number or quantity
富甲淳安	fùjiǎ Chún'ān	所拥有的财富是淳安县最多的

（十）况太守断死孩儿

《警世通言》第三十五卷

春花 秋月足风流，不分红颜易白头。

试把人心比松柏，几人能为岁寒留。

这四句诗，泛论春花秋月，恼乱人心，所以才子有**悲秋之 辞**，佳 人有 **伤春之咏**。往 往诗 谜写 恨，目语传情，月下幽期，花 间 密约 。但 图 一 刻 **风流**，不顾终身**名节**。这是两下相思，各还其债，**不在话下**。又有一等男贪而女不爱，女爱而男不 贪 ；虽非 **两 厢情愿**，却有一片**精诚**。 如冷庙泥神，朝夕焚香拜祷，也少不得灵动起来。其缘 短 的，合而终 **暌**；倘缘长的，疏而转密。这也是**风月场**中所有之事，亦不在话下。又有一种 男 不 慕色， 女 不怀春，志比精金， 心如坚石；没来由被旁人**播弄**，设圈设套，一时失了**把柄**， 堕其术中，事后悔之无及。如宋时玉通**禅师**，**修行**了五十年，因 **触**了**知 府** 柳 宣 教，被他 **设计**，教 妓 女红莲 **假 扮 寡 妇**借宿，百般诱引，坏了他的**戒行**。这般**会合**，那 些个**男 欢 女爱**，是偶然**一念之差**。如今再说个 诱 引 寡 妇失节 的，却 好与玉通禅 师 的 故 事 做 一 对 儿。 正是：

未离恩山休问道 ， 尚 沉欲海莫参禅。

话说宣德年间，南直隶扬州府仪真县，有一民家，姓丘名元吉，家 颇 **饶裕**。 娶 妻 邵 **氏**，姿容出众，兼有志节。夫妇甚相爱重。相处 六 年， 未 曾 生育，不料元吉得病身亡。 邵 氏年方二十 三 岁，哀 痛之极， 立志守寡，终 身永无**他适**。不觉三年服满。 父母 家因其 年 少，去后日长，劝他改嫁。**叔公**丘大胜，也叫**阿妈**来**委曲譬喻**他几番。那邵氏心如铁石，全不转移 ，设誓道：“ 我亡夫在**九泉之下**，邵氏若**事二姓**，**更二夫**，不是刀下亡 ，便是绳上死。” 众人见他主意坚执，谁敢再去强他！ 自古云：“ 呷得三斗醋，做得孤孀妇。” **孤孀**不是好守的。 替邵氏**从长计较**，倒不如明明改个丈夫，虽做不

Selected by C. P. Chou
Text prepared by Joanne Chiang
Vocabulary prepared by Yanyan Chan

悲秋之辞	bēi qiū zhī cí	poems which lament the autumn
伤春之咏	shāng chūn zhī yǒng	songs which commiserate the spring
风流	fēngliú	romantic; love affair
名节	míngjié	reputation
不在话下	bú zài huà xià	no need to be concerned with (sth.); it goes without saying
两厢情愿	liǎngxiāng qíngyuàn	by mutual consent
精诚	jīngchéng	[书] sincere; good faith; absolute sincerity
暌	kuí	[书] (persons or persons from a place) separate; depart
倘	tǎng	[书] if; supposing
风月场	fēngyuèchǎng	brothel
播弄	bō nòng	[古] manipulate; rig
把柄	bǎbǐng	[古] 主意。 idea
术	shù	a scheme; tactics
禅师	chánshī	monk
修行	xiūxíng	asceticism; spiritual cultivation
触	chù	offend
知府	zhīfǔ	[古] title of official position
设计	shèji	[古] scheme against; plot against
戒行	jièxíng	commandments; religious discipline
会合	huìhé	the encounter
男欢女爱	nán huān nǚ ài	love or romantic affairs
一念之差	yí niàn zhī chā	wrong decision made in a moment of weakness
饶裕	ráoyù	well off
氏	shì	surname
他适	tāshì	remarry
叔公	shūgōng	[方] 丈夫的叔叔
阿妈	ā mā	[方] mother
委曲	wěiqǔ	(of rhetoric) tactful and indirect (but retaining the meaning one wants to express)
譬喻	pìyù	reason with sb.
九泉之下	jiǔ quán zhī xià	in the nether world; in one's grave
事二姓，更二夫	gēng	remarry
孤孀	gūshuāng	widow; widowhood
从长计较	cóng cháng jìjiào	(take time to) give the matter or decision further thought and discussion or careful consideration

得上等之人，还不失为中等，不到得后来出丑。正是：

> 做事必须踏实地，为人切莫务虚名。

邵氏一口说了**满话**，众人中贤愚不等，也有啧啧夸奖他的，也有似疑不信，睁着眼看他的。谁知邵氏立心贞洁，闺门愈加严谨。只有**一侍婢**，叫做秀姑，房中作伴，**针指营生；** 一小厮叫做得贵，年方十岁，看守中门。一应薪水买办，都是得贵传递。童仆已冠者，皆遣出不用。庭无**闲杂**，内外肃然。如此数年，人人信服。哪个不说邵大娘少年**老成**，治家有法。

光阴如箭，不觉十周年到来。邵氏思念丈夫，要做些**法事**追荐。叫得贵去请叔公丘大胜来商议，**延七众僧人**，做三**昼夜**功德。邵氏道："奴家是寡妇，全仗叔公过来主持**道场**。"大胜应允。

语分两头。却说邻近新搬来一个汉子，姓支名助，原是**破落户，平昔**不守**本分**，不做生理，专一在街坊上**赶热**管闲事过活。闻得人说邵**大娘**守寡贞洁，且是青年标致，天下难得。支助不信，不论早暮，常在丘家门首闲站。果然门无杂人，只有得贵小厮买办出入。支助就与得贵相识，渐渐熟了。闲话中问得贵："闻得你家大娘生得标致，是真也不？"得贵生于**礼法之家**，一味老实，遂答道："标致是真。"又问道："大娘也有时到门前看街么？"得贵摇手道："从来不曾出中门，莫说看街。**罪过罪过！**"一日得贵正买办**素斋**的东西，支助撞见，又问道："你家买许多素品为什么？"得贵道："**家主**十周年，做法事要用。"支助道："几时？"得贵道："明日起，三昼夜。正好辛苦哩！"支助听在肚里，想道："既追荐丈夫，他必然出来拈香，我且去偷看一看什么样**嘴脸**，真像个孤孀也不？"

却说次日，丘大胜请到七众僧人，都是有戒行的，在堂中排设佛像，**鸣铙击鼓，诵经礼忏**，甚是志诚。丘大胜勤勤拜佛。邵氏出来拈香，昼夜各只一次。拈过香，就进去了。支助趁这道场热闹，几遍混进去看，再不见邵氏出来。又问得贵，方知日间只**昼食**拈香一遍。支助到第三日，**约莫昼食**时分，又**踅**进去，闪在橱子旁边隐着。见那些和尚都穿着袈裟，站在佛前吹打乐器，**宣和佛号**。**香火道人**在道场上手忙脚乱的添香换烛。本家只有得贵，只好往来**答应**，哪有工夫照管外边。就是丘大胜同着几个亲戚，也都呆看和尚吹打，哪个来稽查他。**少顷**，邵氏出来拈香，被支助看得仔细。常言："若要

满话	mǎnhuà	boast; brag
侍婢	shìbì	[古] maid; slave girl
针指	zhēnzhǐ	[古] sewing work; needlework
营生	yíngshēng	earn a living
小厮	xiǎosī	[古] ten-year-old male servant
一应	yìyīng	all
薪水	xīnshuǐ	[古] necessary purchases for daily life
已冠者	yǐ guànzhě	[古] in ancient times, a man would begin wearing a hat at twenty to show that he had come of age
闲杂	xiánzá	persons not related to a matter
老成	lǎochéng	young but mature
法事	fǎshì	a Buddhist ceremony
延	yán	[书] hire (sb. To do a particular job)
昼夜	zhòuyè	day and night
道场	dàochǎng	the place where the Buddhist rites are performed
破落户	pòluòhù	rascal; troublemaker
平昔	píngxī	in the past
本分	běnfèn	decent; duty
赶热	gǎnrè	[古] make trouble
大娘	dà niáng	[古] (respectful form of address for the female head of a housedhold) Mistress
礼法	lǐfǎ	strict propriety
罪过	zuìguò	indicates that the speaker doesn't agree with the listener's unreasonable or unjustified judgements
素斋	sùzhāi	vegetarian
家主	jiāzhǔ	[古] Master
嘴脸	zuǐliǎn	face; looking
鸣铙击鼓	míngnáo jīgǔ	strike the cymbals and beat the drums
诵经礼忏	sòngjīng lǐchàn	intone the scriptures and perform the rituals of penitence
昼食	zhòushí	[古] 午饭
约莫	yuēmo	about; approximately
踅	xué	[方] return; go back; turn back halfway
宣和佛号	xuānhè fóhào	call on the name of Buddha.
香火道人	xiānghuǒ dàorén	monk in charge of adding incense and candles
答应	dáyìng	respond to calls
少顷	shǎoqǐng	[书] in a short while

俏，添重孝。"**缟素**妆束，加倍**清雅**。分明是：

广寒仙子月中出，姑射神人雪里来。

支助一见，遍体酥麻了，回家想 念**不已**。 **是夜**，道场完满，众僧直至天明方散。邵氏依旧不出**中堂**了。支助无计可施，想着："得贵小厮老实，我且用心下钩子。"

其时五月**端午**日，支助拉得贵回家，吃**雄黄酒**。得贵道："我不会吃酒。红了脸时，怕**主母嗔骂**。"支助 道："不吃 酒，且 吃 只 **粽子**。"得贵跟支助家去。支助**教浑家**剥了一盘粽子，一碟糖，一碗肉，一 碗鲜鱼，两双**箸**，两个酒杯，放在桌上。支助把酒壶便**筛**。得贵道："我说过不吃酒 。莫筛吧！"支助道："吃 杯雄 黄酒 应应 **时令**。我这酒淡，**不妨事**。"得贵被央不过，只 得吃了。支 助 道："后生家莫吃单杯，须吃个成双。"得贵**推辞**不得，又吃了一杯。支助自吃了一回，**夹七夹八**说了些街坊 上 的 闲话。 又 斟 一 杯 劝 得贵。得贵道："醉得脸都红了，如今真个不吃了。"支助道："脸**左右**红了，多坐一时回去，**打什么紧**？只吃这一杯罢， 我再不劝你了。" 得贵前后共吃了三杯酒。他自幼在丘家被邵大娘拘管得 严，**何曾** 尝酒的滋味。今日三杯落肚，便觉昏醉。支助乘其**酒兴**，低低说 道："得贵哥，我有句闲 话问你。"得贵道："有甚话尽说。"支助道："你 主母 **孀居**已久，想必**风情** 亦 动。倘得 个汉子 同 眠同睡，可不喜欢？从来寡妇都牵挂着 男子，只 是难 得 相会。你引我去试他一试何如？若得成事，重重谢你！ " 得贵道："说什么话！亏你不怕 罪过！我主母极是正气，**闺门整 肃**。日间 男子不许入中门，夜间同**使婢**持灯**照顾** 四 下，各门锁 讫，然 后去睡 。便 要 引 你 进 去，何 处藏身？地上使婢不离**身畔**，闲话也说不得一句，你却怎地乱讲。" 支助道："既如此，你的房门可来照么？"得贵道："怎 么 不 来 照？"支 助 道："得贵哥，你今年几岁了？"得贵道："十七岁了。"支助道："男子 十六 岁**精通**，你 如今 十七岁，难道不想妇人？"得贵道："便想也没用处。"支助道：" 放着家里这般标致的，早暮在眼前， 好不**动兴**！"得贵道："说也不该。他 是 主母，动不动非打则骂，见了他，好不怕哩！亏你还敢说取笑的话！"支助道："你既不肯引我去，我教导你 一个法儿，作成你自去上手何如？"得贵摇手道：" 做不得，做不得。我也没有这样胆！"支助道："你莫管做得做不得，

缟素	gǎosù	[书] white mourning apparel
清雅	qīngyǎ	[书] graceful; elegant
广寒仙子月中出，姑射神人雪里来	Guǎnghán Gūyè	(the sentence) implies that the Shaoshi in white mourning apparel is very beautiful
不已	bùyǐ	[书] endlessly; incessantly
是		[古] 这
中堂	zhōngtáng	[古] the central hall
下钩子	xià gōuzi	[方] cast the hook
五月端午日	duānwǔ	the Dragon Boat Festival on the 5th day of the 5th lunar month
雄黄酒	xiónghuángjiǔ	spirit blended with realgar
主母	zhǔmǔ	大娘
嗔骂	chēnmà	scold
粽子	zòngzi	pyramid-shaped dumpling
教	jiào	[古] 叫
箸	zhù	[书] 筷子
筛	shāi	[方] pour (wine)
应时令	yìng shílìng	be fitting on the festival; seasonable; in season
不妨事	bùfángshì	no harm
推辞	tuīcí	[书] resist; refuse
夹七夹八	jiāqī jiābā	clutter (with irrelevant remarks); ramble
左右	zuǒyòu	[方] anyway
打什么紧		[方] (rhetorical) it doesn't matter; it's not serious
何曾	hé céng	used in rhetorical questions to express "never"
酒兴	jiǔxìng	elation caused by intoxication; inebriation
孀居	shuāngjū	live in widowhood
风情	fēngqíng	lust; desire
闺门整肃	guīmén zhěngsù	[书] family rules are very strict
使婢	shǐbì	[书] maid; slave girl
照顾	zhàogù	[方] look over
四下	sìxià	all around; everywhere
身畔	shēnpàn	[书] 身边; at or by one's side
精通	jīngtōng	be sexually ready
动兴	dòngxìng	get excited
上手	shàngshǒu	get started and succeed (in sth.); accomplish sth.

教你个法儿，且去试他一试。若得上手，莫忘我今日之恩。"得贵一来乘着酒兴，二来年纪也是当时了，被支助说得心痒，便问道："你且说如何去试他？"支助道："你夜睡之时，莫关了房门，由他开着。如今五月，天气正热，你却赤身仰卧，把那话儿弄得硬硬的，待他来照门时，你只推做睡着了。他若看见，必然动情。一次两次，定然打熬不过，上门就你。"得贵道："倘不来如何？"支助道："拚得这事不成，也不好嗔责你，有益无损。"得贵道："依了老哥的言语，果然成事，不敢忘报。"须臾酒醒，得贵别了，是夜依计而行。正是：

> 商成灯下瞒天计，拨转闺中匪石心。

论来邵氏家法甚严，那得贵长成十七岁，嫌疑之际，也该就打发出去，另换个年幼的小厮答应，岂不尽善。只为得贵从小走使服的，且又粗蠢又老实。邵氏自己立心清正，不想到别的情节上去，所以因循下来。却说是夜，邵氏同婢秀姑点灯出来照门，见得贵赤身仰卧，骂："这狗奴才，门也不关，赤条条睡着，是什么模样！"叫秀姑与他扯上房门。若是邵氏有主意，天明后叫得贵来，说他夜里懒惰放肆，骂一场，打一场，得贵也就不敢了。他久旷之人，却似眼见稀奇物，寿增一纪，绝不作声。得贵胆大了，到夜来，依前如此。邵氏同婢又去照门，看见又骂道："这狗才一发不成人了，被也不盖。"叫秀姑替他把卧单扯上，莫惊醒他。此时便有些动情，奈有秀姑在旁碍眼。到第三日，得贵出外撞见了支助。支助就问他曾用计否？得贵老实，就将两夜光景都叙了。支助道："他叫丫头替你盖被，又教莫惊醒你，便有爱你之意，今夜决有好处。"

其夜得贵依原开门，假睡而待。邵氏有意，遂不叫秀姑跟随，自己持灯来照，径到得贵床前。禁不住春心荡漾，欲火如焚。自解去小衣，爬上床去。还只怕惊醒了得贵，悄悄地跨在身上，从上而压下。得贵忽然抱住，翻身转来，与之云雨。

> 一个久疏乐事，一个初试欢情；一个认着故物肯轻抛？一个尝了甜头难遽放。一个饥不择食，岂嫌小厮粗丑？一个狃恩恃爱，哪怕主母威严。分明恶草藤罗，也共名花登架去；可惜清心冰雪，化为春水向东流。十年清白已成虚，一夕垢污难再洗。

事毕，邵氏向得贵道："我苦守十年，一旦失身于你，此亦前生冤

当时	dàngshí	[古] at the right or proper age
赤身	chìshēn	naked
推做	tuīzuò	[古] pretend to
动情	dòngqíng	be aroused
打熬	dǎáo	[古] withstand
拚得	pàndé	(even if) sb. does sth. for all his or her worth
嗔责	chēnzé	[书] scold and blame
有益无损	yǒuyì wúsǔn	can only do good, not harm
须臾	xūyú	[书] in a little while; for a moment
家法	jiāfǎ	family rules
嫌疑	xiányí	suspicion
打发	dǎfa	send sb away; dimiss
走使	zǒushǐ	[古] order about or around; have sb. do sth
立心清正	lì xīn qīngzhèng	guileless and pure
情节	qíngjié	contingencies
因循	yīnxún	put off; delay; postpone; let sth drift
赤条条	chìtiáotiáo	naked
有主意	yǒu zhúyì	wise; decisive
懒惰放肆	lǎnduò fàngsì	lazy and insolent
久旷	jiǔkuàng	[古] live alone for a long time
稀奇物	xīqíwù	the rare thing
寿	shòu	life
一纪	yí jì	[书] 十年
奈	nài	(have no choice or cannot do sth.) because…
碍眼	àiyǎn	be in the way
光景	guāngjǐng	situation; circumstance
丫头	yātou	[古] slave girl
遂	suì	[书] then; thereupon
径	jìng	straight
春心<u>荡漾</u>，欲火如焚	chūnxīn dàngyàng yùhuǒ rúfén	heart pounding wildly and tortured by lusts as if burning in a blazing fire
之	zhī	(here) Shao-shi
云雨	yúnyǔ	to have sexual intercourse; to make love
失身	shīshēn	lose one's chastity

债。你须谨口，莫泄於人，我自有看你之处。"得贵道："主母分付，怎敢不依！"自此夜为始，每夜邵氏以看门为由，必与得贵取乐而后入。又恐秀姑知觉，倒放个空，教得贵连秀姑奸骗了。邵氏故意欲责秀姑，却教秀姑引进得贵以塞其口。彼此河同水密，各不相瞒。得贵感支助教导之恩，时常与邵氏讨东讨西，将来奉与支助。支助指望得贵引进，得贵怕主母嗔怪，不敢开口。支助几遍讨信，得贵只是延捱下去。过了三五个月，邵氏与得贵如夫妇无异。

也是数该败露。邵氏当初做了六年亲，不曾生育，如今才得三五月，不觉便胸高腹大，有了身孕。恐人知觉不便，将银与得贵，教他悄地赎贴坠胎的药来，打下私胎，免得日后出丑。得贵一来是个老实人，不晓得坠胎是什么药，二来自得支助指教，以为恩人，凡事直言无隐。今日这件私房关目，也去与他商议。那支助是个棍徒，见得贵不肯引进自家，心中正在忿恨，却好有这个机会，便是生意上门。心生一计，哄得贵道："这药只有我一个相识人家最效。我替你赎去。"乃往药铺中赎了固胎散四服，与得贵带回。邵氏将此药做四次吃了，腹中未见动静，叫得贵再往别处赎取好药。得贵又来问支助："前药如何不效？"支助道："打胎只是一次。若一次打不下，再不能打了。况这药只此一家最高，今打不下，必是胎受坚固，若再用狼虎药去打，恐伤大人之命。"得贵将此言对邵氏说了，邵氏信以为然。

到十月将满，支助料是分娩之期，去寻得贵说道："我要合补药，必用一血孩子。你主母今当临月，生下孩子，必然不养，或男或女，可将来送我。你亏我处多，把这一件谢我，亦是不费之惠，只瞒过主母便是。"得贵应允。过了数日，果得一男。邵氏将男溺死，用蒲包裹来，教得贵密地把去埋了。得贵答应晓得，却不去埋，背地悄悄送与支助。

支助将死孩收讫，一把扯住得贵喝道："你主母是丘元吉之妻，家主已死多年，当家寡妇，这孩子从何而得？今番我去出首！"得贵慌忙掩住他口，说道："我把你做恩人，每事与你商议，今日何反面无情？"支助变着脸道："干得好事！你强奸主母，罪该凌迟，难道叫句恩人就罢了？既知恩当报恩，你作成得我什么事？你今若要我不开口，可向主母讨一百两银子与我，我便隐恶而扬善。若然没有，决不干休。见有血孩为证，你自到官司去辨，连你主母

冤债	yuānzhài	the wrong things someone did in last life
泄	xiè	leak (secret, etc.); let sth out
由	yóu	[书] an excuse
河同水密，各不相瞒	mán	[proverb] indicate these three persons, Shao-shi, Xiu-gu and De-gui were very close
引进	yǐn jìn	introduce and get people acquainted with one another
讨信	tǎoxìn	[古] ask for reply
延捱	yán'ái	delay; postpone
败露	bàilù	exposure and ruin
将	jiāng	拿
赎药	shúyào	[方] buy medicine
坠胎	zhuìtāi	have an abortion
私胎	sītāi	the illegitimate child
日后	rìhòu	in the future
出丑	chūchǒu	disgrace
恩人	ēnrén	person who confers benefit; benefactor
直言无隐	zhíyán wúyǐn	[古] speak without reservation
私房	sīfáng	confidential; private
关目	guānmù	[古] important thing or matter
棍徒	gùntú	[古] villain
固胎散	gù tāi sǎn	medicine to strengthen the womb during preganancy
动静	dòngjìng	movements; happenings
狼虎药	láng hǔ yào	harsher medicine
料	liào	know for sure
合	hé	prepare
补药	bǔyào	health-building drug or medicine
血孩子	xuě háizi	[古] newborn baby
临月	línyuè	the date when the baby is due
不费之惠	bú fèi zhī huì	a favor or a gift without cost
溺死	nìsǐ	die from drowning
蒲包	púbāo	a cattail bag
把去	bǎqù	[古] 拿去
出首	chūshǒu	report a crime to the authorities
干休	gānxiū	[古] give up; stop

做不得人。我在家等你回话，你快去快来！"急得得贵眼泪汪汪，回家料瞒不过，只得把这话对邵氏说了。邵氏埋怨道："此是何等东西，却把做礼物送人！**坑死了我也**！"说罢，流泪起来。得贵道："若是别人，我也不**把与**他。因他是我的恩人，所以不好**推托**。"邵氏道："他是你**什么恩人**？"得贵道："当初我赤身仰卧，都是他教我的方法来**调引**你。没有他时，怎得你我今日**恩爱**？他说要血孩合补药，我好不奉他？谁知他**不怀好意**！"邵氏道："你做的事，**忒不即溜**。当初是我一念之差，堕在这**光棍术**中，今已悔之无及。若不将银两买转孩子，他必然出首，那时难以挽回。"只得取出四十两银子教得贵拿去与那光棍赎取血孩，背地埋藏，以绝**祸根**。得贵老实，将四十两银子，双手递与支助，说道："只有这些，你可将血孩还我吧！"支助得了银子，**贪心不足**，思想："此妇美貌，又且**囊中有物**。借此机会，倘得**挺身入马**，他的家事在我掌握之中，**岂不美哉**！"乃向得贵道："我说要银子，是**取笑话**，你当真送来，我只得收受了。那血孩我已埋讫。你可在主母前，引荐我与他相处。倘若**见允**，我替他**持家**，无人敢欺负他，可不**两全其美**？不然，我仍在地下掘起孩子出首。限你五日内**回话**。"得贵出于无奈，只得回家，述与邵氏。邵氏大怒道："听那光棍放屁！不要理他！"得贵遂不敢再说。

却说支助将血孩用**石灰腌**了，仍放蒲包之内，藏于隐处。等了五日，不见得贵回话。又捱了五日，共是十日。料得**产妇**也**健旺**了，乃往丘家门首，**伺候**得贵出来，问道："所言之事济否？"得贵摇头道："不济不济！"支助更不问第二句，**望**门内直闯进去，得贵不敢拦阻，倒走往街口远远的打听消息。邵氏见有人走进中堂，骂道："人家内外各别，你是何人，突入**吾室**？"支助道："小人姓支名助，是得贵哥的恩人。"邵氏心中已知，便道："你要寻得贵，在外边去，此非你歇脚之所！"支助道："小人久慕大娘，有如饥渴。小人纵不才，料不在得贵哥之下，大娘何必**峻拒**？"邵氏听见**话不投机**，转身便走。支助赶上，双手抱住，说道："你的私孩，现在我处。若不从我，我就**首官**！"邵氏忿怒无极，只恨摆脱不开，乃以好言**哄**之，道："日里怕人知觉。到夜时，我叫得贵来接你。"支助道："亲口许下，**切莫失信**。"放开了手，走几步，又回头说道："我也不怕你失信！"一直出外去了。气得邵氏半晌无言，珠泪纷纷而坠。推转房门，独坐凳子上，左思右想，只是自家不是。当初不肯改

坑	kēng	ruin
把与	bǎyǔ	[古] 拿给
推托	tuītuō	find an excuse to decline
调引	tiáoyǐn	tease
恩爱	ēn'ài	deep love
好不奉他	fèng	(used to reiterate a rhetorical question) Shouldn't I offer (it) to him?
不怀好意	bù huái hǎo yì	having evil intentions
忒不即溜	tuī bù jí liù	[方] too brainless and dump; 即溜：聪明。
光棍术	guāng gùn shù	trap set by a ruffian
祸根	huògēn	seeds for future trouble; person or matter that causes disaster
贪心不足	tānxīn bù zú	insatiably greedy
囊中有物	náng	(fig.) have money; rich
捱身入马	ái shēn rù mǎ	[古] have sexual intercourse
岂不美哉	qǐ bù měi zāi	Won't that be lovely?!
取笑话	qǔ xiàohua	[方] 开玩笑。 crack a joke; joke; make fun of
见允	jiànyǔn	[书] allowed (sb.) to; permit (sb.) to
持家	chíjiā	manage a house
两全其美	liǎng quán qí měi	[idiom] satisfy both sides
石灰	shíhuī	lime
腌	yān	to preserve
产妇	chǎnfù	women in puerperium
健旺	jiànwàng	recover
伺候	sìhòu	wait around; await
望	wàng	to; towards
吾	wú	[书] I or me or my; we or us or our
慕	mù	admire
纵	zòng	[书] even though; even if
竣拒	jùnjù	refuse; reject
话不投机	huà bù tóujī	disagreeable conversation
首官	shǒuguān	report a crime to the authorities
哄	hǒng	humbug; cheat
切莫失信	qiè mò shī xìn	don't break the promise
不是	búshì	fault
当初	dāng chū	in the beginning; at that time

嫁，要做上流之人，如今出乖露丑，有何颜见诸亲之面？又想道："日前曾对众发誓，我若事二姓，更二夫，不是刀下亡，便是绳上死。我今拚这性命，谢我亡夫于九泉之下，却不干净！"秀姑见主母啼哭，不敢上前解劝，守住中门，专等得贵回来。得贵在街上望见支助去了，方才回家。见秀姑问："大娘呢？"秀姑指道："在里面。"得贵推开房门看主母。

却说邵氏取床头解手刀一把，欲要自刎，担手不起。哭了一回，把刀放在桌上。在腰间解下八尺长的汗巾，打成结儿，悬于梁上，要把颈子套进结去，心下辗转凄惨，禁不住呜呜咽咽的啼哭。忽见得贵推门而进，陡然触起他一点念头："当初都是那狗才做圈做套，来作弄我，害了我一生名节！"说时迟，那时快，只就这点念头起处，仇人相见，分外眼睁，提起解手刀，望得贵当头就劈。那刀如风之快，恼怒中气力加倍，把得贵头脑劈做两界，血流满地，登时呜呼了。邵氏着了忙，便引颈受套，两脚蹬开凳子，做一个秋千把戏。

> 地下新添冤恨鬼，人间少了俏孤孀。

常言："赌近盗，淫近杀。"今日只为一个"淫"字，害了两条性命。

且说秀姑平昔惯了，但是得贵进房，怕有别事，就远远闪开。今番半晌不见则声，心中疑惑，去张望时，只见上吊一个，下横一个。吓得秀姑软做一团，按定了胆，把房门款上，急跑到叔公丘大胜家中报信。丘大胜大惊，转报邵氏父母，同到丘家，关上大门，将秀姑盘问致死缘由。原来秀姑不认得支助，连血孩诈去银子四十两的事，都是瞒着秀姑的。以此秀姑只将邵氏、得贵平昔奸情叙了一遍。"今日不知何故两个都死了！"三番四复问他，只如此说。邵公、邵母听说奸情的话，满面羞惭，自回去了，不管其事。丘大胜只得带秀姑到县里出首。知县验了二尸，一名得贵，刀劈死的，一名邵氏，缢死的。审问了秀姑口辞。知县道："邵氏与得贵奸情是的，主仆之分已废。必是得贵言语触犯，邵氏不忿，一时失手，误伤人命，情慌自缢，更无别情。"责令丘大胜殡殓。秀姑知情，问杖官卖。

再说支助自那日调戏不遂回家，还想赴夜来之约。听说弄死了两条人命，吓了一大跳，好几时不敢出门。一日早起，偶然捡着了石灰腌的血孩，连蒲包拿去抛在江里。遇着一个相识叫做包九，在仪真闸上当夫头，问道："支

上流	shàngliú	[古] 道德高尚; be well behaved
出乖露丑	chū guāi lù chǒu	lose face; be disgraced
谢	xiè	to show regret; offer one's apology for a fault
干净	gānjìng	a good way
解劝	jiěquàn	[书] calm and comfort sb; soothe
解手刀	xièshǒudāo	[古] a dagger
自刎	zìwěn	commit suicide by slitting one's throat
担手	dānshǒu	[古] raise one's hand
汗巾	hànjīn	[古] belt
梁	liáng	roof beam
辗转	zhǎnzhuǎn	[古] feel perturbed in the heart; wrestle or struggle inside
凄惨	qīcǎn	anguish; mournful
陡然	dǒurán	suddenly
念头	niàntou	thought; idea
两界	liǎngjiè	two parts
登时	dēngshí	(used in narration of past events)at once; then and there
呜呼	wūhū	指死。dead
着了忙	zháo le máng	frightened; worry; feel anxious
做一个秋千把戏	qiūqiānbǎxì	sway as if one was on a swing
赌近盗，淫近杀	dǔ yín	gambling is akin to robbery and lust is akin to murder
但		merely
闪	shǎn	dodge; sidestep; step (aside)
则声	zéshēng	make a sound
疑惑	yíhuò	be suspicious; feel puzzled; feel uncertain
款上	kuǎnshang	[古] to shut or close
何故	hégù	why; for what reason
三番四复	sānfān sìfù	repeatedly; over and over again
奸情	jiānqíng	adultery; illicit relationship
缢死	yìsǐ	put to death by hanging
自缢	zìyì	hang oneself to death
殡殓	bìnliàn	funeral and interment
官卖	guānmài	[古] be sold at public auction
调戏	tiáoxì	use frivolous language and conduct to tease (a woman)
不遂	búsuì	fail to; fail in
夫头	fūtóu	the foreman

301

大哥，你抛的是什么东西？"支助道："腌几块牛肉，包好了要带出去 吃的，**不期**臭了。九哥，你两日没什么事，到我家去吃三杯！"包九道："今日**忙些个**，苏州府况钟老爷**驰驿赴任**，即刻船到，在此**趱夫**哩！"支助道："既如此，改日再会！"支助自去了。

却说况钟原是**吏员**出身，**礼部尚书**胡濙**荐**为苏州府**太守**，在任一年，百姓呼为"况青天"。因**丁忧回籍**，圣旨**夺情**起用，特赐驰驿赴任。船至仪真闸口，况爷在舱中看书，忽闻小儿啼声出自江中，想必溺死之儿，差人看来，回报没有。如此两度。况爷又闻啼声，问众人皆云不闻。况爷口称怪事，推窗亲看，只见一个小小蒲包浮于水面。况爷叫水手捞起，打开看了，回复："是一个小孩子。"况爷问："活的，死的？"水手道："石灰腌过的，像死得久了。"况爷想道："死的如何会啼？况且死孩子抛掉就罢了，**何必**灰腌？必有缘故！"叫水手把 这死孩连蒲包放在船头上："如有人晓得来历，密密报我，我有重赏。"水手奉**钧旨**，拿 出船头。恰好夫头包九看见小蒲包，认得是支助抛下的。"他说 是臭牛肉，如何却是个死孩？"遂进舱**禀**况爷："小人不晓得 这小孩子的来历，却认得抛那小孩 子 在江里这个人，叫做支助 。"况爷道："有了人，就 有来历了。"一面差人密拿支 助，一面请仪真**知县**到**察院**中同问这节公事。

况 爷 带了这死孩，坐了察院。等得知县来时，支助也拿到了。况 爷 上坐，知 县坐 于左手之旁。况爷因这仪真不是自己属县，不敢**自专**，让本县**推问**。那 知 县见况公是 奉过**敕书**的，又且为人古怪，怎敢**僭越**。**推逊**了多时，况爷只得**开言**，叫："支助，你这石灰腌的小孩子，是 哪 里来的？"支助正要抵赖，却被包九在旁指实了，只得转口道："小的见这脏东西在路旁不便，将来抛在江里，其实不知来历。"况爷问包九："你看见他在路旁检的么？"包九道："他抛下江里，小 的方才看见。问他是什么东西，他说是臭牛肉。"况爷大怒道："既假说是臭牛肉，必有**瞒人**之意！"喝教手下选**大毛板**，先 打二十板再问。况爷的板子利害，二十板抵四十板还有余。打得皮 开肉绽，鲜血迸流，支助只是不招。况爷喝教夹起来。况爷的**夹棍**也利害， 第一遍，支助还**熬**过；第二遍，就 熬不得了，招道："这死孩是邵寡妇的。寡妇与**家童**得贵有奸，养下这私胎来。得贵央小的替他埋藏，被狗子爬了出来。

不期	bùqī	unfortunately; unexpectedly
忙些个	mángxiēge	a little bit busy
驰驿	chíyì	[古] official journey
赴任	fùrèn	[书] resume sb's post
趱夫	zǎnfū	[古] mobilize men to insure a speedy passage for sb.
吏员	lìyuán	[古] tribunal clerk
礼部尚书	lǐbù shàngshū	[古] minister of rites
荐	jiàn	nominate
太守	tàishǒu	[古] title of official position
丁忧回籍	dīngyōu huíjí	[古] the officer returns to hometown to observe a period of filial mourning of his parents
夺情	duóqíng	make an exception
赐	cì	[古] bestow
闻	wén	hear
云	yún	[古] speak; say
何必	hébì	(used in rhetorical questions) there is no need; why
钧旨	jūnzhǐ	[古] the instruction given by the superior
禀	bǐng	[古] report (to one's superior)
知县	zhīxiàn	[古] title of official position
察院	cháyuàn	[古] the district office
上坐	shàngzuò	the seat of honor when the seats are divided to show due respect to sb.
自专	zìzhuān	on sb's own authority
推问	tuīwèn	examine and inquire (into a case)
敕书	chìshū	[古] imperial edict issued to a minister by the emperor
僭越	jiànyuè	[书] overstep one's authority; (illegally assume the title for a superior)
推逊	tuīxùn	yield to
开言	kāiyán	start questioning
瞒人	mánrén	to hide something
大毛板	dà máobǎn	a heavy rod
夹棍	jiāgùn	instrument for punishment, made of two wooden rods and used to press the legs of a criminal
熬	áo	bear; endure
家童	jiātóng	[古] boy servant

故此小的将来抛在江里。"况爷见他**言词不一**，又问："你肯替他埋藏，必然 与他家**通情**。"支助道："小的并不通情，只是平日与得贵相熟。"况爷道："他**埋藏**只要**朽烂**，如何把石灰腌着？"支助**支吾**不来，只得**磕头**道："青天爷爷，这石灰其实是小的腌的。小的知邵寡妇家**殷实**，欲留这死孩去**需索**他几两银子。不期邵氏与得贵都死了，小的**不遂其愿**，故此抛在江里。"况爷道："那妇人与小厮果然死了么？"知县在旁边起身**打一躬**，答应道："死了，是知县亲验过的。"况爷道："如何便会死？"知县道："那小厮是刀劈死的，妇人是自缢的，知县也曾**细详**。他两个奸情已久，主仆之**分久废**。必是小厮言语触犯，那妇人一时**不忿**，提刀劈去，误伤其命，情慌自缢，**别无他说**。"况爷肚里**踌躇**："他两个既然奸密，就是语言小伤，怎**下此毒手**！早间死孩儿啼哭，必有缘故！"遂问道："那邵氏家还有别人么？"知县道："还有个使女，叫做秀姑，官卖去了。"况爷道："官卖，一定就在本地。烦贵县差人提来一审，便知**端的**。"知县忙差快手去了。

不多时，秀姑拿到，所言与知县相同。况爷踌躇了半晌，走下公座，指着支助，问秀姑道："你可认得这个人？"秀姑仔细看了一看，说道："小妇人不识他姓名，曾认得他嘴脸。"况爷道："是了。他和得贵相熟，必然曾同得贵到你家去。你可实说，若半句**含糊，便上拶**！"秀姑道："平日间实不曾见他上门，只是**结末来**，他突入中堂，调戏主母，被主母赶去。随后得贵方来，主母正在房中啼哭。得贵进房不多时，两个就都死了。"况爷喝骂支助："光棍！你不曾与得贵通情，如何敢突入中堂？这两条人命，都因你起！"叫手下："再与我夹起来！"支助被夹昏了，不由自家做主，从前至尾，如何教导得贵哄诱主母，如何哄他血孩到手，诈他银子，如何**挟制**得贵，要他引入同奸，如何闯入内室，抱住求奸，被他如何哄脱了，**备细**说了一遍："后来死的**情由**，其实不知。"况爷道："这是真情了。"放了夹，叫**书吏**取了**口词明白**。知县在旁，自知才力不及，惶恐无地。况爷提笔，竟判**审单**：

"审得支助，奸棍也。始**窥**寡妇之色，**辄**起邪心；既秉弱仆之愚，巧行诱语。开门裸卧，尽出其谋；固胎取孩，悉堕其术。求奸未能，转而求

故此	gùcǐ	therefore; so that
言词不一	yáncí bùyī	conflict in the confession
通情	tōngqíng	be in collusion with sb
埋藏	máicáng	bury and hide
朽烂	xiǔlàn	rot
支吾	zhīwu	hum and haw; speak evasively; no coherent answer
磕头	kētóu	kowtow; kneeling with both hands on the floor, and touching the ground with the forehead
殷实	yīnshí	well-off
需索	xūsuǒ	demand
不遂其愿	bú suì qí yuàn	cannot fulfill one's wish; cannot follow through one's plan
打一躬	dǎ yì gōng	a slight bow
细详	xìxiáng	investigate thoroughly
分	fèn	(of a person) status; the distinctions
不忿	búfèn	be resentful
别无他说	bié wú tā shuō	nothing more
踌躇	chóuchú	consider and reconsider
下毒手	xià dúshǒu	lay murderous hands on sb.
此	cǐ	[书] this; 这
端的	duāndì	whole story; what actually happened
不多时	bùduōshí	a short while
含糊	hánhu	unclear; not true; vague
上	shàng	to fix; to place; to put to
拶	zǎn	[古] (as a torture in old China) sticks for squeezing a criminal's fingers
结末	jiémò	the very last
诈	zhà	blackmail
挟制	xiézhì	take advantage of sb's weakness to enforce obedience
备细	bèixì	in full details
情由	qíngyóu	how and why; reason; the subsequent circumstances
书吏	shūlì	clerk
口词明白	kǒu cí míng bái	an account of the confession
审单	shěndān	the court verdict
窥	kuī	steal a glance at
辄	zhé	soon after

利；求利未厌，仍欲求奸。在邵氏一念之差，**盗铃尚思掩耳**；乃支助几番之诈，**探箧加以窬墙**。以恨助之心恨贵，恩变为仇；于杀贵之后自杀，死有余愧。主仆既死勿论，秀婢已杖何言。惟是**恶魁**，尚逃法网。包九无心而遇，腌孩有故而啼。天若使之，罪难容矣！宜坐致死之律，兼追所诈之赃。"

况爷念了审单，连支助亦**甘心**服罪。况爷将此事**申文**上司，无不夸奖**大才**，万民称颂；以为**包龙图**复出，不是过也。这一家小说，又题做《况太守断死孩儿》。有诗为证：

俏邵娘见欲心乱，蠢得贵福过灾生。

支赤棍奸谋似鬼，况青天折狱如神。

盗铃尚思掩耳	dào líng shàng sī yǎn ěr	[书] (lit.) "stealing the bell while trying to cover the ears" (fig.) a saying signifying self-deception
探箧加以窬墙	tàn qiè jiā yǐ yú qiáng	[书] (lit.) "ransacking other's trunks and climbing over the neighbor's wall to boot" (fig.) signifying committing a sexual crime
恶魁	èkuí	ruffian; scoundrel; vicious person
甘心	gānxīn	be willing to
申文	shēnwén	submit a report of the matter to the superior
上司	shàngsi	the superior
大才	dàcái	great sagacity
包龙图	Bāo Lóngtú	the Northern Sung official Bao Zheng, well known to be an honest and incorruptible official

（十一）赫大卿遗恨鸳鸯绦

《醒世恒言》第十五卷

皮包血肉骨包身，强作娇妍诳惑人。
千古英雄皆坐此，百年同共一坑尘。

这首诗，乃昔日性如子所作，单**戒**那**淫色自戕**的。论来**好色**与**好淫**不同。假如古诗云："一笑倾人城，再笑倾人国。岂不顾倾城与倾国，佳人难再得。"此谓之好色。若是不择美恶，以多为胜，如俗语所云："石灰布袋，到处留迹。其色何在？但可谓之好淫而已。然虽如此，在色中又有多般。假如张**敞画眉，相如病渴**，虽**为儒者所讥**，然夫妇之情，**人伦之本**，此谓之正色。又如**娇妾美婢**，倚翠偎红；金钗十二行，锦障五十里；樱桃杨柳，歌舞擅场，碧月紫云，风流夸艳；**虽非一马一鞍，毕竟有花有叶**，此谓之傍色。又如锦营献笑，花阵图欢；露水分司，身到偶然留影；风云随例，颜开哪惜缠头？旅馆长途，堪消寂寞，花前月下，亦助襟怀。虽**市门之游，豪客不废**；然**女闾之遗，正人耻言**；不得不谓之邪色。至如**上蒸下报**，同人道于兽禽；**钻穴逾墙**，役心机于鬼蜮；**偷暂时之欢乐，为万世之罪人**；明有人诛，幽蒙鬼责；这谓之乱色。又有一种不是正色，不是傍色，虽然比不得乱色，却又比不得邪色。填塞了虚空圈套，污秽却清静门风；**惨同神面刮金，恶胜佛头浇粪**；远则地府填单，近则阳间业报。奉劝世人，切须谨慎！正是：

不看僧面看佛面，休把淫心杂道心。

话说本朝宣德年间，江西临江府新淦县，有个监生，姓**赫**名应祥，字大卿。为人**风流俊美，落拓不羁**，专好的是**声色**二事。遇着**花街柳巷**，舞榭歌台，便流留不舍，就当做家里一般，把老大一个家业，也弄去了十之三四。**浑家陆氏**，见他恁般花费，**苦口谏劝**。赫大卿倒道老婆不贤，时常**反目**。因这上，陆氏立誓不管，领着三岁一个孩子喜儿，自在一间净室里**持斋念佛**，由他**放荡**。

Selected by C. P. Chou
Text prepared by Joanne Chiang
Vocabulary prepared by Joanne Chiang

戒	jiè	warn; exhort; admonish
淫色自戕	yínsè zìqiāng	[古] ruin oneself by indulging in sensual pleasures
好色	hàosè	fondness of women; love woman's beauty
好淫	hàoyín	indulge in sensual pleasures
张敞画眉	Zhāng Chǎng huàméi	Zhang Chang is an able and straightforward official of the Han Dynasty chiefly known for painting his wife's eyebrows. The story is used to illustrate marital bliss.
相如病渴	Xiàngrú bìngkě	司马相如，a great writer of the Han Dynasty, is known for his romance with his wife 卓文君，and who suffered a disease 消渴.
为儒者所讥	rú .... jī	[古] be ridiculed by Confucian scholars
人伦之本	rénlún zhī běn	the basis of human relations
娇妾美婢	jiāoqiè měibì	beautiful concubine and servant-girl
虽非一马一鞍，毕竟有花有叶	ān	[古] Although it is not "one saddle for one horse", it is like leaves around the flowers – although not a man-and-wife marriage, it is still reasonable and acceptable
市门之游，豪客不废	háokè	[古] even rich people would not be against frequenting the brothel
女闾之遗，正人耻言	Nǚlǘ	[古] a man of honor is ashamed to talk about visiting prostitutes
上蒸下报	shàng zhēng xià bào	蒸：commit incest with one's elder 报：commit incest with one's younger generation
钻穴逾墙	zuānxué yúqiáng	[古] drill a hole or climb over a wall – carry on a clandestine love affair
偷暂时之欢乐		[古] snatch a moment of pleasure
为万世之罪人		[古] go down in history as an infamous person
惨同神面刮金	cǎn .... guā	[古] as brutal as scraping the gold from the face of a god's statue
恶胜佛头浇粪	jiāofèn	[古] worse than pouring excrement and urine onto a Buddha's head
赫应祥	Hè Yìngxiáng	personal name. His 字 is 大卿 Dàqīng.
风流俊美	fēngliú jùnměi	romantic and handsome
落拓不羁	luòtuò bùjī	unconventional and uninhibited
声色	shēngsè	beautiful sounds and sights – music and women
花街柳巷	huājiē liǔxiàng	streets of ill repute; red-light district
浑家	húnjiā	[古] wife
苦口谏劝	kǔkǒu jiànquàn	take great effort to admonish
反目	fǎnmù	(usually of husband and wife) fall out
持斋念佛	chízhāi niànfó	be a reverent Buddhist and practice vegetarianism
放荡	fàngdàng	dissolute; dissipated

一日，正值清明佳节，赫大卿穿着一身华丽衣服，独自一个，到郊外踏青游玩。有宋张咏诗为证：

> 春游千万家，美人颜如花。
>
> 三三两两映花立，飘飘似欲乘烟霞。

赫大卿只拣妇女丛聚之处，或前或后，往来摇摆，**卖弄风流**，希图要逢着个有缘分的佳人。**不想一无所遇，好不败兴。**自觉无聊，走向一个酒馆中，沽饮三杯。上了酒楼，拣沿街一副**座头**坐下。**酒保**送上酒肴，自斟自饮，倚窗观看游人。不觉三杯两盏，吃勾半酣，起身下楼，算还酒钱，离了酒馆。一步步任意走去。

此时已是**未牌**时分。行了多时，渐渐酒涌上来，口干舌燥，思量得盏茶来解渴便好。正无处求觅，忽抬头见前面林子中，**幡影摇曳，磬韵悠扬**。料道是个**僧寮道院**，心中欢喜，急忙趋向前去，抹过林子，显出一个大**庵院**来。赫大卿打一看时：周遭都是粉墙包裹，门前十来株倒垂杨柳，中间向阳两扇八字墙门，上面高悬金字**扁额**，写着"非空庵"三字。赫大卿点头道："常闻得人说，城外非空庵中有**标致尼姑**，只恨没有工夫，未曾见得，不想今日趁了这便。"即整顿衣冠，走进庵里。转东一条鹅卵石街，两边榆柳成行，甚是**幽雅**。行不多步，又进一重墙门，就是小小三间房子，供着韦驮尊者。庭中松柏参天，树上鸟声嘈杂。从佛背后转进，又是一条横街。

大卿径望东首行去，见一座雕花门楼，双扉紧闭。上前轻轻扣了三四下，就有个**垂髫**女童，呀的开门。那女童身穿缁衣，腰系丝绦，打扮得十分齐整。见了赫大卿，连忙**问讯**。大卿还了礼，跨步进去看时，一带三间佛堂，虽不甚大，倒也高敞。中间三尊大佛，相貌庄严，金光灿烂。大卿向佛**作了揖**，对女童道："烦报令师，说有客相访。"女童道："**相公请坐**，待我进去传说。"**须臾间**，一个少年尼姑出来，向大卿**稽首**。大卿急忙**还礼**，用那双开不开、合不合、惯输情、专卖俏、软眯溪的俊眼，仔细一**觑**。这尼姑年纪不上二十，面庞白皙如玉，天然**冶艳**，韵格非凡。大卿看见恁般标致，喜得**神魂飘荡**。一个揖作了下去，却像初出锅的糍粑，软做一塌，头也伸不起来。礼罢，分宾主坐下，想道："今日撞了一日，并不曾遇得个可意人儿，不想这所在倒藏着如此妙人。须用些**水磨工夫撩拨**她，不怕不上我的**钩儿**。"大卿正在腹**中打点草稿**，谁知那尼姑亦有此心。从来尼姑庵也有个

踏青	tàqīng	walk on the grass – go for an outing in early spring
卖弄风流	màinòng fēngliú	play the coquet
佳人	jiārén	beautiful woman; beauty
不想	bùxiǎng	没想到；想不到
一无所遇	yì wú suǒ yù	[古] not meeting a single person
好不败兴	hǎo bú bàixìng	[古] feel very disappointed; very frustrated
座头	zuòtóu	[古] seat
酒保	jiǔbǎo	[古] bartender; barkeeper
未牌	wèipái	[古] 1:00-3:00 p.m.
幡影摇曳	fānyǐng yáoyè	a banner flapping in the wind
磬韵悠扬	qìngyùn yōuyáng	the sound of bells ringing out 磬：inverted bell, a Buddhist percussion instrument
僧寮道院	sēngliáo dàoyuàn	Buddhist monastery
庵院	ānyuàn	Buddhist temple
扁额	biǎn'é	a horizontal inscribed board
标致	biāozhì	pretty; beautiful
尼姑	nígū	Buddhist nun
幽雅	yōuyǎ	quiet and tastefully laid out (of a place)
垂髫	chuítiáo	[古] letting one's hair down - early childhood
问讯	wènxùn	[古] put the palms together before one (a Buddhist greeting)
作揖	zuōyī	make an obeisance
令师	lìngshī	[古] your esteemed teacher
相公	xiànggōng	[古] a term of address for young men of rich or cultured families
须臾间	xūyú jiān	[古] a moment later
稽首	jīshǒu	[古] kowtow
还礼	huánlǐ	return a salute
觑	qù	[古] 看
艳冶	yànyě	pretty and coquette
神魂飘荡	shénhún piāodàng	be infatuated
水磨工夫	shuǐmó gōngfu	patient and precise work
撩拨	liáobō	tease; banter
上钩	shànggōu	get hooked
打草稿	dǎ cǎogǎo	make a rough draft

311

规矩，但凡客官到来，都是老尼迎接答话。那少年的，**如闺女**一般，**深居简出**，非细相熟的主顾，或是亲戚，方才得见。若是老尼出外，或是病卧，竟自**辞客**。就有非常势耀的，立心要来认那小徒，也**少不得**三请四唤，等得你个不耐烦，方才出来。这个尼姑为何**挺身而出**？有个缘故。她原是个真念佛，**假修行**，**爱风月**，嫌冷静，怨恨出家的**主儿**。偶然先在**门隙**里，**张见**了大卿这一表人才，倒有几分看上了，所以挺身而出。当下两只眼光，就如针儿**遇着**磁石，紧紧的**摄**在大卿身上，笑嘻嘻的问道："相公尊姓贵表，府上何处？至小庵有甚**见谕**？"大卿道："小生姓赫，名大卿，就在城中居住。今日到郊外踏青，偶步至此。久慕仙姑清德，顺便拜访。"尼姑谢道："小尼僻居荒野，无德无能，**谬承枉顾**，**蓬筚生辉**。此处来往人杂，请里面轩中**待茶**。"大卿见说请到里面吃茶，**料有几分光景**，好不欢喜，即起身随入。

行过几处房屋，又转过一条回廊，方是三间净室，收拾得好不精雅。外面一带，都是扶栏。庭中植梧桐二树，修竹数竿，百般花卉，纷纭辉映，但觉**香气袭人**。正中间供白描大士像一轴，古铜炉中，香烟馥馥，下设蒲团一坐。左一间放着朱红橱柜四个，都有封锁，想是收藏经典在内。右一间用围屏围着。进入看时，横设一张桐柏长书桌，左设花藤小椅，右边靠壁一张斑竹榻儿，壁上悬一张断纹古琴。书桌上笔砚精良，**纤尘不染**。侧边有**经卷**数帙，随手拈一卷翻看，金书小楷，字体**摹仿赵松雪**，后注年月，下书"弟子空照**薰沐**写"。大卿问："空照是何人？"答道："就是小尼**贱名**。"大卿反**复玩赏**，**夸之不已**。两个隔着桌子，对面而坐。女童点茶到来，空照双手捧过一盏，递与大卿，自取一盏相陪。那手**十指尖纤**，洁白可爱。大卿接过，**啜**在口中，真个好茶。有吕洞宾茶诗为证：

玉蕊旗枪称绝品，僧家造法极工夫。

兔毛瓯浅香云白，虾眼汤翻细浪休。

断送睡魔离几席，增添清气入肌肤。

幽丛自落溪岩处，不肯移根入上都。

大卿问道："仙庵共有几位？"空照道："师徒四众。**家师**年老，近日病废在床，**当家**就是小尼。"指着女童道："这便是小徒。她还有师弟在房里**诵经**。"赫大卿道："仙姑**出家**几时了？"空照道："自七岁丧父，送

闺女	guī nǚ	girl; maiden
深居简出	shēnjū jiǎnchū	live in the seclusion of one's own home
辞客	cí kè	[古] decline visits from guests
少不得	shǎobude	cannot do without
挺身而出	tǐngshēn érchū	come out boldly
假修行	jiǎ xiūxíng	pretend to be practicing Buddhist cultivation
爱风月	ài fēngyuè	adore romantic affairs
主儿	zhǔr	person of a specified type
门隙	ménxì	a crack between a door and its frame or between two doors
张见	zhāngjiàn	看见
一表人才	yìbiǎo réncái	a man of striking appearance
针儿遇着磁石	zhēnr...císhí	needles meet magnetite
摄	shè	be attracted by magnetic force
有甚见谕	yǒu shèn jiànyù	[古] What is your esteemed instruction?
谬承枉顾，蓬筚生辉	miùchéng wǎnggù, péngbì shēnghuī	[古] Your visit lends lustre to my humble abode.
待茶	dàichá	[古] receive (guests) with tea
料有几分光景	liào	[古] anticipate that there will be something that comes out
香气袭人	xiāngqì xírén	The fragrance of flowers assails one's nose.
纤尘不染	xiānchén bùrǎn	without a speck of dust
经卷	jīngjuàn	sutra; scripture
帙	zhì	measure word for books with a cloth slip-case
摹仿	mófǎng	imitate; copy; model on
赵松雪	Zhào Sōngxuě	a famous calligrapher and painter of Yuan Dynasty
薰沐	xūnmù	have a bath and burn incense (preparatory to exercises of devotion)
贱名	jiànmíng	my humble name
反复玩赏	fǎnfù wánshǎng	appreciate over and over again
夸之不已	kuā zhī bùyǐ	praise it again and again
十指尖纤	shízhǐ jiānxiān	long and slender fingers
啜	chuò	sip; suck
当家	dāngjiā	manage (household) affairs
诵经	sòngjīng	recite sutras
出家	chūjiā	become a monk or nun

313

入**空门**，今已十二年矣。"赫大卿道："**青春**十九，正在**妙龄，怎生**受此寂静？"空照道："**相公休得取笑**，出家胜**俗家**数倍哩！"赫大卿道："哪见得出家的胜似俗家？"空照道："我们出家人，并**无闲事缠扰**，又**无**儿**女牵绊**，终日讼经念佛，受用一炉香、一壶茶，**倦来眠纸帐，闲暇理丝桐**，好不安闲自在。"大卿道："'闲暇理丝桐'，弹琴时，也得个知音的人儿在旁**喝采**方好。这还罢了，则这'倦来眠纸帐，万一**梦魇**起来，没人推醒，好不怕哩！"空照已知大卿下钩，含笑而应道："梦魇杀了人，也不要相公**偿命**。"大卿也笑道："别的魇杀了一万个，全不在**小生**心上，像**仙姑**恁般高品，岂不可惜？"

两下你一句我一声，渐渐说到分际。大卿道："有好茶，再求另**烹**一壶来吃。"空照已**会意**了，便教女童去廊下烹茶。大卿道："仙姑卧房何处？是什么纸帐？也得小生认一认。"空照此时**欲心已炽，按纳不住**，口里虽说道："认它怎么？"却早已立起身来。大卿上前拥抱，先做了个"吕"字。空照往后就走，大卿接脚跟上。空照轻轻推开后壁，后面又有一层房屋，正是空照卧处，**摆设**更自**济楚**。大卿也无心观看，两个相抱而入，遂成云雨之**欢**。有《**小尼姑**》曲儿为证：

小尼姑，在庵中，手拍着桌儿怨命。平空里掉下个俊俏官人，坐谈有几句话，声口儿相应。你贪我不舍，一拍上就圆成。　虽然不是结髮的夫妻，也难得他一个字儿叫做肯。

二人正在酣美之处，**不提防**女童推门进来，连忙起身。女童放下茶儿，掩口微笑而去。

看看天晚，点起灯烛。空照自去收拾酒果蔬菜，摆做一桌，与赫大卿对面坐下。又恐两个女童**泄漏机关**，也教来坐在旁边相陪。空照道："庵中都是吃斋，不知贵客到来，未曾备办荤味，**甚是有慢**。"赫大卿道："**承贤师徒错爱**，已是过分。若如此说，反令小生不安矣。"当下四人杯来盏去，吃到半酣，大卿起身，捱至空照身边，把手勾着颈儿，将酒饮过半杯，递到空照口边，空照用口来承，一饮而尽。两个女童见他**肉麻**，起身回避。空照一把**扯**道："既同在此，料不容你**脱白**。"二人挣脱不开，将袖儿掩在面上。大卿上前抱住，扯开袖子，**就做了个嘴儿**。二女童年在当时，**情窦已开**，见师父**容情**，落得快活。四人搂做一团，缠做一块，吃得个大醉，一床而卧，相偎

空门	kōngmén	Buddhism
青春	qīngchūn	(said of young girl) age
妙龄	miàolíng	youthfulness (of a girl)
休得取笑	xiūdé qǔxiào	[古] do not make fun of (someone)
俗家	sújiā	[古] secular person
倦来眠纸帐	juànlái mián zhǐ zhàng	[古] retire to bed when tired
闲暇理丝桐	xiánxiá lǐ sītóng	[古] play music in leisure time
知音	zhīyīn	a friend keenly appreciative of one's talents
喝采	hècǎi	acclaim; cheer
梦魇	mèngyǎn	nightmare
偿命	chángmìng	pay with one's life (for a murder)
小生	xiǎoshēng	[古] (used by a young student or scholar) I; me
仙姑	xiāngū	[古] (a respectful form of address used for a Buddhist or Taoist nun) you
烹	pēng	brew (tea, coffee, etc.)
会意	huìyì	understand; know
欲心已炽	yùxīn yǐchì	[古] burning with lewd desire. 炽： flaming; ablaze
按纳不住	ànnà búzhù	unable to control (or contain) oneself
做了个吕字	zuòle ge lǚ zì	[古] kiss; ("吕"字的写法是口与口)
摆设	bǎishè	ornaments; decorations
济楚	jìchǔ	[古] clean and neat
云雨之欢	yúnyǔ zhī huān	the sport of cloud and rain - sexual intercourse
不提防	bù tífang	[古] unexpectedly
泄漏机关	xièlòu jīguān	leak out a secret
备办荤味	bèibàn hūnwèi	[古] prepare some meat dishes
甚是有慢	shènshì yǒu màn	[古] I am afraid I've been a poor host. 慢: cold-shoulder
承... 错爱	chéng ... cuò'ài	[古] I am much indebted to you for the underserved kindness.
肉麻	ròumá	nauseating; sickening; disgusting
回避	huíbì	avoid (meeting somebody)
脱白	tuōbái	[古] escape; hide
做了个嘴儿	zuòle ge zuǐr	[古] kiss
情窦已开	qíngdòu yǐkāi	(of a young girl) first awakening (or dawning) of love
容情	róngqíng	[古] show mercy

相抱，**如漆如胶**。赫大卿放出平生本事，**竭力奉承**。尼姑俱是**初得甜头，恨不得把身子并做一个**。

到次早，空照叫过**香公**，赏他三钱银子，买嘱他莫要泄漏。又将钱钞教去买办鱼肉酒果之类。那香公**平昔间捱**着这几碗**黄齑淡饭**，没甚肥水到口，眼也盲的，耳也是聋的，身子是软的，脚儿是慢的。此时得了这三钱银子，又见要买酒肉，便觉眼明手快，身子如虎一般健，走跳如飞。哪消一个时辰，都已买完，安排起来，**款待**大卿，**不在话下**。

却说非空庵原有两个房头。东院乃是空照，西院的是静真，也是个风流女师。手下只有一个女童，一个香公。那香公因见东院连日买办酒肉，报与静真。静真猜算，空照定有些**不三不四**的勾当，教女童看守房户，起身来到东院门口。恰好遇见香公，左手提着一个大酒壶，右手拿个篮儿，开门出来。两下**打个照面**，即问道："院主往哪里去？"静真道："特来与**师弟**闲话。"香公道："既如此，待我先去通报。"静真一手扯住道："我都晓得了，**不消你去打照会**。"香公被道着心事，一个脸儿登时涨红，不敢答应，只得随在后边，将院门闭上，跟至净室门口，高叫道："西房院主在此拜访。"空照闻言，慌了手脚，**没做理会**，教大卿**闪在屏后**，起身迎住静真。静真上前，一把扯着空照衣袖，说道："好啊！出家人干得好事！**败坏山门**，我与你到里正处去讲。"扯着便走。吓得个空照脸儿就如七八样的颜色染的，一搭儿红，一搭儿青，心头恰像千百个铁槌打的，一回儿上，一回儿下，半句也对不出，半步也行不动。静真见她这个模样，呵呵笑道："师弟，不消着急，我是**耍**你。但既有**佳宾**，如何瞒着我，独自受用？还不快请来相见。"空照听了这话，方才放心，遂令大卿与静真相见。大卿看静真姿容秀美，丰采动人，年纪有二十五六上下。虽然长于空照，**风情**比她更胜。乃问道："师兄上院何处？"静真道："小尼即此庵西院，**咫尺便是**。"大卿道："小生不知，失于**奉谒**。"两下闲叙**半晌**。静真见大卿举止风流，谈吐开爽，**凝眸留盼，恋恋不舍**，叹道："天下有此美士，师弟何幸，**独擅其美**！"空照道："师兄不须**眼热**。**倘不见外**，自当同乐。"静真道："若得如此，**佩德不浅**。今晚奉候小坐，**万祈勿外**。"说罢，即起身作别。回至西院，准备酒肴伺候。

不多时，空照同赫大卿携手而来，女童在门口迎候。赫大卿进院看

如漆如胶	rúqī rújiāo	also 如胶似漆，stick to each other like glue or lacquer
竭力奉承	jiélì fèngchéng	do one's utmost to please someone
初得甜头	chūdé tiántou	just become aware of the pleasure
恨不得	hènbude	one wishes one could; be dying to
香公	xiānggōng	worker in a temple
莫要	mòyào	[古] do not
平昔间	píngxī jiān	[古] in the past
黄薑淡饭	huángjī dànfàn	salted vegetables and simple food – homely fare
款待	kuǎndài	treat cordially
不在话下	búzàihuàxià	be nothing difficult; be a clinch
不三不四	bùsān búsì	dubious; shady; sketchy
勾当	gōudàng	dirty business
打照面	dǎ zhàomiàn	come face to face with somebody; run into somebody
师弟	shīdì	fellow apprentice of comparatively junior rank
不消	bùxiāo	[古] 不需要；不必
打照会	dǎ zhàohuì	[古] 通知；让人先知道
闪在屏后	shǎn zài pínghòu	hide behind a screen
败坏山门	bàihuài shānmén	ruin the reputation of the temple
里正	lǐzhèng	[古] official village chief
耍	shuǎ	make fun (of others); make a fool (of somebody)
佳宾	jiābīn	honored guest; welcome guest
风情	fēngqíng	amorous feelings; flirtatious expressions
咫尺	zhǐchǐ	very close
失于奉谒	shīyú fèngyè	[古] sorry that I didn't pay you a visit
半晌	bànshǎng	quite a while
凝眸留盼	níngmóu liúpàn	fix one's eyes on; look with a fixed gaze
恋恋不舍	liànliàn bùshě	be reluctant to part from
独擅其美	dúshàn qíměi	keep something good all to oneself
眼热	yǎnrè	cast covetous eyes at something
倘不见外	tǎng bú jiànwài	if you don't regard me as an outsider
佩德不浅	pèidé bùqiǎn	[古] be most grateful
奉候小坐	fènghòu xiǎozuò	[古] 请你到我家来坐一会儿
万祈勿外	wàn qí wù wài	[古] Please don't treat me like an outsider.

时，房廊花径，亦甚委曲。三间净室，比东院的更觉精雅。但见：

> 萧洒亭轩，清虚户牖。画展江南烟景，香焚真腊沉檀。庭前修竹，风摇一派珮环声；窗外奇花，日照千层锦绣色。松阴入槛琴书润，山色侵轩枕簟凉。

静真见大卿已至，心中欢喜，**不复叙礼**，即便就座。茶罢，摆上果酒**肴馔**，空照推静真坐在赫大卿身边，自己对面相陪，又扯女童打横而坐。四人三杯两盏，饮勾多时。赫大卿把静真抱至膝上，又教空照坐至身边，一手勾着**颈项儿**，**百般旖旎**。旁边女童面红耳热，也觉**动情**。直饮到黄昏时分，空照起身道："好做新郎，明日当来贺喜。"讨个灯儿，送出门口自去。女童叫香公关门闭户，进来收拾**家火**，将**汤**净过手脚。赫大卿抱着静真上床，解脱衣裳，钻入被中。**酥胸紧贴，玉体相偎**。赫大卿乘着酒兴，**尽生平才学，恣意搬演**，把静真弄得**魄丧魂消，骨酥体软**，四肢不收，委然席上。睡至已牌时分，方才起来。自此之后，两院都买嘱了香公，轮流取乐。赫大卿**淫欲无度，乐极忘归**。

将近两月，大卿自觉**身子困倦**，支持不来，思想回家。怎奈尼姑正是**少年得趣**之时，哪肯放舍。赫大卿再三哀告道："多承雅爱，实不忍别。但我到此两月有余，家中不知**下落**，定然着忙。待我回去，安慰**妻孥**，再来陪奉。不过四五日之事，卿等何必见疑？"空照道："既如此，今晚备一**酌**为**饯**，明早任君回去，但不可**失信**，作无行之人。"赫大卿**设誓**道："若忘卿等恩德，犹如此日！"

空照即到西院，报与静真。静真想了一回道："他设誓虽是真心，但去了必不能再至。"空照道："却是为何？"静真道："是这样一个风流美貌男子，谁人不爱？况他生平花柳多情，乐地不少，逢着便**留恋**几时。虽欲要来，**势不可得**。"空照道："依你说还是怎样？"静真道："依我却有个绝妙策儿在此，教他**无绳自缚，死心塌地**守着我们。"空照连忙问计。静真伸出手叠着两个指头，说将出来，有分教赫大卿：

> 生于锦绣丛中，死在牡丹花下。

当下静真道："今夜若说**饯**行，多劝几杯，把来**灌醉**了，将他头发剃净，自然难回家去。况且面庞又像女人，也照我们妆束，就是**达摩祖师**亲

不复叙礼	búfù xùlǐ	[古] do not observe the etiquette
肴馔	yáozhuàn	[古] sumptuous courses at a meal
颈项儿	jǐngxiàngér	neck
百般旖旎	bǎibān yǐnǐ	[古] a hundred graces and charms
动情	dòngqíng	have one's sexual passions aroused
家火	jiāhuo	utensil; tool
汤	tāng	[古] hot water
酥胸紧贴	sūxiōng jǐntiē	her soft and white breasts nestle closely to him
玉体相偎	yùtǐ xiāngwēi	her naked body snuggles up to him
尽生平才学	jìn shēngpíng cáixué	(here) spare no effort; do one's utmost
恣意搬演	zìyì bānyǎn	act willfully and wildly
魄丧魂消	pòsàng húnxiāo	be infatuated
骨酥体软	gǔsū tǐruǎn	(of the body) limp; languid
淫欲无度	yínyù wúdù	indulge in sexual pleasures excessively
乐极忘归	lèjí wàngguī	so happy as to forget home
身子困倦	shēnzi kùnjuàn	suffer from fatigue
少年得趣	shàonián déqù	being young and indulging in sensual pleasures
下落	xiàluò	whereabouts
妻孥	qīnú	wife and child
陪奉	péifèng	[古] accompany
备一酌为饯	bèi yì zhuó wéi jiàn	[古] prepare a farewell dinner
失信	shīxìn	break one's promise
无行之人	wúxíng zhī rén	a man of loose conduct
设誓	shèshì	vow; pledge; swear
留恋	liúliàn	be reluctant to leave (a place)
势不可得	shì bù kě dé	be impossible (under the circumstances)
无绳自缚	wúshéng zìfù	be tied up without a rope
死心塌地	sǐxīn tādì	be dead set in one's heart
饯行	jiànxíng	送行；give a farewell dinner
灌醉	guànzuì	get somebody drunk
剃净	tìjìng	have one's head shaved
妆束	zhuāngshù	dress; attire
达摩祖师	Dámó zǔshī	Bodhidharma, who introduced the Zen sect to China in the 6th century

来，也相不出他是个男子，落得永远快活，且又**不担干系**。岂非**一举两便**？"空照道："师兄高见，非我可及。"

到了晚上，静真教女童看守房户，自己到东院见了赫大卿道："正好欢娱，因甚顿**生别念**？何薄情至此？"大卿道："非是**寡情**，只因离家已久，妻孥未免**悬望**，故此暂别数日，即来陪侍。岂敢久抛，忘卿恩爱？"静真道："师弟已允，我怎好勉强。但君**不失所期，方为信人**。"大卿道："这个不须多嘱。"少顷，摆上酒肴，四尼一男，团团而坐。静真道："今夜此酒，乃离别之筵，须大家痛醉。"空照道："这个自然。"当下**更番劝酬**，直饮至三**鼓**，把赫大卿灌得**烂醉如泥**，**不省人事**。静真起来，将他巾帻脱下，空照取出**剃刀**，把头发剃得一茎不存，然后扶至房中去睡，各自分别**就寝**。

赫大卿一觉，直至天明，方才苏醒。旁边伴的却是空照。翻转身来，觉道精 头皮在枕上抹过，连忙把手摸时，却是一个**精光葫芦**。吃了一惊，急忙坐起，连叫道："这怎么说？"空照惊醒转来，见他**大惊小怪**，也坐起来道："**郎君**，不要**着恼**。因见你**执意**要回，我师徒不忍分离，又无策可留，因此行这苦计，把你也要扮作尼姑，图个久远快活。"一头说，一头即倒在怀中，**撒娇撒痴，淫声浪语**，迷得赫大卿**毫无张主**，乃道："虽承你们好意，只是下手太**狠**。如今教我怎生见人？"空照道："待养长了头发，见也未迟。"赫大卿无可奈何，只得依她，作尼姑打扮，住在庵中，昼夜淫乐。空照、静真已自不肯放空，又加添两个女童。

或时做联床会，或时做乱点军。那壁厢贪淫的肯行谦让，这壁厢买好的敢惜精神。两柄快斧，不勾劈一块枯柴；一个疲兵，怎能当四员健将。灯将灭而复明，纵是强阳之火；漏已 尽而犹滴，哪有润泽之时。任教铁汉也消溶，这个残生难过活。

大卿病已在身，没人**体恤**。起初时还三**好两歉**，尼姑还认是**躲避差役**。次后见他久眠床褥，方才着急。意欲送回家去，却又头上没了头发，怕他家盘问出来，告到**官司**，败坏庵院，住身不牢。若留在此，又恐**一差两误**，这尸首无处出脱，被地方晓得，弄出事来，性命不保。又不敢**请觅**医人看治，只教香公去说病讨药，犹如浇在石上，哪有一些用处。空照、静真两个，煎汤送药，日夜服侍，指望他还有痊好的日子。谁知病势转加，**淹淹待毙**。空照对静真商议道："赫郎病体，**万无生理**，此事却怎么处？"静真想了一想，

不担干系	bù dān gānxi	[古] do not take responsibility; do not implicated
一举两便	yìjǔ liǎngbiàn	gain two ends at once; kill to birds with one stone
顿生别念	dùn shēng biéniàn	[古] suddenly having the idea to leave
寡情	guǎqíng	cold-hearted; heartless
悬望	xuánwàng	wait or expect anxiously
不失所期方为信人	xìnrén	[古] be a man of honor only when one keeps his promise
更番	gēngfān	take turns
劝酬	quànchóu	urge somebody to drink (at a banquet)
三鼓	sāngǔ	midnight
烂醉如泥	lànzuì rúní	be dead drunk; be as drunk as a lord
不省人事	bùxǐng rénshì	lose consciousness
剃刀	tìdāo	razor
就寝	jiùqǐn	go to bed
精光葫芦	jīngguāng húlu	as bald as a gourd. 葫芦：bottle gourd
大惊小怪	dàjīng xiǎoguài	make a big fuss about something small
郎君	lángjūn	[古] you (when addressing one's husband)
著恼	zháonǎo	get mad
执意	zhíyì	insist on; be determined to
撒娇撒痴	sājiāo sāchī	act spoiled
淫声浪语	yínshēng làngyǔ	say obscene words; to talk lewdly
毫无张主	háowú zhāngzhǔ	[古] at a loss what to do
狠	hěn	severe, ruthless; relentless
体恤	tǐxù	understand and sympathize with
三好两歉	sānhǎo liǎngqiàn	[古] sometimes well and sometimes sick
躲避差役	duǒbì chāiyì	dodge a duty; evade the corvee
官司	guānsi	(here) government office
一差两误	yìchā liǎngwù	[古] in case there is a slip somewhere
尸首	shīshǒu	corpse
无处出脱	wúchù chūtuō	no place to dispose of
地方	dìfāng	local officials
请觅	qǐngmì	fetch; look for
淹淹待毙	yānyān dàibì	on the verge of death
万无生理	wàn wú shēnglǐ	no hope of staying alive

道：“**不打紧**，如今先教香公去买下几担**石灰**。等他**走了路**，也不要寻外人收拾。我们自己与他穿着衣服，依般尼姑打扮，**棺材**也不必去买，且将老师父**寿材**来盛了。我与你同着香公、女童相帮，抬到后园空处，**掘个深穴**，将石灰倾入，埋藏在内，**神不知鬼不觉，哪个晓得！**”

不提二人商议，且说赫大卿这日睡在空照房里，忽地想起家中，眼前并无一个亲人，泪如雨下。空照与他拭泪，安慰道：“郎君不须烦恼，少不得有好的日子。”赫大卿道：“我与二卿**邂逅相逢**，指望永远相好。谁想缘**分浅薄，中道而别**，深为可恨。但起手原是与卿相处。今有一句要紧话儿，托卿**与我周旋**，万乞不要违我。”空照道：“郎君如有所嘱，必不敢违。”赫大卿将手在枕边取出一条**鸳鸯绦**来。如何唤做鸳鸯绦？原来这绦半条是**鹦哥绿**，半条是**鹅儿黄**，两样颜色合成，所以谓之鸳鸯绦。当下赫大卿将绦付与空照，含泪而言道：“我自到此，家中分毫不知，今将永别，可将此绦为信，报知吾妻，教她快来见我一面，**死亦瞑目**。”空照接绦在手，忙使女童请静真到厢房内，将绦与她看了，商议报信一节。静真道：“你我出家之人，私藏男子，已犯**明条**，况又弄得淹淹欲死。他浑家到此，怎肯**干休**！必然声张起来，你我如何收拾？”空照到底是个**嫩货**，心中犹豫不忍。静真劈手夺取绦来，望着**天花板**上一丢，眼见得这绦有好几时不得出世哩！空照道：“你**撇**了这绦儿，教我如何去回复赫郎？”静真道：“你只说已差香公将绦送去了，他娘子自不肯来，难道**问我个违限**不成？”空照依言，回复了大卿。

大卿连日一连问了几次，只认浑家怀恨，不来看他。心中愈加**凄惨**，呜呜而泣。又捱了几日，**大限已到，呜呼哀哉**。

地下忽添贪色鬼，人间不见假尼姑。

二尼见他气绝，不敢高声啼哭，**饮泣**而已。一面烧起香汤，将他身子**揩抹干净**，取出一套新衣，穿着停当。叫起两个香公，将酒饭与他吃饱，点起灯烛，到后园一株大树旁边，用**铁锹**掘了个大穴，倾入石灰，然后抬出老尼姑的寿材，放在穴内。铺设好了，也**不管时日利也不利**，到房中把尸首翻在一扇板门之上，众尼相帮，香公扛至后园，**盛殓**在内，掩上材盖，**将就**钉了。又倾上好些石灰，把泥堆上，**匀摊与平地一般，并无一毫形迹**。可怜赫大卿自清明日缠上了这尼姑，到此三月有余，断送了性命。妻孥不能一见，撇下许多家业，埋于荒园之中，深为可惜。有小词为证：

不打紧	bù dǎjǐn	不要紧；没关系
石灰	shíhuī	lime
走路	zǒulù	(informal) die; pass away
棺材	guan.cái	coffin
寿材	shòucái	coffin prepared before one's death
神不知鬼不觉	shén bù zhī guǐ bù jué	unknown to gods and ghosts – without anybody knowing it
掘个深穴	jué ge shēnxué	dig a coffin-pit
邂逅相逢	xièhòu xiāngféng	meet unexpectedly; meet by chance
缘分浅薄	yuánfèn qiǎnbó	no luck or opportunity
中道而别	zhōngdào ér bié	[古] separate midway
与我周旋	yǔ wǒ zhōuxuán	[古] handle the matter for me
鸳鸯绦	yuānyāng tāo	鸳鸯：Mandarin ducks; an affectionate couple 绦: silk ribbon; silk braid
鹦哥绿	yīnggēlǜ	parrot green
鹅儿黄	éérhuáng	light yellow
死亦瞑目	sǐ yì míngmù	close one's eyes when one dies - die in peace
明条	míngtiáo	[古] clear statement of law
干休	gānxiū	be willing to give up
声张	shēngzhāng	make public; disclose
嫩货	nènhuò	[古] inexperienced person
天花板	tiānhuābǎn	ceiling
撇	piē	丢; throw
问我个违限	wèn wǒ ge wéixiàn	accuse me of missing the deadline
凄惨	qīcǎn	miserable; wretched
大限	dàxiàn	the time of one's death
呜呼哀哉	wūhū āizāi	(informal) dead and gone; all is lost
饮泣	yǐnqì	weep in silence
揩抹干净	kāimǒ gānjìng	wipe clean
铁锹	tiěqiāo	spade; shovel
不管时日利也不利	bùguǎn shírì lìyě búlì	regardless of whether the time is auspicious or not
盛殓	chéngliàn	encoffin
将就	jiāng.jiù	make do with; make the best of it
并无一毫形迹	bìng wú yìháo xíngjì	[古] not leave behind any trace (of a crime)

贪花的，这一番你走错了路。千不合，万不合，不该缠那小尼姑。小尼姑是真色鬼，怕你缠她不过。头皮儿都擂光了，连性命也呜呼。埋在寂寞的荒园，也这是贪花的结果。

话分两头。且说赫大卿浑家陆氏，自从清明那日赫大卿**游春**去了，四五日不见回家，只道又在哪个**娼家**留恋，**不在心上**。以后十来日不回，叫家人各家去挨问，都道清明之后，从不曾见。陆氏心上着忙，看看一月有余，**不见踪迹**。陆氏在家日夜啼哭，写了**招子**，各处**粘贴**，并无下落。合家好不着急。那年秋间久雨，赫家房子倒坏甚多。因不见了家主，**无心葺理**。直到十一月间，方唤几个**匠人**修造。

一日，陆氏自走出来，**计点工程**，一眼觑着个匠人，腰间**系**一条鸳鸯绦儿，**依稀**认得是丈夫束腰之物，吃了一惊，连忙唤**丫环**，教那匠人**解下来**看。这匠人叫做**蒯三**，泥水木作，件件精熟，有名的三料匠。赫家是个**顶门主顾**，故此家中大小，无不认得。当下见掌家娘子要看，连忙**解下**，交与丫环，丫环又递与陆氏。陆氏接在手中，反复仔细一认，**分毫不差**。只因这一条绦儿，有分教：

　　　　贪淫浪子名重播，稔色尼姑祸忽临。

原来当初买这绦儿，一样两条，夫妻各系其一。今日见了那绦，**物是人非**，不觉**扑簌簌**流下泪来。即叫蒯三问道："这绦你从何处得来的？"蒯三道："在城外一个尼姑庵里**拾**的。"陆氏道："那庵叫什么庵？尼姑唤甚名字？"蒯三道："这庵有名的非空庵，有东西两院，东房叫做空照，西房叫做静真。还有几个不曾剃发的女童。"陆氏又问："那尼姑有多少年纪了？"蒯三道："都只好二十来岁，倒也有**十分颜色**。"陆氏听了，心中**揣度**："丈夫一定恋着那两个尼姑，**隐**她庵中了。我如今多着几个人，将了这绦，叫蒯三同去做个**证见**，满庵一**搜**，自然出来的。"方才转步，忽又想道："**焉知**不是我丈夫**掉下来**的？莫要**枉杀**了出家人。我再问他个**备细**。"陆氏又叫住蒯三问道："你这绦几时拾的？"蒯三道："不上半月。"陆氏又想道："原来半月之前，丈夫还在庵中。事有可疑！"又问道："你在何处拾的？"蒯三道："在东院厢房内，天花板上拾的。也是大雨**中淋漏**了屋，教我去**翻瓦**，故此拾得。不敢动问大娘子，为何见了此绦，只管**盘问**？"陆氏道："这绦是我**大官人**的，自从春间出去，一向并无踪迹。今日见了这

游春	yóuchūn	go on a spring outing
娼家	chāngjiā	brothel; whorehouse
不在心上	búzài xīnshàng	pay no attention to; take no notice of
不见踪迹	bújiàn zōngjī	no trace at all
招子	zhāozi	[古] poster
粘贴	zhāntiē	paste
无心葺理	wúxīn qìlǐ	[古] not be in the mood to repair
匠人	jiàngrén	artisan; craftsman
计点工程	jìdiǎn gōngchéng	[古] check up the project
腰间	yāojiān	around one's waist
系	jì	tie; fasten; bind
依稀	yīxī	vaguely; dimly
丫环	yāhuan	servant girl
解下	jiěxià	untie; undo
蒯三	Kuǎi Sān	personal name
顶门主顾	dǐngmén zhǔgù	old customer; old client
分毫不差	fēnháo búchà	exactly the same; no difference at all
物是人非	wùshì rénfēi	to see reminders of loved ones lost – prompting feelings of nostalgia
扑簌簌	pūsùsù	(of tears) trickling down
拾	shí	pick up
有十分颜色	yǒu shífēn yánsè	very beautiful; very pretty
揣度	chuǎidúo	estimate; appraise; conjecture
隐	yǐn	hide
证见	zhèngjiàn	evidence
搜	sōu	[古] search; look for
焉知	yānzhī	how does one know (used in a rhetorical question)
掉下来	diào xialai	[古] lose; be missing
枉杀	wǎngshā	[古] wrong; treat unjustly
备细	bèixì	detailed information; details
淋漏	línlòu	drench and leak
翻瓦	fānwǎ	relay the tile
盘问	pánwèn	interrogate
大官人	dàguānrén	[古] wife's term of address for husband

绦，**少不得**绦在哪里，人在哪里。如今就要同你去与尼姑讨人。寻着大官人回来，照依招子上重重谢你。"蒯三听罢，吃了一惊："哪里说起，却在我身上要人。"便道："绦便是我拾得，实不知你们大官人事体。"陆氏道："你在庵中，共做几日工作？"蒯三道："西院共有十来日，至今**工钱**尚还我不清哩！"陆氏道："可曾见我大官人在他庵里么？"蒯三道："这个不敢说谎，**生活**便做了这几日，任我们**穿房入户**，却从不曾见大官人的影儿。"陆氏想道："若人不在庵中，就有此绦，**也难凭据**。"**左思右算**，想了一回，乃道："这绦在庵中，必定有因。或者藏于别处，**也未可知**。适才蒯三说庵中还少工钱，我如今赏他一两银子，教他**以讨银为名，不时去打探**，少不得**露出**些**圭角**来。那时着在尼姑身上，自然有个下落。"即唤过蒯三，吩咐如此如此，恁般恁般，"先赏你一两银子，若得了**实信**，另有重谢。"那匠人先说有一两银子，后边还有重谢，**满口应承，任凭差遣**。陆氏回到房中，将白银一两付与，蒯三作谢回家。

到了次日，蒯三捱到饭后，慢慢的走到非空庵门口。只见西院的香公坐在**门槛**上，向着日色，脱开衣服**捉虱子**。蒯三上前叫声："香公。"那老儿抬起头来，认得是蒯匠，便道："连日不见，怎么有工夫闲走？院主正要寻你做些小生活，来得**凑巧**。"蒯匠见说，**正合其意**，便道："不知院主要做甚么？"香公道："说便恁般说，连我也不知。同进去问，便晓得。"把衣服束好，一同进来，弯弯曲曲，直到里边净室中。静真坐在那里写经。香公道："院主，**蒯待诏**在此。"静真把笔放下道："刚要着香公来叫你作生活，恰来得正好。"蒯三道："不知院主要做甚样生活？"静真道："佛前那张**供桌**，原是**祖传**下来的，年深月久，漆都落了。一向要换，没有个**施主**。前日蒙钱奶奶**发心**，**舍下**几根**木子**，今要照依东院一般，做张**佛柜**。选着明日是个**吉期**，便要动手。必得你亲手制造，那样没用**副手**，一个也成不得的。工钱**索性一并罢**。"蒯三道："恁样明日准来。"口中便说，两只眼四下瞧看。静室内空空的，料没个所在隐藏。即便转身，一路出来，**东张西望**，想道："这绦在东院拾的，还该到那边去打探。"

走出院门，别了香公，径到东院，见院门半开半掩，把眼张看，并不见个人儿。轻轻的捱将进去，**捏手捏脚**逐步步走入，见锁着的空房，便从门缝中张望，并无声息。却走到厨房门首，只听得里边笑声，便立定了脚，

少不得	shǎobude	be bound to; be unavoidable
工钱	gōngqián	money paid for odd jobs; pay
生活	shēnghuo	[古] work (of workers, peasants, or handicraftsmen)
穿房入户	chuānfáng rùhù	[古] pass through the doors and into the rooms – walk freely in rooms
也难凭据	yě nán píngjù	[古] it is hard to prove anything
左思右算	zuǒsī yòusuàn	想来想去
也未可知	yě wèi kězhī	[古] could be possible; probably be so
以讨银为名	yǐ tǎoyín wéimíng	[古] in pretense of collecting debt
不时	bùshí	often; frequently
打探	dǎtàn	ask about; inquire about
露出圭角	lòuchū guījiǎo	[古] let the cat out of the bag
实信	shíxìn	specific information
满口应承	mǎnkǒu yìng.chéng	readily promise
任凭差遣	rènpíng chāiqiǎn	allow somebody to dispatch as he pleases
门槛	ménkǎn	threshold
捉虱子	zhuō shīzi	remove lice (from clothing)
凑巧	còuqiǎo	coincidental; opportune
正合其意	zhèng hé qí yì	[古] in harmony with his intention
待诏	dàizhào	[古] a respectful form for addressing handicraftsman
供桌	gòngzhuō	altar table
祖传	zǔchuán	handed down from one's ancestors
施主	shīzhǔ	(monks' or nuns' form of address for a layman) patron
发心	fāxīn	[古] make up one's mind (to do something)
舍下	shěxià	give alms; give charity
木子	mùzi	[古] wood; timber
佛柜	fóguì	cupboard; cabinet
吉期	jíqī	auspicious day
副手	fùshǒu	assistant
索性	suǒxìng	might as well; simply
一并	yíbìng	add up; add to
东张西望	dōngzhāng xīwàng	gaze (or peer) around; glance this way and that
捏手捏脚	niēshǒu niējiǎo	walk gingerly; walk on tiptoe

把眼向窗中一觑，见两个女童**搅做一团玩耍**。须臾间，小的跌倒在地，大的便**扛起双足**，**跨上身去**，**学男人行事**，捧着**亲嘴**。小的便喊，大的道："**孔儿也被人弄大了，还要叫喊**！"蒯三正看得得意，忽地一个喷嚏，惊得那两个女童连忙跳起，问道："哪个？"蒯三走近前去道："是我。院主可在家么？"口中便说，心内却想着两个举动，忍笑不住，格的笑了一声。女童觉道被他看见，脸都红了，道："蒯待诏，有甚说话？"蒯三道："没有甚话，要问院主借工钱用用。"女童道："师父不在家里，改日来罢。"蒯三见回了，不好进去，只得**覆身出院**。两个女童把门关上，口内骂道："这蛮子好像做贼的，声息不见，已到厨下了。怎样可恶！"蒯三明明听得，未见实迹，**不好发作**。一路思想："'孔儿被人弄大了，'这句话虽不甚明白，却也觉得**跷蹊**，且到明日再来探听。"

至次日早上，带着家火，径到西院，将木子量划尺寸，**运动斧锯裁截**。手中虽做家火，一心察听赫大卿消息。约莫未牌时分，静真走出观看，两下说了一回闲话。忽然抬头，见香灯中火灭，便教女童去取火。女童去不多时，将出一个灯火盏儿，放在桌上，便去解绳，放那灯香。不想绳子放得忒松了，那盏灯望下直**溜**。事有凑巧，物有偶然，香灯刚落下来，恰好静真立在其下，不歪不斜，正打在她的头上。扑的一声，那盏灯碎做两片，这油从头直**浇**到底。静真心中大怒，也不顾身上油污，赶上前一把**揪住女童头**发，乱打乱踢，口中骂着："**骚精，淫妇，娼根**！被人入昏了，全不照管，污我一身衣服！"蒯三撇下手中斧凿，忙来解劝开了。静真怒气未息，一头走，一头骂，往里边更换衣服去了。那女童打得头发散做一背，哀哀而哭。见她进去，口中喃喃的道："打翻了油，便怎般打骂！你活活弄死了人，该问甚么罪哩？"蒯三听得这话，急忙来问。正是：

> 情知语似钩和线，从头钓出是非来。

原来这女童年纪，也在当时。初起见赫大卿与静真**百般戏弄**，心中也欲得尝**尝滋味**。怎奈静真情性利害，比空照大不相同，极要**拈酸吃醋**。只为空照是**首事之人**，**姑容**了她。汉子到了自己房头，**囫囵**吃在肚里还嫌不够，怎肯放**些须空隙**与人！女童含忍了多时，**衔恨在心**。今日气怒间，一时把真话说出，不想正**凑**了蒯三之趣。当下蒯三问道："他怎么弄死了人？"女童道："与东房这些淫妇，日夜轮流快活，将一个赫监生**断送**了。"蒯三道：

搅做一团	jiǎozuò yìtuán	grapple with each other
玩耍	wánshuǎ	play; have fun
扛	káng	carry on the shoulder
跨	kuà	bestride; straddle
学男人行事	xué nánrén xíngshì	do what men do to women
亲嘴	qīn zuǐ	kiss
孔儿	kǒngr	hole; (here) vaginal orifice
喷嚏	pēnti	sneeze
覆身出院	fùshēn chūyuàn	[古] turn round and leave the nunnery
蛮子	mánzi	brute; 坏蛋
不好发作	bùhǎo fāzuò	can not very well show his anger
跷蹊	qiāoqī	odd; strange; fishy
运动斧锯裁截	yùndòng fǔjù cáijié	brandish axe and saw to cut
约莫	yuēmo	[古] 大约；大概
溜	liū	slide; drop
浇	jiāo	pour liquid on
揪住	jiūzhù	seize; hold tight
骚精	sāojīng	(offensive) tart
淫妇	yínfù	wanton woman; adulteress
娼根	chānggēn	(offensive) bitch; whore
入昏	rù hūn	be fucked to death
喃喃	nánnán	mutter; murmur
问罪	wèn zuì	denounce; condemn
百般戏弄	bǎibān xì'nòng	(here) have fun in every possible way
尝滋味	cháng zīwèi	try the flavor; taste
拈酸吃醋	niānsuān chīcù	be jealous (usually of a rival in love)
首事之人	shǒushì zhī rén	[古] ringleader
姑容了她	gū róng	姑且容忍； put up with her for the moment
囫囵	húlún	whole
些须空隙	xiēxū kòngxì	[古] a short interval
衔恨在心	xiánhèn zàixīn	[古] harbor hatred in the heart
凑趣	còuqù	join in (a game, etc.) just to please others; (here) offer what exactly is needed
断送	duànsòng	forfeit (one's life, future, etc.); ruin

"如今在哪里？"女童道："东房后园大柏树下埋的不是？"蒯三还要问时，香公走将出来，便大家**住口**。女童自哭向里边去了。蒯三**思量**这话，与昨日东院女童的正是**暗合**，眼见得这事有九分了。不到晚，**只推有事**，收拾家火，一口气跑至赫家，请出陆氏娘子，将上项事一一说知。陆氏见说丈夫死了，放声大哭，连夜请亲族中商议停当，就留蒯三在家宿歇。

到次早，唤集童仆，共有二十来人，带了**锄头**、铁锹、斧头之类，陆氏把孩子教养娘看管，乘坐**轿子**，**蜂拥而来**。那庵离城不过三里之地，顷刻就到了。陆氏下了轿子，留一半人在门口把住，其余的担着锄头、铁锹随陆氏进去。蒯三在前引路，径来到东院**扣门**。那时庵门虽开，尼姑们方才起身。香公听得扣门，出来开看，见有女客，**只道是烧香**的，进去报与空照知道。那蒯三认得里面路径，引着众人一直望里边径闯，**劈面**遇着空照。空照见蒯三引着女客，便道："原来是蒯待诏的**宅眷**。"上前相迎。蒯三、陆氏也不答应，将她挤在半边，众人一**溜烟**向园中去了。空照见势头勇猛，不知有甚缘故，随脚也赶到园中。见众人不到别处，径至大柏树下，运起锄头、铁锹，往下乱**撬**。空照知事已发觉，惊得**面如土色**，连忙覆身进来，对着女童道："不好了，赫郎**事发**了！快些随我来**逃命**！"两个女童都也吓得**目睁口呆**，跟着空照**捱身而走**。方到佛堂前，香公来报说："庵门口不知为甚，许多人守住，不容我出去。"空照连声叫："**苦也**！且往西院去**再处**。"

四人飞走到西院，敲开院门，吩咐香公闭上，"倘有人来扣，且勿要开。"赶到里边，那时静真还未起身，门尚闭着。空照一片声乱打，静真听得空照声音，急忙起来，穿着衣服，走出问道："师弟，为甚这般忙乱？"空照道："赫郎事体，不知哪个**漏了消息**，蒯木匠这天杀的，同了许多人，径赶进后园，如今在那里**发掘**了。我欲要逃走，香公说门前已有人**把守**，出去不得。特来与你商议。"静真见说，吃这一惊，却也不小，说道："蒯匠昨日也在这里做生活，如何今日便引人来？却又知得恁般详细？必定是我庵中有人走漏消息，这奴狗方才去报新闻。不然，何由晓得我们的**隐事**？"那女童在旁闻得，**懊悔**昨日**失言**，好生惊惶。东院女童道："蒯匠**有心**，想非一日了。前日便悄悄直到我家厨下，来打听**消耗**，被我们发作出门。但不知哪个泄漏的？"空照道："这事**且慢理论**。只是如今却怎么处？"静真道：

住口	zhùkǒu	shut up; stop talking
思量	sīliang	consider
暗合	ànhé	(happen to) be in line with
只推有事	zhǐ tuī yǒushì	pretend that one needs to take care of something
锄头	chútou	pickaxe
轿子	jiàozi	sedan (chair)
蜂拥而来	fēngyōng ér lái	come swarming; swarming forward
扣门	kòumén	knock at the door
只道	zhǐdào	[古] 以为; think (wrongly)
烧香	shāoxiāng	burn joss sticks; go to a temple to worship
劈面	pīmiàn	right in front of somebody; right in the face
宅眷	zháijuàn	family dependents
一溜烟	yìliūyān	like a streak of smoke –very quickly
撬	qiào	prize; pry
面如土色	miàn rú tǔsè	look ashen; look pale
事发	shìfā	事情被发现了
逃命	táomìng	run (or flee; fly) for one's life
目睁口呆	mùzhēng kǒudāi	gaping; dumbstruck; stupefied
罄身而走	qìngshēn ér zǒu	[古] flee without collecting any belongings
苦也	kǔyě	[古] 糟糕！Oh, dear!
再处	zàichǔ	[古] 再说；put off until some time later
漏了消息	lòule xiāoxi	let out a secret
天杀的	tiānshāde	god-damned
发掘	fājué	excavate; unearth; explore
把守	bǎshǒu	guard
隐事	yǐnshì	[古] 秘密; secret
懊悔	àohuǐ	后悔; regret
失言	shīyán	make the slip of the tongue; make an indiscreet remark
好生	hǎosheng	[古] very
惊惶	jīnghuáng	panic-striken; scared
有心	yǒuxīn	set one's mind on; have a mind to
消耗	xiāohào	(here) news
且慢理论	qiěmàn lǐlùn	[古] let's discuss it later

"更无别法，只有一个走字。"空照道："门前有人把守。"静真道："且看后门。"先教香公打探，回说并无一人。空照大喜，一面教香公把外边门户一路关锁，自己到房中，取了些银两，其余尽皆弃下。连香公共是七人，一齐出了后门，也把锁儿锁了。空照道："如今走在哪里去躲好？"静真道："大路上走，必然被人遇见，须从**僻路**而去，往极乐庵暂避。此处**人烟稀少**，无人知觉。**了缘**与你我**情分**又好，料不推辞。待事平定，**再作区处**。"空照连声道是，不管地上高低，望着小径，**落荒而走**，投极乐庵躲避，不在话下。

且说陆氏同蒯三众人，在柏树下一齐着力，锄开面上土泥，露出石灰，都道："是了！"那石灰经了水，并作一块，急切不能得碎。弄了大一回，方才看见材盖，陆氏便放声啼哭。众人用铁锹垦去两边石灰，那材盖却不能开。外边把门的等得**心焦**，都奔进来观看。正见弄得**不了不当**，一齐上前相帮，掘将下去，把棺木弄浮，提起斧头，砍开棺盖。打开看时，不是男子，却是一个尼姑。众人见了，都**慌做一堆**，也不去细认，俱**面面相觑**，急把材盖掩好。说话的，我且问你，赫大卿**死未周年**，虽然没有头发，夫妻之间，难道就认不出了？看官有所不知。那赫大卿初出门时，红红白白，是个**俊俏子弟**；在庵中得了**怯症**，久卧床褥，死时只剩得**一把枯骨**，就是**引镜自照**，也认不出当初本身了；况且**骤然**见了个光头，怎的不认做尼姑？当下陆氏倒**埋怨**蒯三起来，道："特地教你探听，怎么不问个的确，却来**虚报**？如今弄这**把戏**，如何是好？"蒯三道："昨天小尼明明说的，如何是虚报？"众人道："现今是个尼姑了，还**强辩**到哪里去！"蒯三道："莫不掘错了？再在那边垦下去看。"内中有个老年亲戚道："不可不可！律上说：'**开棺见尸者斩**。'况发掘坟墓，也该是个斩罪。目今我们已先犯着了，倘再掘起一个尼姑，倒去顶两个斩罪不成？不如快去**告官**，**拘**昨日说的小尼来问，方才**扯个两平**。若被尼姑先告，倒是**老大利害**！"众人齐声道是，急忙引着陆氏就走，连锄头家伙倒弃下了。从里边直至庵门口，并无一个尼姑。那老者又道："不好了！这些尼姑，不是去叫地方，一定先去**告状**了。快走快走！"吓得众人一个个心下慌张，**巴不能**脱离了此处。教陆氏上了轿子，飞也似乱跑，望**新淦县**前来**禀官**。进得城时，亲戚们就躲去了一半。

关锁	guānsuǒ	[古] lock up
僻路	pìlù	desolate and out-of – the way path
人烟稀少	rényān xīshǎo	uninhabited; be sparsely populated
了缘	Liǎoyuán	religious name of the nun
情分	qíngfèn	mutual affection; relationship
再做区处	zài zuò qūchǔ	[古] think of some way to deal with it later
落荒而走	luòhuāng ér zǒu	take to the wilds –be defeated and flee the battlefield
垦	kěn	dig
心焦	xīnjiāo	anxious; worried
不了不当	bùliǎo búdàng	be suspended in the mid air; be in a fix
弄浮	nòng fú	to cause something to surface
慌做一堆	huāng zuò yì duī	be all in a fluster
面面相觑	miànmiàn xiāngqù	[成] looking at each other in blank dismay
死未周年	sǐ wèi zhōunián	[古] has not even been a year since someody's death
俊俏子弟	jùnqiào zǐdì	handsome lad
怯症	qièzhèng	impotent; impotency
一把枯骨	yìbǎ kūgǔ	a handful of dry bones
引镜自照	yǐn jìng zìzhào	look into the mirror at oneself
骤然	zhòurán	suddenly
埋怨	mányuàn	complain
虚报	xūbào	give a bogus report
把戏	bǎxì	cheap trick; game
强辩	qiǎngbiàn	defend oneself with sophistry
莫不	mòbù	can it be that; is it possible that
开棺见尸者斩	kāiguān jiànshī zhě zhǎn	Anybody who opens a coffin and exposes the corpse is subjected to capital punishment.
告官	gàoguān	go to the court to sue somebody
拘	jū	arrest; take into custody
扯个两平	chěge liǎngpíng	end in a draw
老大利害	lǎodà lìhai	very terrible; devastating
告状	gàozhuàng	bring a lawsuit against somebody
新淦县	Xīn'gàn Xiàn	place name – Xingan County
禀官	bǐngguān	report to the local government

正是话分两头。却说陆氏带来人众内，有个雇工人，叫做毛**泼皮**，只道棺中还有甚东西，闪在一边，让众人去后，揭开材盖，掀起衣服，上下一翻，更无别物。也是**数合当然**，不知怎的一扯，那裤子直**褪下来**，露出**那件话儿**。毛泼皮看了笑道："原来不是尼姑，却是**和尚**。"依旧将材盖好，走出来四处张望。见没有人，就**趄**到一个房里，正是空照的净室。只拣**细软**取了几件，**揣在怀里**，离了非空庵，急急追到县前。正值**知县相公**在外拜客，陆氏和众人在那里**伺候**。毛泼皮上前道："不要着忙，我**放**不下，又转去相看。虽不是大官人，却也不是尼姑，倒是个和尚。"众人都欢喜道："如此还好！只不知这和尚是甚寺里，却被那尼姑**谋死**？"

你道天下有恁般**巧事**。正说间，旁边走出一个老和尚来，问道："有甚和尚谋死在那个尼姑庵里？怎么一个**模样**？"众人道："是城外非空庵东院。一个长长的黄瘦小和尚，像死不多时哩。"老和尚见说，便道："如此说来，一定是我的**徒弟**了。"众人问道："你徒弟却如何死在那里？"老和尚道："**老僧**是万法寺**住持**觉圆，有个徒弟叫做去非，今年二十六岁，专一**不学长俊**，老僧管他不下。自今八月间出去，至今不见回来。他的父母又极**护短**，不说儿子不学好，反告小僧谋死，今日在此**候审**。若得死的果然是他，也**出脱**了老僧。"毛泼皮道："老师父，你若肯请我，引你去看如何？"老和尚道："若得如此，可知好么！"正待走动，只见一个老儿，同着一个婆子，赶上来，把老和尚接连两个**巴掌**，骂道："你这**贼秃**！把我儿子谋死在哪里？"老和尚道："不要**嚷**！你儿子如今有了**着落**了！"那老儿道："如今在哪里？"老和尚道："你儿子与非空庵尼姑**串好**，不知怎样死了，埋在她后园。"指着毛泼皮道："这位便是证见。"扯着他便走。那老儿同婆子一齐跟来，直到非空庵。那时庵旁人家尽皆晓得，**若老若幼**，俱来观看。毛泼皮引着老和尚，直至里边。只见一间房里，有人叫响。毛泼皮推门进去看时，却是一个将死的老尼姑，睡在床上叫喊："肚里饿了，如何将饭来我吃？"毛泼皮也不管她，由依旧把门**拽**上，同老和尚到后园柏树下，扯开材盖。那婆子同老儿擦磨老眼，仔细认看，依稀有些相像，便放声大哭。看的人都拥做一堆，问起**根由**，毛泼皮**指手划脚**，**剖说**那事。老和尚见他认了，只要出脱自己，不管真假，一把扯道："去去去！你儿子有了，快

泼皮	pōpí	[古] rascal
数合当然	shùhé dāngrán	[古] it is destined
褪下来	tuì xiàlái	take off (clothes)
那件话儿	nà jiàn huàr	[古] that thing; (here) penis
和尚	héshang	monk
踅	xué	[古] walk to and fro
细软	xìruǎn	expensive clothing and other valuables
揣在怀里	chuāi zài huáili	hide in the bosom; tuck into the bosom
知县相公	zhīxiàn xiànggōng	county magistrate
拜客	bàikè	pay a visit to a guest
伺候	sìhòu	(here) wait; await
放不下	fàng bu xià	unable to set one's mind at ease; still worried
谋死	móusǐ	[古] murder
巧事	qiǎoshì	coincidence
模样	múyàng	样子；appearance; look
徒弟	túdì	disciple
老僧	lǎosēng	I (used by a monk to address himeself)
住持	zhùchí	(Buddhist or Taoist) abbot
不学长俊	bùxué zhǎngjùn	not strive to make progress
护短	hùduǎn	shield a shortcoming or fault
候审	hòushěn	await trial
出脱	chūtuō	[古] acquit; absolve
巴掌	bāzhǎng	slap on the cheek
贼秃	zéitū	[古] (abusive) (of a monk) an evil pate
嚷	rǎng	yell; shout
著落	zhuóluò	下落；whereabouts
串好	chuànhǎo	[古] gang up; collaborate
若老若幼	ruòlǎo ruòyòu	[古] bringing along the old and the young
拽	zhuài	pull; drag; haul
根由	gēnyóu	cause; origin
指手划脚	zhǐshǒu huàjiǎo	make gestures; gesticulate; make indiscreet remarks
剖说	pōushuō	analyze and make clear

去禀官，拿尼姑去**审问**明白，再哭未迟。"那老儿只得**住**了，把材盖好，离了非空庵，飞奔进城。到县前时，恰好知县相公方回。

那拘老和尚的**差人**，不见了**原被告**，四处寻觅，奔了个满头汗。赫家众人见毛泼皮、老和尚到了，都来问道："可真是你徒弟么？"老和尚道："千真万真。"众人道："既如此，并做一事，进去禀罢。"差人带一干人齐到里边跪下。先是赫家人上去禀说家主不见**缘由**，并见**蒯匠**丝绦，及庵中小尼所说，开棺却是和尚尸首，前后事一一细禀。然后老和尚上前禀说，是他徒弟，三月前**蓦然**出去，不想死在尼姑庵里，被伊父母**讦告**。"今日已见明白，与小僧无干，**望乞超豁**。"知县相公问那老儿道："果是你的儿子么？不要错了。"老儿禀道："正是小人的儿子，怎么得错！"知县相公即差四个**公差**，到庵中拿尼姑赴审。

差人**领了言语**，飞也似赶到庵里，只见看的人拥进拥出，哪见尼姑的影儿？直寻到一间房里，单单一个老尼在床，将快死了。内中有一个道："或者躲在西院。"急到西院门口，见门闭着，敲了一回，无人答应。公差心中**焦躁**，俱从后园墙上爬将过去，见前后门户，尽皆落锁。一路打开搜着，并不见个人迹。差人各溜过几件细软东西，倒拿地方同去回官。知县相公在堂等候，差人禀道："非空庵尼姑都逃躲**不知去向**。拿地方在此回话。"知县问地方道："你可晓得尼姑躲在何处？"地方道："这个小人们哪里晓得？"知县喝道："尼姑在地方上**偷养和尚**，谋死人命，这等不法勾当，都**隐匿不报**。如今**事露**，却又**纵容躲过**，假推不知。既如此，要地方何用？"喝教拿下去打。地方**再三苦告，方才饶得**，限在三日内准要一干人犯。召保在外，听候获到审问。又发两张**封皮**，将庵门**封锁**不提。

且说空照、静真，同着女童、香公，来到极乐庵中。那庵门紧紧闭着，敲了一大回，方才香公开门出来。众人**不管三七二十一**，一齐拥入，**流水**叫香公把门闭上。庵主了缘，早已在门旁相迎。见他们**一窝子**都来，且是**慌慌张张**，料想有甚事故。请在佛堂中坐下，一面教香公去点茶，遂开言问其来意。静真扯在旁边，将上项事细说一遍，要借庵中躲避。了缘听罢，老大吃惊，**沉吟**了一回，方道："二位师兄**有难来投**，本当相留。但此事非同小可，往远处**逃遁，或可避祸**。我这里**墙卑室浅**，耳目又近，倘被人知觉，莫说师兄走不脱，只怕连我也**涉在浑水内**，如何躲得？"你道了缘因何不肯起来？

审问	shěnwèn	interrogate; question
住	zhù	stop
差人	chāirén	runner or bailiff in 衙门
原被告	yuánbèigào	原告、被告; accuser and defendant
缘由	yuányóu	origin
蓦然	mòrán	suddenly; unexpectedly
讦告	jiégào	lodge a false accusation against
望乞超豁	wàng qǐ chāohuò	[古] I beg you to clear me of that charge.
公差	gōngchāi	runner or bailiff in 衙门
领了言语	lǐngle yányǔ	[古] be given the order (from one's superior)
焦躁	jiāozào	impatient; restless with anxiety
不知去向	bù zhī qùxiàng	be nowhere to be found
小人	xiǎorén	I (used by a man of low social position when speaking to his betters)
偷养和尚	tōuyǎng héshang	(of a woman) have illicit relations with a monk
隐匿不报	yǐnnì búbào	conceal the fact and not report it (to an official)
事露	shìlù	give oneself away
纵容躲过	zòngróng	go hide somewhere with the connivance of somebody
再三苦告	zàisān kǔgào	entreat again and again; implore repeatedly
方才饶得	fāngcái ráodé	be forgiven only then
一干人犯	yìgān rénfàn	the accused or people implicated in a crime
封皮	fēngpí	paper stripe seal
封锁	fēngsuǒ	seal
不管三七二十一		regardless of the consequences
流水	liúshuǐ	one after another; in a row
一窝子	yìwōzi	所有的人
慌慌张张	huāngzhāng	flustered
沉吟	chényín	mutter to oneself; unable to make up one's mind
有难来投	yǒunàn láitóu	come to (a friend or place) for shelter
非同小可	fēitóng xiǎokě	no small matter
逃遁	táodùn	flee; excape; evade
避祸	bìhuò	avoid the disaster
墙卑室浅	qiángbēi shìqiǎn	[古] the wall is low and the rooms are not deep
涉在混水内	shèzài húnshuǐ nèi	be implicated in trouble

她也是个**广开方便门**的**善知识**，正**勾搭**万法寺小和尚去非，做了光头夫妻，藏在寺中三个多月。虽然也扮作尼姑，常恐露出事来，故此门户十分紧急。今日静真也为那桩事**败露**来躲避，恐怕被人**缉着**，岂不连她的事也出丑，因这上不肯相留。空照师徒见了缘**推托**，都面面相觑，**没做理会**。到底静真有些**贼智**，晓得了缘平昔贪财，便去袖中摸出银子，拣上二三两，递与了缘道：＂师兄之言，虽是有理，**但事起仓卒，不曾算得个去路，急切投奔何处**？望师兄**念向日情分**，暂容躲避两三日，待**势头稍缓**，然后再往别处。这些少银两，送与师兄为**盘缠**之用。＂果然了缘见着银子，就忘了利害，乃道：＂若只住两三日，**便不妨碍**。如何要师兄银子！＂静真道：＂在此**搅扰**，已是不当，岂可又费师兄。＂了缘假意谦让一回，把银收过，引入里边去藏躲。

且说小和尚去非，闻得香公说是非空庵师徒五众，且又生得标致，忙走出来观看。两下却好打个照面，各**打了问讯**。静真仔细一看，却不认得，问了缘道：＂此间师兄，上院何处？怎么不曾相会？＂了缘扯个谎道：＂这是近日新出家的师弟，故此师兄还认不得。＂那小和尚见静真师徒姿色胜似了缘，心下好不欢喜，想道：＂我**好造化**！哪里说起。天赐这几个妙人到此，少不得都**刮上**她，轮流儿取乐快活。＂当下了缘备办些素斋**款待**，静真、空照心中有事，耳热眼跳，**坐立不宁**，哪里吃得下饮食。到了申牌时分，向了缘道：＂不知庵中事体若何，欲**要央**你们香公去打听个消息，方好**计较长策**。＂了缘即教香公前去。那香公是个**老实头**，不知利害，一径奔到非空庵前，东张西望。

那时地方人等，正**领着知县钧旨**，封锁庵门。也不管老尼死活，反锁在内。两条封皮，**交叉封好**。方待转身，见那老头**探头探脑，晃来晃去**，情知是个**细作**，齐上前喝道：＂官府正要拿你，来得恰好！＂一个拿起索子，向颈上便套。吓得香公**身酥脚软**，连声道：＂她们借我庵中躲避，央来打听的，其实不干我事。＂众人道：＂原晓得你是打听的，快说是哪个庵里？＂香公道：＂是极乐庵里。＂众人得了实信，又叫几个帮手，押着香公，齐到极乐庵，将前后门把好，然后扣门。里边晓得香公回来，了缘急急出来开门。众人**一拥而入**，迎头就把了缘拿住，押进里面搜捉，不曾走了一个。那小和尚**着了忙**，躲在床底下，也被搜出。了缘向众人道：＂她们不过借我庵

广开方便门	guǎngkāi fāngbiànmén	do everything to suit other's convenience
善知识	shàn zhīshí	(here) a monk or a nun
勾搭	gōuda	carry on with somebody
败露	bàilù	(of a plot, etc.) fall through and stand exposed
缉着	jīzháo	be arrested; be seized
出丑	chūchǒu	make a fool of somebody or oneself
推托	tuītuō	evade; shirk
没做理会	méi zuò lǐhuì	[古] be at one's wits end
贼智	zéizhì	[古] clever in a shallow way
事起仓卒	shì qǐ cāngcù	[古] the accident happened too soon
不曾算得去路	céng	[古] wouldn't know what road to take
急切投奔何处	tóubèn	[古] where to turn to for shelter in such a pinch?
念向日情分	niàn xiàngrì qíngfèn	[古] think of the longstanding affection (between us)
势头稍缓	shìtóu shāo huǎn	[古] things have cooled off
盘缠	pánchan	[古] traveling expenses
不妨碍	bù fáng'ài	[古] no harm
搅扰	jiǎorǎo	disturb; bother
打问讯	dǎ wènxùn	make a slight bow with the palms together (a Buddhist greeting)
好造化	hǎo zàohuà	[古] good fortune; good luck
刮上	guāshàng	carry on with somebody
坐立不宁	zuòlì bùníng	feel uneasy whether sitting or standing
申牌	shēnpái	3:00 p.m. to 5:00 p.m.
央	yāng	[古] beg; entreat
计较长策	jìjiào chángcè	[古] 计划一下将来应该怎么办
老实头	lǎoshi tóu	guileless simpleton
领知县钧旨	jūnzhǐ	[古] be given the county magistrate's order
探头探脑	tàntóu tànnǎo	pop one's head in and look about
晃来晃去	huànglái huàngqù	pace up and down
细作	xìzuò	[古] spy; secret agent
身酥脚软	shēnsū jiǎoruǎn	(of the body) limp; languid
一拥而入	yìyōng érrù	enter in a crowd
着忙	zháománg	[古] get excited; get anxious

中暂避，其实做的事体，与我**分毫无干**。情愿送些酒钱与列位，怎地**做个方便**，饶了我庵里罢！"众人道："这**使不得**。知县相公好不利害哩！倘然问在何处拿的，教我们怎生回答？有干无干，我们总是不知，你自到县里去**分辩**。"了缘道："这也容易。但我的徒弟乃新出家的，这个可以免得，望列位**作个人情**。"众人贪着银子却也肯了。内中又有个道："**成不得**。既是与她没相干，**何消**这等着忙，直躲入床底下去？一定也有些蹊跷。我们休担这样干系。"众人齐声道是，都把索子扣了，连男带女，共是十人，好像**端午**的**粽子**，做一**串儿**牵出庵门，将门封锁好了，**解入**新淦县来。一路上，了缘埋怨静真**连累**，静真半字不敢回答。正是：

老龟蒸不烂，移祸于空桑。

此时天色傍晚，知县已是退衙，地方人又带回家去宿歇。了缘悄悄与小和尚说道："明日到堂上，你只说做新出家的徒弟，切莫要多讲。待我去分说，料然无事。"

到次日，知县早衙，地方解进去禀道："非空庵尼姑俱躲在极乐庵中，今已**缉获**。连极乐庵尼姑，通拿在此。"知县教跪在**月台东首**。即差人唤集老和尚赫大卿家人、蒯三并小和尚父母来审。哪消片刻，俱已唤到。令跪在月台西首。小和尚偷眼看见，惊异道："怎么我师父也**涉在**他们**讼中**？连爹妈都在此，一发好怪。"心下虽然暗想，却不敢叫唤，又恐师父认出，倒把头儿**别转**，伏在地上。那老儿同婆子，也不管官府在上，指着尼姑，带哭带骂道："没**廉耻**的狗淫妇！如何把我儿子谋死？好好还我活的便罢！"小和尚听得老儿与静真讨人，愈加怪异，想道："我**好端端**活在此，哪里说起，却与她们**索命**？"静真、空照还认是赫大卿的父母，哪敢则声。知县见那老儿**喧嚷**，呵喝住了，唤空照、静真上前问道："你既已出家，如何不守**戒律**，偷养和尚，却又将他谋死？**从实招来**，免受刑罚！"静真、空照自己罪犯已重，心慌胆怯，那**五脏六腑**犹如**一团乱麻，没有个头绪**。这时见知县不问赫大卿的事情，去问什么和尚之事，一发**摸不着个头路**。静真那张嘴头子，平时极是能言快语，到这回恰如**生漆护牢，鱼胶粘住**，挣不出一个字儿。知县连问四五次，刚刚挣出一句道："小尼并不曾谋死那个和尚。"知县喝道："现今谋死了万法寺和尚去非，埋在后园，还敢**抵赖**？快**夹**起来！"两边**皂隶**答应如雷，向前动手。了缘见知县把尸首认做去非，**追究下**

340

分毫无干	fēnháo wúgān	have nothing do to with
做个方便	zuòge fāngbiàn	give special consideration; open a special avenue for doing things
使不得	shǐbude	be impermissible; be indesirable
分辩	fēnbiàn	defend oneself (against a charge)
作人情	zuò rénqíng	do somebody a favor
何消	héxiāo	何必; why must
端午	duānwǔ	the Dragon Boat Festival (the 5th day of the 5th lunar month)
粽子	zòngzi	a pyramid-shaped dumpling made of glutinous rice wrapped in bamboo or reed leaves (eaten during the Dragon BoatFestival)
一串儿	yíchuànr	a string of; a bunch of
解入	jièrù	send under guard
连累	liánlèi	implicate; involve; get somebody into trouble
缉获	jīhuò	catch; capture; seize
月台东首	yuètái dōngshǒu	[古] east side of the dais
涉在讼中	shèzài sòng zhōng	[古] be involved in the case
一发	yìfā	[古] more; even more
别转	biézhuǎn	turn (the head away)
廉耻	liánchǐ	intergrity and a sense of honor
索命	suǒmìng	[古] (usually referring to a ghost, a victim of injustice) to demand one's life
则声	zéshēng	[古] make a sound; utter a word
喧嚷	xuānrǎng	make an uproar; make a racket
不守戒律	bùshǒu jièlǜ	act against Buddhist disciplines
从实招来	cóngshí zhāolái	(used in feudal court) You'd better tell the truth.
五脏六腑	wǔzàng liùfǔ	the internal organs of the body; the viscera
一团乱麻	yìtuán luànmá	a ball of disheveled hemp – very confused
没有头绪	méiyǒu tóuxù	have no clues at all
摸不着头路	mōbuzháo tóulù	not know what's going on
生漆护牢，鱼胶粘住	shēngqīhùláo, yújiāo niánzhù	be sealed by raw lacquer or fish glue
抵赖	dǐlài	deny; disavow
夹	jiā	a kind of torture which nips the leg of a criminal between two rods
皂隶	zàolì	runner
追究	zhuījiū	look into; find out; investigate

落，打着她心头之事，老大惊骇，身子不摇自动，想道："这是哪里说起！她们乃赫监生的尸首，却倒不问，反**牵扯**我身上的事来，真也奇怪！"心中没想一头处，将眼偷看小和尚。小和尚已知父母错认了，也看着了缘，面面相觑。

且说静真、空照俱是**娇滴滴**的身子，**嫩生生**的皮肉，如何经得这般刑罚！夹棍刚刚套上，**便晕迷了去**，叫道："爷爷不消用刑，容小尼从实招认。"知县止住左右，听她供招。二尼**异口齐声**说道："爷爷，后园埋的不是和尚，乃是赫监生的尸首。"赫家人闻说原是家主尸首，同蒯三俱跪上去，**听其情款**。知县道："既是赫监生，如何却是光头？"二尼乃将赫大卿到寺游玩，勾搭成奸，及**设计**剃发，扮作尼姑，病死埋葬前后之事，细细招出。知县见所言与赫家昨日说话相合，已知是个真情，又问道："赫监生事已实了，那和尚还藏在何处？一发招来！"二尼哭道："这个其实不知，就打死也不敢**虚认**。"知县又唤女童、香公，逐一细问，其说相同，知得小和尚这事与她无干。又唤了缘、小和尚上去，问道："你**藏匿**静真、空照等在庵，一定与她是**同谋**的了，也夹起来！"了缘此时见静真等供招明白，小和尚之事，已不**牵缠**在内，**肠子已宽了**，从从容容的禀道："爷爷不必加刑，容小尼细说。静真等昨到小尼庵中，假说被人扎诈，权住一两日，**故此误留**。其他奸情之事，**委实分毫不知**。"又指着小和尚道："这徒弟乃新出家的，与静真等一发从不相认。况此等无耻勾当，**败坏佛门体面**，即使未曾发觉，小尼若**稍知声息**，亦当出首。岂肯事露之后，还敢藏匿？望爷爷详情超豁。"知县见她说得有理，笑道："话倒讲得好，只莫要**心不应口**。"遂令跪过一边。喝叫皂隶将空照、静真各责五十，东房女童各责三十，两个香公各打二十，都打得**皮开肉绽**，**鲜血淋漓**。打罢，知县举笔定罪："静真、空照**设计恣淫**，伤人性命，**依律拟斩**。东房二女童减等，杖八十，官卖。两个香公，**知情不举**，俱问杖罪。非空庵**藏奸之薮**，**拆毁入官**。了缘师徒，虽不知情，但隐匿奸党，**杖罪纳赎**。西房女童，**判令归俗**。赫大卿**自作之孽**，**已死勿论**，尸棺着令家属领归埋葬。"判毕，各令**画供**。

那老儿见尸首已不是他儿子，想起昨日这场啼哭，好生没趣，愈加忿恨，跪上去禀知县，依旧与老和尚要人。老和尚又说徒弟偷盗寺中东西，藏匿在家，反来**图赖**。两下争执，连知县也委决不下。意为老和尚谋死，却不

牵扯	qiānchě	involve; implicate; drag in
娇滴滴	jiāodīdī	delicately pretty; affectedly sweet
晕迷	yūnmí	faint; swoon
异口齐声	yìkǒu qíshēng	with one voice; in unison
听其情款	tīng qí qíngkuǎn	listen to the true confession
设计	shèjì	work out a plan or scheme
虚认	xūrèn	confess something that one has not done
藏匿	cángnì	hide
同谋	tóngmóu	conspire (with somebody)
牵缠	qiānchán	involve
肠子宽了	chángzi kuānle	[古] feel relieved
扎诈	zhāzhà	[古] extort under false pretences; blackmail
权	quán	tentatively; for the time being
故此误留	gù cǐ wù liú	[古] therefore I took them in by mistake
委实	wěishí	really; indeed
败坏佛门体面	bàihuài fómén tǐmiàn	corrupt the reputation and dignity of Buddhism
若稍知声息	ruò shāo zhī shēngxi	[古] if I heard even the smallest bit of information
出首	chūshǒu	[古] denounce somebody as a criminal (to the authority)
心不应口	xīn bú yìng kǒu	[古] say one thing and mean another
皮开肉绽	píkāi ròuzhàn	the skin torn and the flesh gaping
鲜血淋漓	xiānxuè línlí	dripping with blood
设计恣淫	shèjì zìyín	[古] make a plan to gratify carnal desires
依律拟斩	yīlǜ nǐzhǎn	[古] in accordance with the law, decapitation is suggested
知情不举	zhīqíng bùjǔ	fail to report what one knows of a case
藏奸之薮	cángjiān zhī sǒu	[古] a sink of evil practices
拆毁入官	chāihuǐ rùguān	[古] (the house) be demolished and (the land) be confiscated
杖罪纳赎	zhàngzuì nàshú	[古] be sentenced to whipping punishment which will be redeemed by paying a ransom
判令归俗	pànlìng guīsú	[古] be ordered to resume secular life by the court
自作之孽	zìzuò zhī niè	[古] the sin committed
已死勿论	yǐ sǐ wù lùn	[古] since he has died, his misdeeds will not be punished
画供	huàgòng	[古] sign a written confession to a crime
图赖	túlài	false incriminate

见形迹，**难以入罪**。将为果躲在家，这老儿怎敢又与他讨人？想了一回，乃道："你儿子生死没个**实据**，怎好问得？且押出去，细访个的确证见来回话。"当下空照、静真、两个女童都**下狱中**。了缘、小和尚并两个香公，**押出召保**。老和尚与那老儿夫妻，原差押着，访问去非下落。其余人犯，俱**释放宁家**。

大凡衙门，有个东进西出的规矩。这时一干人，俱从西边**丹墀**下走出去。那了缘因**哄过**了知县，不曾出丑，与小和尚两下暗地欢喜。小和尚还恐有人认得，把头直低向胸前，落在众人背后。也是**合当败露**，刚出西脚门，那老儿又揪住老和尚骂道："老贼秃！谋死了我儿子，却又把别人的尸首来哄我么！"**夹嘴连腮**，只管乱打。老和尚正打得**连声叫屈**，没处躲避，不想有十数个徒弟徒孙们，在那里看出官，见师父被打，齐赶向前，推翻了那老儿，挥拳便打。小和尚见父亲吃亏，心中着急，正忘了自己是个假尼姑，竟上前劝道："列位师兄，不要动手。"众和尚举眼观看，却便是去非，急忙放了那老儿，一把扯住小和尚叫道："师父，好了！去非在此。"**押解差人**还**不知就里**，乃道："这是极乐庵里尼姑，押出去召保的。你们休错认了。"众和尚道："哦！原来他假扮尼姑，在极乐庵里快活，却害师父受累！"众人方才明白是个和尚，一齐都笑起来。旁边只急得了缘**叫苦连声**，**面皮青染**。老和尚分开众人，揪过来，一连四五个**聒子**，骂道："天杀的奴狗！你便快活，害得我好苦！且去见老爷来！"拖着便走。那老儿见了儿子已在，又做了假尼姑，料道到官必然责罚，向着老和尚连连**叩头**道："老师父，是我无理得罪了！情愿**下情赔礼**，**乞念师徒分上**，饶了我孩儿，莫见官罢！"老和尚因受了他许多**荼毒**，哪里肯听，扭着小和尚直至堂上。差人押着了缘，也随进来。

知县看见问道："那老和尚，为何又**结扭**尼姑进来？"老和尚道："爷爷，这不是真尼姑，就是小的徒弟去非假扮的。"知县闻言，也忍笑不住，道："如何有此**异事**？"喝教小和尚从实供来。去非自知**隐瞒不过**，只得一一招承。知县录了**口词**，将僧尼各责四十，去非**依律问徒**，了缘官卖为奴，极乐庵亦行拆毁。老和尚并那老儿，无罪释放。又讨**连具枷**枷了，各擦半边黑脸，满城**迎游示众**。那老儿、婆子，因儿子做了这不法勾当，**哑口无**

难以入罪	nányǐ rùzuì	very difficult to convict
实据	shíjù	substantial evidence
下狱中	xià yù zhōng	[古] be put in the jail; be imprisoned
押出召保	yāchū zhàobǎo	[古] be taken out to look for someone to bail him out
释放宁家	shìfàng níngjiā	[古] be released in order to pacify the families involved
丹墀	dānchí	[古] vermilion steps
哄过	hǒngguò	cheat successfully
合当败露	hédāng bàilù	[古] (of a plot, etc.) doomed to fall through
夹嘴连腮	jiāzuǐ liánsāi	[古] 腮：cheek. 连嘴带腮，脸上所有的地方
连声叫屈	liánshēng jiàoqū	complain of being wronged repeatedly
挥拳	huīquán	wave one's fist (to beat somebody)
押解差人	yājiè chāirén	[古] the bailiff who escort a criminal or captive
不知就里	bùzhī jiùlǐ	[古] not understanding the real situation
害···受累	hài...shòulèi	get someone involved on account of somebody else
叫苦连声	jiàokǔ liánshēng	moan and groan; pour out endless grievances
面皮青染	miànpí qīngrǎn	[古] become pale; lose color
聒子	guāzi	slap in the face; box on the ear
叩头	kòutóu	kowtow
下情赔礼	xiàqíng péilǐ	[古] apologize; make a formal apology
乞念师徒分上	qǐ niàn shītú fènshàng	[古] on account of the master-disciple relationship (to forgive or help the disciple)
荼毒	túdú	[古] torment
结扭	jiéniǔ	[古] seize; grapple with
异事	yìshì	[古] 奇怪的事
隐瞒不过	yǐnmán búguò	be unable to conceal the fact
一一招承	yīyī zhāochéng	confess to each and every crime committed
口词	kǒucí	[古] a statement made by the accused under examination
依律问徒	yīlǜ wèntú	[古] in accordance with the law, be sentenced to imprisonment
官卖为奴	guānmài wéinú	[古] be sold into slavery
连具枷	liánjùjiā	cangue
枷	jiā	force somebody to wear a cangue
迎游示众	yíngyóu shìzhòng	[古] parade somebody through the streets to expose him before the public
哑口无言	yǎkǒu wúyán	be left without an argument; be reduced to silence

言，唯有满面**鼻涕**眼泪，扶着**枷梢**，跟出衙门。那时**哄动**了满城男女，**扶老挈幼**，俱来观看。有好事的，作个歌儿道：

可怜老和尚，不见了小和尚。原来女和尚，私藏了男和尚。　分明雄和尚，错认了雌和尚。为了假和尚，带累了真和尚。断过死和尚，又明白了活和尚。满堂只叫打和尚，满街争看迎和尚。只为贪那裤裆中硬崛崛一个莽和尚，弄坏了庵院里娇滴滴许多骚和尚。

且说赫家人同蒯三急奔到家，报知主母。陆氏闻言，**险些**哭死。连夜备办**衣衾棺椁**，禀明知县，开了庵门，亲自到庵，重新**入殓**，迎到**祖茔**，**择日安葬**。那时庵中老尼，已是饿死在床。地方报官盛殓，自不必说。这陆氏因丈夫生前不肯学好，好色身亡，把孩子**严加教诲**，后来**明经出仕**，官为别驾之职。有诗为证：

野草闲花恣意贪，化为蜂蝶死犹甘。

名庵并入游仙梦，是色非空作笑谈。

鼻涕	bítì	nasal mucus; snivel
枷梢	jiāshāo	the end of a cangue
哄动	hōngdòng	cause a sensation; make a stir
扶老挈幼	fúlǎo qièyòu	also 扶老携幼，holding the old by the arm and the young by the hand; bringing the old and the young
险些	xiǎnxiē	almost
衣衾棺椁	yīqīn guānguǒ	burial clothes and coffin
入殓	rùliàn	encoffin
祖茔	zǔyíng	ancestral grave
择日安葬	zérì ānzàng	select an auspicious day to bury (the dead)
严加教诲	yánjiā jiàohuì	teach rigorously; instruct strictly
明经出仕	míngjīng chūshì	pass the imperial examination and become an official

（十二） 汪大尹火焚宝莲寺

《醒世恒言》第三十九卷

削发披缁修道，烧香礼佛心虔。

不宜潜地去胡缠，致使清名有玷。

念佛持斋把素，看经打坐参禅。

逍遥散诞胜神仙，万贯腰缠不羡。

话说昔日杭州金山寺，有一僧人，**法名**至慧，**从幼**出家，积资富裕。一日在**街坊**上行走，遇着了一个美貌妇人，不觉**神魂荡漾**，**遍体酥麻**，恨不得就抱过来，一口水咽下肚去。走过了十来家门面，**尚**回头观望，心内想道：“这妇人不知是甚样人家？却生得如此美貌！若得与他同睡一夜，就死甘心！”又想道：“我和尚**一般**是父娘生长，怎地剃掉了这几茎头发，便不许亲近妇人。我想当初**佛爷**也是**扯淡**！你要成佛作祖，**止戒**自己罢了，却又立下这个规矩，连后世的人都戒起来。我们是个**凡夫**，那里**打熬**得过！又可恨昔日置律法的官员，你们做官的出乘骏马，入罗红颜，何等**受用**！也该体**恤**下人，积点阴骘，偏生与和尚**做**尽**对头**，设立恁样不通理的律令！如何和尚**犯奸**，便要责杖？难道和尚不是人身？就是修行一事，也出于各人本心，岂是**捉缚加拷**得的！”又归怨父母道：“当时既是难养，索性死了，倒也干净！何苦送来做了**一家货**，今日教我**寸步难行**。恨着这口怨气，不如**还了俗**去，娶个老婆，生男育女，也得夫妻团聚。”又想起做和尚的不耕而食，不织而衣，住下**高堂精舍**，烧香吃茶，**恁般**受用，放掉不下。

一路**胡思乱想**，行一步，懒一步，慢腾腾的**荡**至寺中，昏昏闷坐，未到晚便去睡卧，心上记挂这美貌妇人，难得到手，**长吁短叹**，怎能合眼。想了一回，又叹口气道：“不知这佳人姓名**居止**，我却在此痴想，可不是个呆子！”又想道：“不难，不难，**女娘**弓鞋小脚，**料来**行不得远路，定然只在近处。**捱**几日工夫，到那**笪**地方，寻访消息。或者姻缘有

大尹	dàyǐn	[古] title of an official position
焚	fén	[书] burn
法名	fǎmíng	monastic name
从幼	cóng yòu	[书] from childhood
街坊	jiēfang	[方] streets
神魂<u>荡漾</u>，遍体<u>酥麻</u>	dàngyàng sūmá	the mind is agitated and the body is weak and numb - implies that Zhihui has strong feelings for the lady
门面	ménmiàn	shops
尚	shàng	still
一般	yìbān	一样
茎	jīng	a classifier used for long narrow things
佛爷	fó.yé	Lord Buddha
扯淡	chědàn	talk nonsense
止	zhǐ	only
戒	jiè	discipline
凡夫	fánfū	ordinary man, mortal
打熬	dǎáo	drag out; pull through (hard times); endure
受用	shòuyòng	live in comfort
体恤	tǐxù	understand and sympathize with
做对头	zuò duìtou	[方] be an enemy of; be at odds with
犯奸	fànjiān	[古] commit adultery
捉缚加拷	zhuō fù jiā kào	[古] to tie up and handcuff – to compel sb. to do sth.
一家货	yìjiāhuò	[古] 没有人要的东西或人; an outcast; a pariah
寸步难行	cùn bù nán xíng	difficult to move even one step - can't do anything
还俗	huánsú	(of Buddhist monks and nuns) resume secular life
高堂精舍	gāotáng jīngshè	large hall and exquisite room
恁般	rènbān	as such; so
胡思乱想	hú sī luàn xiǎng	be lost in thought
荡	dàng	pace about
长吁短叹	chángxū duǎntàn	(because of sadness, boredom) moan and sigh
居止	jūzhǐ	[古] living place; residence
女娘	nǚ niáng	[古] woman
料来	liàolái	predict; anticipate
拚	pàn	[方] sacrifice (time for)
答	dā	a classifier used for place

分，再得相遇，也未可知。那时暗地随去，认了住处，寻个熟脚，务要弄他到手。”

算计已定，盼望天明，起身**洗盥**，取出一件新做的绸绢褊衫，并**着**干鞋净袜，打扮得**轻轻薄薄**，走出房门，正打从观音殿前经过，暗道：“我且问问**菩萨**，此去可能得遇。”遂双膝跪到，拜了两拜。向桌上拿过**签筒**，摇了两三摇，扑的跳出一根，取起看时，乃是第十八签，注着**上上**二字。记得这四句**签诀**云：

天生与汝有姻缘，今日相逢岂偶然？

莫惜勤劳问贪懒，管教目下胜从前。

求了这签，喜出望外，道：“据这签诀上，明明说只在早晚相遇，不可错过机会。”又拜了两拜，放下签筒，急急到所遇之处，见一妇人，冉冉而来。仔细一**觑**，正是昨日的**欢喜冤家**，身伴并无一人跟随。这时又惊又喜，想道菩萨的签，果然**灵验**。此番必定有些好处，紧紧的跟在后边。那妇人向着侧边一个门面，揭起斑竹帘儿，跨脚入去，却又掉转头，对他嘻嘻的微笑，把手相招。这和尚一发魂飞天外，喜之不胜。用目四望，更无一人往来，慌忙也揭起帘儿径钻进去**问讯**。那妇人也不还礼，绰起袖子望头上一扑，把僧帽打下地来，又赶上一步，举起尖**趫趫**小脚儿一**蹴**，谷碌碌直滚开在半边，口里格格的冷笑。这和尚惟觉得**麝**兰扑鼻，说道：“娘子**休得**取笑！”拾取帽子戴好。那妇人道：“你这和尚，青天白日，到我家来做甚？”至慧道：“多感娘子**错爱**，见招至此，怎说这话！”此时**色胆如天**，也不管他肯不肯，向前搂抱，将衣服乱扯。那妇人笑道：“你这**贼秃**！真是不见妇人面的，怎的就恁般**粗卤**！**且**随我进来。”弯弯曲曲，引入房中。彼此解衣，抱向一张**榻**上行事。刚刚肤肉相凑，只见一个大汉，手提钢斧，抢入房来，喝道：“你是何处**秃驴**？敢至此奸骗**良家**妇女！”吓得至慧**战做一团**，跪到在地下道：“是小僧有罪了！望看佛爷面上，**乞**饶狗命，回寺去诵十部《法华经》，保佑施主福寿绵长。”这大汉那里肯听，照**顶门**一斧，砍翻在地。你道被这一斧，还是死也不死？原来想极成梦，并非实境。那和尚**撒然惊觉**，想起梦中被杀**光景**，**好生**害怕，乃道：“此**偷情**路险，莫去惹他，不如本分还俗，倒得安稳。”自此即**蓄发**娶妻，不上三年，**痨瘵**

熟脚	shújiǎo	familiar friend
务要	wùyào	must
算计	suàn.jì	plan
洗盥	xǐguàn	wash one's hands and face
着	zhuó	穿
轻轻薄薄	qīngqīng bóbó	[书] (of a person's bearing) natural and unrestrained
菩萨	pú.sà	Bodhisattra
签筒	qiāntǒng	lot pot
上上	shàngshàng	(of the lot) the very best
签诀	qiānjué	prophecy (for a particular lot)
觑	qù	[书] narrow one's eyes and squint
欢喜冤家	huānxǐ yuānjia	one's destined love
灵验	língyàn	efficacious
问讯	wènxùn	one particular way that monks greet people
蹴	cù	[书] kick
麝兰	shèlán	musk and orchids; (here) fragrance
休得	xiūdé	不要; don't
错爱	cuò ài	undeserved kindness; misplaced favor
色胆如天	sè dǎn rú tiān	last as high as the heavens
贼秃	zéitū	"the bald evil", a derogatory term for monks
粗卤	cūlǔ	rough and rude
且	qiě	just
榻	tà	a long, narrow and low bed
秃驴	tūlǘ	"bald donkey", a derogatory term for monks
良家	liángjiā	good and decent family
战做一团	zhàn zuò yì tuán	tremble with fright and fear
乞	qǐ	beg for
顶门	dǐngmén	the crown of the head
撒然	sǎrán	[古] suddenly
惊觉	jīngjué	awake in fright
光景	guāngjǐng	situation; scene
好生	hǎoshēng	extremely
偷情	tōuqíng	carry on a clandestine love affair
蓄发	xùfà	wear one's hair long
痨瘵	láozhài	ill caused by indulging in sensual pleasures

351

而死。离寺之日，曾作诗云：

少年不肯戴儒冠，强把身心赴戒坛。

雪夜孤眠双足冷，霜天剃发髑髅寒。

朱楼美女应无分，红粉佳人不许看。

死后定为惆怅鬼，西天依旧黑漫漫。

适来说这至慧和尚，虽然破戒还俗，也还算做完名全节。如今说一件故事，也是佛门弟子，只为不守**清规**，弄出一场大事，**带累**佛面无光，**山门**失色。这话文出在何处？出在广西南宁府永淳县，在城有个宝莲寺。这寺还是**元时**所建，**累世**相传，房廊屋舍，数百多间，田地也有上千余亩。钱粮广盛，衣食丰富，是个有名的**古刹**。本寺**住持**，法名佛显，以下僧众，约有百余，一个个都分派得有**职掌**。凡到寺中游玩的，便有个僧人来相迎，先请至**净室**中献茶，然后陪侍**遍寺随喜**一过，又摆设茶食果品，相待十分尽礼。虽则来者必留，其中原分**等则**。若遇官宦富豪，另有一般延款，这也不必细说。**大凡**僧家的东西，赛过吕太后的筵宴，不是轻易吃得的。却是为何？那和尚们，名虽**出家**，利心比俗人更狠。这几瓯清茶，几碟果品，便是钓鱼的**香饵**，不管贫富，就送过一个疏簿，**募化**钱粮。不是托言塑佛妆金，定是说重修殿宇，再没话讲，便把佛前香灯油为名。若遇着肯**舍**的，便道是可扰之家，面前千般**谄谀**，不时去说骗；设遇着不肯舍的，就道是**鄙吝**之徒，背后百样**诋毁**，走过去还要唾几口**涎沫**。所以僧家再无个**餍足**之期。又有一等人，自己**亲族**贫乏，尚不肯**周济**分文，到得此辈募缘，偏肯整几两价**布施**，岂不是舍本从末的**痴汉**！有诗为证：

人面不看看佛面，平人不施施僧人。

若念慈悲分缓急，不如济苦与怜贫。

惟有宝莲寺与他处不同，时常建造殿宇楼阁，并不启口向人募化。为此远近**士庶**都道此寺和尚善良，分外敬重，反肯施舍，比募缘的倒胜数倍。**况兼**本寺相传有个子孙堂，极是**灵应**，若去烧香**求嗣**的，真个祈男得男，祈女得女。你道是怎地样这般灵感？原来子孙堂两傍，各设下净室十数间，中设床帐，凡祈嗣的，须要**壮年**无病的妇女，斋戒七日，

适来	shìlái	[古] just now
清规	qīngguī	monastic rules for Buddhists
带累	dàilěi	implicate; involve
山门	shānmén	temple
元时	Yuán shí	the Yuan dynasty
累世	lěishì	for many generations
古刹	gǔchà	ancient temple
住持	zhùchí	(Buddhist) abbot
职掌	zhízhǎng	duty
净室	jìngshì	room within a monastery used to house resting visitors
遍寺	biànsì	all over the temple
随喜	suíxǐ	tour a monastery
等则	děngzé	social strata
大凡	dàfán	generally; in most cases
出家	chūjiā	become a monk
香饵	xiāng'ěr	enticing bait
募化	mùhuà	(of Buddhist monks) collect alms
舍	shě	give alms; give to charity
谄谀	chǎnyú	flatter; fawn on
设	shè	if; in case
鄙吝	bǐlìn	vulgar; mean and miserly
诋毁	dǐhuǐ	slander; calumniate
涎沫	xiánmò	saliva
餍足	yànzú	satisfy; satiate
亲族	qīnzú	members of the same clan
周济	zhōujì	help the poor with money
布施	bùshī	donate alms; giving
痴汉	chīhàn	idiot; silly man
启口	qǐkǒu	[书] open one's mouth (to say)
士庶	shìshù	the scholar officials and the common folk
兼	jiān	(in addition) have
况	kuàng	moreover; besides
灵应	língyìng	efficacious; be able to grant worshippers their desires
求嗣	qiúsì	seek a son or a heir
壮年	zhuàngnián	the robust years of a person's life (between thirty and fifty)

亲到寺中拜祷，向佛**讨筊**。如讨得圣筊，就宿于净室中一宵，每房只宿一人。若讨不得圣筊，便是**举念不诚**，和尚替他**忏悔一番**，斋戒七日，再来祈祷。那净室中四面严密，无**一毫**隙缝，先教其家**夫男仆从周遭点检**一过。但凭**拣择停当**，至晚送妇女进房安歇，亲人仆从睡在门外看守。为此并无疑惑。那妇女回去，果然便能怀孕，生下男女，且又魁伟肥大，疾病不生。因有这些效验，不论士宦民庶眷属，无有不到子孙堂求嗣，就是邻邦隔县闻知，也都来祈祷。这寺中每日人山人海，好不热闹，布施的财物不计其数。有人问那妇女，当夜菩萨有甚**显应**。也有说梦佛送子的，也有说梦罗汉来睡的，也有推托没有梦的，也有**羞涩**不肯说的，也有祈后再不往的，也有四时不常去的。你且想：佛菩萨昔日自己**修行**，尚然割恩断爱，怎肯管民间情欲之事，夜夜到这寺里，托梦送子？可不是个**乱话**！只为这地方，原是信**巫**不信医的，故此因邪入邪，认以为真，迷而不悟，白白里送妻女到寺，与这班贼秃受用。正是：

分明断肠草，错认活人丹。

原来这寺中僧人，外貌假作谦恭之态，却倒十分贪淫奸恶。那净室虽然紧密，俱有暗道可入，**俟至**钟声定后，妇女睡熟，便来奸宿。那妇女醒觉时，已被**轻薄**，**欲待声张**，又恐反坏**名头**，只有忍羞而就。一则妇女身无疾病，且又斋戒神清；二则僧人少年精壮，又重价修合**种子丸药**，送与本妇吞服，故此多有胎孕，十发九中。那妇女中识**廉耻**的，好似**哑子吃黄连，苦在心头**，不敢告诉丈夫。有那一等无耻淫荡的，倒借此为**繇**，不时取乐。如此浸淫，不知年代。也是那班贼秃**恶贯已盈**，天遣一位官人前来。那官人是谁？就是本县新任大尹，姓汪名**旦，祖贯**福建泉州晋江县人氏，少年科第，极是聪察。晓得此地**夷汉杂居**，土俗慓悍，最为难治。**莅任**之后，**摘伏发隐**，不畏豪横，不上半年，治得县中**奸宄敛迹**，盗贼潜踪，人民悦服。访得宝莲寺有祈嗣灵应之事，心内不信，想道：“既是菩萨有灵，只消祈祷，何必又要妇女在寺宿歇，其中定有**情弊**。但未见实迹，不好**轻举妄动**，须到寺亲验一番，然后**相机而行**。”择了九月**朔日**，特至宝莲寺**行香**。一行人从**簇拥**到寺前。汪大尹观看那寺周围，都是粉墙包裹，墙边种植高槐古柳，血红的一座朱漆门楼，上**悬**金书扁额，题着“宝莲禅寺”四个大字。山门对过乃是一带

讨筊	tǎotiáo	pray and then draw divination sticks in a temple
举念不诚	jǔ niàn bù chéng	religious belief is not sincere or not devout
忏悔	chànhuǐ	confess (one's sins) to the Buddha to ask for forgiveness
（一）毫	(yì) háo	(only used in the negative, e.g. " 无 ") in the least; at all
夫男仆从	fūnán púcóng	[古] husband and servant
点检	diǎnjiǎn	check
拣择	jiǎnzé	选择
停当	tíngdàng	ready; settled
显应	xiǎnyìng	(of a ghost or spirit) make sb's wish come true or power felt
羞涩	xiūsè	shy; bashful; embarrassed
修行	xiūxíng	practice Buddhism; spiritual cultivation
乱话	luànhuà	[古] nonsense
巫	wū	witchcraft; sorcerer
俟至	sìzhì	wait until
轻薄	qīngbó	insult; deflower
欲待	yù dài	[古] will; be about to
声张	shēngzhāng	make public
名头	míngtou	reputation
种子丸药	zhǒngzi wányào	medicine that strengthens a pregnancy
廉耻	liánchǐ	integrity and sense of shame
哑子吃黄连， 苦在心头	yǎ	when a mute eats bitter herbs, he can only harbor the bitterness within his heart - one is unable to complain after suffering
繇	yóu	[书] = 由; reason
恶贯已盈	è guàn yǐ yíng	one's iniquities are full; one has committed countless crimes and deserves to come to judgment before the court
祖贯　籍贯	zǔguàn	native place
夷汉杂居	yí hàn zá jū	Han people and other tribes live together
莅任	lìrèn	[书] (of an official) arrive at the post
摘伏发隐	zhāifúfāyǐn	[书] reveal treason and expose hidden crimes
奸宄敛迹	jiān guǐ liǎn jī	[书] all the malefactors desist from their evil ways
轻举妄动	qīng jǔ wàng dòng	do something without careful thought
相机而行	xiàng jī ér xíng	wait for the right time to take action
朔日	shuòrì	the first day of the lunar month
行香	xíngxiāng	hold or participate in a prayer service at temple
簇拥	cùyōng	cluster around; environ
悬	xuán	hang

355

照墙，傍墙停下许多空轿。山门内外，烧香的往来挤拥，看见大尹到来，四散走去。那些轿夫也都**手忙脚乱**，将**轿**抬开。汪大尹分付左右，莫要惊动他们。住持僧闻知本县大爷亲来行香，撞起钟鼓，唤齐僧众，**齐**到山门口跪接。汪大尹直至大雄宝殿，**方才**下轿。看那寺院，果然造得**齐整**，但见：

> 层层楼阁，叠叠廊房。大雄殿外，彩云缭绕罩朱扉；接众
> 堂前，瑞气氤氲笼碧瓦。老桧修篁，掩映画梁雕栋；苍松古柏，
> 荫遮曲槛回栏。果然净土人间少，天下名山僧占多。

汪大尹向佛前拈香礼拜，暗暗祷告，要**究**求嗣**弊窦**。拜**罢**，佛显**率**众僧向前叩见，请入**方丈**坐下。献茶已毕，汪大尹向佛显道："**闻得**你**合**寺僧人，**焚修勤谨**，**戒行精严**，都亏你主持之功。可将年贯开来，**待**我申报上司，请给**度牒**与你，就署为本县僧官，永持此寺。"佛显闻言，**喜出意外**，叩头称谢。汪大尹又道："还闻得你寺中祈嗣，最是**灵感**，可有这事么？"佛显**禀**道："本寺有个子孙堂，果然显应的！"汪大尹道："祈嗣的可要做**甚斋醮**？"佛显道："并不要设斋诵经，**止**要求嗣妇女，身无疾病，举念虔诚，斋戒七日，在佛前祷祝，讨得圣筶，就旁边净室**中安歇**，祈得有梦，便能生子。"汪大尹道："妇女家在僧寺宿歇，只怕不便。"佛显道："这净室中，四围紧密，一女一室，门外就是本家亲人守护，并不许一个闲杂人往来，原是**稳便**的！"汪大尹道："原来如此。我也还无子嗣，但夫人不好来得。"佛显道："老爷若要求嗣，**只消**亲自拈香祈祷，夫人在**衙**斋戒，也能灵验。"汪大尹道："民俗都要在寺安歇，方才有效，怎地夫人不来也能灵验？"佛显道："老爷乃万民之主，况又护持佛法，一念之诚，便与天地感通，岂是常人之可比！"你道佛显为何不要夫人前来？**俗语**道得好："贼人心虚。"他做了这般勾当，恐夫人来时，随从众多，看出**破绽**，**故此阻**挡。谁知这大尹也是一片假情，**探**他的口气，当下汪大尹道："也说得是。待我另日**竭诚**来拜，且先去游玩一番。"即起身教佛显引导，从大殿旁穿过，便是子孙堂。那些烧香男女，听说知县进来，四散**潜躲不**迭。汪大尹看这子孙堂，也是三间大殿，雕梁绣柱，画栋飞甍，金碧耀目。正中间一座**神厨**，内**供养**着一尊女神，珠冠璎珞，绣袍彩帔，手内

手忙脚乱	shǒu máng jiǎo luàn	in a frantic rush; in a great fluster
轿	jiào	[古] sedan chair
齐	qí	一块儿
方才	fāngcái	[书] = 才; only then
齐整	qízhěng	well arranged
究	jiū	investigate
弊窦	bìdòu	trickery; something seems fishy
罢	bà	finish
率	shuài	lead
方丈	fāngzhàng	(Buddhist) abbot's room
闻得	wéndé	[书] have heard
合寺	hésì	whole temple
焚修勤谨，	fénxiū qínjǐn	indicating that the monks assiduously and rigidly obey the monastic rules and commandments
戒行精严	jièxíng jīngyán	
待	dài	等
度牒	dùdié	a monk's certificate issued by the government
喜出意外	xǐ chū yì wài	be overjoyed; be pleasantly surprised
灵感	línggǎn	[古] efficacious; be able to grant worshippers their desires
禀	bǐng	report (to one's superior or senior)
甚	shèn	什么
斋醮	zhāijiào	(of Buddhism) sacrificial ceremony
止	zhǐ	只
安歇	ānxiē	[书] go to bed
稳便	wěnbiàn	reliable and convenient
只消	zhǐxiāo	all one has to do is
衙	yá	[古] government office
俗语	súyǔ	slang; proverb
贼人心虚	zéirén xīnxū	a villain is all the more conscious or afraid of having his deeds discovered
破绽	pòzhàn	flaw; weak point
故此	gùcǐ	[书] so; therefore
探	tàn	enquire about
竭诚	jiéchéng	[书] wholeheartedly; with all one's heart
潜躲不迭	qiánduǒ bùdié	hurry to hide
神厨	shénchú	the shrine for the gods
供养	gòngyǎng	make offerings to gods, Buddha, or ancestors

抱着一个孩子，旁边又站四五个男女。这**神道**便叫做**子孙娘娘**。神厨上黄罗绣幔，两下银钩挂开，舍下的神鞋五色相兼，约有数百余双。绣旛宝盖，重重叠叠，**不知其数**。架上画烛火光，照彻上下；炉内香烟喷薄，贯满殿庭。左边供的是**送子张仙**，右边便是**延寿星官**。汪大尹向佛前作个揖，四下闲走一回，又教佛显引去**观宿歇**妇女的净室。原来那房子是逐间隔断，上面天花顶板，下边尽铺地平，中间**床帏**桌椅，摆设得甚是**济楚**。汪大尹四遭细细**看觑**，真个无丝毫隙缝。就是鼠虫蚂蚁，**无处可匿**。汪大尹寻不出破绽，原转出大殿上轿。佛显又率众僧到山门外跪送。

汪大尹在轿上一路沉吟道："看这净室，周回严密，不像个有情弊的。但一块泥塑木雕的神道，怎地如此灵感？莫不有甚邪神，托名**诳惑**？"左想右算，忽地想出一个计策。回至县中，唤过一个**令史**，分付道："你悄地去唤两名妓女，假装做**家眷**，今晚送至宝莲寺宿歇。预备下**朱墨汁两碗**，夜间若有人来奸宿，暗涂其头，明早我亲至寺中**查勘**。切不可**走漏**消息！"令史领了言语，即去接了两个相熟婊子来家，唤做张媚姐、李婉儿。令史将前事说与。两个妓女见说县主所差，怎敢不依？**捱到**傍晚，妓女妆束做良家模样，顾下两乘轿子，仆从扛抬铺盖，把朱墨汁藏在一个盒子中，跟随于后，一齐至宝莲寺内。令史拣了两间净室，安顿停当，留下**家人**，自去回覆县主。**不一时**，和尚教小沙弥来掌灯送茶。是晚祈嗣的妇女，共有十数余人，那个来**查考**这两个妓女是不曾烧香讨签过的。须臾间，钟鸣鼓响，已是起更时分，众妇女尽皆**入寝**。亲戚人等各在门外看守，和尚也自关闭门户进去，不题。

且说张媚姐掩上门儿，将银硃碗放在枕边，把灯挑得明亮，解衣上床，心中有事，不敢睡着，不时向帐外观望。约莫一**更天气**，四下人声静悄，忽听得床前地平下，格格的响，还道是**鼠虫作耗**，抬头看时，见一扇地平板，渐渐推过在一边，地下钻出一个人头，直立起来，乃是一个和尚，到把张媚姐**吓了一跳**，暗道："原来这些和尚设下恁般贼计，奸骗良家妇女，**怪道**县主用这片**心机**。"**且不做声**，看那和尚轻手轻脚，走去吹灭灯火，**步到**床前，脱卸衣服，揭开帐幔，**捱入**被中。张媚姐只**做**睡着。那和尚到了被里，腾身上去，**款款**托起双**股**，就弄起来。

358

神道	shéndào	the gods
子孙娘娘	zǐsūn niángniang	the goddess who gives children to humans
不知其数	bù zhī qí shù	too many to count; countless; innumerable
送子张仙	sòngzǐ Zhāngxiān	the god who gives children to humans
延寿星官	Yánshòu Xīngguān	the god who grants longevity to human beings
床帏	chuángwéi	drapes over a bed
济楚	jìchǔ	[书] tidy and clean
看觑	kànqù	look; stare; gaze
无处可匿	wú chù kě nì	nowhere to hide
沉吟	chényín	hesitate and mutter to oneself
诳惑	kuánghuò	cheat and confuse
令史	lìngshǐ	[古] an officer of low position
家眷	jiājuàn	one's wife and children
朱墨汁	zhūmòzhī	red ink
查勘	chákān	check; examine
切	qiè	be sure to
走漏	zǒulòu	leak out; divulge
婊子	biǎozi	whore
捱到	áidào	wait until
家人	jiārén	servant
不一时	búyìshí	soon; very quickly
查考	chákǎo	investigate; try to ascertain
入寝	rùqǐn	go to sleep
一更天气	yìgēng tiānqì	更：one of the five two-hour periods into which the night was formerly divided. 一更：7:00 pm to 9:00 pm
道是	dàoshi	believe; think
作耗	zuòhào	[方] harass; make a disturbance
吓一跳	xià yí tiào	given a shock
怪道	guài.dao	难怪
心机	xīnjī	schemes
且不作声	qiě bú zuò shēng	not make any sound for the moment
步	bù	走
做	zuò	pretend
捱	ái	get into
款款	kuǎnkuǎn	[书] slowly and gently
股	gǔ	leg

张媚姐假作梦中惊醒，说道："你是何人？**贪夜**至此**淫污**。"举手推他下去。那和尚双手紧紧搂抱，说道："我是金身罗汉，特来送子与你。"口中便说，**下边恣意狂荡**。那和尚颇有本领，云雨之际十分勇猛。张媚姐是个**宿妓**，也还当他不起，**顽得个气促声喘**。趁他情浓深处，伸手**蘸**了银硃，向和尚头上尽都抹到。这和尚只道是爱他，**全然不觉**。一连耍了两次，方才起身下床，递过一个包儿道："这是调经种子丸，每服三钱，清晨**滚汤**送下，连**服**数日，自然胎孕坚固，生育快易。"说罢而去。

张媚姐身子已是烦倦，**朦胧**合眼，觉得身边又有人捱来。这和尚更是粗卤，**方到**被中，双手流水拍开双股，**望**下乱扰。张媚姐还道是**初起**的和尚，推住道："我顽了两次，身子疲倦，正要睡卧，如何又来？怎地这般不知餍足？"和尚道："娘子不要错认了，我是方到的新客，滋味还未曾尝，怎说不知餍足？"张媚姐看见和尚**轮流**来宿，心内惧怕，说道："我身体怯弱，不惯这事，休得只管胡缠。"和尚道："**不打紧**，我有绝妙**春意丸**在此，你**若**服了，就**通宵**顽耍也**不妨得**。"即伸手向衣服中，摸个纸包递与。张媚姐恐怕药中有毒，不敢吞服，也把银硃涂了他头上。那和尚又比前的又狠，直戏到**鸡鸣时候**方去，原把地平盖好，不题。

再说李婉儿才上得床，不想灯火被火蛾儿**扑灭**，却也不敢合眼。更余时候，忽然床后簌簌的声响，早有一人扯起帐子，钻上床来，捱身入被，把李婉儿双关抱紧，一张口就凑过来**做嘴**。李婉儿伸手去摸他头上，乃是一个**精光葫芦**，却又性急，便蘸着墨汁满头**摩弄**，问道："你是那一房**长老**？"这和尚并不答言，**径来**行事。那话儿长大坚硬，犹如一根浑枪刚鞭。李婉儿年纪比张媚姐还小几年，性格**风骚**，经着这件东西，又惊又喜，想道："一向闻得和尚极有本事，我还未信，不想果然。"不觉**兴动**，遂耸身而就。这场云雨，**端的快畅**：

> 一个是空门释子，一个是楚馆佳人。空门释子，假作罗汉真身；楚馆佳人，错认良家少妇。一个似积年石臼，经几多碎捣零捶；一个似新打木桩，尽耐得狂风骤浪。一个不管佛门戒律，但恣欢娱；一个虽奉县主叮咛，且图快乐。浑似阿难菩萨逢

霪夜	yínyè	in the deep of the night
淫污	yínwū	rape; seduce
下边	xià.bian	private parts
恣意狂荡	zìyì kuángdàng	enjoy sexual pleasure willingly
云雨	yúnyǔ	love-making
宿妓	sùjì	old and experienced prostitute
顽	wán	玩
气促声喘	qìcù shēngchuǎn	puff and pant from exertion
蘸	zhàn	dip in
全然不觉	quán rán bù jué	not sense something at all
滚汤	gǔn tāng	hot water
服	fú	take (medicine); apply
朦胧	ménglóng	half asleep
方	fāng	just; exactly
望	wàng	往。to; towards
初起	chūqǐ	previous
轮流	lúnliú	take turns; do sth. in turn
怯弱	qièruò	timid and weak
胡缠	húchán	pester sb. with unreasonable demands
不打紧	bùdǎjǐn	[方] it doesn't matter
春意丸	chūnyìwán	aphrodisiac
若	ruò	[书] 如果
通宵	tōngxiāo	through the night
不妨得	bùfángde	there is no harm in; it would be well if ...
鸡鸣时候	jīmíng shíhòu	the time when the cock crows – early morning
扑灭	pūmiè	stamp out; put out; extinguish
做嘴	zuòzuǐ	kiss
精光葫芦	jīngguāng húlu	bald head
摩弄	mónòng	caress
长老	zhǎnglǎo	a respectful term of address for an old monk
径来	jìnglái	directly; straightaway
那话儿	nàhuàr	that thing; (here) penis
风骚	fēngsāo	(of a woman) coquettish
兴动	xìngdòng	become sexually aroused
端的	duāndì	really; indeed; sure enough
快畅	kuàichàng	happy; to one's great satisfaction

魔女，犹如玉通和尚戏红莲。

云雨刚毕，床后又钻一个入来，低低说道："你们快活得**勾**了，也该让我来顽顽，难道定要十分**尽兴**。"那和尚微微**冷笑**，起身自去。后来的和尚到了**被中**，**轻轻款款**，把李婉儿满身**抚摸**。李婉儿假意推托不肯，和尚捧住亲个嘴道："娘子想是适来被他顽倦了，我有春意丸在此，与你**发兴**。"遂嘴对嘴吐过药来。李婉儿**咽**下肚去，觉得香气透鼻，交接之间，体骨酥软，十分得趣。李婉儿虽然**淫乐**，不敢**有误**县主之事，又蘸了墨汁，向和尚头上周围摸转，说道："倒好个光头。"和尚道："娘子，我是个多情知趣的妙人，不比那一班**粗蠢**东西。若不**弃嫌**，常来走走。"李婉儿假意应承。云雨之后，一般也送一包种子丸药。到鸡鸣时分，珍重而别。正是：

偶然僧俗一宵好，难算夫妻百夜恩。

话分两头，且说那夜汪大尹得了令史回话，至**次日**五鼓出衙，唤起百余名**快手民壮**，各带绳索器械，径到宝莲寺前，分付**伏于两旁**，等候呼唤，随身止带十数余人。此时天已**平明**，寺门未开，教左右敲开。里边住持佛显知得县主来到，衣服也**穿不及**，又唤起十数个小和尚，急急赶出迎接。直到殿前下轿，汪大尹也不拜佛，径入方丈坐下，佛显同众僧叩见。汪大尹**讨**过众僧**名簿**查点。佛显教道人撞起钟鼓，唤集众僧。那些和尚都从睡梦中惊醒，闻得知县在方丈**中点名**，个个**仓忙**奔走，不一时都已到齐。汪大尹教众僧把僧帽尽皆除去。那些和尚怎敢不依，但不晓得有何缘故。当时不除，到也罢了，才取下帽子，内中显出两个血染的红头，一双墨涂的黑顶。汪大尹**喝令**左右，将四个和尚锁住，推至面前跪下，问道："你这四人为何头上涂抹红硃黑墨？"那四僧还不知是那里来的，**面面相觑**，**无言可对**，众和尚也各**骇异**。汪大尹连问几声，**没奈何**，只得推称同伴中取笑，并非**别故**。汪大尹笑道："我且唤取笑的人来与你**执证**。"即教令史去唤两个妓女。谁知都被那和尚们**盘桓**了一夜，这时正好熟睡。那令史和家人**险些**敲折臂膊，喊破喉咙，方才惊觉起身，跟至方丈中跪下。汪大尹问道："你二人夜来有何所见？**从实说来**。"二妓各将和尚**轮流**奸宿，并赠春意种子丸药，及硃墨涂顶，前后事一一细说，袖中摸出种子春意丸呈上。众僧见事已**败**

勾	gòu	enough; sufficient; =够
尽兴	jìnxìng	enjoy oneself to the fullest
冷笑	lěngxiào	sneer
被	bèi	quilt
轻轻款款	qīngqīng kuǎnkuǎn	gently and slowly
抚摸	fǔmō	caress
推托	tuītuō	find a pretext for not doing sth.
发兴	fāxìng	arouse one's lust
咽	yàn	swallow
淫乐	yínlè	enjoy the sensual pleasure
有误	yǒuwù	bungle a job; cause delay in work or business
粗蠢	cūchǔn	boorish
弃嫌	qìxián	avoid and despise
话分两头	huà fēn liǎngtóu	on the other hand
次日	cìrì	next day
快手民壮	kuàishǒu mínzhuàng	[古] officers who are responsible for pursuing a fugitive
伏	fú	hide
平明	píngmíng	daybreak
穿不及	chuānbu jí	too late to wear clothes
讨	tǎo	ask for
名簿	míngbù	name booklet
点名	diǎnmíng	make a roll call
仓忙	cāngmáng	in a hurry; in haste
喝令	hèlìng	shout an order or command
面面相觑	miànmiàn xiāngqù	look at each other in dismay
无言可对	wú yán kě duì	have nothing to say
骇异	hàiyì	be shocked
没奈何	méi nàihé	没办法
取笑	qǔxiào	laugh at; make fun of
别故	biégù	other cause
执证	zhízhèng	confront the accused with his accuser
盘桓	pánhuán	[书] (lit.) linger; stay. (here) pester
险些	xiǎnxiē	narrowly (escape from something untoward); just barely
从实说来	cóngshí shuō lái	tell the truth
败露	bàilù	(of secret, hidden activity, etc.) uncover; expose

露，都吓得**胆战心惊**，暗暗叫苦。那四个和尚，**一昧**叩头乞命。汪大尹喝道："你这班贼驴！**焉**敢假托神道，哄诱愚民，奸淫良善！如今有何理说？"佛显心生一计，教众僧**徐徐**跪下，禀道："本寺僧众尽守清规，止有此四人，贪淫奸恶，**屡训不悛**。正欲**合词呈治**，今幸老爷察出，罪实该死，其余实是**无干**，望老爷**超拔**！"汪大尹道："闻得昨晚求嗣的也**甚众**，料必室中都有暗道。这四个奸淫的，如何不到别个房里，恰恰都聚在一处，**入我彀中**，难道有这般巧事？"佛显又禀道："其实净室，**惟**此两间有个**私路**，别房俱各没有。"汪大尹道："这也不难，待我唤众妇女来问，若无所见，便与众僧无干。"即差**左右**，将祈嗣妇女，尽皆唤至**盘问**，**异口同声**，俱称并无和尚奸宿。汪大尹晓得他怕羞不肯实说，喝令左右搜检身边，各有种子丸一包。汪大尹笑道："既无和尚奸宿，这种子丸是何处来的？"众妇人个个羞得是面红颈赤。汪大尹又道："想是春意丸，你们**通**服过了。"众妇人一发不敢答应。汪大尹更不**穷究**，发令回去。那些妇女的丈夫亲属，在旁听了，都气得遍身麻木，含着羞耻领回，不题。佛显见搜出了众妇女种子丸，又**强辨**是入寺时所送，两个妓女又**执**是奸后送的。汪大尹道："事已**显露**，还要**抵赖**！"教左右唤进民壮快手人等，将寺中僧众，尽都绑缚，止空了香公道人，并两个幼年**沙弥**。佛显初时意欲行凶，因看手下人众，又有器械，遂不敢动手。汪大尹一面分付令史，将两个妓女送回。起身上轿，一行人押着众僧在前。那时**哄动**了一路居民，都随来观看。汪大尹回到县中，当堂细审，用起刑具。众和尚平日本是受用之人，如何熬得？才套上**夹棍**，就从实招称。汪大尹录了**口词**，发下狱中监禁，准备文书，申报上司，不在话下。

且说佛显来到狱中，与众和尚商议一个计策，对**禁子**凌志说道："我们一时做下不是，**悔之无及**！如今到了此处，**料然**无个出头之期。但今早拿时，都是空身，把什么来使用？我寺中向来积下的钱财甚多，若肯悄地放我三四人回寺取来，**禁牌**的**常例**，自不必说，分外再送一百两雪花。"那凌志见说得热闹动火，便道："我们同辈人多，不繇一人作主，这百金四散分开，所得几何，岂不是有名无实。如出得二百两与众人，另外我要一百两**偏手**，若肯出这数，即今就同你去。"佛显一口

胆战心惊	dǎnzhàn xīnjīng	trembling with fear
一味	yíwèi	purely; blindly; persistently
叩头乞命	kòutóu qǐmìng	kowtow to beg for one's life
焉	yān	how; how could
徐徐	xúxú	slowly; gently
屡训不悛	lǚ xùn bù quān	refuse to mend one's ways despite repeated discipline
合词呈治	hé cí chéng zhì	submit a written statement to a higher authority
幸	xìng	fortunately; luckily
无干	wúgān	have nothing to do with
超拔	chāobá	remit (a punishment)
甚众	shènzhòng	很多
入彀	rù gòu	go or fall into the trap
惟	wéi	only; merely
私路	sīlù	secret path
左右	zuǒyòu	those in close attendance
盘问	pánwèn	cross-examine; interrogate
异口同声	yìkǒu tóngshēng	speak with one voice; agree with one consent
通	tōng	all
穷究	qióngjiū	make a thorough study of something
强辩	qiǎngbiàn	give false arguments
执	zhí	uphold; insist on; stick to
显露	xiǎnlù	uncover, expose
抵赖	dǐlài	deny (one's guilt); disclaim
沙弥	shāmí	Young Buddhist novice
哄动	hōngdòng	cause a sensation or attention
夹棍	jiágùn	[古] two sticks used for pressing legs in torture
口词	kǒucí	affidavit; confession
文书	wénshū	document; official dispatch
禁子	jìnzi	[古] prison guard
悔之无及	huǐ zhī wú jí	deep regret for having done something wrong
料然	liàorán	be certain; know for sure
出头之期	chūtóu zhī qī	time to be freed from a miserable situation
禁牌	jìnpái	[古] prison-wardens
常例	chánglì	customary bribe
雪花	xuěhuā	[古] silver, the currency in ancient China
偏手	piānshǒu	[古] extra income

应承道："但凭禁牌分付罢了，怎敢**违拗**！"凌志即与众禁子说知，私下押着四个和尚回寺，到各房**搜括**，果然金银无数。佛显先将三百两交与凌志。众人得了银子，一个个眉花眼笑。佛显又道："列位再**少待片时**，待我收拾几床铺盖进去，也好睡卧。"众人连称："有理。"纵放他们去**打叠**。这四个和尚把寺中短刀斧头之类裹在**铺盖**之中，收拾完备，教香公唤起几个脚夫，一同抬入监去。又买起**若干酒肉**，遍请合监上下，把禁子**灌**得烂**醉**，专等黄昏时候动手**越狱**。正是：

> 打点劈开生死路，安排跳出鬼门关。

且说汪大尹因拿出了这个弊端，心中自喜，当晚在衙中秉烛而坐，定稿申报上司，**猛地**想起道："我收许多凶徒在监，**倘有不测**之变，如何**抵挡**？"即写朱票，差人遍召快手，各带兵器到县，**值宿**防卫。约莫更初时分，监中众僧取出刀斧，一齐呐喊，砍翻禁子，打开狱门，把重囚尽皆放起，杀将出来，高声喊叫："**有冤报冤，有仇报仇**，只杀知县，不伤百姓。让我者生，挡我者死。"其声**震天动地**。此时值宿**兵快**，恰好刚到，就在监门口战斗。汪大尹衙中闻得，连忙升堂。旁县百姓听得越狱，都执枪刀前来救护。和尚虽然拼命，都是**短兵**，快手俱用长枪，故此伤者甚多，不能得出。佛显知事**不济**，遂教众人住手，退入监中，把刀斧藏过，**扬言**道："**谋反**的止是十数余人，都已当先被杀，我等俱不愿反，容至当堂禀明。"汪大尹见事已定，差刑房吏带领兵快，到监查验，将应有兵器，尽数搜出，当堂呈看。汪大尹大怒，向众人说道："这班贼驴，淫恶**滔天**，事急又思谋反。我若没有防备，不但我一人遭他凶手，连满城百姓，尽受**荼毒**了。若不尽**诛**，何以**儆后**？"唤过兵快，将出的刀斧，给散与他，分付道："恶僧事虽不谐，久后终有不测，难以防制。可乘他今夜**反狱**，除一应人犯留明日审问，其余众僧，各砍**首级**来报。"众人领了言语，点起火把，**蜂拥**入监。佛显见**势头**不好，连叫："谋反不是我等。"言还未毕，头已落地。**须臾之间**，百余和尚，齐皆斩讫，**犹如**乱滚西瓜。正是：

> 善恶到头终有报，只争来早与来迟。

汪大尹次日吊出众犯，审问狱**中缘何**藏得许多兵器？众犯供出禁子凌志等得了银子，私放僧人回去，带进兵器等情。汪大尹问了**详细**，

违拗	wéiào	defy (one's superiors or elders); disobey
搜刮	sōuguā	search (a criminal or for contraband goods)
少待片时	shǎo dài piàn shí	[古] wait a moment
打叠	dǎdié	pack
铺盖	pūgài	bedding; bedclothes
脚夫	jiǎofū	porter; paige
若干	ruògān	a few; several; some
灌醉	guànzuì	get sb. drunk
越狱	yuèyù	(of criminals) escape from prison
猛地	měngde	suddenly
倘	tǎng	如果
不测	búcè	unexpected (mishap)
抵挡	dǐdǎng	keep out; ward off
值宿	zhísù	be on night duty
有冤报冤，有仇报仇	yuān…chóu	take revenge
震天动地	zhèntiān dòngdì	so loud that it shakes the heavens and the earth
兵快	bīngkuài	[古] officers who are responsible for pursuing a fugitive
战斗	zhàndòu	fight
升堂	shēngtáng	[古] call the courts to order for an interrogation and hearing
短兵	duǎnbīng	knives and swords
不济	bújì	failed; unsuccessful
扬言	yángyán	(derog.) spread words to public
谋反	móufǎn	plot a rebellion
滔天	tāotiān	(of crime) monstrous and atrocious
荼毒	túdú	plunge (people) into deep suffering
诛	zhū	put (a criminal) to death
儆后	jǐnghòu	[书] warn others against following a bad example
反狱	fǎnyù	=越狱; (of criminals) escape from prison
一应	yíyìng	all
首级	shǒují	head
蜂拥	fēngyōng	swarm; flock like bees
势头	shì tóu	situation
须臾之间	xūyú zhījiān	[书] in a very short moment; in an instant
犹如	yóurú	just like; as if
缘何	yuánhé	[书] 为什么
详细	xiángxì	details

原发下狱，查点禁子凌志等，俱已杀死，遂连夜**备文，申详上司**，将宝莲寺尽皆烧毁。其审单云：

> 看得僧佛显等，心沉欲海，恶炽火坑。用智设机，计哄良家祈嗣：穿墉穴地，强邀信女通情。紧抱着娇娥，兀的是菩萨从天降；难推去和尚，则索道罗汉梦中来。可怜嫩蕊新花，拍残狂蝶；却恨温香软玉，抛掷终风。白练受污，不可洗也；黑夜忍辱，安敢言乎！乃使李婉儿硃抹其顶，又遣张媚姐墨涅其颠。红艳欲流，想长老头横冲经水；黑煤如染，岂和尚颈倒浸墨池。收送福堂，波罗蜜自做甘受；陷入色界，磨兜坚有口难言。乃藏刀剑于皮囊，寂灭翻成贼虐；顾动干戈于圜棘，慈悲变作强梁。夜色正昏，护法神通开犴狴；钟声甫定，金刚勇力破拘挛。釜中之鱼，既漏网而又跋扈；柙中之虎，欲走圹而先噬人。奸窈窕，淫善良，死且不宥；杀禁子，伤民壮，罪欲何逃！反狱奸淫，其罪已重；戮尸枭首，其法允宜。僧佛显众恶之魁，粉碎其骨；宝莲寺藏奸之薮，火焚其巢。庶发地藏之奸，用清无垢之佛。

这篇审单一出，满城传诵，百姓尽皆**称快**。**往时**之妇女，曾在寺求子，生男育女者，丈夫皆不肯认，大者逐出，小者**溺死**。多有妇女怀羞**自缢，民风**自此始正。各省**直州府**传闻此事，无不**出榜戒谕**，从今不许妇女入寺烧香。至今上司往往明文严禁，**盖**为此也！后汪大尹因此**起名**，遂**钦取**为**监察御史**。有诗为证：

> 子嗣原非可强求，况于入寺起淫偷。
>
> 从今勘破鸳鸯梦，泾渭分源莫混流。

备文	bèiwén	prepare documents
申详上司	shēnxiáng shàngsī	report to one's superior
称快	chēngkuài	express one's gratification, joy or jubilation
往时	wǎngshí	[书] in the past
溺死	nìsǐ	drown
自缢	zìyì	[书] hang oneself
民风	mínfēng	folk ways; local traits
直州府	zhízhōufǔ	[古] local administration
出榜	chūbǎng	[古] put up a public notice
戒谕	jièyù	warn
起名	qǐmíng	get known; establish (one's) fame
钦取	qīnqǔ	be nominated by the emperor
监察御史	jiānchá yùshǐ	[古] title of an official position

（一）杜十娘怒沉百宝箱　　　　练习

一。根据故事情节将下列句子排出先后顺序：

（　　　）柳遇春认为杜十娘虚情假意，劝李甲离开杜十娘。

（　　　）孙富花言巧语哄骗李甲将杜十娘以千两白银转让给他。

（　　　）杜十娘与李甲开怀畅饮，兴致大发，高歌惊动邻船的孙富。

（　　　）李甲向亲朋好友借钱，毫无所获，不敢回去见杜十娘。

（　　　）杜十娘跟老鸨商定，十天之内，如果李甲能筹到三百两白银，就让
　　　　　杜十娘跟李甲走。

（　　　）杜十娘托梦给柳遇春，柳遇春知道杜十娘已死。

（　　　）杜十娘在众人面前将百宝散入江中，痛斥孙富见色起意、李甲负心
　　　　　薄幸之后，跳江自尽。

（　　　）妓院姐妹为杜十娘大摆宴席庆贺她从良。

（　　　）柳遇春帮李甲凑足替杜十娘赎身的钱。

二。熟读下列成语，并在空格中填入适当的成语：

　　　　此一时，彼一时　　　不管三七二十一　　　萍水相逢　　　挥金如土

　　　　顿开茅塞　　　一言不发　　　非比寻常　　　千辛万苦　　　咬牙切齿

　　　　手足无措　　　一见如故　　　区区小事何足挂齿　　　进退两难

1．A：他以前不是天天迟到吗？怎么最近不但按时上班，而且还工作认真起
　　　来？

　　B：＿＿＿＿＿＿嘛。　以前他爸爸是单位的领导，谁都不敢批评他。现在他
　　　爸爸退休了，他没有靠山了，哪儿还敢那么嚣张啊。

2．A：你的屋子堆满了旧东西，把这些东西扔了或者卖了吧？

　　B：这些古董都是我费了＿＿＿＿＿到处搜集来的，怎么舍得卖呢，　更别说
　　　扔了。

3．A：刚才坐在你旁边跟你聊得那么高兴的那个人是你的熟人吗？

　　B：不是，我们刚认识，可是不知道为什么就那么谈得来，和他＿＿＿＿＿＿。

4．A：你平时不是对公司有很多意见吗？刚才领导要我们提意见的时候，你为
　　　什么＿＿＿＿＿＿？

　　B：说了也没用，　他们根本不会认真听取我们的意见。

5．A：他的朋友大多都已经结婚生孩子了，他怎么还没有女朋友呢？

B：他太害羞，一跟女孩子说话就脸红，_____，别人看着都难受。

6．A：那个年轻人是谁，怎么连校长都过来跟他打招呼？

B：他的背景可 _____，他的祖父是这个国家的外交部长。

7．A：你跟同屋的关系那么糟糕吗？

B：是啊，一提起她，我就恨得 _____。她就是一个大骗子。

8．A：你觉得这个辅导班有用吗？

B：当然有用，有的老师讲得特别好，常常让我觉得 _____。

9．A：你母亲对朋友可真好！

B：不管是亲朋好友还是 _____ 的陌生人，她都能帮就帮。

10．A：你的朋友性子够直的！

B：是啊，她总是不管_____，想说什么就说什么。

11．A：多谢你咋天借我钱，要不然就出了大丑·

B：不用谢，_____。

12．A：既然你在这住得这么不习惯，为什么不回国呢？

B：我的孩子已经上中学了，如果回国，她已经适应不了国内的教育方法，所以我现在回去不好，不回去也不好，真是 _____ 啊。

三。回答问题：

1·这个故事的"教训"是什么？

2·请分析杜十娘的性格特征。

3·请分析李甲的性格特征。

4·请分析"柳玉春"这个角色在故事中的作用。

5·请分析"百宝箱"在故事中的作用。杜十娘为什么要"怒沉百宝箱"？

6．你觉得杜十娘选择自杀的结局是否值得？

（二）卖油郎独占花魁　　练习

一。根据故事情节将下列句子排出先后顺序：

（　　　）秦重昭庆寺一见美娘，惊为天人，心心念念要谋她一宿。

（　　　）美娘请刘四妈劝说老鸨，允许她赎身从良。

（　　　）吴八公子大闹妓院，百般羞辱美娘后，把她扔在湖边，幸亏秦重相救。

（　　　）秦重送美娘回妓院，被留宿，美娘使出浑身解数侍奉秦重，并要从良嫁给秦重。

（　　　）秦重与美娘成亲后，也与失散的父母相认，皆大欢喜。

（　　　）美娘酒醉后，秦重悉心照顾，博得美娘好感，赠秦重白银二十两。

（　　　）战乱中瑶琴与父母失散，被同乡乔卜卖到妓院，改名美娘

（　　　）刘四妈花言巧语说动美娘接客。

（　　　）美娘被老鸨和金元外灌醉破身后，拒不肯接客，老鸨无计可施。

二。熟读下列成语，并在空格中填入适当的成语：

(动了)恻隐之心　　　丧家之犬　　　举目无亲　　　既来之，则安之

回心转意　　　急流勇退　　　胡思乱想　　　有志者事竟成

人不可貌相，海水不可斗量　　　三思而(后)行　　　说时迟，那时快　　　逃之夭夭

不由分说　　　寸步难行　　　赴汤蹈火在所辞　　　力不从心　　　求之不得

忍气吞声　　　不怀好意　　　十有八九　　　三生有幸

1．A：我最近手头有点紧，你能不能借我点钱？

　　B；我很想帮你，可是真的是＿＿＿＿＿＿，我自己也好久没工作了。

2．A：我教你英文，你教我中文，咱们俩互相帮助怎么样？

　　B：好啊，我正＿＿＿＿＿＿呢。

3．A：我从小就梦想当一个音乐家，可是父母强迫我上医学院，我实在不喜欢当医生，所以决定辞职去考音乐学院。

　　B：我很佩服你追求理想的勇气，可是我劝你还是＿＿＿＿＿＿，毕竟你已经四十岁了，已经很难在音乐上有所成就了。

4．A：两天不见，你家里怎么多了条狗？

　　B：我在街上看见几个孩子追着打它，觉得它很可怜，就＿＿＿＿＿＿，把它带回家来了。

5．A：昨天女朋友跟我分手了，你觉得她还有可能 _____ 吗？

　　B：_____ 不会，她已经明白地说不再爱你了。

6．A：我真受不了北京，交通又堵，污染又严重， 哪里有我家乡那么舒服。

　　B：_____。 既然你要在北京发展，就得学会适应北京的一

　　　　切，要不然何必来呢？

7．A：你能不能帮我点忙？

　　B：没问题。我的命是你救的。你只要告诉我做什么，我可以为你

　　　　_____ 。

8．A：她还很年轻，又刚得了几个大奖，为什么就决定从此不再拍电影了呢？

　　B：她选择_____也可以理解，她再演下去也很难超越现在的

　　　　成就。不如现在离开，给观众留下最美好的印象。

9．A：她为什么不跟我打招呼呢，是不是我什么地方得罪了她？

　　B：你不用_____，她只是没看见你而已。

10．A：张三这个人，其貌不扬。在学校的时候连封信都写不好，现在居然得了

　　　　全国小说创作奖！

　　B：这真是 _____ 啊！

11． 在这个高度商业化的社会，钱虽然不是万能的，但是没有钱却 _____。

12：A：那个顾客一直骂你，你怎么还 _____，不为自己辩解呢？

　　B： 顾客是上帝嘛。他们说什么都是对的。

三。回答问题：

1. 这篇故事的女主角有三个不同的名字：莘瑶琴，王美娘，花魁娘子。请以这三
   个名字说明其生活的三个不同的阶段。

2. 为了和花魁共宿一夜，卖油郎节衣缩食，积攒了十两银子，这是情还是色？这
   样的动机崇高吗？

3. 究竟是什么打动了花魁的心，愿意嫁给卖油郎？

4. 美娘和杜十娘都"一心从良"，请比较两人的眼光以及做法。

5. 请评论刘四妈的说话技巧。

6. 本文的"教训"是什么？

（三）十五贯戏言成巧祸　　练习

一·根据故事情节将下列句子排出先后顺序：

刘贵的遭遇：

（　　）陈二姐晚上去邻居家借住；

（　　）刘贵与妻子王氏、妾陈二姐过着穷困的生活；

（　　）小偷入室盗窃杀死刘贵，拿走十五贯钱；

（　　）刘贵回家跟陈二姐开玩笑说把她卖了十五贯钱；

（　　）刘贵与王氏去给丈人过生日，得到丈人给的十五贯钱做生意；

陈二姐和崔宁的遭遇：

（　　）陈二姐和崔宁屈打成招，分别判了剐斩刑；

（　　）陈二姐和刚认识的崔宁被刘家邻居追回；

（　　）陈二姐在去父母家的路上认识一个叫崔宁的年轻人同行；

（　　）陈二姐和崔宁被误认为是杀了丈夫私逃，送到衙门；

王氏的遭遇：

（　　）王氏得知现在的丈夫杀死了以前的丈夫，去衙门报告；

（　　）王氏遇到剪径的静山大王，情急之下答应做压寨夫人；

（　　）王氏一直看经念佛到死；

（　　）王氏守寡一年多，打算回到父亲家改嫁；

（　　）王氏劝静山大王改邪归正，做正经生意；

二·请熟读熟记下列划线的词语，并完成练习：

A·请为划线的词语选择最合适的解释，并把正确的选项填到括号里：

　　a.表示人的欲望无穷，时间过得飞快

　　b.光消费不工作，即使再有钱也会吃光用尽

　　c.形容女人的容貌很漂亮

　　d.一个人凭良心做事，任何时候读可以无所畏惧

　　e.比喻做恶必受制裁

（　　）1·你须不是这等算计。<u>坐吃山空，立吃地陷</u>。

（　　）2·<u>喉咙深似海，日月快如梭</u>。

（　　）3·<u>你日间不做亏心事，半夜敲门不吃惊</u>。　便去何妨！（常作：白天不做亏心事，夜半不怕鬼敲门）

（　　　）4・（小娘子）虽然没有十二分颜色，却也明媚皓齿，莲脸生春，秋波

送媚，好生动人。

（　　　）5・是天网恢恢，疏而不漏。你却与小娘子杀了人…连累我地方邻里

打没头官司。

B・选择题：

1・不要把自己的事情都告诉刚认识的人，现在_____，都不知道谁是好人谁是坏人。

　　a・不劳而获　　　　b・寸步难行　　　c・轻举妄动　　　d・人心叵测

2・在北京一些著名的购物中心里，你总能看到_____的人群忙着购物。

　　a・人山人海　　　b・比比皆是　　　c・熙熙攘攘　　　d・一念之差

3・他从前是个商人，到了五十岁才正式跟老师学画，可以说是_____。

　　a・半路上出家　　　b・做贼心虚　　c・说时迟，那时快　　d・话不投机

4・现在有些司机把人撞倒了，不但不停车，有时候索性_____朝伤者身上再

撞一次，直到把伤者撞死。

　　a・异口同声　　b・喜出意（望）外　　c・天网恢恢，疏而不漏　　　d・一不做，二不休

三・讨论问题：

1・故事中的"德胜头回"讲了什么故事？其内容与正文有什么关系？

2・刘贵是怎么得到十五贯钱的？这十五贯钱给他带来什么样的命运？

3・作者提前让读者知道刘贵的死因，你认为这种安排成功吗？

4・为什么大家都觉得陈二姐与崔宁跟刘官人的命案有关系？

5・请你通过具体情节来分析王氏的性格。

6・从这个冤案说说当时的司法制度有什么特点。

7・这个故事一方面讲偶然的"巧合"，一方面又强调"恶有恶报"的"必然"。在

"巧合"与"必然"之间有什么相互的关系？

（四）勘皮靴单证二郎神　　　练习

一。根据故事情节将下列句子排出先后顺序：

A:

（　　　）韩夫人与杨夫人备下赛神礼物，往二郎神庙还原。韩夫人见过二郎神像后，
　　　　　心心念念想着二郎神模样。

（　　　）在杨府中卧病数月，杨夫人以为不如向神明祷告。果然，祈祷之后，渐渐平
　　　　　安无事。

（　　　）二郎神庙官孙神通假冒二郎神，奸骗了韩夫人。

（　　　）韩夫人不占雨露之恩，渐渐香消玉减。黄定命令将韩夫人送到杨府，将息病
　　　　　体，待痊愈后再回宫内。

B:

（　　　）另有一位潘道士足智多谋，看出是人不是鬼。用计偷走了二郎神的弹弓，一
　　　　　棍打在二郎神后腿上，打下一只靴子来。

（　　　）杨府发现韩夫人房中夜间有人。却以为不是凡人的勾当，于是请了法官做
　　　　　法。那法官被二郎神弹弓打中额角。

（　　　）冉贵假扮卖杂货的，利用这只靴子追出了庙官孙神通。

（　　　）冉贵不打草惊蛇。等到次日假作赛神还愿，掷盏为号，不费一些力气便捉
　　　　　住了妖人。

二。把正确的成语填进去：

A:　来历不明　　如醉如痴　　病入膏肓　　足智多谋　　吉人天相

　　1．这位小提琴家拉得太好了，听众都听得 _____ 。

　　2．这笔钱 _____ ，我看你最好不要收。

　　3．本以为他已经是 _____ ，没想到 _____ ，遇见了一位名医，吃了两
　　　　个月的药，病居然好了。

　　4．这个人 _____ ，让他捉这几个小贼，那是容易极了。

B：官官相护　打草惊蛇　脱胎换骨　忍气吞声　踏破铁鞋无觅处，得来全不费工夫

　　1．你千万别 _____ ，要不然他逃到乡下去，就很难找到他了。

　　2．明明知道吃了亏，可是对方有权有势，不敢跟他们理论，只好 _____ ，
　　　　假装没事。

　　3．他原来是个糊里糊涂的孩子，出了一趟国，却像 _____ 一般，变成一个

十分成熟的大人了。

4．你想告政府官员？算了吧！谁不知道他们 ＿＿＿＿＿，法院是不会认真处理的。

5．我找这本书找了好几个月，却在一个旧书店偶然看见了，真是 ＿＿＿＿＿。

C：欢天喜地　　死心塌地　　长吁短叹　　若要人不知，除非己莫为　　说时迟那时快

1．你以为没人知道你干的好事？ ＿＿＿＿＿，那天有人亲眼看见你偷了东西！

2．＿＿＿＿＿＿，小王一见他拔出了刀子，立刻跳起来，把他压倒在地上。

3．经过这一次的失败，他终于＿＿＿＿＿，承认自己没有写作的才能，不再想
当作家了。

4．得了奖之后，他立刻给家里打了电话，家人都＿＿＿＿＿地向他祝贺。

5．离婚以后，他整天＿＿＿＿＿，无论做什么都没有精神。

D：　无计可施　　翻来覆去　　喜从天降　　眼明手快　　无所不能

1．我想来想去，实在 ＿＿＿＿＿，只好来请你帮忙。

2．在教徒的眼中，神是无所不知，＿＿＿＿＿ 的。

3．儿子从战场上安全归来，对两位老人来说真是 ＿＿＿＿＿。

4．我正要付账，他 ＿＿＿＿＿，一把把账单抢过去，坚持要请客。

5．同样的话，他 ＿＿＿＿＿地说了好几遍了，我实在不想再听了。

三．回答问题：

1．孙庙官计骗韩夫人固然是"色胆包天"，但韩夫人轻易上孙庙官的当，又何尝不是
"饥渴难耐"， 但无论读者作者都都同情韩夫人而深恶孙庙官，原因何在？

2．作为一个公案小说，这是不是一个成功的作品？为什么？

3．作者用什么技巧来表现再贵的能干？

4．这篇小说中所呈现的衙门办案的状况如何？与《十五贯戏言成巧祸》相比，
有什么不同之处？

（五）白娘子永镇雷峰塔　　练习

一。选择正确的答案：

1.这条马路好不热闹，_____的，从来没有安静过。

    a．绵绵不绝   b．人来人往   c．静悄悄

2.许宣居然用偷来的官银，姐夫知道后_____。

    a．心猿意马   b．勃然大怒   c．秋波频传

3.我一直把他当朋友，可是没想到我需要帮助的时候他却_____。

    a．一毛不拔   b．眼明手快   c．目不转睛

4.昨天下大雨，可是我没带伞，结果全身都湿了，真_____。

    a．下贱   b．俊俏   c．狼狈

二。用划线的词语造句：

1．李募事把银子接在手中，<u>翻来覆去</u>，看了又看。

2．我与你恩爱深重，叫你把先夫的衣服穿在身上。为何<u>恩将仇报</u>，反成吴越？

3．白娘子筛一杯酒，递与许宣，带着<u>满面春风</u>，说道：……

4．白娘子圆睁怪眼，惊得许宣<u>战战兢兢</u>，不敢走近前去。

5．若生外心，叫你满城化为血水，人人手攀洪浪，脚踏浑波，皆<u>死于非命</u>。

三。按照故事情节，给下面的句子排序：

1．（　　）白娘子向许宣求婚.赠银；

  （　　）白娘子和许宣在苏州成亲；

  （　　）许宣的姐夫向官府告发许宣；许宣被抓；

  （　　）许宣到金牛寺烧香，搭船时遇到白娘子和青青；

2．（　　）许宣出家为僧；

  （　　）法海捉妖，白娘子和青青被镇在雷峰塔下；

  （　　）李员外生日，白娘子被识破真相；

  （　　）许宣在金山寺遇到法海和尚；

四。用所给的词写一段话，回答问题：

1．白娘子三番五次给许宣带来麻烦，许宣为什么还跟她成亲？

      如花似玉；　情愿；　分辨；　心惊胆战；　忌惮；　出于无奈

2．白娘子和许宣之间有没有爱情？

      指望；　夫唱妇随；　埋怨；　无情无义；　甘心

3．李员外过生日时，白娘子是怎样被识破原形的？

　　好色；　调戏；　晕倒；　疑惑；　目睁口呆

五．用所提供的词完成下面的故事：

1．青天里一个霹雳

2．光阴似箭，日月如梭

3．怒从心上起，恶向胆边生

4．恨小非君子，无毒不丈夫；

5．踏破铁鞋无觅处，得来全不费功夫

6．一夜夫妻百世恩

7．眉头一皱，计上心来

　　　小王坐在咖啡馆里喝咖啡，心里很不平静。他怎么也没想到，结婚二十年的妻子居然有了婚外关系。昨天，当同事告诉他看到他妻子和别的男人在一起的时候，他觉得像是_____，无论如何都不能接受。他跟妻子是大学同学，两个人谈了四年的恋爱才结婚。结婚后又生了两个孩子。_____，一转眼二十年过去了，孩子也上了大学；小王一心想跟妻子恩恩爱爱过一辈子，可是怎么都想不到，妻子居然有了别的男人！想到这里，他_____，既然妻子这么无情，还不如把她和那个男人都杀了！然而俗话说_____，妻子和自己毕竟一起生活了二十年；可是他又想到：_____，不杀他们，我还算个男人吗？！想到这里，他的眼睛都变红了。这时咖啡店里进来一对男女，不是别人，正是小王的妻子和那个男人！真是_____，我正要杀你们，你们就来了！小王想。可是现在下手恐怕不太好吧？怎么办呢？看到停在外面的妻子的汽车，他 _____……

六．讨论问题：

1．〈白娘子永镇雷峰塔〉是个爱情故事，还是个人妖斗争的故事？

2．法海禅师是个正面人物，还是反面人物？

3．你认为白蛇与青青所受到的惩罚公平吗？

4．这个故事提出了什么教训？

（六）蒋兴哥重会珍珠衫　　　练习

一。根据故事情节将下列句子排出先后顺序：

（　　）陈大郎与蒋兴哥在苏州相识，因年貌相似，惺惺相惜，成为知己。

（　　）陈大郎跟薛婆在三巧家门前假装讨价还价以引起三巧的注意。

（　　）陈大郎对三巧一见倾心，念念不忘，第二天带重金登门恳求薛婆帮他达成心愿。

（　　）蒋兴哥一去不回，三巧思念丈夫，请问卦先生占卜丈夫归期。

（　　）蒋兴哥无意中发现陈大郎身上的珍珠衫，得知三巧与陈大郎的私情，当即决定返乡。

（　　）陈大郎还乡前，三巧赠他祖传珍珠衫。

（　　）蒋兴哥念夫妻之情，不好当面说明，假说三巧夫父亲病重，骗她回家，将她休掉。

（　　）陈大郎思念三巧，每日对着珍珠衫长吁短叹。妻子平氏将珍珠衫藏起，大郎与妻子大吵之后离家，路遇强盗，侥幸逃命。

（　　）平氏卖身葬夫，改嫁蒋兴哥。

（　　）吴杰很同情蒋兴哥和三巧的遭遇，让蒋兴哥带三巧回家团聚。

（　　）蒋兴哥在广东遭遇官司，幸亏被三巧的后夫吴杰所救。

（　　）薛婆一步步得到三巧的信任，被三巧请到家中同住，不断用言语挑逗三巧。

（　　）三巧被休后，羞愧难当。寻死未成，后改嫁进士吴杰作妾。

二。熟读下列成语，并在空格中填入合适的成语

有缘千里来相会，无缘对面不相识　　　天下没有不散的筵席　　一报还一报

望梅止渴　画饼充饥　　　目不转睛　　　坐吃山空　　　一言难尽

见多识广　萍水相逢　　　原封不动　　　无可奈何　　　岂有此理

度日如年　苦苦哀求　　　如坐针毡

1．A：你送的礼物她收了没有？

　　B：没有，她 ＿＿＿＿＿＿ 地送回来了。

2．A：他们说的是什么话，我怎么一句都听不懂？

　　B：他们说的是一种非洲土话，我只在西部非洲听过。

　　A：还是你 ＿＿＿＿＿＿ 啊，什么都知道，什么都见过。

3．A：你听说了吗？那个卖假酒的昨天在一家饭馆食物中毒，送到医院就死了！

B：活该，这才叫 _____ 呢！谁让他卖假酒，赚黑心钱。

4．A：你别急着走，再在我这儿多住两天吧。我还有好多话要跟你说呢。

B： _____ ！我已经在你这住了一个星期了，该走了。

5．A：刚才我在街上买了三个苹果，小贩要我五十块钱。

B：什么！三个苹果要五十块钱，他们未免太宰人了吧。真是 _____ 。

6．A：昨天的晚会好玩吗？

B：别提了。所有的人都是学经济的，他们一晚上都在谈股票，投资，我一点都插不上嘴，又不好提前离开，那几个小时真

是 _____ ， _____ 。

7．A：你们两个人的关系怎么会如此紧张？

B： _____ ，因素很多，我们的个性啊，生活习惯啊，思维方式啊，都不相同。

8．A：这些小乞丐对过路的人又拉又扯，简直就像强盗，怎么警察不管呢？

B：怎么管？警察又不能把他们关进监狱。把他们送回家，过两天他们又回来了。警察也觉得 _____ 。

三．回答问题

1．蒋兴哥这个故事的教训是什么？"因果报应"在这篇文章中是如何体现的？

2．比较一下三巧儿跟蒋兴哥与陈大郎之间的感情。

3．这个故事中哪一部份你觉得写得最精彩？为什么？

4．故事的这几个人物当中，你最同情谁？为什么？

5．请讨论故事中所反映的明代商人生活。

（七）金玉奴棒打薄情郎　　练习

一。根据故事情节将下列句子排出先后顺序：

A:

（　　）买臣妻自悔有眼无珠，愿降为婢妾。买臣取水泼于阶下，言覆水难收。

（　　）买臣妻不愿与他终身，决意要去。买臣留她不住，妻欣然出门而去。

（　　）朱买臣夫妻家贫，每日向山中砍柴，卖钱度日。

（　　）其妻走出太守府第，受路人嘲讽，羞极无颜，投河而死。

（　　）天子拜买臣为太守，买臣赴任，在车中瞧见故妻与后夫，招之相见。

B:

（　　）金老大招莫稽为婿，莫稽入赘金家，与玉奴成亲。

（　　）莫稽哄玉奴起身看月，玉奴走至船头，被莫稽出其不意，推堕江中。

（　　）莫稽科举及第，得授新职，领玉奴登舟赴任。

（　　）玉奴劝莫稽刻苦读书，并结交延誉。因此莫稽才学日进，名誉日起。

（　　）莫稽以岳丈出身为耻，闷闷不乐。

C:

（　　）玉奴被许公和夫人收为义女。

（　　）许公恨莫稽薄幸，命许家老妪丫环于成亲之夜棒打莫稽，为玉奴出气。

（　　）许公让僚属以为他欲为女儿招赘一婿，僚属齐荐莫稽。

（　　）莫稽与玉奴复和，并迎接金老大来任所，奉养送终。

（　　）莫稽认出新人实乃故妻金玉奴，满面羞惭，磕头求恕。

（　　）莫稽欣然答应入赘许家，选了吉期，打点结亲之事。

二。熟读熟记下列词语：

1. 汉朝一个名臣，当初未遇时节，其妻<u>有眼不识泰山</u>，弃之而去，到后来，悔之无及。

2. 早知<u>覆水难收</u>取，<u>悔不当初任读书</u>。

3. 莫司户此时心中，<u>如登九霄云里，欢喜不可形容</u>。

4. 嫁鸡随鸡，嫁狗随狗。

5. 人不可貌相，海水不可斗量。

6. 事不三思，终有后悔。（三思而后行）

7. 贫贱之交不可忘，糟糠之妻不下堂。

三。回答问题：

1. 过去中国人认为妇女应该 "事夫尽道，同甘共苦，从一而终"。在你看来，这些观念现在还应不应该保留？为什么？

2. 如果你是朱买臣的妻子，会不会因为丈夫贫苦，弃他而去？如果你是金玉奴，愿意不愿意与忘恩负义的丈夫复合？试比较分析这个故事里的两种妻子和两种丈夫。

3. 朱买臣 "读书以取富贵"，金玉奴 "恨自己门风不好，要挣个出头，乃劝丈夫刻苦读书"。你认为读书是不是得到财富、提高地位的好方法？为什么？

4. 从这个故事看来，在明代，经济能力是不是决定一个人社会地位的主要因素？如果不是，决定一个人社会地位的关键原因是什么？

（八）吴衙内邻舟赴约　　　　练习

一。根据故事情节将下列句子排出先后顺序。

头回：

（　　）潘遇在厨房中遇见主人的女儿，一见倾心。

（　　）考试后，主人设宴犒劳潘遇后，潘遇和主人的女儿在书房幽会。

（　　）借宿的主人告诉潘遇前夜也梦见新科状元要来他家寄宿。

（　　）潘遇派人去提亲，那女子已嫁人，潘遇郁郁而终。

（　　）主人的女儿在窗外偷看潘遇，见他一表人才，不觉心怀爱慕。

（　　）潘遇跟主人家的女儿互赠信物。

（　　）潘遇父亲梦见潘遇的状元被天帝革去。

（　　）潘遇上京赶考前一夜，父亲梦见他金榜题名，中了状元。

正文：

（　　）贺司户请吴度父子赴宴，贺小姐偷看到吴衙内一表人才，动了爱念。

（　　）吴衙内的呼噜惊动了贺夫人，贺夫人跟丈夫商量过后，决定家丑不外扬。

（　　）吴衙内和贺小姐隔船互赠绣帕和锦带，私订半夜之约。

（　　）贺司户夫妇送吴衙内回家，并要其考取功名后来迎娶贺小姐。

（　　）半夜风平浪静，各船启航。吴衙内无计可施，只好藏在贺小姐床下

（　　）吴衙内随父亲去扬州上任，途中遇到风浪，避风的时候偶遇一漂亮女子。

（　　）贺司户回拜吴度，对吴衙内的学识和气质非常赏识。

（　　）贺小姐梦见与吴衙内幽会时被父母发现，吴衙内被扔进江里，贺小姐也一
　　　　同跳水自尽。

（　　）贺氏夫妇见女儿胃口大得惊人，以为得了怪病，为她遍请名医。而名医也众
　　　　说纷纭，胡说八道。

二。熟读下列成语，并在空格中填入合适的成语

将信将疑	一表人才	手忙脚乱	翻来覆去	沉鱼落雁，闭月羞花
癞蛤蟆想吃天鹅肉	将信将疑	手忙脚乱	正中下怀	叫苦不迭
只知其一，不知其二	一举成名	将错就错	两全其美	门当户对
偷生苟活				

1. 中国传统的婚姻很讲究＿＿＿＿＿＿如果女人出身卑微，即使她有＿＿＿＿＿＿的
　　容貌，也不一定能嫁到大户人家。

2．A:不是中国已经推行了人口政策吗，怎么那些人还可以生第二个孩子？

B:你_____，中国的法律也规定少数民族可以生第二胎。

3．A:我一方面对法律有兴趣，另一方面我在大学里学了四年的中文也舍不

得丢下。

B:那你可以去中国念法律，然后用中文从事法律工作，这样不就_____了吗？

4．A:他平时不是成绩很好吗，怎么会没考上大学？

B:他考试以前压力太大，考试前一天_____睡不着，结果第二天脑子很不

清楚，就考砸了。

5．A:你怎么这么早就通知学生期末考试？

B:现在他们可以开始准备，到时候就不会_____了。

6．A:你看他又丑又老，又离过婚，还想跟这么年轻漂亮的女孩子结婚，真

是_____。

B:你不要这么说他嘛，只要不伤害别人，每个人都有追求幸福的权利。

三。回答问题

1．这篇故事的"教训"是什么？正文和头回所表达的态度是否一致？哪一个态度

才是作者的真实目的？

2．中国传统文化中的"才子佳人"有什么特点？

3．在本文中"梦"多次出现，潘遇父亲的梦，秀娥的梦，这些梦起了什么作用？

这些梦是不是必需的？

4．作者对中医的态度怎么样？

5. 这个故事算不算是喜剧？有哪些符合喜剧的条件？

（九）徐老仆义愤成家　　　练习

一。按照故事内容排出顺序：

A：

（　　）萧颖士见奴仆稍有差误，便没头没脑乱打，奴仆们惧怕，都四散逃去。

（　　）萧颖士明白是自己枉送了杜亮性命，懊悔之极，病了数月，也归大梦。

（　　）杜亮被打得渐渐遍身疼痛，口内吐血，汤药无效，呜呼哀哉。

（　　）杜亮爱萧颖士才学，仍心甘情愿服事。

B：

（　　）阿寄向颜氏说明自己还能做事，颜氏应收拾些本钱，让他去挣个事业。

（　　）徐家兄弟分家产时，认为阿寄夫妻年老无用，将其派与颜氏。

（　　）阿寄打点完备，往远处做生意去了。

（　　）颜氏变卖簪钗衣饰，把银子交与阿寄。

C：

（　　）阿寄贩漆又贩米，往来经营，每获厚利。

（　　）阿寄偶然闻得献世保欲卖一千亩田地，立即请人询问，并约次日成交。

（　　）阿寄回到家中，将利息银两交与颜氏，与颜氏商议置买田产。

（　　）多年后，颜氏家私巨富，献世保的田宅，尽归于颜氏。

（　　）颜氏迁入新购庄房。阿寄将家中整顿停当，又出去经营。

二。熟读熟记下列词语：

1．常言道得好：江山易改，本性难移。

2．古语云：良臣择主而事，良禽择木而栖。

3．天下无有不散筵席。（现在常作 "天下没有不散的筵席"）

4．清官也断不得家务事。（现在常作 "清官难断家务事"）

5．路遥知马力，日久见人心。

6．大丈夫做事，一言既出，驷马难追。

三。讨论问题：

1．本文有 "入话" 和 "正传"，"入话" 对整个故事起什么样的作用？

2．杜亮与阿寄有什么相同之处？作者想借着这两个仆人的故事，说明什么道理？

3．阿寄不曾做过生意，他后来为什么能成功？

4．每个人都有优缺点。本文作者说萧颖士有两个毛病，一来 "恃才傲物，不把人看

在眼内"；二来 "性子严急，却像一团烈火"。你认为这两个毛病对一个人的生活和

工作会有什么样的影响？

5. 中国人常说：兄弟如手足。这个故事中所描写的兄弟关系是怎样的？

6. 许多学者说晚明是中国资本主义萌芽时期。请根据这个故事谈谈明代商业贸易的情

　况。

7. 请就"情""义"两字来分析〈徐老仆〉和前面谈过的故事。

（十）况太守断死孩儿　　　练习

一·根据故事情节将下列句子排出先后顺序：

支助所设的第一计：

（　　　）邵氏不能保持贞节而与得贵发生关系；

（　　　）邵氏追荐亡夫而被支助看见；

（　　　）邵氏的丈夫死后守节；

（　　　）支助教得贵裸睡来引诱邵氏；

支助所设的第二计：

（　　　）得贵相信支助谎言，把血孩子送给支柱；

（　　　）邵氏怀孕，得贵叫支助买堕胎药，但却得到安胎药；

（　　　）支助借血孩子威胁邵氏；

（　　　）邵氏生下一个男孩子后溺死，叫得贵掩埋；

况太守审案惩凶：

（　　　）支柱听说害了两条人命，把血孩子扔到江中；

（　　　）况太守在船上听到孩子哭声，捞起一个死孩子；

（　　　）邵氏杀死得贵之后自杀；

（　　　）况太守找到支助和邵氏的丫环秀姑，并对案情进行调查，最后判支助
死刑；

二·请熟读熟记下列划线的词语，并完成练习：

A·请为划线的词语选择最合适的解释，并把正确的选项填到括号里：

　　　a.表示谈话时双方意见和兴趣不合

　　　b.比喻做事踏实，不贪图名声

　　　c.形容时间过得很快

（　　　）1·<u>光阴如箭</u>，不觉十周年到来。

（　　　）2·邵氏听见<u>话不投机</u>，转身便走。

（　　　）3·<u>做事必须踏实地，为人切莫误虚名</u>。

B·选择正确的答案：

1·许多人往往因为 _____ ，就走上犯罪的道路。

　　a.熙熙攘攘　　　b.天网恢恢　　　c.一念之差　　　d.一心一意

2· _____ ，从进入这所大学学习到现在毕业转眼已经过了四年了。

a.寸步难行　　　b.人心叵测　　　　c.轻举妄动　　　d.光阴如箭

3．同屋跟我的性格及生活习惯截然不同，所以我们常因 _____ 而发生争执。

a.一不做，二不休　　b.贼人心虚　　c.话不投机　　　d.寸步难行

4．儿子：我最近在学校担任了很多重要的职务，所以很多人都认识我。

妈妈： _____ ，作为一个学生还是认真工作、好好学习最重要。

a.有冤报冤，有仇报仇　　　　b.天网恢恢，疏而不漏

c.做事必须踏实地，为人切莫务虚名

5．杯子从桌子上掉下来了， _____ ，他伸出手去，把就要摔到地上的杯子稳稳地接住了。

a.说时迟，那时快　　b.赛过吕太后的宴席　　c.轻举妄动　　d.光阴如箭

6．　他总喜欢买盗版的光碟。这次又从北京买了几十片，没想到在美国一张都看不了，真是 _____ 。

a.不耕而食，不织而衣　　b.仇人相见，分外眼睁（眼红）　　c.哑子吃黄连

三．讨论问题：

1．当时一般人对守寡的看法是什么？说话人对守寡的态度是什么？

2．邵氏为什么坚持守寡？她的寡妇生活过得怎么样？

3．你认为邵氏和得贵的死是不是罪有应得？

4．在这个故事里你认为谁值得同情？哪个人物描写得最成功？

5．这只是一个色情和暴力的故事吗？

6．这个故事有没有败笔？

（十一）赫大卿遗恨鸳鸯绦　　　　练习

一。根据故事的内容排出正确的次序：

A：

（　　）赫大卿到郊外踏青游玩，偶然到了非空庵。一见小尼姑空照便神魂飘荡。小尼姑见了赫大卿也十分有心，两人当时就成其云雨之欢。

（　　）将近两月，赫大卿想回家。两尼姑想出一条毒计，将赫大卿灌醉，把头发剃光。赫大卿无可奈何，只好做尼姑打扮，住在庵中。

（　　）数日后，西院静真察觉东院空照有些不三不四的勾当，却埋怨她既有佳宾，不该瞒着人独自受用。当晚空照把大卿送至西院，两人恣意取乐。

（　　）赫大卿淫欲过度，病倒在床。尼姑们不敢请医看治。

B：

（　　）赫大卿挨了几日，呜呼哀哉。两个尼姑将他草草殓了，埋在后园。

（　　）蒯三从女童口中打听得有一男子埋在后园，便带领赫家人来庵发掘。

（　　）一个老和尚，为徒弟去非失踪一事被去非父母告到衙门，闻言便以为庵中尸首必为去非。去非父母未及细看，也错认为去非。

（　　）其实非空庵的尼姑并未前往衙门告状，而是逃往极乐庵躲避。其时去非冒充尼姑，住在极乐庵。

（　　）众人在后园掘起棺木，打开棺盖，却是一个尼姑。律上说：开关见尸者斩。众人为脱罪，决定在尼姑之前先到衙门告状。

（　　）工人毛泼皮翻看棺中东西，不巧扯下死尸裤子，发现不是尼姑，却是个和尚。毛泼皮立刻跑到衙门，告诉众人。

C：

（　　）赫家娘子亲自到非空庵，将赫大卿棺木带回家中重新安葬。

（　　）了缘与冒充尼姑的去非暗喜丑事未被发觉，正要离开衙门，却被老和尚的徒弟认出，扭着去非回到堂上。去非隐瞒不了，只好招承。

（　　）知县得知真相忍笑不住。将真尼姑假尼姑依律判刑。又罚众人游街示众。

（　　）衙门公人在极乐庵抓住众尼姑，次日知县上堂问案。知县以为庵中死人是去非，老和尚与去非父母也都说是去非。但空照与静真在拷打下供出是赫大卿。

二。把正确的成语填进去：

A：　深居简出　　非同小可　　烂醉如泥　　一表人才　　花街柳巷

　　1．这个人 _____ ，却没有正当的嗜好，一天到晚在 _____ 进进出出，真令人失望。

　　2．自从退休后，他便 _____ ，很少跟人来往。

　　3．他昨晚喝得 _____ ，不省人事，连自己是怎么回家的都不知道。

　　4．这件事 _____ ，一定得认真处理。

B：大惊小怪　　不三不四　　一拥而入　　人烟稀少　　恋恋不舍

　　1．他总爱说些 _____ 的话，真让人讨厌！

　　2．车门一开，等车的人 _____ ，都要抢个好座位。

　　3．这样的事已经是普遍存在，不必 _____ 。

　　4．在农村住了几年，吃了不少苦，但是临走时居然有点 _____ 。

　　5．过去这个地方 _____ ，现在却建起了高楼大厦，成了一个商业中心。

C：神不知鬼不觉　　东张西望　　指手画脚　　面如土色　　物是人非

　　1．街口出了车祸，许多人在那儿 _____ ，谈论当时的情况。

　　2．回到故乡，已是 _____ ，小学还在，而儿时的玩伴都不知到哪里去了。

　　3．他本以为做得 _____ ，可是警察第二天就上门来问话，吓得他目瞪口呆，_____ 。

　　4．有个人在外头 _____ ，是不是来找你的？

D：哑口无言　　不管三七二十一　　面面相觑　　坐立不宁

　　1．我告诉他我得走了，他却 _____ ，非要我听他说完他的故事不可。

　　2．起先他还不肯认错，后来我把证据都拿出来，他这才 _____ 。

　　3．考试的结果还要等好几天才能知道，这几天里，他 _____ ，连觉都睡不好。

　　4．听了老师的话，学生们 _____ ，不知道该说什么。

三。回答问题：

　　1．这篇故事除了尼姑宣淫以外，有没有其他深意？

　　2．"情"与"欲"有什么不同？两者有关系吗？

（十二）汪大尹火焚宝莲寺　练习

一·根据故事情节将下列句子排出先后顺序

汪大尹初探宝莲寺：

（　　）汪大尹去宝莲寺，但是没有发现任何破绽；

（　　）宝莲寺为求嗣的妇女安排住宿，并且都能怀孕；

（　　）汪大尹安排妓女张媚姐李婉儿到寺院住一晚上来观察；

（　　）但汪大尹对宝莲寺求嗣灵验一事表示怀疑；

汪大尹设计擒淫僧：

（　　）汪大尹把宝莲寺住持佛显等和尚押回衙门；

（　　）佛显买通看监狱的禁子，回到寺庙收拾兵器，准备越狱；

（　　）汪大尹早晨到寺庙调查，发现和尚强奸妇女的罪证；

（　　）两名妓女打扮成良家妇女被和尚奸宿，并把朱墨汁涂在和尚头上；

汪大尹火焚宝莲寺：

（　　）汪大尹借越狱罪把和尚正法；

（　　）汪大尹升任监察御史；

（　　）佛显等人夜里越狱，但被早有防范的兵擒回狱中；

（　　）汪大尹给上级写了审单，并把宝莲寺烧毁；

二·请熟读熟记下列划线的词语，并完成练习

A·请为划线的表达形式选择最合适的解释，并把正确的选项填到括号里

　　　a.表示对曾经伤害过自己的人进行惩罚报复

　　　b.比喻做了坏事怕人发现而心里不安

　　　c.形容不用工作就可以过舒服的日子

　　　d. 比喻有痛苦、委屈而说不出来

（　　）1·做和尚的<u>不耕而食，不织而衣</u>，住下高堂精舍，烧香吃茶，恁般受用。

（　　）2·（佛显等人）高声喊叫："<u>有冤报冤，有仇报仇</u>，只杀知县，不伤百姓。让我者生，挡我者死。"

（　　）3·你道佛显为何不要夫人前来？俗语道得好，<u>贼人心虚</u>（现常作：做贼心虚）。

（　　）4·那妇女中识廉耻的，好似<u>哑子吃黄连</u>（今多作：哑巴吃黄连），<u>苦在心头</u>，不敢告诉丈夫。

B·选择题：

1·北京交通堵塞日益严重，到了上下班时间真是 ＿＿＿＿＿ 。

　　a.熙熙攘攘　　　b.明知故问　　　c.一念之差　　　d.寸步难行

2·虽然警察怀疑这个男人杀死了他的女朋友，但由于没有证据，因此不能
　　＿＿＿＿＿，随便抓人。

　　a. 人心叵测　　b. 轻举妄动　　　c.一不做，二不休　　　d.说时迟，那时快

三·讨论问题：

1. 结合〈十五贯〉、〈勘皮靴〉、〈况太守〉与本故事这四篇公案小说，请你比较一下官吏在办案过程中和审案方法上的异同。

2. 你认为这篇故事中哪一段情节最精彩。为什么？

3. 据〈赫大卿〉、〈汪大尹〉这两篇故事，谈谈僧尼和寺院在明代社会上的地位和功能。

生词索引

除"一""不"外，本索引按汉语拼音字母及声调排列。

首字相同的词条归为一类。

各词条后的数字表示该词条解释所出现的页码。

Index

Except "一" and "不", all items are arranged in the alphabetical as well as tone order.

Terms with the same first character are placed in the same category.

The numbers behind each term indicates the page on which the explanation of the term appears.

Prepared by Yanyan Chen and Hsin I Tseng

G

X